"法治毕节"的探索与实践

RULE OF LAW IN BIJIE:

EXPLORATION AND PRACTICE

顾问 / 王治军

主编 / 吴大华

副主编 / 张　可　曹务坤　杨武松　傅智文

社会科学文献出版社
SOCIAL SCIENCES ACADEMIC PRESS (CHINA)

《"法治毕节"的探索与实践》
编委会

顾　问　王治军

主　编　吴大华

副主编　张　可　曹务坤　杨武松　傅智文

撰稿人（以文序排列）

　　　　　杨武松　曹务坤　傅智文　王　飞　贾梦嫣

　　　　　张　可　孟庆艳　王向南　韩敏霞　夏丹波

　　　　　尹训洋　龙胜兴　张雁琳

主编简介

吴大华 男，1963年生，侗族，法学博士后、经济学博士后；贵州省社会科学院党委书记，贵州省法治研究与评估中心主任、贵州省大数据政策法律创新研究中心主任；二级研究员，华南理工大学、云南大学、贵州民族大学、贵州师范大学博士生导师；国家哲学社会科学"万人计划"领军人才、全国文化名家暨"四个一批"人才、国务院政府特殊津贴专家、贵州省核心专家。主要研究方向：刑法学、民族法学（法律人类学）、犯罪学、马克思主义法学、循环经济、大数据。主要社会兼职有：中国法学会常务理事、中国世界民族学会副会长、中国民族法学研究会常务副会长、中国人类学民族学研究会副会长暨法律人类学专业委员会主任委员、中国犯罪学研究会常务理事、中国刑法学研究会常务理事、贵州省法学会副会长兼学术委员会主任、贵阳仲裁委员会副主任，以及贵州省人大常委会、贵州省人民政府法律顾问室、贵州省高级人民法院、贵州省人民检察院咨询专家。

先后出版《中国少数民族犯罪与对策研究》《依法治省方略研究》等个人专著13部，合著《法治中国视野下的政法工作研究》《侗族习惯法研究》等35部，主编23部；发表法学论（译）文300余篇；主持国家社会科学基金重大项目"建设社会主义民族法治体系、维护民族大团结研究"、中宣部马工程重点课题暨国家哲学社会科学重点项目"贵州省牢牢守住生态与发展两条底线研究"、国家社会科学基金重点项目"中国共产党民族法制思想研究"等国家级科研课题6项；"中国少数民族传统法律文化及其现代转型研究"等省部级科研课题10余项。

目 录

Ⅰ 总报告

"法治毕节"创建的探索与实践 / 3
  一 "法治毕节"创建的背景与意义 / 3
  二 "法治毕节"创建的举措 / 7
  三 "法治毕节"创建的成效 / 35
  四 "法治毕节"创建的启示 / 54

Ⅱ 专题篇

毕节市法治政府建设工程报告 / 61
毕节市公正司法天平工程报告 / 80
毕节市全民守法宣教工程报告 / 123
毕节市法治惠民服务工程报告 / 144
毕节市生态文明法治工程报告 / 168
毕节市法治监督检查工程报告 / 200

Ⅲ 案例篇

"法治毕节"创建典型案例 / 233

Ⅳ 附 录

"法治毕节"创建方案及相关配套制度／271
"法治毕节"创建大事记／344

总报告

"法治毕节"创建的探索与实践

杨武松　曹务坤　傅智文　王　飞

摘　要： 毕节曾经是中国最贫困的地区之一，在党和国家领导人的亲切关怀下，取得了长足发展，但是经济社会发展长期以来受到治安等问题的严重困扰。2015年11月，贵州省委将毕节列为"法治贵州建设"试点，开始"法治毕节"的创建与探索。在中央领导的亲切关怀下，在省委、省政府的直接领导下，毕节以"法治政府建设工程"等"六大工程"为统领，紧扣毕节试验区三大主题，遵循"法治为民"原则，助推毕节试验区"两新建设"，成效显著。"法治毕节"的创建与探索，紧紧依靠习近平总书记全面依法治国重要论述和对贵州工作重要指示精神的强大思想武器，遵循法治助推毕节示范区建设的理念，为毕节脱贫攻坚全面小康提供坚实保障，对国家治理体系和治理能力现代化尤其是传统贫困地区治理具有重要参考价值。

关键词： 法治毕节　六大工程　法治为民　新发展理念

一　"法治毕节"创建的背景与意义[*]

（一）"法治毕节"创建的背景

"法治毕节"创建是贵州省委在全国"依法治国"大背景下作出的一项

---

[*] 此部分撰稿人：杨武松，法学博士，贵州民族大学人文科技学院法学院院长、教授，贵州省法治研究与评估中心研究员。

"法治毕节"的探索与实践

重要部署,是全面推进"依法治国"和"法治贵州建设"在毕节的实践,是全力帮助支持毕节为"守底线、走新路、奔小康"营造良好法治环境、为"法治贵州建设"积累经验作出的有益探索。

1. 国家部署:"全面依法治国"方略为"法治毕节"创建指明方向

2012年12月4日在首都各界纪念现行宪法公布施行30周年大会上,习近平总书记明确指出:"依法治国是党领导人民治理国家的基本方略,法治是治国理政的基本方式,要更加注重发挥法治在国家治理和社会管理中的重要作用,全面推进依法治国,加快建设社会主义法治国家。"2014年10月23日,党的十八届四中全会做出了"全面推进依法治国"重要战略部署,五中全会则将依法治国、社会治理作为"十三五"乃至今后一个时期必须遵循的六大原则、五大目标要求之一。习近平总书记在十八届四中全会上强调指出:"法律是治国之重器,法治是国家治理体系和治理能力的重要依托。全面推进依法治国是我们党总结历史经验教训的最大抉择,是人民群众对社会公平正义提出的新期许。"党的十八大以来,以习近平同志为核心的党中央结合现阶段党和国家的发展现状,把"全面依法治国"纳入"四个全面"的战略布局,并提出了一系列新理念、新思想、新战略,既明确了"全面依法治国"的性质和方向,又深刻地回答了中国特色社会主义法治建设向哪里走、跟谁走、走什么路、实现什么目标、如何实现目标等一系列重大问题。党的十八届四中全会通过的《中共中央关于全面推进依法治国若干重大问题的决定》,标志着"依法治国"基本方略的全面施行,是地方法治建设的指南针,为"法治毕节"创建指明了方向。

2. 贵州需要:"法治毕节"创建为"法治贵州建设"探索有益经验

2014年11月1日至3日,中国共产党贵州省第十一届委员会第五次全体会议在贵阳召开。贵州省委十一届五次全会明确了"全面推进依法治省"的重大任务:从依法治国、依法执政、依法行政共同推进,坚持从法治国家、法治政府、法治社会一体建设这个基本工作布局出发,坚持党的领导、坚持人民主体地位、坚持法律面前人人平等、坚持依法治国和以德治国相结合、坚持立足贵州实际,全面推进科学立法、严格执法、公正司法、全民守

总报告
"法治毕节"创建的探索与实践

法，确保中央依法治国的重大决策部署在贵州得到全面贯彻落实。2015年11月14日，贵州省委召开"法治毕节"创建工作动员大会。时任贵州省委书记陈敏尔同志在批示中指出，开展"法治毕节"创建是"全面推进依法治国"和"法治贵州建设"在毕节的实践，是毕节科学发展、后发赶超的必然要求。要围绕协调推进"四个全面"战略布局，坚持问题导向、需求导向，紧扣深化拓展毕节试验区"开发扶贫、生态建设、人口控制"三大主题，统筹抓好科学立法、严格执法、公正司法、全民守法，把"抓长远"与"抓当前"统一起来，力求以重点突破带动整体工作，强化法治的引领和规范作用，扎实推进"法治毕节"创建各项任务，更加精准地对接发展所需，维护公平正义，造福人民群众，为毕节"守底线、走新路、奔小康"营造良好的法治环境，为"法治贵州建设"探索有益经验。贵州省委将毕节列为"法治贵州建设"试点的决定，为"法治毕节"创建注入了强大动力。

3. 毕节紧迫："法治毕节"创建是毕节践行"两新使命"的重要保障

毕节试验区是两代国家领导人关注的"特区"。20世纪80年代，贵州毕节是中国最贫困的地区之一。1985年6月4日，时任中央政治局委员、中央书记处书记习仲勋同志对毕节地区的建设与发展作出过特别批示。同时，时任贵州省委书记胡锦涛同志立足毕节，着眼全省，提出了把毕节地区作为"开发扶贫、生态建设、人口控制"试验区的战略构想，并于1988年6月9日经国务院批准建立。26年后，习近平总书记于2014年5月15日批示，要求"毕节试验区继续为贫困地区全面建成小康社会闯出一条新路子，同时也在多党合作改革发展实践中探索新经验"。毕节试验区在两代国家领导人的关心下，在贵州省委、省政府领导下，在毕节党委、政府与人民共同努力下取得了举世瞩目的成就。但长期以来，"命案防控、禁毒工作、公共安全监管、非访突出、舆情导控、群体性事件预防处置、重点特殊人群（留守儿童、困境儿童、登记在册吸毒人员等）基数较大"等问题一度成为制约毕节试验区社会经济发展和对外形象的突出"短板"，成为毕节试验区司法与行政工作的难题，这使"法治毕节"创建显得重要而紧迫。新时代的毕节要践行"两新使命"，要实现"坚持三大主题、建设四个高地，打造毕节试验区改革发展升级版"任务，要完成"决战贫困、提速赶超、同步小康"战略，必须加快"法治毕节"创建步伐，突出法治的引领、规范、保障和支撑作用。

（二）"法治毕节"创建的重大意义

"法治毕节"的创建与探索，对国家治理体系和治理能力现代化具有重要参考价值，是贯彻落实"全面推进依法治国""全面推进法治贵州建设""三大战略"的重要支点。

1. 实现国家赋予毕节的战略使命

作为贫困问题最突出的欠发达地区，毕节是贵州乃至全国区域发展战略格局中的"短板"，必须牢牢守住发展的底线，奋力加速前行，在脱贫攻坚和同步全面建成小康社会的征程中不掉队，不拖贵州和全国后腿。习近平总书记强调："要尽锐出战、务求精准，确保毕节试验区按时打赢脱贫攻坚战。""法治毕节"创建是"全面推进依法治国"和"法治贵州建设"在毕节的实践，是国家治理体系和治理能力现代化的地方实践，是贯彻落实"全面推进依法治国"和"全面推进法治贵州建设"的重要阵地，能够满足贫困地区人民群众对法治中国蕴含的社会公平正义的新期许。

2. 为"法治贵州建设"探索有益经验，做重要示范

2015年11月14日，时任贵州省委副书记、政法委书记谌贻琴同志在"法治毕节"创建大会上强调，"法治毕节"创建工作不仅是毕节的事，也是全省的事。这意味着"法治毕节"创建是贵州决胜全面小康建设的题中要义，是推进"法治贵州建设"的有力抓手，是深化毕节试验区建设的重要举措。开展"法治毕节"创建，是贵州省委在"全面依法治国"大背景下作出的一项重要部署，是确保毕节和全省如期实现全面建成小康社会目标的有力支撑，对推动"法治贵州建设"具有重大促进作用和示范意义。因此，"法治毕节"创建与探索，就是要确保"法治毕节"创建能出实效、出亮点、出经验，为"法治贵州建设"探索有益经验，推动全省法治建设不断取得新成效。

总报告
"法治毕节"创建的探索与实践

3. 实现后发赶超,建设新发展理念示范区的重要保障

2018年7月19日,习近平总书记对毕节试验区工作作出重要指示:"30年来,在党中央坚强领导下,在社会各方面大力支持下,广大干部群众艰苦奋斗、顽强拼搏,推动毕节试验区发生了巨大变化,成为贫困地区脱贫攻坚的一个生动典型。"这是习近平总书记对毕节试验区建设成绩的高度认可。同时,习近平总书记在对毕节试验区工作的重要指示中强调"要着眼长远、提前谋划,做好同2020年后乡村振兴战略的衔接,着力推动绿色发展、人力资源开发、体制机制创新,努力把毕节试验区建设成为贯彻新发展理念的示范区。"这为毕节试验区的发展进一步指明了方向,提供了根本遵循。贵州省委、省政府出台的《关于支持毕节试验区按时打赢脱贫攻坚战夯实贯彻新发展理念示范区建设基础的意见》明确提出:"到2020年彻底解决区域性集体贫困问题。"在"法治毕节"创建过程中,为全面贯彻落实习近平总书记关于毕节试验区工作的重要指示精神,为毕节"守底线、走新路、奔小康"提供法治保障,毕节以"法治政府建设工程""公正司法天平工程""全民守法宣教工程""法治惠民服务工程""生态文明法治工程""法治监督检查工程"六大工程为统领,全面推进"法治毕节"创建工作,为毕节贯彻落实习近平总书记新发展理念奠定了坚实的法治基础,为毕节后发赶超、建设新发展理念示范区提供坚强的法治保障。

二 "法治毕节"创建的举措[*]

以"创新、协调、绿色、开放、共享"新发展理念为指针,紧扣毕节试验区"开发扶贫、生态建设、人口控制"三大主题,遵循"法治为民"原则,协同创新"法治毕节"创建机制,切实推进法治建设的"六大工程",助推毕节试验区"两新建设"。

---

[*] 此部分撰稿人:曹务坤,法学博士,贵州财经大学文法学院教授,贵州省法治研究与评估中心研究员。

（一）强化"依法行政"理念，助推法治政府建设

法治政府既是"法治毕节"创建工作的重要内容，又是"法治毕节"创建工作的"驱动器"，而"依法行政"理念则既是助推法治政府建设的思想基础，又是构建法治政府建设工作机制的指针。

1. 整合法治资源，助推法治政府服务体系建构

一是对重大决策建议的提出、承办、决策主体、事项范围、法定程序及决策责任进行了明确，对公众参与、专家论证、风险评估、合法性审查、集体讨论决定等程序性事项做了明确规定和细化，凡属重大行政决策事项未经合法性审查或审查不合法的，一律不得提交政府常务会议集体讨论、制发文件或签订合同。

二是加强依法行政考核评价工作，确保考核评价工作实事求是、客观全面，真实反映依法行政各项工作推动落实情况，助推法治政府建设工作出实绩、见成效。毕节市人民政府制定的《毕节市法治政府建设考核评价办法》《毕节市"依法行政"评选表彰实施办法》已正式印发实施。

三是保障好行政管理相对人和社会公众知情权、参与权、监督权，制定了《毕节市行政执法公示制度（试行）》。开发建成毕节市行政执法"三项制度"统一公示平台、毕节市国税系统行政执法"三项制度"集成应用系统、黔西县行政执法"三项制度"应用系统。由市政府法制办、市编办加强督促检查指导，建立定期培训轮训制度，提高法制审核人员的法律素养和业务能力，充分发挥政府法律顾问在法制审核工作中的参谋助手作用。

四是加强全市各级行政执法机关行政执法全过程记录制度工作的软、硬件建设，尤其对直接涉及人身自由、生命健康、重大财产权益的现场执法活动和执法场所，必须全程同步录音录像，确保执法过程察之有形、闻之有声、查之有据，实现行政执法信息全程可回溯管理。一方面，司法机关介入可以弥补行政执法机关在侦查手段与侦查力度上的局限，强化行政执法效果，拓宽案源发现渠道；另一方面，行政执法机关也可以弥补司法机关在取证过程中的滞后性和局限性，优化诉讼资源配置，提高诉讼效率。

总报告
"法治毕节"创建的探索与实践

2. 强力推进政务公开

围绕实施权力运行全流程公开、提升政务开放参与水平、强化政务公开平台建设、加大政务公开能力建设、强化保障措施五个方面的任务，实现促进政务阳光透明、增进政府与公众交流互动、完善政府信息服务体系、增强政务公开工作实效、推动政务公开工作落到实处，制定有关工作措施，明确细化各单位责任和任务。一是按照"互联网＋公众服务"理念，不断推进政府网站集约化建设，构建以市政府门户网站为主站、百里杜鹃管理区和金海湖新区为子站、市政府工作部门为频道的站群系统，全市"1＋8"（1个市级＋8个县区门户网站）政府网站格局正式形成，进一步加强了政务新媒体建设。以"毕节市人民政府网"微信公众号为主，以腾讯微博、今日头条号、一点资讯号等政务新媒体为辅，坚持每日发布全市重大时政、民生、政策、民意征集等信息，已成为毕节市政务公开的重要载体。二是搭建行政执法工作信息平台，统一公示市、县、乡三级政府及执法部门相关行政执法信息。建成行政执法集成应用系统，实现行政执法办案平台统一、法律文书统一、办案流程统一、法制审核统一等"四个统一"，达到全过程留痕和可回溯管理，对法定简易程序以外的所有执法决定进行法制审核。

3. 运用大数据，提升政府执法效能

打通各类数据壁垒，推动政府部门之间数据整合共享、相互交换，无障碍实现数据间调用，提高政府执法效能。以"互联网＋政府执法"为理念，充分运用大数据构建"云上毕节"政府执法体系，建成覆盖市、县、乡、村四级网上政府执法大厅，提升政府执法能力。在全国率先探索利用大数据推动政府简政放权和业务流程再造，提高公开透明度，提升网上办事服务能力。推进行政执法数据信息聚集、融通、应用一体化。方便群众及时了解查询行政执法信息，让信息公示集中、易查，切实避免分散、难查甚至相互推诿扯皮的问题。实现执法信息互联、监管标准互通、处理结果互认，消除监管盲点，提高执法效能。

4. 强化干部法制培训，提升干部法治思维

提升依法行政的能力和水平。全面树立中国特色社会主义法治观，加快

"法治毕节"的探索与实践

建设法治政府，深入推进依法行政，促进行政机关依法决策、依法履职，切实提升行政机关依法行政的能力和水平。加强县处级干部、优秀科级干部、"法治毕节"创建干部等的学习培训，提升干部法治思维。

一是常态化开展教育培训。把法律作为党委（党组）中心组学习的内容，积极与市委宣传部协商，将习近平总书记关于依法治国的重要论述等内容作为市委中心组学习的内容，通过学习，进一步增强法治意识，提高法治能力，推进"法治毕节"创建各项任务完成，为毕节守底线、走新路、奔小康营造良好的法治环境。同时，把法律法规相关知识列为党校（行政学院、社会主义学院）必修内容，加大社会主义法治理念教育，促进干部队伍法治素质和法治能力的提升。

二是开展领导干部法治知识培训。建立法律法规相关知识学习长效机制，把法律法规知识作为干部在线学习平台的必学内容，在全市开展公职人员无纸化学法用法考试工作，要求在线学习人员必须按照规定完成学习，可随时查看领导干部学习及考试情况，并且引进领导干部学分管理系统，要求学分满5000分方能参加正式考试，有效保障了领导干部的学法时间，对领导干部依法行政起到了积极推动作用。

三是广泛开展农村"两委"法制培训和农村"法律明白人"教育培训。根据2015年12月制定的《全市村党支部书记、村委会主任扶贫攻坚专题培训工作方案》，进行"法治毕节创建"专题培训。

四是建立党员领导干部述职述廉述德述法制度。制定印发了关于《党员领导干部述职述廉述德述法制度（试行）》（毕组通〔2015〕125号），把贯彻执行党的路线、方针、政策、国家法律法规情况纳入各级领导班子及其成员年终述评重要内容，要求领导干部每年对本年度学法用法的相关情况进行述评，并针对存在的问题明确今后努力方向，述职述廉述德述法报告、民主测评的情况，按有关规定分别收入档案。

五是把学法守法用法及依法办事情况纳入干部考察重要内容。制定出台了《将干部学法守法用法及依法办事情况纳入干部考察重要内容的工作方案》（毕组通〔2015〕126号），明确具体工作措施，要求在考察方案、考察谈话、考察材料中，要充分体现考察对象学法守法用法及依法办事情况，考察过程通过征求纪检（监察）、检察院等执纪执法部门意见，全面了解考察对象是否存在违纪违法行为，对存在违纪违法行为的干部不作为任用人选。

（二）大力推行司法改革，促使司法公正

毕节市中级人民法院、毕节市人民检察院认真落实党中央、最高人民法院、最高人民检察院、贵州省高级人民法院、贵州省人民检察院关于深化司法体制改革的决策部署，坚持"符合实际、保证质量"原则，把握正确方向，强化责任担当，敢于破解难题，蹄疾步稳推动司法体制改革各项任务精准落地。以"深入推进司法改革"为动力，不断优化司法运行机制，司法人员层次结构不断优化，精英化、专业化司法队伍不断壮大，办案质量和办案效益明显提高，冤假错案得到有效遏制，人权保障得到加强，司法公信力进一步提升。司法体制改革发出了毕节"好声音"，探索了毕节"好经验"。

1. 抓好织金县法院、检察院司法体制改革试点工作，形成可复制、可推广的有益经验

2015年，织金县法院、检察院被省司法体制改革领导小组明确为全省第二批司法体制改革试点单位，率先开展了司法体制改革试点工作探索，在推进人员分类管理、司法责任制、职业保障等方面进行了诸多尝试，形成了一些可复制、可推广的有益经验，为司法体制改革在全市全面铺开奠定了基础。毕节市中级人民法院、检察院及时跟进，推进织金县法院、检察院开展司法改革试点工作，指导制定《织金县人民法院司法体制改革试点实施方案》《织金县人民检察院司法体制改革试点实施方案》等"一揽子"制度机制20余项，多次到织金开展司法体制改革调研、督导，派员参与织金县法官、检察官入员考试，帮助解决了一批事关改革成效的疑难问题。

2. 全面推进司法体制改革试点工作，促进司法体系和司法能力现代化

在总结织金县法院、检察院试点经验的基础上，根据省司法体制改革领导小组关于全面推进司法体制改革试点工作的安排部署，毕节市中级人民法院、

"法治毕节"的探索与实践

检察院扎实推进人员分类管理、司法责任制、职业保障和市级统管等改革。

一是以"人员"为基础，司法人员分类管理顺利完成。通过严格考试、考核，检察官入额管理改革顺利完成，全市首批遴选入额250名检察官。合理配置三类人员比例，两级院检察官与检察官助理比例达到1：0.8，综合行政部门人数由127人减少到87人。通过人员分类管理，两级院业务部门人数由506人增加至539人，办案人员占比达到86.1%，比改革前提高了11个百分点。

二是以"办案"为核心，新型司法组织模式全面运行。坚持检察官员额配置向办案部门倾斜、向一线倾斜，共组建检察官办案组38个、独任检察官153名，有效改变了以往"三级层报审批"行政化办案模式，减少了审批层级，确保检察权高效运行。合理配置检察官办案职权，以"正面清单"形式，明确了检察长、检委会、检察官及检察官助理的一般职权，理清了各业务条线检察官的具体职权，细化检察官职权223项。建立检察官、检察辅助人员司法档案，构建了"全程留痕、终身负责"的全程司法监督制约体系，保障检察权依法规范运行。

三是以"扁平"为目标，内设机构改革效能显现。制订了《职能配置及内设机构改革试点工作方案》，结合具体情况，将各基层院内设机构整合为"6部1局2室"或"7部1局2室"。通过内设机构改革，全市基层院部门负责人由原来20名左右减少到7~9名，有效解决了检察职能碎片化问题，实现了"减少层级、扁平化管理"预期目的。市院机构改革前期摸底工作已全部完成，待省检察院下发方案后适时展开机构改革工作。

四是以"保障"为依托，职业保障改革、人财物市级统一管理改革稳步推进。扎实推进员额制检察官工资改革。通过与市委编办、组织部、人社、财政部门沟通协调，全市员额制检察官应保留和享受的津补贴待遇均得到足额保障和落实，套改后员额制检察官工资待遇于2016年10月开始执行，办案绩效奖也及时兑现到位。积极争取市委、市政府支持，明确自2017年起，市检察院公用经费按年人均6.5万元、七星关区检察院按年人均6.5万元、其余县级检察院（含百里杜鹃检察室）按年人均5.5万元的

总报告
"法治毕节"创建的探索与实践

保障标准执行。

五是以"定责"为核心，司法责任制全面落实。毕节市中级人民法院、市检察院组织团队认真研究司法责任制改革背景下的司法办案监管模式，推动实现放权与控权的有机统一，通过进一步加强院庭长、院领导和处室负责人的办案监管职能，以信息化建设为基础，从统一办案标准、保障案件质效、合理绩效考评三方面着手，构建科学合理的司法办案监督制约机制。毕节市中级人民法院制定了《审判委员会工作规则》，充分发挥审判委员会总结审判经验，讨论重大案件事项和监督、指导全市法院审判工作的作用，促进"类案同判"。制定了《规范合议庭评议案件的规定》，突出法官在案件审判中的责任。全市检察院实行独任检察官和检察官办案组两种办案组织形式，建立办案责任清单，指定并完善岗位职责说明书，分类明确案件承办检察官、分管院领导、检委会在司法办案中的责任，明确检察官、检察辅助人员和书记员之间的工作职责，规范办案组工作流程。制定《检察官联席会议暂行规定》《检察官司法责任追究办法（试行）》，采取"检察官联席会议＋分管检察长＋检委会"共同对案件把关的方式，既做到了发挥检察官办案积极性、主动性，又加大了相互监督力度，做到放权不放任。

六是以"审判"为中心，刑事诉讼制度改革逐步推进。推进以审判为中心的刑事诉讼制度改革是公正司法天平工程的重要内容，毕节市中级人民法院以"完善庭前会议，规范法庭调查程序，落实证人、鉴定人出庭作证制度，严格排除非法证据，设立律师辩护制度，庭审全程同步录音录像"等多项举措，推进庭审实质化；毕节市人民检察院重视发挥检察机关审前主导和过滤作用，健全命案、职务犯罪、重特大毒品案件提前介入侦查、引导取证机制，规范退回补充侦查，完善智能辅助办案系统的类案推送、结果比对、数据分析等功能，强化起诉前对案件事实、证据、程序的审查把关，以"召开庭前会议解决程序性争议，开展重大案件庭审多媒体示证，申请通知证人、鉴定人、侦查人员出庭"等工作为抓手，持续深化以审判为中心的刑事诉讼制度改革。毕节市中级人民法院、检察院相继组织召开全市法检系统"以审判为中心的刑事诉讼制度改革培训会"，要求两级法院、检察院刑

13

事办案团队规范刑事审判庭前会议、非法证据排除和法庭调查"三项规程",推动刑事速裁程序和认罪认罚从宽制度改革,促进"疑案精办""简案快办"。同时,毕节市中级人民法院、检察院积极运用信息化、大数据推进以审判为中心的刑事诉讼制度改革,全市公检法密切配合,建成刑事诉讼大数据智能管理系统并试运行,通过把证据标准嵌入数据化的管理平台之中来统一司法尺度、提高司法效率,证据标准指引按诉讼程序分阶段层层递进,在刑事诉讼不同环节发现和纠正错漏,最终达到事实清楚、证据确实充分,真正推进以审判为中心的诉讼制度改革。刑事诉讼大数据智能管理系统建设被列为市委、市政府加强综治中心建设、提高社会治理水平的主要工作任务。

3. 全面落实司法责任制

毕节市各级人民法院组织团队认真研究司法责任制改革背景下的审判监管模式,推动实现放权与控权的有机统一,通过进一步加强院庭长的审判监管职能,以信息化建设为基础,从统一裁判标准、保障案件质效、合理绩效考评三方面着手,构建科学合理的审判监督制约机制。毕节市中级人民法院制定《审判委员会工作规则》,充分发挥审判委员会总结审判经验,讨论重大案件事项,监督、指导全市法院审判工作的作用,促进"类案同判";制定《规范合议庭评议案件的规定》,突出法官在案件审判中的责任。加大院庭长监督力度,做到放权不放任。开展案件质量评查,严把案件质量关,采取重点评查、交叉评查、归档评查等方式全面加强案件质量把关。毕节市各级人民法院运用大数据铸牢制约司法权的"数据铁笼",建成科技法庭146个,保证庭审全程留痕,依托案件管理系统功能实时提取信息数据,加强对审判流程关键节点的控制,以催办、督办、通报、问责等实现了对案件流程管理、节点控制的有效监督。对法官办案效率、办案质量、办案效果进行量化指标考核等实时排名通报,提高了案件质量精细化监管水平,坚决做到"放权不放任,监督不缺位"。

4. 持续深化司法体制综合配套改革,推进改革整体效能提升

注重各项改革举措的协同性、联动性和配套性,在前期改革顺畅推进的

总报告
"法治毕节"创建的探索与实践

基础上，持续深化司法体制综合配套改革。毕节市人民检察院运用大数据技术，结合检察人员分类管理，开发全市检察机关三类人员绩效考核系统。坚持客观公正、简便易行、求真务实的原则，分别建立以"司法业绩"为中心的员额制检察官考核机制、以"司法效率"为中心的检察辅助人员考核机制、以"动态考核"为中心的司法行政人员考核机制。根据中共中央办公厅《关于加强法官检察官正规化专业化职业化建设，全面落实司法责任制的意见》要求及最高人民检察院、贵州省人民检察院有关内设机构改革的决策部署，积极开展机构改革前期摸底工作并已全部完成。毕节市中级人民法院、毕节市人民检察院积极推进证人、鉴定人、侦查人员出庭作证，探索远程视频作证和实行隐蔽作证，建立证人出庭报销和补助费用的保障机制。推进电子卷宗随案同步生成和深度应用，提高电子卷宗随案生成质量，提升智能化水平，在毕节市全市法院探索试用智能语音识别庭审系统，让法官办案更加便捷；毕节市检察机关开展全省首批电子卷宗试点，在电子卷宗制作制度化、规范化、一体化方面，为贵州省检察机关全面上线运行电子卷宗工作积累了有益经验，许多做法走在了贵州省前列。毕节市中级人民法院不断加强办案直播平台建设，在全市法院大力推进庭审直播，增加庭审网络直播的案件数量，拓展庭审网络点播覆盖面，推动"庭审实质化"改革进程，全面深化司法公开。全市检察院坚持推进庭审实质化，多媒体示证、电子物证实验室和远程视频审讯等电子检务工程建设迈入全省先进行列，庭审效率和当庭指控犯罪能力明显提升。

5. 完善诉访分离和诉调对接机制，推进涉法涉诉信访案件有效化解

毕节市中级人民法院、毕节市人民检察院推进诉访分离，将涉法涉诉事项导入司法程序机制，在诉讼服务中心、控告申诉部门分设立案和信访窗口，组织开展了律师参与化解和代理涉法涉诉信访案件工作，毕节市中级人民法院从2016年起每周一、三、五两名律师以轮岗形式进驻诉讼服务中心为群众提供法律服务；毕节市人民检察院制定了《毕节市人民检察院诉访分离工作方案》，对来信来访事项仔细甄别。对不属于检察机关处理的信访事项引导信访人依法向相关机关反映，做好解释工作；对属于本院管辖案件

的信访事项进一步区分，符合法律规定的信访事项导入程序进行审查、复查，不符合法律规定的受理条件的，做好解释疏导工作及司法救助等补救工作，对符合"三到位一处理"原则办理的案件，依法申报终结，退出诉讼程序。对导入法律程序的案件，严格按照法律规定办理，与反映人见面，听取意见，邀请律师参与案件审查化解，对刑事申诉、赔偿案件、司法救助案件等进行公开听证、答复，做到公平、公正、公开，防止程序空转。有效化解信访案件，自2015年以来，信访案件逐年减少，未发生涉检上访事件。同时，毕节市人民检察院制定了《关于建立律师参与化解和代理涉法涉诉信访案件的工作办法》，并于2016年4月实施，每周一由一名律师到院坐班值守，参与接待化解信访案件，对到院坐班值守的律师提供相应的乘车、工作、就餐、休息条件，在接待大厅安放"律师咨询"座牌，检察人员与律师一同接访。

毕节市法院系统努力化解各类矛盾纠纷，最大限度从源头消除影响安全稳定的因素。一是坚持"能调则调，当判则判，调判结合，案结事了"的民商事审判原则。二是积极推进多元化解矛盾纠纷机制实施。建立法院与行政机关、人民调解组织、商事调解组织、行业调解组织、仲裁机构以及其他非诉讼纠纷解决组织的衔接机制，开展委托调解，畅通司法确认渠道，办理调解协议的司法确认、速裁、督促程序等案件。三是加大涉诉涉法信访案件化解。毕节市两级法院大力化解涉诉信访案件，凡能够以诉讼方式解决的事项，引导信访人通过起诉、申请执行、申请再审、申诉等导入司法程序予以解决，确实属于信访的事项，通过释明疏导、协调转交、司法救助等方式大力化解。四是深入开展涉诉信访不稳定因素排查和稳控。在重大会议、活动期间，毕节市法院对重大敏感案件和久押不决、长期未结案件及舆情风险进行排查，做到横到边、纵到底，不漏一人，不漏一案，并建立台账，做好风险评估，按照"三到位一处理"原则办理，对合法合理诉求一次性解决到位；对合法不合理的，在解决合法诉求时，通过思想疏导化解到位；对合理不合法的，要在解决合理诉求时，通过法律法规政策宣传教育，促其息诉息访；对不合法不合理并寻求"以访牟利、以闹解决"的依法处理到位。毕

总报告
"法治毕节"创建的探索与实践

节市检察院认真贯彻宽严相济刑事政策,充分运用刑事和解、对轻微刑事案件不批捕不起诉、未成年人附条件不起诉等检察职能,从源头上最大限度减少社会对抗。同时,积极参与社会治安防控治理,2015年以来,通过畅通"信、访、网、电"等群众诉求表达渠道,强化远程视频接访,多途径、多渠道处理群众来信来访。认真做好"百日基层遍访"及重大节点系列维稳活动,落实诉访分离、带案下访、联合接访、"谁执法谁普法"等措施,深入基层听民情解民意,广泛开展法治宣传、矛盾纠纷排查化解。

6. 深化家事审判改革

家庭是社会的细胞,家事纠纷的解决,关乎个人、家庭及社会公益。家事审判在维护婚姻家庭稳定、促进社会和谐等方面发挥着重要作用。一是组建专业化家事审判工作团队。从刑事、民事、行政审判部门抽调审判经验丰富、综合素质高、协调能力强的审判人员担任专职审判法官,从教育行业、妇联、村民委员会等机构抽选具有丰富阅历且具有一定法律知识的人员担任人民陪审员,专门负责家事案件的审理。二是建立全程调解机制。建立了立案调、送达调、庭前调、庭审调、庭后调"五调工作机制",将调解工作贯穿于整个诉讼过程当中,家事案件调撤率为75.7%。三是推动家事审判方式更加人性化。推行远程视频庭审,切实减轻当事人和其他诉讼参与人"诉累"。采用"圆桌审判"的方式审理家事案件,突出了柔性司法的特征,对以消除对立、恢复感情、实现和解的方式化解矛盾纠纷起到重要的作用。四是完善家事审判工作机制。引入心理疏导机制,与贵州工程应用技术学院签订合作协议,聘请国家二级心理辅导专家,采取一般思想教育和特殊心理疏导相结合的方式,对处在心理转折困难期的当事人进行心理疏导。引入离婚冷静期制度,针对当事人双方的婚姻不属于死亡婚姻的情况,为缓解当事人情绪,经当事人同意,设置1~3个月冷静期,让当事人冷静思考双方的婚姻问题,正确对待婚姻危机。推进家事调查和家事调解制度,委托社会调查员了解当事人婚姻家庭状况及未成年子女抚养状况,建立当事人社会调查台账,由调解员根据台账深入当事人家中进行调解,不能调解的及时向法院提出解决纠纷建议。落实人身安全保护令制度,对案件进行风险评估,向当事人释明可以申请人身安全保护令，为正在遭受或者存在家庭暴力危险的当事人提供安全保护，禁止被申请人实施家庭暴力和骚扰、跟踪、接触申请人及其近亲属。2016年6月，七星关区法院被确立为全国首批家事审判改革试点，其改革经验做法被《贵州改革情况交流》刊载推广。

（三）加大法治宣传力度，提升全民守法意识

通过广泛开展全民守法宣传教育活动，培育自觉守法、遇事找法、解决问题靠法的法治思维和意识，形成"促进改革发展、促进公平正义、促进和谐稳定"的法治环境。随着各项工作全面铺开，全民普法宣教工作大见成效，公民道德素养明显提升，全民守法意识明显增强。

1. 深入开展法治宣传教育，增强全民法治意识

广泛开展以宪法为主要内容的法治宣传教育，进一步加强对社会制度、国家制度的原则和国家政权的组织以及公民的基本权利义务等内容的宣传，深化群众权利义务意识。发挥"农民讲师"队伍、农村文艺宣传队伍、农村教师队伍、基层干部队伍、群团组织队伍"五支队伍"的作用，大力宣传党的惠农政策和法规等，长期以来，他们用老百姓喜闻乐见的山歌、小品、舞蹈等形式进行宣传，传递了党的好声音，宣传普及了各类法律知识，拉近了群众距离，推动了基层民主法治建设。根据教育部、司法部、中央综治办、全国普法办等部门联合下发的《关于进一步加强青少年学生法制教育的若干意见》和毕节市教育局印发的《全市中小学、中职学校开设法治教育课程实施方案》（毕教办法〔2016〕49号）文件要求，指导各县（区）各学校根据实际开设法治宣传教育课程并且在中小学语文、历史、地理等课程中有针对性地渗透法治教育，在安全、环境保护、禁毒等专题教育中突出法治教育，组织全体教师开展学科教学渗透法治教育教研活动，进一步深化中小学教师对学科教学渗透法治教育工作的认识，通过开展集体备课等形式，做好开学前准备工作。

2. 强化法律法规宣传教育，提高"法治毕节"知晓率

一是以深化"四进农家"为平台，开展法治宣传活动。以"四进农家"

总报告
"法治毕节"创建的探索与实践

为重点,广泛开展法治宣传、法治信息、法治文艺、法治服务进村寨活动。毕节市已开展"四进农家"法治宣传教育活动450余场次。深入开展基层民主法治创建,各县(区)共853个(含威宁县)行政村(社区)开展省级、市级民主法治示范村(社区)创建工作,约占全市行政村总数的23%,随着各类民主法治创建示范活动的有效开展,基层民主法治意识明显增强。

二是深入实施"七五"普法,深入开展"法律六进"活动。《中共毕节市委办公室 毕节市人民政府办公室关于印发〈毕节市法治宣传教育第七个五年规划(2016~2020)〉的通知》(毕委办字〔2017〕3号)要求,深入开展法治宣传教育,增强全民法治观念,对坚持三大主题、建设四个高地、打造毕节试验区改革发展升级版工作具有十分重要的意义。毕节市各级司法行政部门根据"七五"普法规划总体要求,积极组织,认真实施,共组织开展"法律六进"活动1268场次,较好地执行了全民守法宣教工程工作任务。

三是毕节日报社、毕节市广播电视台、毕节试验区杂志社、毕节试验区网等市主要新闻媒体充分发挥各自优势和特点,利用各种形式和载体,通过开设专题、专栏、专刊等方式,广泛宣传深入开展"法治毕节"创建的必要性、重要性和面临的良好时机,宣传"法治毕节"创建的指导思想、工作目标和主要任务,宣传各地各部门在大力推进"法治毕节"创建中采取的重要举措和成功做法,宣传"法治毕节"创建中涌现出的先进典型。

3. 创建宣传警示教育基地

充分运用毕节市警示教育工作既有经验及成果,建成毕节市反腐倡廉预防职务犯罪警示教育基地、纳雍县青少年法制教育基地等一系列法治宣传教育基地。其中,毕节市反腐倡廉预防职务犯罪警示教育基地布展面积约2500平方米,由廉政文化广场、廉政文化大厅、廉政教育展厅、职务犯罪案例展厅、模拟展厅、多媒体演播厅、预防历程展厅等组成,选取十八大以来全国、全省以及全市典型案例200余件,辅以"清廉关""为官八戒"等互动场景和询问、讯问、牢房、刑场等模拟场景,生动展示了腐败给国家、社会以及家庭带来的危害,教育警示党员干部职工要清清白白做人,干干净净干事，更加凸显宣传效应、警示效应、预防效应。2017年底检察机关反贪、反渎、职务犯罪预防部门转隶到监察委后，毕节市人民检察院将原市反腐倡廉预防职务犯罪警示教育基地改版升级为"法治毕节"创建宣传警示教育基地，紧紧围绕市委、市政府"113"攻坚战和"十三五"规划法治需求，以打造"全市综合性法治宣传警示教育平台"为目标，在保留现有警示教育基地重要内容的基础上，进一步丰富和拓展其功能内容，细化市检察院各内设机构法治宣传教育责任，正在建设"党内法规厅""宪法法律厅""检察职能厅""反腐倡廉厅""生态建设厅""精准扶贫厅""试验区法治文化厅""青少年法治教育实践厅""社会主义核心价值观厅"等宣传警示教育载体，真正形成党委统一领导、部门分工负责、齐抓共管的法治宣传大格局。

4. 密切联动做好舆情引导，推行法治文化传播多元化

加强正面宣传，利用网络、电视广播、报纸、新时代农民（市民）讲习所"七个起来"等载体和采取设立宣传栏、张贴宣传标语等方式，广泛宣传未成年人保护法律法规，增强儿童家庭依法履行监护职责意识。积极争取主流新闻媒体报道毕节在儿童关爱保护工作中的措施和成效，中央电视台《新闻1+1》《朝闻天下》《东方时空》栏目专题报道毕节市留守儿童工作做法并获得社会好评。

围绕"法治毕节"创建工作，采取微电影、专题片、公益广告、小品、相声、歌舞等多种形式，创作排演普法宣传文艺作品，营造良好的宣传氛围。2017年，毕节市法院积极组织两级法院创作了8部微电影、2部微视频，其中1部荣获全国法院第五届微电影评选执行单元十佳奖，4部获全国法院第五届微电影优秀奖。2018年，毕节市法院系统更加突出法治宣传的综合性、多样性、广泛性。七星关区法院网络直播执行行动并与170万余名网友互动交流；毕节市中级人民法院通过新闻平台直播"猎赖利剑行动"启动仪式及行动首日战况，协调宣传部门支持，精心拍摄了司法改革纪实片、执行工作纪实片并在毕节电视台黄金时段播出，进一步讲好法院故事，传播法院好声音。毕节市检察机关深化检务公开工作，在机关设立运行集电

总报告
"法治毕节"创建的探索与实践

子触摸、视频功能于一体的检务平台；开通集电话、短信、邮件、微信、微博、客户端等多种渠道于一身的"12309网上网下一体化服务平台"和案件信息公开系统，向社会提供多元化检察信息服务。法律文书、案件信息发布数量居贵州省检察机关前列。围绕国家行政机关"谁执法谁普法"普法责任制要求，以"法治毕节"创建"全民守法宣教工程"为抓手，紧紧围绕重要时间节点抓法治宣传教育。整合宣传资源，在"3·15""6·26""12·4"等节点期间开展法制宣传教育和维权任务；结合试验区建设"三大主题"和"113攻坚战"决策部署，先后开展"湿地与未来可持续的生计""民生资金专项保护工作"等法治宣传活动20余次，努力让法治宣传教育成果转化为看得见的生产力。高度重视利用门户网、两微一端"三位一体"检察新媒体阵地，传播检察正能量、唱响检察好声音。2016年，毕节市人民检察院官方微信荣获贵州省检察机关"优秀微信"称号。2018年，全市检察机关拍摄的《守护者》《宪法与美好共生》在全国、全省微视频微电影征集展播活动中获奖；大方县检察院微信公众号影响力连续两期排行全省检察机关第一名，"互联网+检察"指数排行首次位居全国检察微信区县排行榜第一名。

（四）聚焦特殊人群权益保障，释放法治惠民红利

弱势群体权益保障是推进法治建设的难点，贫困人口权益保障是"法治毕节"的痛点，法治保障是精准扶贫能否实现预期目标的关键。基于此认识，毕节市聚焦特殊人群，释放法治惠民红利。

1. 以综治中心建设为切入点，健全政府治理体系

按照"统筹规划、重点突破、整合资源、强化应用"的总体思路，切实做好"1122"工作（围绕公开这一核心工作、建好一张网、搭好两平台、管好两门户），进一步推进电子政务建设应用，不断夯实政务公开工作基础，充分发挥政务公开围绕中心、服务大局的作用，全面推进决策、执行、管理、服务、结果及重点领域信息公开。

一是加强综治中心建设。毕节市委、市政府把综治中心建设纳入改革的

范畴来统筹谋划和整体推进。2017年12月至今，相继出台《中共毕节市委 毕节市人民政府关于加强综治中心建设 提高社会治理水平的意见》《中共毕节市委办公室 毕节市人民政府办公室关于印发〈关于加快推进全市综治中心建设的实施方案〉的通知》《中共毕节市委办公室 毕节市人民政府办公室关于印发〈毕节市综治中心实体化运行试点方案〉的通知》，有针对性地制定和印发关于加强综治中心建设的实施意见和工作方案，有效整合公安、司法、民政、人社、卫计等基层服务管理资源入驻综治中心集中办公，搭建了工作平台，提高综合服务管理水平。

二是将网格化服务管理工作站、三级联动视频接访中心、便民利民服务中心等进行联合组建，加强各部门之间工作联动、信息互通、并行联动、相互支撑。全市所有县、乡、村三级综治中心实现了挂牌办公、阵地配备、人员整合等工作正常运行，创建了以市级30个乡（镇、街道）综治中心实体化运行试点为引领、以其他乡（镇、街道）综治中心建设为支撑的基层综治及平安建设平台，逐步实现基层平安联创、矛盾纠纷联调、突出问题联治、社会治安联防、重点人群联管、重点工作联动，形成了大综治工作格局。

三是加强法治队伍建设。全市10县区均设立律师事务所、公证机构；266个乡（镇、街道）共配备禁毒专职工作人员986人，共配备3649名"村级警务助理"，其中专职警务助理2764名；共建立交管站227个，劝导点451处，协管中队227人，协管员3555人，其中专职协管员826人。

2. 着力抓好特殊人群服务管理体系建设

建立农村留守儿童突发事件每日零报告制度，每天报送儿童突发事件情况。制定出台《毕节市留守儿童强制报告制度》，落实乡（镇、街道）、村（居）、学校、医疗机构、福利机构、救助管理机构及其工作人员强制报告责任。完善应急预案。市、县、乡、村四级和学校分别制定出台本级本单位农村留守儿童突发事件应急管理预案，基本形成"职责明确、流程清晰、统一指挥、衔接有序、快速响应、处置有效"的应急处置工作格局。

深入开展针对留守儿童及困境儿童的隐患排查、重拳严打、法治宣传、心理抚慰"四项行动"，着力抓牢重点对象监护、寄宿制学校建设、救助保

总报告
"法治毕节"创建的探索与实践

障、社会关爱、舆论导控"五个重点",充分发挥法治保护留守儿童、困境儿童的作用,扎实推进"教育惠民、社会关爱、家庭温情"三项行动,重点强化留守儿童和困境儿童关爱服务、养老保障服务、残疾人服务管理、失地农民服务管理,着力破解对留守儿童、困境儿童等特殊困难群体研究不够、办法不多、保障不力、处置突发事件水平不高等瓶颈难题。深入开展特殊人群服务管理"育新工程""雨露工程""安宁工程""回归工程""阳光工程""红丝带工程"等"六项工程",建成和完善县(自治县、区)、乡(镇、街道)、村(社区)三级流浪未成年人救助保护中心(救助管理站、点),建成和完善县(自治县、区)育新学校(百里杜鹃管理区、双山新区、毕节经济开发区除外)、精神病医院、刑释解戒人员出监(所)安置帮教基地、"阳光工程"企业(安置点)、"关爱医院"(隔离病区),健全完善党政、社会、家庭"三位一体"关怀帮教机制,确保各类特殊人群得到及时救治救助和服务管理,着力解决有轻微违法犯罪未成年人、吸毒人员、重性精神病患者、刑释解戒人员数量庞大和艾滋病患者、社区矫正人员不断增多等突出社会问题。

强化风险防范化解,实现农村留守儿童关爱帮扶责任全覆盖。精准建档立卡。各级按"五个一"(一张进村入户排查照片、一张爱心关爱卡、一张安全知识宣传画、一份法律法规宣传册、一封致留守儿童父母的信)要求和"五查工作法"(一查有无油盐柴米粮、二查多少现金存银行、三查生存环境好不好、四查心理素质优和良、五查亲情联络时间有多长)定期开展排查,在市、县建立台账,在乡、村、学校建立个人档案,实行动态管理,初步建立了连接国家、省、市、县、乡的五级数据库。精准评估帮扶。制定农村留守儿童风险评估标准,按照每年3月和9月定期集中开展风险评估和随时发生随时评估原则,对农村留守儿童监护、安全等进行评估。根据风险评估等级,实行乡镇干部、村干部、学校教师"一对一""多对一"的结对帮扶。强化救助保障。统筹用好社会福利和社会救助政策,建立以"八项救助政策"(最低生活保障、孤儿保障、未成年人救助保护、医疗救助、教育救助、住房救助、就业救助、临时救助)为基础,以"四项工作机制"

（"救急难"、困境儿童保障、机构兜底照料、慈善关爱）为补充的社会救助体系，全面建立困境儿童保障制度。

总结和推广"3444"工作经验（通过"建档立卡、落实队伍、整治问题"三个精准，夯实工作基础；强化"家庭主体、政府主导、学校尽责、社会参与"四个坚持，落实关爱责任；完善"组织领导、政策联动、经费保障、督察问责"四项机制，确保工作长效；推进"两业、两通、两训、三保障"四个重点，探索治本之策）。毕节市民政局于2016年5月19日在全国农村留守儿童关爱保护工作培训会议上交流发言，2018年6月30日在全国农村留守儿童关爱保护和困境儿童保障专题研究班培训时做交流发言，规范管理、风险评估、"四个一批"等经验入选贵州省民政厅在全国深度贫困地区农村留守儿童关爱保护和困境儿童保障培训班上的授课课件内容。毕节市有农村留守儿童14.9万名，比2015年末减少15.8万名。

3. 加大贫困人群合法权益保护力度

准确把握脱贫攻坚形势和任务，紧紧围绕打好"四场硬仗"、抓实"五个专项治理"等关键问题，毕节市中级人民法院制定了《关于为全市乡村振兴提供司法服务和保障的实施意见》，指导毕节市法院系统充分发挥司法职能作用，精准服务乡村振兴工作。依法严惩危害农民生命财产安全犯罪，保障农村社会秩序稳定；依法严惩坑农、害农犯罪，保障农业生产顺利进行；依法严惩扶贫领域的职务犯罪，保障扶贫开发项目资金安全；依法审理土地流转、承包合同、劳动争议等民事案件，最大限度保障民生权益；健全司法救助经费保障机制，为贫困诉讼群众提供司法救助和法律援助。

着眼民生保护，集中开展"民生资金保护"专项工作，毕节市检察机关充分发挥各项检察职能，突出查办危害民生资金安全、破坏惠民政策落实的各类犯罪，有效助推毕节试验区"科学治贫、精准扶贫、有效脱贫"。结合办案探索出的重大民生项目挂牌督办、民生项目三级报备、聘请预防联络员等织牢民生资金"五大"保护网、实现全市监督全覆盖的做法，得到《贵州日报》专题报道，并在全省民生资金保护专项工作推进会上交流推广。关注民生热点，深入开展"危害食品药品安全犯罪专项立案监督活

总报告
"法治毕节"创建的探索与实践

动",加强对人民群众反映强烈的有案不立、有罪不究等违法不立案行为的监督。加强弱势群众权益保护,开展协助农民工讨薪问题专项监督。用心用力用情参与脱贫攻坚,选派干警战贫困、惠民生,走村入寨普及"塘约经验"和脱贫摘帽知识,传递司法温情,协调解决交通、电力、通信、教育等实际困难26个。

4. 强化家庭监护主体责任落实

依法落实家庭监护主体责任,实现农村留守儿童监护责任全覆盖。采取"四个一批"落实有效监护（劝父母返家照料一批、劝父母携带外出一批、委托监护照料一批、机构临时管护一批）,劝返外出务工人员回乡就业创业减少农村22.07万名留守儿童;动员有条件的外出务工人员携带未成年子女外出共同生活减少4.15万名留守儿童;对于不能返家和携带外出的,督促父母委托有能力的亲属或朋友监护,并在村委会主持下签订《三方委托监护协议书》或《农村留守儿童监护责任确认书》,两书签订实现全覆盖;对于暂时无人监护的儿童,及时送入未成年人保护中心、儿童福利机构临时监护照料,累计临时监护照料儿童1300余人次。通过开展家长培训和建立监护责任告知制度等方式提高留守儿童家长法律意识。司法部门通过法律援助形式督促家长履行监护责任,对父母拒不履责的,及时予以批评教育、劝诫,共通过公安机关批评教育、训诫落实了1044名农村留守儿童委托监护责任。发挥村级组织的教育、监督作用,县（自治县、区）通过人大牵头指导村级修改完善《村规民约》,加大对村民的教育引导和约束惩戒,督促留守儿童父母履行法定职责。

在毕节市委的统一安排部署下,毕节市公安局、检察院、法院联合开展打击监护人不履责行为专项行动,大力惩治农村父母外出务工、造成对留守儿童只生不养的遗弃未成年人行为,按照"惩罚极少数,教育大多数"的原则,对不履责情形恶劣、造成严重后果的监护人依法惩处。毕节市人民检察院根据《国务院关于加强农村留守儿童关爱保护工作的意见》,结合毕节市实际情况,拟定《毕节市检察机关办理未成年人案件的若干规定》,对不履行监护责任监护人责任追究等进行规定,对于撤销以及变更监护权、对推动监护权撤销进行了诸多有益的尝试。在监护权撤销制度确定后，2017年，七星关区检察院办理的陈某相遗弃案，于2018年5月被最高人民检察院评选为全国检察机关《依法惩治侵害未成年人犯罪，加强未成年人司法保护典型案例》十大典型案例之一，得到贵州省检察院领导高度赞扬。2018年，大方县检察院率先成功办理了全省监护权撤销案件，此后毕节市检察机关又办理了同类案件3件，形成了可推广、可复制的经验。

5. 依法保护企业合法权益

毕节市检察机关着力为毕节试验区乡村振兴战略、营商投资环境保驾护航，建立外部协作机制203个，组织开展"两长"、新型检律关系座谈会和"进商会、进园区、进企业"宣传活动50余场（次），走访调研律师事务所、企业259家。在法治毕节创建期间，先后批准逮捕侵犯企业或企业家人身权、财产权等合法权益犯罪294件462人，提起公诉131件206人；监督立案27件27人，监督纠正侦查活动违法22件；受理涉企控告案件191件220人，办理涉企民事、行政案件298件306人，为企业挽回经济损失1053万余元。正确处理打击与保护的辩证关系，最大限度减少、避免办案活动对企业正常生产经营的影响，对涉嫌犯罪企业家不批准逮捕121人，作出不起诉决定26人，依法建议变更强制措施35人，监督纠正超执行标的查封企业财产4.38亿元。专项工作唱响了重商爱商护商的毕节"好声音"，得到《检察日报》《法制生活报》等中央、贵州省级媒体报道230余次。其中，一起涉案金额达950余万元的抗诉案件，被评为2018年全市政法系统"十大精品案例"；设立涉企案件"绿色通道"的做法，得到贵州省检察院通报表扬。

（五）增强生态文明法治能力，推进绿色经济发展

以"三建一创"为工作重点，以法治手段推进生态文明建设为目标，以提升领导干部的生态文明法治意识和能力为抓手，着力实施生态文明法治建设工程，促进毕节市生态文明建设步入法治化轨道。

总报告
"法治毕节"创建的探索与实践

1. 完善生态文明制度

一是制定生态建设法规等规范性文件。毕节市出台了《毕节市人大常委会关于建立健全地方立法工作机制的若干意见》，颁布了《毕节市饮用水水源保护条例》《毕节市百里杜鹃风景名胜区条例》。在毕节市、黔西县、七星关区3个法院建立生态环保法庭，制定印发《毕节市扶持生态环保产业发展实施办法》《毕节市贯彻落实国家生态文明试验区（贵州）建设工作任务实施方案》《毕节市推进生态文明建设体制机制改革实施方案》，有序推进生态文明体制机制改革。

二是建立完善有关制度及考核办法。出台了《毕节市各级党委、政府及相关职能部门生态环境保护责任划分规定（试行）》《毕节市生态环境损害党政领导干部问责暂行办法》《毕节市生态文明建设考核办法》《毕节市生态红线保护责任考核办法》《毕节市实行最严格水资源管理制度考核暂行办法》《毕节市基本农田保护考核及责任追究办法》等制度，明确各级党委、政府及有关部门的生态环境保护责任，落实"党政同责、一岗双责"。

三是建立林业生态补植复绿工作机制。印发实施《毕节市破坏森林资源违法犯罪案件生态损失补偿工作机制》，对森林失火、盗伐滥伐林木及非法占用林地等行政处罚和刑事案件，引导犯罪嫌疑人、被告人自愿签订协议弥补生态损失，以强化"三个注重"（注重"修复性"意识的转变、注重"补植复绿"的法律效果、注重"保证金"在补植复绿中的作用）为抓手，确保受损林木得到有效恢复。以拱拢坪国有林场国家级森林公园建立首个"补植复绿"基地为例，该基地规划总面积655亩，由鸟语林补植复绿区、大海子工队补植复绿区和林场场部周围补植复绿区三个补植复绿区组成。

2. 强化环境综合治理

一是对倒天河水库饮用水源地开展全流域环境综合整治。通过控制种植污染、取缔养殖污染、推进库区住户搬迁、完善环保基础设施、加大常态执法力度等措施，投资33.5亿元完成倒天河水库3354户居民搬迁和环境整治，安装隔离网36公里，增设标识标牌20余块，建成投运倒天河水库水质自动监测站，确保水源水质达标率持续稳定在100%。

二是推行"环保管家"试点。2017年7月,织金经济开发区管委会与贵州省环境工程评估中心签订了《"环保管家"战略合作框架协议》,贵州省评估中心充分发挥其环保技术优势,为织金经济开发区生态发展提供新形势下"环保管家"一揽子服务,完善建设项目环境管理体系,共同探索项目建设及运营中的环保措施、管理方法,为企业实现稳定持续达标,降低环境风险,控制环保运行成本。在"环保管家"的助力下,织金经济开发区项目建设环保工作已初显成效,中国石化长城能源化工(贵州)有限公司60万吨/年聚烯烃项目、织金绮陌至茶店洪家渡大道工程、织金新型能源化工基地污水处理厂及配套管网工程、贵州织金经济开发区纵一路工程、中石化贵州织金煤化工征地拆迁安置等项目均获相关环保部门批复。

3. 四个"坚持"确保造林成效

一是坚持规划先行。在规划过程中,充分尊重群众意愿,将"种不种""种什么""怎样种"等问题交由群众决定,实现了规划引领、政府引导与群众意愿的无缝对接;按照"宜乔则乔、宜灌则灌、宜草则草"原则,在不造成新的水土流失的前提下,通过林草结合、林药结合、林粮结合等模式,引导群众大力发展林下经济。

二是坚持突出重点。工程实施中,重点突出高速公路铁路沿线、城镇园区周边、景区景点周围和重要水源地四个绿化重点区域。

三是坚持种管结合。严格把好设计、种苗、施工、验收和资金兑现"五道关口",高标准、高质量完成各类林业工程建设任务。各地按照"三分造、七分管"和"明确责权利,不栽无主树,不造无主林"的原则,建立主体落实、监管到位、补偿合理、责权利统一的林木管护机制,切实制定管护制度,落实管护人员,落实管护责任。

四是坚持机制创新。建立"四到乡"制度,明确乡镇党委、政府是造林绿化的责任主体,将造林任务落实到乡镇,资金拨付到乡镇,由乡镇自行组织培育或采购苗木,落实施工单位,监督指导造林,任务完成情况接受县级检查考核,做到造林绿化任务、资金、责任、考核"四到乡"。实行"先建后补"制度,在保证政策补助资金全部兑现给农户的前提下,积极引入

总报告
"法治毕节"创建的探索与实践

公司、合作社、种植大户参与造林绿化,鼓励和支持农户将坡耕地向企业、专业协会、合作社、种植大户流转,由企业、专业合作社、大户先行垫资造林,经验收合格后,种苗与造林补助资金按照"5∶2∶3"的比例分三年三次兑现给实施主体。完善苗木供应机制,按照"政府限价、乡镇组织、就近育苗、定向供应"的原则,建立以乡镇自行育苗为主、国有林场保障育苗为辅的苗木供应机制,有效解决了造林与供苗、供苗与群众意愿脱节的问题。

4. 持续推进公益诉讼试点工作

2014年10月,金沙县人民检察院提起全国首例检察行政公益诉讼案件,成为全国检察机关探索行政公益诉讼制度的"破冰之举",在社会各界引起强烈反响,得到了中央政法委、最高人民检察院、贵州省人民检察院、中共毕节市委的充分肯定。《法制日报》将该案评为"法治2014十大年度影响力诉讼案件",最高人民检察院将该案评为"十大法律监督案件""行政检察精品案例",环保部、中国法学会授予该案"生态环境法治保障制度创新最佳事例"。"法治毕节"创建工作启动后,毕节市检察机关紧贴"法治政府建设工程"中关于推进依法行政的工作目标,将检察公益诉讼工作作为创建工作重要内容来抓,以获得参与全省检察公益诉讼试点为契机,在全国市州级试点检察院中率先制定《毕节市检察机关公益诉讼案件办理规定(试行)》《毕节市检察机关民事行政检察案件联动办理规定(试行)》两个检察公益诉讼办案规定,对毕节检察公益诉讼探索进行严格规范的制度性约束和指引,促使案件办理步入快车道,实现从单一领域到多个领域、从重点出击到多点开花的突破。在市委的坚强领导和省检察院的科学指导下,毕节市检察机关提前超额完成检察公益诉讼试点工作任务,切实体现了试验区坚定不移落实中央决策部署的决心和能力。检察公益诉讼试点工作结束后,毕节市检察机关再接再厉,继续稳步全面推进检察公益诉讼工作。

"法治毕节"创建工作中,毕节市检察机关共办理公益诉讼案件1395件,提起诉讼26件,法院已审结的22件起诉案件均支持检察机关诉讼请求。其中,金沙县检察院诉七星关区大银镇政府行政公益诉讼案为全国首例市州级辖区内异地管辖起诉的检察行政公益诉讼案件,被最高人民法院评为"2017年度长江流域环境资源审判十大典型案例",大方县检察院办理了全省首例食品药品领域刑事附带民事公益诉讼案件,七星关区检察院、大方县检察院、金沙县检察院各有一件公益诉讼案件被评为贵州省检察机关公益诉讼典型案例,黔西县检察院、金沙县检察院各有一件公益诉讼案件被贵州省高级人民法院评为"十大环境资源审判案例"。"法治毕节"创建期间,毕节市检察公益诉讼工作两年位列全省第一,一年位列全省第三,6个集体、11名个人获得贵州省人民检察院表彰,取得了优异的工作成绩。2017年8月,全省检察机关全面开展公益诉讼工作会在大方县检察院召开,毕节市检察机关开展公益诉讼的做法在会上得到交流推广。

5. 严厉打击危害生态犯罪

毕节市政法机关紧扣绿色发展,筑牢生态司法防线,以建设"生态毕节"为目标,坚决打击破坏生态环境资源的刑事犯罪。2016年以来共立案查办生态领域职务犯罪案件152件180人,批准逮捕破坏环境资源犯罪案134件152人,提起公诉217件252人,通过打击犯罪切实增强人民群众的蓝天幸福感。进一步健全环境保护行政执法与刑事司法衔接工作机制,加强与公安、环保、国土、林业等相关部门的配合联动,形成打击合力,监督行政机关移送立案136件,追捕追诉8人。结合办案推动依法行政和生态修复,发出督促履职检察建议1585件,落实"补植复绿"29300余亩380万余株。

持续开展森林保护"六个严禁"执法专项行动,法院、检察院、林业部门对破坏生态资源的违法犯罪行为在依法打击的同时,积极探索"补植复绿"新模式,针对不同类型的案件,积极探索和采取有效的措施开展补植。针对因盗伐林木、滥伐林木、失火和故意毁坏林地而受到林业部门行政处罚和公安机关立案查处的,检察机关督促林业部门责令被处罚对象、违法犯罪单位及个人在原址补种树木,或责令缴纳植被恢复费后由林业部门组织补种。针对因无证生产、采石或毁林开荒等非法占用林地而受到林业部门行政处罚或公安机关立案查处的,检察机关发出检察建议,督促林业部门建立

总报告
"法治毕节"创建的探索与实践

补植复绿基地,责令被处罚对象、违法犯罪单位及个人在补植复绿基地异地补种树木。对非法收购盗伐的林木及非法采伐、毁坏国家重点保护植物破坏森林资源的案件,参照盗伐补植标准执行。

(六)强化权力制约,提高法治监督检查效果

完善内部权力制约机制和纠错问责机制,构建科学有效的权力运行制约和监督体系。严防权力滥用和权力寻租,依法执政能力全面提高,法治监督体系全面完善。

1. 强化社会监督

推进决策公开、执行公开、管理公开、服务公开、结果公开,加大行政审批、行政许可、行政处罚等信息公开力度,保障公众的知情权、参与权和监督权。建立健全网络舆情收集、研判、处置机制,建立公开透明、及时有效的信息发布制度。做好"人人都是自媒体"时代的宣传和舆论引导,传递正能量,宣传好声音,杜绝虚假报道、不实宣传。

2016年以来,鉴于毕节市民政领域信访量大、涉及的政策法规多、群众和舆论关注度高的现状,创新信访工作机制,开展"三访一研判"探索,实行"轮流接访""适时走访""定期回访""月月研判",努力解决民政领域信访问题。"三访一研判"工作在推进中,结合毕节市开展行政执法"三项制度"改革试点工作,灵活地将行政执法全过程记录机制运用到民政信访工作的"轮流接访"之中,设立了专门的信访接待室,配备了音频视频设备和执法记录仪,对民政干部接访的全过程进行录音录像,通过采取这种方式,既规范了民政信访秩序,一定程度上遏制了个别上访对象不讲道理、无理取闹的情况,又约束了干部接访言行,避免干部不吃透政策、应付差事、敷衍塞责。通过探索取得初步成效后,在毕节市民政系统中进行推广,取得了较为明显的成效。在信访过程中,信访人依法信访,接访人文明接访,没有出现越级上访、进京上访情况,没有引发群体性事件,群众合法利益得到切实维护,社会和谐稳定得到有效促进。

"法治毕节"的探索与实践

2. 切实建好一张网，强力提升应用推广的"质"和"量"

电子政务外网已成为公共管理、社会服务的重要网络支撑，在深化"放管服"改革、推进"互联网+政务服务"等方面发挥了重要的支撑保障作用，是全省公务员工作、学习和管理的基础性电子政务平台。毕节市强力推进电子政务网建设应用推广工作。一是做好电子政务外网基础建设。以省电子政务外网三期建设为契机，按照"横向拓展、纵向深入、点面结合"的思路，从覆盖范围、承载能力、网络安全等方面，科学合理地做好电子政务外网规划部署，建成一张网络覆盖全面、数据高度共享、网络安全性高、政务支撑完善、运维服务水平高的电子政务外网。二是做好省电子政务网应用。以"需求、实效、目标"为导向，进一步健全完善组织机构，明确分管领导，加强本级电子政务网应用推广统筹指导，切实推进行政信息化办公服务。力争实现县区行政"一把手"带头使用电子政务外网，实现在线审签文件，倒逼其他领导干部积极应用，充分形成全流程在线办公良性循环机制。以紧盯市省电子政务网日登录使用为目标，重点将各单位领导、关键股室、关键环节人员作为省电子政务网应用对象，进一步细化任务、建立台账，真正做到底数清、目标明，强力提升市省电子政务网应用推广的"质"和"量"。

3. 规范司法权力运行机制

完成法院、检察院三类人员分类定岗定责，组建办案团队，落实员额法官、检察官办案责任制，制定《关于裁判文书签发权限的暂行规定》，实行"谁主审、谁签发""谁签发、谁负责"，以责任倒逼办案质量，促进公平正义。推进案件流程管理监督和评查，对案件进行统一立案、统一分案、全程跟踪督办，确保案件在审限内结案。不断完善以常规评查、专项评查、重点评查和第三方评查为主要形式的案件评查监督机制，并通报评查结果，确保审判质量，真正做到"放权"而不"放任"。

一是严格认真执行"一把手"不直接分管财务、人事、工程建设、行政审批和物资采购等"五不分管"制度，凡属重大事项决策、重要干部任免、重大项目安排、大额资金使用"三重一大"事项均严格通过党组会等集体研究决定，制定权力运行清单，按照决策、执行、监督分解权力，形成

总报告
"法治毕节"创建的探索与实践

班子成员之间内部相互协调和制约的工作机制。

二是在实施行政权力事项的基础上,通过调整、合并、新增权力事项,建立权力清单和责任清单,逐步探索将单位行政审批职责集中办理,提高行政效能。

三是加强政务公开,印发了《毕节市水库和生态移民局关于进一步加强水库和生态移民信息报送工作的通知》,健全完善了水库和生态移民政务信息报送工作机制等,及时在公示栏、门户网站等公开"三重一大"事项、行政审批事项、"三公"经费等信息,充分让权力在阳光下运行,自觉接受社会监督。

4. 强化检察机关法律监督

毕节市检察机关积极主动适应司法体制、监察体制改革,聚焦监督主责主业履职尽责,推动法律监督全面平衡充分发展,以强化法律监督为重点,深入推进"法治毕节"创建。

不断强化职务犯罪检察监督。坚决贯彻党中央关于反腐败斗争的决策部署,保持反腐高压态势。及时介入各类安全事故调查,严肃查办重大安全责任事故背后的渎职犯罪。2015~2017年共立案查办贪污贿赂犯罪案件313件363人、渎职侵权职务犯罪案件70件93人,为国家挽回经济损失5371.17万元。

不断强化刑事检察监督。坚持罪刑法定、疑罪从无和证据裁判原则,严把案件事实关、证据关、程序关和法律适用关,切实保障司法公正。自"法治毕节"创建工作启动以来,共监督撤案389人,监督立案738人,追加逮捕929人,追加起诉1310人,追加遗漏罪行336人;纠正侦查活动违法854件次、审判活动违法64件次,提出量刑建议11053人,采纳率达95%以上;抗诉70件,法院已改判和发回重审42件。

5. 人大强化了法治监督力度,凸显人大在法治监管中的作用

一是强化对专项工作报告的听取和审议。2016~2018年,共听取和审议了"一府一委两院"专项工作报告36个,代表对专项工作报告满意度达96%以上。与会代表结合毕节市实际提出了大量具有前瞻性、科学性和可操作性的建议意见,由毕节市常委会办公室转交"一府一委两院"组织研究处理并得到整改落实。

二是强化对政府组成部门的工作评议。2016~2018年，毕节市人大常委会先后对通村油路建设、城镇职工养老保险、"一气三表"专项整治、食品安全、脱贫攻坚工作进行专项评议6次。从关注出行安全到保障"老有所依"再到助力脱贫攻坚，毕节市人大常委会始终不遗余力，全力以赴解决民众普遍关心的热点难点问题。其中，评议脱贫攻坚工作得到了省人大领导的充分肯定。

三是积极组织开展专题询问。2016年和2018年，毕节市人大常委会分别对重点区域环境保护和污染治理工作、创建国家园林城市工作进行专题询问，政府对有关问题认真作答。通过专题询问共同推进中央、贵州省委、毕节市委重大决策部署的贯彻落实，体现了坚持党的领导、人民当家做主和依法治国的有机统一。在重点区域环境保护和污染治理工作专题询问中，毕节市人大常委会重点突出了连续询问机制，对专题询问方式进行了创新。

6. 融合民主人士的法治建设智慧，激发政协民主监督动能

一是建立健全反映社情民意信息工作制度，充分发挥社情民意直报点作用。自毕节市政协成为全国政协办公厅社情民意直报点后，进一步完善了《毕节市政协办公室社情民意信息编报制度》，畅通了各民主党派市委、各人民团体、各县（区）政协、市政协各专门委员会、各市政协委员反映社情民意信息的渠道；注重从常委会议、专题调研、委员提案中搜集社情民意信息，并及时向毕节市委、市政府主要领导、有关领导及相关部门报送。自2015年以来，通过调查核实、整理汇编，共编发《毕节市政协社情民意信息》121期，受到了毕节市委、市政府领导的高度重视，其中《盆景取材对生态环境保护不容忽视》《教育扶贫资金的沉淀应引起重视》已上报全国政协办公厅，《关于住房公积金账户定期自动划转偿还住房贷款的建议》《高度重视和妥善化解市实验学校一年级招生矛盾刻不容缓》《毕节六小大班额所致的安全隐患何时才能消除》《关于配齐配全我市基层医务人员一体机的建议》等信息得到了毕节市委、市政府主要领导的高度重视，推动了问题的解决。

二是积极办理政协提案。毕节市政协坚持以"决战贫困、提速赶超、同

总报告
"法治毕节"创建的探索与实践

步小康"为统揽,根据"法治毕节"创建工作相关要求,认真履职,充分发挥政协民主监督的优势,各项工作取得了新的进展。共收到提案2233件,经审查,立案1917件,交办1917件,提案内容涉及经济发展、交通运输、城市建设、教育文化、社会保障等各方面,提案办结答复率为100%,为毕节试验区经济社会发展建真言、献良策,发挥了政协的特色和优势。

三 "法治毕节"创建的成效[*]

2015年11月,毕节市委召开"法治毕节"创建工作推进会,提出通过三年左右的努力,实现社会治理体系全面建立、依法行政能力全面增强、公正司法水平全面提升、公民道德素养全面提升、全民法治意识全面增强、民生保障事业全面进步、基层基础建设全面夯实、全面促进治理体系和治理能力现代化"八个全面"目标。随后,在省委、省政府的直接领导支持下,毕节市委、市政府紧扣深化拓展毕节试验区"开发扶贫、生态建设、人口控制"三大主题,针对法治建设中的薄弱环节,确定法治政府建设工程、公正司法天平工程、全民守法宣教工程、法治惠民服务工程、生态文明法治工程、法治监督检查工程等六大工程,实施或落实了互联网+政务公开、权力清单责任清单制度、决策合法性审查和程序制度、单位法律顾问制度和公职律师制度、创新普法宣传教育机制、创新基层社会治理体系、完善监督考核体系等一系列有力举措,在各类案件发案率降低、基层预防和处置事件能力提升、法治理念逐步深入人心、生态环境更加宜居美丽、行政司法效能优化等方面取得了重要的成效。

(一)基层基础建设全面夯实,基层治理体系全面建立健全

1. 基层民主法治工作扎实,基层更加稳定和谐

以信息采集为突破,破解基层治理难题。毕节市研发"互联网+社会

---

[*] 此部分撰稿人:傅智文,法学博士,贵州民族大学法学院副教授,贵州省法治研究与评估中心研究员,西南政法大学·贵州省社会科学院博士后科研工作站博士后研究人员。

"法治毕节"的探索与实践

综合治理管理云平台",围绕"人、地、物、事、网、组织"等基础要素,通过 App 面向全市所有单位和自然村对标准地址、实有房屋、实有单位、实有人口、贫困人员、就业创业、家庭收入、特殊人群、人口健康及基本卫生服务等涵盖各方面的 380 项基础信息进行采集,推动基础信息资源高共享,做到基层数据底数清、社情民意及时掌握上报,实现社会治理由事后处置向事前预防转变。

深入推进多元化解机制,提高基层组织化解矛盾纠纷的能力。毕节市以建立完善矛盾纠纷多元调处中心为重点,以建立完善专业化调解组织平台、公共法律服务平台、综治工作信息管理平台为载体,以建立完善司法确认制度为核心的诉调对接平台为补充,在市、县、乡三级分别建立中心(平台),及时化解基层矛盾纠纷,实现"小事不出村、大事不出乡,矛盾不上交"。截至 2019 年 6 月,全市建成 280 个矛盾纠纷多元调处中心、426 个专业性行业性矛盾纠纷化解平台、360 个公共法律服务平台、44 个以司法确认为核心的诉调对接平台、285 个综治工作信息管理平台,排查矛盾纠纷 1.3 万余起,调处成功率 97.27%。

探索完善基层工作方式,让法治能力成为基层工作的看家本领。毕节市建立健全基层党组织领导的村民会议、村民代表会议和村务监督委员会制度,规范民主监督内容、程序,建立决策让群众参与、成效交群众评议的城乡基层群众自治机制,调动群众参事议事积极性,增强基层组织凝聚力,增加基层工作透明度,减少群众误会和上访。毕节市完善村规民约、市民公约,强化村(居)民自我管理、自我服务、自我教育、自我监督,引导群众依法立约、以约治理。对不赡养老人、不抚养小孩、不履行义务、不遵守社会公德和公序良俗的行为,实行道德红黑榜公示制度、互助行为限制制度,建立自治、德治、法治相结合的乡村治理体系,让群众感受到良好的法治环境,自觉形成学法用法、遇事找法的习惯和思维。以金海湖新区常丰村为例,该村自开展"民主法治示范村"创建工作以来,村"两委"通过开展政策法规宣传、思想教育等工作,邻里矛盾纠纷减少了,群众对村干部的抵触情绪消除了,常丰村的人民群众都有了较强的法治意

总报告
"法治毕节"创建的探索与实践

识，形成了办事守法、遇事找法、解决问题用法、化解矛盾纠纷靠法的浓厚氛围，人民群众安全感和满意度得到了提升，群众的幸福指数较高，社会和谐稳定发展。

2. 聚焦黑恶势力犯罪，全力攻坚"破网打伞"，各类案件发案率明显下降

2017年至2019年6月，毕节市公安机关以扫黑除恶为龙头，加大各类违法犯罪的打击力度，破获"九类恶势力犯罪"案件520件、刑拘2230人；立案侦查涉黑案件8件157人，在办恶势力犯罪集团35个，有力地保障了人民安居乐业。

毕节市检察机关积极聚焦黑恶势力犯罪新动向、新形态、新手段，统筹调配检察力量，建立内外衔接机制，开通举报热线，强化提前介入侦查、引导取证，坚决深挖彻查，依法快捕快诉，全力攻坚"破网打伞"。2017年至2019年6月，毕节市检察机关共批准逮捕涉黑涉恶案件30件95人，提起公诉21件110人，追加逮捕29人，追加起诉21人，纠正遗漏犯罪事实16起；坚持打击与监督并重，不捕12人，发出并督促落实"强化背景审查、严防涉黑涉恶人员进入村支'两委'班子"等检察建议90余件。

毕节市政法机关破获办理的纳雍县"村霸"龙德江等龙氏家族把持基层政权、操纵基层换届选举恶势力犯罪案件，被中央政法委作为典型案例进行宣传，并被列为全国检察机关扫黑除恶典型案例。

"法治毕节"创建以来的2018年与创建前的2015年相比，刑事案件下降14.91%，命案下降25%，"两抢一盗"案件下降23.94%，新增吸毒人员下降41.43%。近年来，刑事案件发案数连续下降，打击成效明显；可防性命案发案大幅下降，现行命案连续全破，攻克了一批影响较大的陈年旧案。

3. 保障基层治理队伍建设，提升基层预防和处置事件能力

政法基础设施不断完善，警力下沉，应急处突能力不断提升。毕节市完成大部分派出所民警备勤休息用房食堂及配套基础设施改造工程，基层民警配置比例不断提高。同时，注重乡村两级综治队伍规范化建设，健全和完善全市基层法治队伍建设，派出所消防辅警和公安协警力量不断加强，确保基层综治力量全覆盖，有效防止各类治安案件的恶化升级。加强人员集中重

点单位警务室建设，预防重特大治安事件。截至 2019 年 6 月，全市共建设驻校警务室 2163 个、"护校岗" 622 个、治安岗亭 327 个，配备学校专职安保人员 3253 人，配备校园防护器械装备 2 万套，安装视频监控设备 2530 套，安装 "一键式紧急报警装置" 599 套。建立医院警务室 117 个，派驻民警 130 名，督促配备保安力量 1011 人，督促增设监控探头 274 个。

治安防控体系不断完善，科技力量弥补警力不足。毕节市加强综治大数据、司法大数据和服务大数据建设，以警用地理信息平台为依托，整合 "天网工程" 等警务资源，搭建平台建设标准化、巡逻防控网格化、现场警情可视化、指挥调度扁平化、情指联动一体化的全市 "五化" 扁平化指挥体系，从源头上预防刑事治安案件的能力不断增强。截至 2019 年 6 月，全市已经建成 "天网工程" 前端监控点 16523 个，智能报警点 500 余个，联网率 100%。不断完善的治安防控体系，为预防处置群体性事件提供了重要支撑和坚强后盾。

（二）"依法行政" 服务型政府正在全面建成，经济社会发展态势良好

1. 政务公开成为各级机关的自觉行为

毕节市各级政府充分发挥政府网站政务公开第一平台的作用，进一步推进决策、执行、管理、服务、结果 "五公开"。按照 "互联网＋公众服务" 理念，不断推进政府网站集约化建设。2018 年，在毕节市政府网群，全市主动公开政府信息 278127 条，同比增长 5.51%。其中市本级 73507 条，同比增长 46.42%。在省政府办公厅 2018 年全省政府网站抽查整改中，四个季度合格率均达 100%。各类政务新媒体坚持每日发布重大时政、民生、政策、民意征集等信息，方便干部群众及时、便捷获得相关信息，毕节市政务新媒体在相关评比中排名比较靠前。

毕节市全面推进决策信息公开。一是建立重大决策预公开制度。2018 年开展民意征集 205 次（市本级 159 次），收到意见 876 条（市本级 513 条），市本级反馈民意征集情况 93 件。二是建立政府会议开放制度。2018

总报告
"法治毕节"创建的探索与实践

年全年面向公众开放会议189次（市本级112次），参会公众918人次（市本级467人次）。

2. 行政法治化约束逐步形成

法律规范成为毕节市行政工作、执法工作的依据和约束，依法行政、规范行政成为政府部门和工作人员的内化行为，行政违法或不当行为得到有效控制。毕节市人民政府制定了《毕节市人民政府重大行政决策程序规定（试行）》，重大行政决策事项未经合法性审查，一律不得提交政府常务会议集体讨论、一律不得制发文件。推进备案审查，注重"红头文件"监管，对所有规范性文件实行统一登记、统一编号、统一印发的"三统一"工作方式，从源头上规范了行政决策行为，得到国务院法制办的肯定，并在毕节市召开西南六省（区）规范性文件监督管理工作交流会。强化行政审批制度改革，市级只保留了230项行政审批事项，审批流程由原来的平均10个流程减少到3个流程，审批时限由原来的平均25个工作日减少到3.68个工作日。

毕节市市、县、乡三级行政机关全面推进权责法定化、公开化，全力消除权力设租寻租空间，筑牢行政权力"制度笼子"，完成行政执法"三项制度"试点工作平台更新，完成市行政执法"三项制度"试点工作信息平台更新，收录和公示执法单位632个、执法人员信息1.38万人、权责清单2.54万份、执法信息5.14万条，完成业务办件10.44万件，公示执法结果1.16万件，受理咨询投诉34件；执法人员持证清理工作全面完成，收回了违规持证、持证不在岗等人员证件；市、县、乡三级政府和市、县两级政府工作部门法律顾问覆盖率达100%；"法治乡镇长"创建工作全面落实，积极推动乡镇同步建设法治政府；抓住行政应诉和行政复议两个关键，积极开展行政复议委员会改革试点工作，行政复议委员会逐步推行统一受理、统一审理、统一决定"三统一"相对集中运行模式。上述改革的全面完成，切实建立起了依法行政的制度规范。

毕节市落实权力清单制度，全面清理权力范围，健全工作制度，划清权力边界，把权力关进制度的笼子，规范权力运行。2017年，毕节市开始开展"减证便民"专项行动，共清理出各单位保留证明材料772项，取消证明材料172项。行政许可事项流程严格按照省要求的3个环节6个步骤（收件与受理、审查与决定、颁证与送达）进行优化，审批流程由原来的平均10个环节减少为3个环节，缩减了70%。2018年通过清单编制，实现市直部门的行政职权事项从5953项减少为3428项，减少2525项，减少幅度达42.4%。其中，行政许可事项从244项减到213项，减少31项，减少幅度达12.7%。另外，为切实优化营商环境，认真贯彻国家、省、市"放管服"会议精神，将市直行政许可事项平均办结时限从25.4个工作日降到平均7.5个工作日，缩减了70.5%。县（区）政府部门及乡（镇）政府的行政审批办结时限也缩减了50%以上。2018年底，按照中央和省相关文件精神，重新制定发布35个市直部门权力运行图（行政流程图），进一步精简各类证明材料，最大限度方便企业、方便群众。

各项制度的实施取得了非常显著的效果，行政权得到了有效规范。2016~2018年，毕节市各级行政复议机关积极依法履行行政复议职责，依法办理行政复议案件共计1579件，坚决纠正违法和不当的行政行为，直接纠正违法和不当的行政行为共计339件、直接纠正率21.5%，切实维护群众合法权益，努力化解了一批行政争议。2016~2018年，毕节市行政机关共参与行政诉讼案件2574件，审结2264件，未审结210件。在审结的2264件诉讼案件中，败诉290件、败诉率12.8%。三年来行政机关出庭败诉率呈下降趋势，其中2016年为14.2%、2017年为11.9%、2018年为13.6%。法院开庭审理2030件，行政机关负责人出庭应诉1091件，2016年、2017年，行政机关负责人出庭率超过50%，高出指标数30个百分点。2016年贵州省全省推进行政机关负责人出庭应诉工作现场会选择在毕节召开，毕节市在现场会上做经验交流发言。

3. "放管服"改革强力推进，群众办事便利性大大提高

毕节市强力推进"放管服"改革，进一步精简办理材料、办理时限、办理流程，创新审批方式，提升人民群众满意度。以市政务服务中心为例，树立以"100-1=0"的服务理念优化政务工作，用"无申辩"的要求提升

总报告
"法治毕节"创建的探索与实践

自己、用"五个绝不"（所有办理事项绝不在我这里停留、绝不在我这里出错、绝不因为我的服务态度不好影响办事群众的心情、绝不因为我的一次性告知不到位等让人民群众感到不满意、绝不因为我的个人行为使整个政务服务系统蒙羞）约束自己，不断提升政务服务效率和服务水平。按国务院"最多跑一次"的要求，政务大厅进驻部门通过优化办事流程、减少办理环节、压缩办理时限、加强软硬件建设，提高事项网上可办率，为网上业务推行创造条件，减少服务对象来回跑的次数。市级共44项事项可实现分分钟办理，县（区）实现分分钟办理事项平均35项，截至2018年12月31日，全市通过贵州政务服务网审批系统为服务对象受理行政审批及公共服务事项1402066件（其中网上受理553207件），办结1401645件（其中当场办结908721件）。市级通过贵州政务服务网审批系统为服务对象受理行政审批及公共服务事项39556件，办结39445件，其中网上受理18728件，当场办结10664件。推动群众跑腿向数据跑路转变，努力实现企业和群众办件像"网购"一样方便。目前，按照"零跑腿办理""不见面审批"流程办理有关许可申请216件，企业满意率100%。

（三）司法公信力正在回归，法律效果、社会效果和政治效果全面提升

为维护司法公正，毕节市深化司法体制改革工作，全面落实司法责任制，不断完善司法权力运行机制，切实加强案件质量管理。

1. 司法体制改革深入推进，司法环境有效改善

2016年，毕节市委、市政府作出毕节政法系统"一年提升装备水平，两年完善基础设施和信息化建设"的部署。司法机关完成了工资薪酬制度改革，并率先在全省完成市级财物统管工作，司法机关公用经费保障标准大为提升，法官责任意识和尊荣感同步提升。2018年4月，市委组织召开全市决胜"基本解决执行难"工作推进会，市委、市人大常委会、市政府、市政协分管领导出席会议，市直44家单位分管负责人和各县（区）党委政法委书记、法院院长参加会议，凝聚全市力量，进一步支持法院攻坚"执

行难",到 2018 年底"基本解决执行难"取得重大成效。2015 年,毕节市委、市政府制定下发了《关于进一步支持法院、检察院依法独立行使审判权和检察权的意见》,每月通过案件管理系统对全市法院、检察院"干预司法插手具体案件办理情况"进行实时监控,到目前未发现"领导干部和司法人员干预司法插手具体案件"的情况,依法独立行使审判权和检察权得到有效保障。

2. 司法权运行机制逐步完善,办案流程更加规范

法院审判团队实行扁平化管理,改革文书签发机制,彻底将审判权返还给合议庭和员额法官,建立权责统一、权责明晰、权力制约的审判权运行机制,切实做到"让审理者裁判、由裁判者负责"。全市法院坚持入额院领导带头办案,两级法院院长、副院长重点办理重大、疑难、复杂、新类型案件。市检察院制定《院领导直接办理案件暂行办法》,严格落实司法办案亲历性要求,对院领导办案量作出明确要求。截至目前,入额领导干部共办理各类案件 1031 件,入额领导干部办案数占受案数的 25.8%,检察长列席法院审判委员会向常态化迈进。刑事诉讼制度改革方面,规范完善了刑事审判庭前会议、非法证据排除和法庭调查"三项规程",以及刑事速裁程序和认罪认罚从宽制度等,有效形成以审判为中心的刑事诉讼机制。推进公检法机关协同建立刑事诉讼大数据智能管理系统,统一司法尺度,提高司法效率。这些改革措施有力地保障了诉讼各方的权利,保障了司法公正。

3. 司法公开和司法责任制有效落实,群众知情监督权得到有效保障

阳光司法是恢复、提升司法公信力的重要途径。毕节市两级法院通过建设审判流程公开、执行信息公开、裁判文书公开、庭审公开四大公开平台,司法公开更加全面、深入,阳光法院建设成效明显。全市法院全面落实在贵州法院公众服务平台公开案件流程信息和裁判文书。全市法院按照庭审同步录音录像的要求,建成科技法庭 146 个,保证庭审全程留痕。黔西县、织金县等法院名列全省法院庭审直播数量前列。毕节市两级检察机关以大幅度超过省检察院规定的标准落实推动法律文书、程序信息、重要案件信息上网公开。

全市法院于 2016 年 8 月正式投入运行电子卷宗系统,随案同步生成电

总报告
"法治毕节"创建的探索与实践

子卷宗,大幅提升法官办案、审判监督、档案管理的信息化水平,确保审判执行活动全程留痕。市两级法院创新方法开展案件质量评查,严把案件质量关。

按照贵州省人民检察院对法律文书公开率须达到80%以上的要求,毕节市两级检察机关依托案件信息查询系统、"12309"线上线下一体化服务平台等载体,及时督促办案部门公开法律文书,督促承办人进行生效情况确认,确保法律文书及时公开。2016年至2018年底,共计公开法律文书9619份,导出案件程序信息19795条,发布重要案件信息2755条。同时,完善新闻发布会制度,加强"两微一端"平台建设,建立检察院门户网站,举行"检察开放日"活动,及时准确地向社会公开检察机关的创新举措、工作动态、工作亮点、重大活动,以及具有典型意义、社会关注度高的案件,不断提升司法工作透明度,拓宽群众参与司法渠道,切实保障人民群众的知情权和监督权。

4. 各项机制有效落实,司法质效大幅提升

毕节市法院系统积极推进繁简分流,实现"繁案精审、简案快审",以七星关区法院和纳雍县法院为试点向全市法院推行"轻刑快审"机制,试点法院对轻微刑事案件平均办案周期7天,最快1天,节约了司法成本,提高了审判效率。大力抓好重大案件的审理,积极推进审判委员会制度改革,强化审委会在总结审判经验、制定审判规范、讨论审判重大事项、统一法律适用和裁判标准上的职能作用。2016年,全市法院共受理各类案件52955件,结案51029件,同比分别上升20.85%和27.5%,结案率为96.36%,审判质效在全省排名从2015年第5位跃居到第3位。2017年全市法院共受理各类案件63221件,结案60061件,同比分别上升19.39%和17.7%,结案率95.00%,比全省平均结案率94.11%高出0.89个百分点,审判质效持续保持全省第3名。2018年,全市法院共受理各类案件74729件,结案71209件,结案率95.29%。2018年,毕节市法院系统2个集体、2名个人被评为全国先进,9个集体97名个人被评为省级先进,其中织金县人民法院被评为"全国优秀法院"。2018年,毕节法院群众满意度98.32%,排名

全省法院系统第一。

2017年，毕节市两级检察机关司改后员额制检察官人均月办案量同比上升1倍；审查起诉期限20.32天，同比缩短4.37天。案件质量总体保持平稳，全市捕后作存疑不诉、法院判无罪的人数比改革前同比分别下降12.73%、10.46%。案件质量评查发现的司法不规范问题逐年递减，2017年，审查逮捕和审查起诉办案准确率为100%。

5. 推进人民参与、互动，社会效果良好

毕节市基层法院推行当事人协商选择为主、法院随机抽选为辅的陪审员选择模式，大幅提升了陪审率，并为人民陪审员参加审判活动提供交通、误工等补助，补助标准为每件50~100元。2018年，各县（区）法院人民陪审员参审比例为94.11%，为全省最高，实现了人民群众有效参与司法，拓展了人民群众监督司法工作的渠道。2018年，全市法院更加突出法治宣传的综合性、多样性、广泛性。全市法院推行庭审直播，拓展庭审网络点播覆盖面，满足人民群众阳光司法需求。"法治毕节"创建以来，各基层法院通过诉讼服务中心这一平台不断推出便民新举措。典型的事例有：七星关区法院设立心理咨询室，聘请心理咨询师进驻诉讼服务中心，彰显司法人文关怀；金沙县法院在诉讼服务中心引进便民服务站，方便群众阅读、休息、购物，延伸了人性化服务；织金县法院率先建成并投入使用流动诉讼服务窗口、网络庭审直播和诉调对接平台，通过向当事人提供法律咨询和远程视频调解的"E平台"，丰富拓展了司法为民的理念。2018年，为切实方便群众诉讼，毕节市中级人民法院加强调研，积极征求人大代表、政协委员意见建议，制定了《关于人民法庭设置的建议方案》，拟从现有63个人民法庭增设为81个。

毕节市检察机关按照最高人民检察院、司法部《深化人民监督员制度改革方案》的要求，逐步推进人民监督员监督范围、监督程序改革和人民监督员选任管理方式改革，建立了《毕节市检察机关办理人民监督员监督评议案件规定》《人民监督员管理体系》等有关人民监督员的制度机制10余项，配合司法局从毕节市人大代表、政协委员、机关团体和社会各界人士中选任了 55 名人民监督员。把全市检察机关涉及的"11 类案件或事项"纳入人民监督员的监督视野，组织人民监督员监督评议"11 类案件或事项"案件。进一步规范人民监督员监督案件的程序和范围，明确承办人民监督员监督案件的责任部门，规范人民监督员监督程序，实现人民监督员监督程序与诉讼程序的有机结合、监督程序与办案程序的有效衔接。2016 年至 2018 年底，全市办理人民监督员案件 12 件，组织参加检察活动 42 次，其中，组织开展检察开放日活动 27 次，专家咨询案件 1 次，监督评议案件 1 次，听证案件 2 次，警示教育活动 2 次，职务犯罪案件庭审旁听 2 次，公益诉讼旁听 2 次，检察工作通报座谈会 3 次，服务企业发展 2 次，参加人数共计 110 人。通过邀请案件监督和开展相关检察活动，保障人民监督员更好地履行职权，增进了人民监督员对检察工作的了解、理解和支持，促进检察机关提高执法办案水平，提升司法公信力。

（四）学法用法全面推开，法治理念逐步深入人心

毕节市坚持把领导干部带头学法、模范守法作为树立法治意识的关键。毕节市完善国家工作人员学法用法制度，把宪法法律和党内法规列入党委（党组）中心组学习内容，列为党校（行政学院、社会主义学院）必修课，把法治教育纳入干部教育培训计划，纳入国家工作人员入职培训、任职培训的必训内容，在其他各类培训课程中融入法治教育内容。实行国家机关"谁执法、谁普法"的普法责任制，建立普法责任清单等相关制度，落实好各部门、各行业及社会单位的普法责任。建立法官、检察官、行政执法人员、律师等以案释法制度，在执法司法实践中广泛开展以案释法和警示教育，使案件审判、行政执法、纠纷调解和法律服务的过程成为向群众弘扬法治精神的过程。充分利用高杆广告、灯箱广告、LED 显示屏、建筑围挡、公益广告等进行普法，强化普法社会层面宣传，为"法治毕节"创建营造良好氛围。抓好媒体公益普法宣传。毕节日报社、毕节市广播电视台、毕节试验区杂志、毕节试验区网等市级主要新闻媒体充分发挥各自的优势和特点，开辟"法治毕节"专题、专栏。2018 年，全市共组织开展"尊崇宪法·学习宪法"主题宣传活动 3500 余场次，发放宪法文本 60 余万册。

毕节市以"七个起来"为平台，推进农村思想政治教育。以"十星级文明户"创建为载体，深入开展大喇叭响起来、赶场天赛起来、党组织联起来、宣传队演起来、"夜校"办起来、文化墙建起来、村规民约立起来等"七个起来"活动。"法治毕节"创建以来，全市安装广播喇叭 3000 多个，编制广播节目 160 余期，开展宣传 15 万余次；编发《农民教育系列读本》44 万册，利用赶场天组织开展惠民政策、法律法规等知识抢答赛 2500 余场次；组建 2000 多支农村文艺宣传队，以群众喜闻乐见的方式巡演宣传 9000 场（次）；充分发挥农民讲师、驻村工作队等作用，采取"摆龙门阵"、问题解答等方式，举办以惠民政策、产业发展、农业实用技术等为主要内容的"夜校"活动 2000 多场（次）；以图文并茂的形式建设文化墙 10 万多平方米；累计建立村规民约 3000 个。近年来，以推进"宣传干部上讲堂"活动为契机，创新开展了 4300 场（次）80 余万人次干部群众积极参与的"道德讲堂"活动，在倡导文明新风、激发社会正能量、有效促进农村群众文明素质明显提升方面发挥了一定的作用。毕节市充分利用新时代讲习所，开展法治文化宣传，已建讲习所 3896 个，覆盖所有乡（镇、街道、办事处），开展讲习 1 万多场（次），培训干部群众 100 余万人次，为广大人民群众增强法制观念搭建重要平台。

通过法治宣传教育，人民群众知法信法用法的人多了，信访的人少了。毕节市近几年的民事诉讼受案量有较大幅度提高，而刑事案件收案量则有所下降。涉法信访案件与 2015 年之前相比有大幅度的下降。

（五）生态保障措施得力到位，生态环境更加宜居美丽

毕节市多措并举确保大气污染防治工作顺利推进，确保蓝天保卫战胜利完成，全面启动扬尘污染治理、柴油货车污染治理、工业企业大气污染防治、燃煤及油烟污染治理四大攻坚行动，成效显著。2018 年，七星关、大方、黔西、金沙、织金、纳雍、威宁、赫章县城环境空气质量优良天数比例分别为 96.7%、98.9%、98.1%、96.2%、98.6%、94.5%、99.2%、

总报告
"法治毕节"创建的探索与实践

97.2%，同比分别上升0.5%、1.9%、3.8%、1.8%、3.5%、0.1%、1.3%、2.7%，除纳雍县外，其余县（区）均达到《环境空气质量标准》（GB 3095-2012）二级标准，全市均无酸雨现象出现。

毕节市划定饮用水源保护区284个（其中2018年新增划定6个），定期开展饮用水源评估和水质监测工作，水质达标率100%。对倒天河水库饮用水源地开展全流域环境综合整治，建成投运倒天河水库水质自动监测站，确保水源水质达标率持续稳定在100%。2018年，32条主要河流55个监测断面（国控断面4个、省控断面17个）达功能区划断面54个，占比98.2%，未达功能区划断面1个，占比1.8%，河流水质总体为优。55个断面中，符合地表水Ⅰ类水质断面7个（占比12.7%，同比上升12.7%），Ⅱ类水质断面41个（占比74.5%，同比下降4.4%），符合地表水Ⅲ类水质断面6个（占比10.9%，同比下降8.3%），符合地表水Ⅴ类水质断面1个（占比1.8%）。

毕节市环保部门完成土壤环境质量国控例行监测土壤点位数324个、植株点位数276个，完成土壤样品采样234个、完成植株样品采集246个；排查出疑似污染地块14块；完成837家固体废物产生单位、5家危险废物经营单位和10家固体废物处置利用单位排查工作，建立问题台账清单473个，已全部完成整改。积极开展测土配方施肥工作，降低化肥污染，推广测土配方施肥面积707.5万亩，施用配方肥技术推广面积333.6万亩，减少化肥支出5178.9万元。市环保部门大力开展绿色防控，降低农药污染，绿色防控面积近10万亩，全市示范带动实施专业化统防统治面积70.12万亩。2018年，全市完成石漠化治理160.22平方公里，完成造林128.79万亩，完成治理水土流失面积92.23平方公里。

毕节市建成10个自然保护区，总面积为53932.4公顷，占全市总面积的2.01%。其中，国家级自然保护区1个，即草海自然保护区，保护区面积为12000公顷，占全市总面积的0.45%，保护着高原湿地生态系统及黑颈鹤、白头鹤等7种国家一级鸟类。省级自然保护区2个，总面积21067.3公顷，占全市总面积的0.8%。县级自然保护区7个，总面积20865.12公顷，占全市总面积的0.78%，保护着国家野生动物315种，国家珍稀或濒危植物42种。

近年来，毕节市高度聚焦"花海毕节"形象品牌，畅享"洞天福地·花海毕节"。毕节市全市森林面积2261万亩，覆盖率达56.13%，同比增长3.32%，环境空气质量综合指数高，空气质量好。市内共有国家级森林公园4个，省级森林公园3个，被誉为"空气维他命"的负氧离子含量每立方米超过6.9万个，空气质量常年达到国家一级标准。毕节市区域内的精品景区中的百里杜鹃景区、织金洞旅游景区等旅游景区不断提质升级，完成项目总投资16.9亿元；新兴景区建设力度不断加大，黔西中果河旅游景区通过国家4A级旅游景区景观质量评审、大方奢香古镇景区成功创建国家4A级旅游景区、创建金海湖湿地公园等3A级景区17家。2018年全市接待游客量达1亿人次，实现旅游收入833亿元，两项指标同比增长均超30%以上。大方县核桃乡木寨村2018年成功入选第一批全国旅游重点村名单。该村依托得天独厚的气候优势、便利快捷的交通条件和山清水秀的生态环境，以"大党建"为统领，实施了"发展旅游业、拓展服务业、提升种养业"的产业发展思路，走出了一条从传统农业村到农旅融合村的转变路子，实现了乡村美丽和农民增收双赢局面。

（六）社会基层治理成效凸显，民生保障事业全面进步

毕节市以特殊人群民生保障为重点，充分运用高科技手段和大数据中心完善基层治安防控体系，加强基层治安风险防范能力，全面完善特殊人群管理机制，全力推进法治惠民服务工程，推动基层平安建设、保障基层民生。

1. 社会治安防控体系基本建成，基层治安风险防范能力显著增强

"天网工程"建设成效显著，截至2019年6月，毕节市全市投资超过10亿元，建成"天网工程"前端监控点16000余个，智能报警点500余个，联网率100%。

毕节市扁平化指挥体系建设框架初步建成。扁平化指挥体系集成了"平台建设标准化、巡逻防控网格化、现场警情可视化、指挥调度扁平化、

总报告
"法治毕节"创建的探索与实践

情指联动一体化"等，部分县区运行效果显著。

毕节市建成全国一级互联网监控中心等一批一流的业务支撑系统，案事件系统、派基系统、特行管控系统、网吧管理系统、指纹自动识别系统、情报研判等重要业务系统的基础数据得到了极大的充实，在侦查破案、人口管控和社会治安防控等实战工作中发挥了重要作用，为社会治理提供了重要的支撑。

毕节市建成的"乌蒙云"大数据中心汇聚全市天网附属工程数据230亿余条，以巨量数据为基础，通过智能分析应用，有效提升社会治安动态管控能力。2016年以来，全市共抓获网上逃犯3600余名，抓获网上命案逃犯137名。近几年毕节市追逃工作考核成绩排名全省第一。"乌蒙云大数据人员管控平台"实时管控各类对象3400余名。近年来通过大数据应用，毕节公安部门主动发现并报送跨区域情报线索600余条，向企事业单位发送防范预警提示意见函2800余份，通过媒体向公众发布预警防范提示2300余次。

2. 特殊人群管理成效显著

毕节市在政府投入24.6亿元基础上，引导民营企业和社会力量投入4亿多元，全市建成育新学校10所，建立阳光工程企业62个，建成刑释解戒过渡安置基地11个，10个县区全部实现特殊人群服务管理六项工程建设全覆盖。"法治毕节"创建以来，全市依法收治精神病患者3000多人，教育违法青少年500多人，安置帮教吸毒戒毒人员1万余人，刑释解戒人员再犯罪率低于0.03%。

毕节市已经形成了较为系统地解决农村留守儿童问题的"3444"工作模式，实现了关爱帮扶责任和监护责任全覆盖。市、县两级未成年人保护机构和儿童福利机构实现全覆盖。采取"四个一批"措施和发挥《村规民约》约束作用，有效落实留守儿童监护责任，共劝返父母、减少留守儿童22.7万名，动员父母携带外出、减少4.2万余名儿童留守，引导4万余名返家儿童父母在本地创业就业，使全市留守儿童总量从30.7万人减少到现在的14.9万人。建立"六助一体"困境儿童保障制度，将17.1万名家庭困难儿童纳入最低生活保障（其中留守儿童9140名），对1.4万名无人抚养困境儿童每人每月发放 100~400 元生活补助。毕节市每年投入资金约 1700 万元，为小学阶段留守儿童、困境儿童发放安全电话手表，搭建与家人及帮扶责任人情感交流平台，依托公安机关网络平台加强安全保护。

3. 多元纠纷解决机制有效化解基层矛盾

毕节市各县区在多元纠纷解决机制方面开展了有益的探索，为基层矛盾纠纷解决提供了重要的路径。有的县设立了"人民调解中心"指导全县人民调解工作，组建教育、市场监管、民政等 15 个行业性和医疗、交通、疑难复杂纠纷等 9 个专业性调解委员会，为不同类型的纠纷提供专业化的调解；建立了具有较高业务能力和调解水平的调解人员信息平台，调解人员主要由律师、司法行政干部、基层法律服务工作者、退休政法干部、行业业务骨干等组成，有些地方还吸纳宗教界、医药界等社会各界德高望重的代表。为了使调解更加具有权威性，还注重人民调解与行政、司法机关的协调联动，尽量将矛盾化解在基层，有效防范纠纷演变成集体性事件。近年来，毕节市多元纠纷解决机制落实扎实、成效显著，涌现出了一批人民调解先进集体和先进个人。其中，黔西县司法局、威宁彝族回族苗族自治县联合人民调解委员会荣获 2018 年"全国人民调解工作先进集体"，调解员刘勇等 4 人荣获"全国人民调解工作先进个人"。

（七）法治监督全面落实，政风行风根本转好

1. 纪检监察和行政机关内部监督力度逐步加强

毕节市纪检监察机关研究部署法治、依法执法等工作，听取各单位、审查调查组依法行政、依法执法工作情况汇报，开展常态化巡察监督、督促整改、党纪政纪处分、审查调查等，聚焦"关键少数"，盯住关键事、关键人和关键环节，加大明察暗访力度，确保形式主义、官僚主义突出问题得到有效解决，持续保持纠正"四风"高压态势。政风行风得到明显改善，人民群众满意度持续保持在较高水平。2016 年至 2019 年 6 月，纪检监察机关查处失责问题 946 个，问责 91 个党组织、1178 名领导干部，党纪处分 235 人；发现扶贫民生领域腐败和作风问题 24000 余个，立案 7200 余件，处分 7336 人，移

总报告
"法治毕节"创建的探索与实践

送司法机关104人,问责1590人,涉及金额逾3亿元;受理各类信访举报11000余件,立案7900余件,结案7400余件,党纪政务处分8400余人。

同时,行政机关内部加强作风建设和督察,2015年至2019年6月,共查处各类作风问题115起,处理135人,党纪政纪处分114人(县处级5人)。依托"网、刊、微"同步通报曝光典型案例95起。"门难进、脸难看、事难办"等"四风"问题在根本上得到扭转,服务型政府正在逐步形成。政府内部通过审计部门持续对公共资金的使用开展监督检查,重点对扶贫资金、对口帮扶资金、领导干部经济责任、易地扶贫搬迁资金、保障性安居工程、预算执行情况、公共投资项目等进行了审计。对资金使用情况、资金使用绩效、干部廉政履职等方面,始终绷紧经济责任的弦,对发现资金使用管理中存在的问题、对干部违法违规使用资金的线索,及时反馈、移交相关部门机关。

2. 权力机关监督加强,凸显人民代表大会制度的优越性

毕节市权力机关加大法治监督力度,强化对政府组成部门的工作评议或专题询问。根据《毕节市人民代表大会常务委员会规范性文件备案审查办法》,毕节市人大常委会对政府部门制定的规范性文件开展全面备案审查工作,备案审查率达100%。2016~2018年,共听取和审议了"一府一委两院"专项工作报告41个,代表对专项工作报告满意度达96%以上。2016~2018年,毕节市人大常委会通过专项评议,对通村油路建设、"一气三表"专项整治、食品安全、脱贫攻坚等民众普遍关心的热点难点问题的工作推进情况及成效听取报告,由人大常委会组成人员对相关工作进行满意度测评。有关部门则在人大监督、协调下,更扎实地推动相关工作的有效落实,解决人民群众的民生难题。2016年和2018年,毕节市人大常委会分别对重点区域环境保护和污染治理工作、创建国家园林城市工作进行专题询问,政府对有关问题认真作答。通过专题询问共同推进中央、省委、市委重大决策部署的贯彻落实,体现了坚持党的领导、人民当家做主和依法治国的有机统一。在重点区域环境保护和污染治理工作专题询问中,市人大常委会重点突出了连续询问机制,对专题询问方式进行了创新。

"法治毕节"的探索与实践

毕节市人大常委会先后制定了《毕节市人民代表大会常务委员会法律实施情况监督检查办法》《毕节市人大常委会关于开展〈中华人民共和国预算法〉执法检查工作方案》等文件,同时将执法检查纳入各年度工作要点报市委同意,不断完善执法检查制度建设。市人大常委会共对《中华人民共和国未成年人保护法》《中华人民共和国预算法》《贵州省生态文明建设促进条例》《贵州省大扶贫条例》《毕节市饮用水水源保护条例》《贵州省人民代表大会常务委员会关于依法推进打好污染防治攻坚战开创百姓富生态美多彩贵州新未来的决议》等法律法规开展执法检查6次。针对执法过程中存在的问题,提出了改进执法工作的建议,结合常委会委员和部分人大代表的审议意见印发法律实施单位整改落实,保障了法律法规在毕节市能够得到严格遵守和贯彻执行。毕节市人大强化议案、建议的督办力度,依法及时处理来信来访。2016~2018年,共收到代表所提议案2件,建议610条,所有议案、建议均按程序交有关部门办理。办复率100%,满意率达98%以上。2019年共收到代表建议276条,其中建议、批评和意见217条、代表审议发言建议59条。2016年至2019年6月,市人大共接待来信来访967件次,其中处理来信294件次,接待来访群众673人次,来信来访及时登记、转交相关部门按时办理,答复率为100%。

3. 检察监督不断强化,切实维护法律权威

毕节市两级检察机关以强化法律监督为重点,积极主动适应司法体制、监察体制改革,聚焦监督主责主业履职尽责,推动法律监督全面平衡充分发展,深入推进"法治毕节"创建,成效显著。

毕节市两级检察机关严格履行法律监督职能,对司法活动全流程开展监督,确保侦查、审判、执行等机关的涉案工作依法公正实施。自"法治毕节"创建工作启动以来,毕节市两级检察机关对侦查活动开展监督检察4000余件次,有效规范了侦查工作的开展。毕节市两级检察机关对审判活动开展检察监督2000余件,涉及民事行政和刑事案件,通过检察建议和抗诉等形式纠正审判活动中的不公正情形。毕节市两级检察机关通过专项监督活动等形式,对刑事执行案件开展监督7400余件,提出监督意见或纠正违

总报告
"法治毕节"创建的探索与实践

法情形 1000 余件次。

毕节市两级检察机关着眼民生保护，集中开展"民生资金保护"专项工作，充分发挥各项检察职能，突出查办危害民生资金安全、破坏惠民政策落实的各类犯罪，有效助推了试验区"科学治贫、精准扶贫、有效脱贫"。相关部门关注民生热点，深入开展"危害食品药品安全犯罪专项立案监督活动"，加强对人民群众反映强烈的有案不立、有罪不究等违法不立案行为的监督。2018 年，毕节市人民检察院深入开展"危害食品药品安全犯罪立案监督活动"，监督立案销售假冒食用盐等案件 75 件，提起公诉 43 人；检察院心系"三农"，批准逮捕冒充国家机关工作人员诈骗贫困户、以推销保健品为"幌子"坑骗中老年人钱财团伙犯罪案件 25 件 31 人，开展协助农民工讨薪问题专项监督，支持 20 余名农民工提起民事诉讼，帮助追回劳动报酬 15 万余元，向因案致贫、因案返贫的 190 名困难群众发放救助金 139 万余元。

4. 社会监督渠道畅通，人民主体性大幅凸显

毕节市人大机关、纪检监察机关和检察机关等都公开公布了监督渠道，确保群众举报渠道畅通。毕节市委政法委下发了《毕节市政法机关执法办案"五严禁"》监督举报电话，接受群众监督举报。毕节市纪委公布了群众举报电话、举报邮箱和举报网站及微信举报平台；毕节市两级检察机关开通了 12309 一体化平台。这些举措为人民群众监督机关干部提供了畅通的渠道，也起到了很好的效果。

毕节市政协自 2015 年以来，共组织主席会议视察 5 次，常委会议视察 5 次，分别对毕节市职业教育发展情况、城市综合执法工作情况、生态建设和保护情况、易地扶贫搬迁脱贫攻坚工作情况、教育扶贫工作情况等开展视察调研，形成视察报告和调研报告报市委、市政府参阅。

毕节市窗口单位全面进驻贵州政务服务网。在政务服务网中，办事人员可以通过刷脸评价、码上评价、App 评价模式对窗口、前台人员、后台人员进行评价，组织人事部门将评价纳入单位、个人考评参考体系，为人民群众办事提供了便捷、有效的评价体系，从根本上遏制了窗口单位和个人"三难"问题，督促窗口单位和个人依法、及时、热情提供相关政务服务。

四 "法治毕节"创建的启示

"法治毕节"创建是践行习近平总书记全面依法治国重要论述的自觉行动,是实施贵州"三大战略"的法治实践,是助推毕节试验区建设的自觉理论升华的"试验田",是催化"法治之花"绽放乌蒙大地的"有机肥"。回顾"法治毕节"创建与探索的历程,总结"法治毕节"创建与探索的经验,给予我们深刻的启示。

(一)习近平总书记全面依法治国重要论述和对贵州工作重要指示精神是"法治毕节"创建的强大思想武器

贵州始终坚持以习近平总书记全面依法治国重要论述为指导思想,以习近平总书记对贵州工作重要指示批示精神为方法论,坚持党对"法治毕节"创建的领导,协同创新"法治毕节"创建机制,有力破解"法治毕节"创建与探索中的"难点"和"痛点",助推"平安毕节"的建设和升级。实践证明,只有深入领悟和切实贯彻习近平总书记全面依法治国重要论述和对贵州工作重要指示批示精神,"法治毕节"创建才能朝着正确方向前进,才能让"法治毕节"创建的"六大工程"开花结果,才能使"法治毕节"创建的自觉行动升华为自觉理论;只有学深悟透习近平总书记全面依法治国重要论述和对贵州工作重要指示批示精神,"法治毕节"创建才能总结和提炼出可借鉴、可复制、可推广的经验。

(二)"法治毕节"创建是毕节脱贫攻坚全面小康的坚实保障

贵州始终坚持贯彻"法治为民"的法治思想,以问题为导向,推动"法治毕节"创建,助力毕节脱贫攻坚全面小康。毕节脱贫攻坚全面小康是

---

* 此部分撰稿人:王飞,法学博士,贵州省社会科学院法律研究所所长、研究员,贵州省法治研究与评估中心研究员。

总报告
"法治毕节"创建的探索与实践

全国脱贫攻坚全面小康的主战场,是党中央、国务院和贵州省委、省政府赋予的重要使命,是乡村振兴的前哨站,而"法治毕节"创建是毕节脱贫攻坚全面小康的坚实保障。"法治毕节"创建服务于贵州的"三大战略",是毕节脱贫攻坚全面小康的"尚方宝剑",为毕节脱贫攻坚全面小康奠定了坚实的制度基础。实践证明,只有坚持省委、省政府的领导,协同创新"法治毕节"创建机制,勾画"法治毕节"建设蓝图,聚焦贫困群体,释放法治红利,才能为毕节脱贫攻坚全面小康发挥保驾护航的作用;只有以贫困农村法治环境建设为切入点,"法治毕节"六大工程才能顺利实施,毕节脱贫攻坚全面小康之树才能硕果累累!

(三)新发展理念是法治助推毕节示范区建设的重要遵循

贵州始终践行"创新、协调、绿色、开放、共享"新发展理念,以"法治毕节"创建为抓手,助推毕节示范区建设。牢牢守好发展和生态两条底线,加强生态文明法治建设,提升毕节示范区生态经济;先试先行试点搭建信息法治平台建设,开放和共享信息,提高毕节示范区数字经济贡献率;协同创新经济和社会发展的体制机制,释放毕节示范区经济和社会发展活力。实践证明,只要整合和共享立法资源、行政资源、监察资源、司法资源、社会资源及生态资源,"法治毕节"创建工作就会驱动毕节示范区建设取得卓越成效;只要协调好"法治毕节"创建六大工程与毕节示范区的经济与社会发展的关系,链接好脱贫攻坚与乡村振兴,毕节示范区建设就会蒸蒸日上,就会"大鹏一日同风起,扶摇直上九万里"。

参考文献

陈冀平:《谈谈法治中国建设——学习习近平同志关于法治的重要论述》,《求是》2014年第1期。

张文显:《新时代全面依法治国的思想、方略和实践》,《中国法学》2017年第6期。

张文显:《法治与国家治理现代化》,《中国法学》2014年第4期。

"法治毕节"的探索与实践

公丕祥：《习近平法治思想述要》，《法律科学（西北政法大学学报）》2015年第5期。
公丕祥：《法治中国进程中的区域法治发展》，《法学》2015年第1期。
李林：《依法治国与推进国家治理现代化》，《法学研究》2014年第5期。
马长山：《"法治中国"建设的问题与出路》，《法制与社会发展》2014年第3期。
江必新、王红霞：《法治社会建设论纲》，《中国社会科学》2014年第1期。
付子堂、陈建华：《运用法治思维和法治方式推动全面深化改革》，《红旗文稿》2013年第23期。
姜明安：《法治中国建设中的法治社会建设》，《北京大学学报（哲学社会科学版）》2015年第6期。
李慧芳：《奋力打造法治贵州的"毕节样板"》，《法制生活报》2019年10月31日。
杨金腾、马春晓：《"法治毕节"创建步履铿锵》，《当代贵州》2019年第37期。
王海：《"法治毕节"创建面临的挑战和对策》，《理论与当代》2017年第8期。
杨刚：《司法惠民促和谐——毕节市创新司法行政服务工作观察》，《当代贵州》2017年第24期。
顾海凇、李坤、邓万里：《"七个起来"奠定法治宣传大格局》，《当代贵州》2016年第42期。
李坤等：《深入实施"六大工程" 加强社会治理 创新法治毕节》，《当代贵州》2016年第42期。
中共中央文献研究室编《习近平关于全面依法治国论述摘编》，中央文献出版社，2017。
中共中央文献研究室编《习近平关于社会主义生态文明建设论述摘编》，中央文献出版社，2017。
本书编写组：《全面依法治国文献资料选编》，人民出版社，2017。
李林、莫纪宏：《全面依法治国 建设法治中国》，中国社会科学出版社，2019。
公丕祥主编《新时代全面依法治国的新征程》，法律出版社，2018。
北京大学法治研究中心编著《全面依法治国新战略——中国法治动态（2012~2017）》，中信出版社，2019。
中国法学会编《全面推进依法治国的地方实践（2018年卷）》，法律出版社，2019。
中国法学会编《全面推进依法治国的地方实践（2017年卷）》，法律出版社，2018。
姜明安主编《法治国家》，社会科学文献出版社，2016。
江必新编著《全面推进依法治国战略研究》，人民法院出版社，2017。
卓泽渊：《法治国家论（第四版）》，法律出版社，2018。
庄玉瑞：《建设社会主义法治国家（上、中、下）》，中共中央党校出版社，2016。
崔亚东：《法治国家》，人民出版社，2018。
邢亮主编《全面依法治国与地方法治政府建设》，厦门大学出版社，2018。
吴大华主编《贵州蓝皮书：贵州法治发展报告（2019）》，社会科学文献出版社，

2019。

吴大华主编《贵州蓝皮书：贵州法治发展报告（2018）》，社会科学文献出版社，2018。

吴大华主编《贵州蓝皮书：贵州法治发展报告（2017）》，社会科学文献出版社，2017。

吴大华、李斌主编《贵州法治发展报告·织金法院司法改革（2017）》，社会科学文献出版社，2017。

黄水源主编《毕节蓝皮书：毕节试验区改革发展报告（2017~2018）》，社会科学文献出版社，2019。

黄水源、傅立勇、郭凯主编《贵州蓝皮书：毕节试验区改革发展报告（2016）》，光明日报出版社，2017。

黄水源、郭凯主编《毕节试验区改革发展报告（2015）》，知识产权出版社，2015。

专题篇

毕节市法治政府建设工程报告

贾梦嫣[*]

摘　要：2015年以来，毕节市各级政府和部门按照"法治毕节"建设方案要求，深入推进法治政府建设，在行政审批制度改革、行政执法"三项制度"试点、乡镇法律顾问全覆盖、规范性文件备案审查、行政复议"四集中"办案工作机制等方面取得了突出成效。下一步，应继续着力提高法治理念，加强基层法治政府建设，加强行政执法力量和组织保障，进一步推进基层政务公开工作等。

关键词：毕节市　法治毕节　法治政府建设

2015年以来，毕节市将法治政府建设工程与行政审批、行政执法"三项制度"试点等工作有机融合、深入推进，积极探索、大胆创新，工作取得了成效，行政执法公示平台、乡镇法律顾问全覆盖、规范性文件备案审查、行政复议"四集中"办案工作机制等工作得到了国家、省级相关部门的充分肯定。特别是，在法治政府建设工程中创新性地融合"大数据"技术，充分发挥社会各界的积极作用，深入推进法治政府建设工程的开展。

---

[*] 贾梦嫣，贵州省社会科学院法律研究所副研究员，贵州省法治研究与评估中心研究员。

一　毕节法治政府建设工程的主要做法和成效

2015年以来，围绕重点任务，毕节市各级政府和部门开展了很多有益探索。除了法律法规和方案的"规定动作"之外，还结合毕节市工作实际，积极探索富有"毕节特色"的"自选动作"，法治政府创建工程取得显著成效。

（一）推动政府依法规范履职方面，实行权责清单动态管理，推进行政审批制度改革

1. 公布权力清单并实施动态管理

在行政执法领域，"法无明文不可为"。通过"清单"管理方式，实现"行政权力进清单，清单之外无权力"，科学界定行政权力边界，规范行政权力运行，确保公众有效及时监督。2015年3月24日，中共中央办公厅、国务院办公厅印发的《关于推行地方各级政府工作部门权力清单制度的指导意见》要求，"将地方各级政府工作部门行使的各项行政职权及其依据、行使主体、运行流程、对应的责任等，以清单形式明确列示出来，向社会公布，接受社会监督。通过建立权力清单和相应责任清单制度，进一步明确地方各级政府工作部门职责权限，大力推动简政放权，加快形成边界清晰、分工合理、权责一致、运转高效、依法保障的政府职能体系和科学有效的权力监督、制约、协调机制，全面推进依法行政"[①]。

在此背景下，毕节市积极开展权责清单编制、清理和动态管理工作。2016年8月，毕节市政府办公室发布《毕节市权力清单和责任清单目录总表》[②]。同年9月，毕节市政府印发《毕节市行政权力清单责任清单动态管理办法》，率先在贵州省实现权责清单动态管理，该办法提出："行

[①] 参见该指导意见第1条。
[②] 《毕节市权力清单和责任清单目录总表》，毕节市人民政府网站，2016年8月16日。

专题篇
毕节市法治政府建设工程报告

政权力清单责任清单动态调整遵循合法合理、公开透明、规范有序、便民高效的原则""行政权力及相应责任事项实行清单管理。各级政府应当建立本级行政机关行政权力清单责任清单,未纳入行政权力清单责任清单且无法律法规依据的行政权力事项一律不得实施。有法律法规依据但未纳入行政权力清单责任清单的事项,应当及时录入。行政权力清单责任清单应当在本级政府以及各行政权力实施机关门户网站公布"。① 2017年1月,毕节市政府发布《关于调整毕节市权责清单事项的决定》②,对毕节市市直部门权责清单进行了第一次动态调整,调整共涉及11个市直单位,调整后行政权责事项新增15项、取消20项、转为内部管理7项、变更名称2项、变更要素10项。2017年10月,毕节市政府再次发布《关于对市直部门权责清单事项进行动态调整的决定》,对市直部门权责清单进行了第二次集中动态调整,该次调整共涉及质检、环保、财政、司法等12家市直部门211项职权事项,其中,新增行政权责事项50项、取消57项、下放管理层级2项、变更权责事项名称7项、变更权责事项要素42项、合并权责事项名称19项、变更权力类型34项。③截至2017年,毕节市已经全面完成市、县(区)、乡(镇)三级政府及市直部门权责清单清理编制公布工作。

2. 深化行政审批制度改革和收费事项管理

深化行政审批制度改革是降低政府对市场干预、提高市场主体活力的重要举措。"法治毕节"创建工作开展以来,毕节市各级各部门在承接、下放行政审批权限,清理行政审批事项、收费事项和中介服务事项,以及规范审批流程、缩短审批时限方面取得了工作成效。

一是承接、下放行政审批权限。截至2017年底,毕节市共承接省政

---

① 《毕节市行政权力清单责任清单动态管理办法》(毕府通〔2016〕15号)第3条、第5条,毕节市人民政府网站,2016年9月6日。
② 毕节市人民政府《关于调整毕节市权责清单事项的决定》(毕府发〔2017〕2号),毕节市人民政府网站,2017年1月19日。
③ 毕节市人民政府《关于对市直部门权责清单事项进行动态调整的决定》(毕府发〔2017〕26号),毕节市人民政府网站,2017年10月31日。

"法治毕节"的探索与实践

府明确下放的行政审批事项 107 项，其中市级承接 93 项，县（自治县、区）承接 17 项，市属高速公路管理处承接 3 项，由市政府明确下放到县（自治县、区）承接的行政审批事项 2 项，这些事项已通过权责清单动态管理进行清理、承接、下放，并纳入权力清单。①2017 年 8 月，毕节市编委办出台《毕节市行政许可标准化建设工作实施方案》，在全市范围内推进行政许可事项管理、行政许可流程管理、行政许可受理场所建设与管理等标准化建设工作；由县级实施更方便有效的行政审批事项，依法下放县级实施管理，使审批工作设置更加科学、规范、合理。

二是清理行政审批事项、收费事项和中介服务事项。截至 2017 年底，毕节市市级只保留了 230 项行政审批事项。2018 年，继续清理市政府部门行政审批事项，2018 年 12 月 14 日，毕节市行政审批制度改革工作领导小组公布第二批市政府部门行政审批中介服务事项清理情况，保留市政府部门行政审批必要条件的中介服务事项由 44 项调整为 29 项。②

在建立健全行政事业性收费目录清单制度方面，公布《贵州省行政事业性收费目录清单》等。截至 2017 年底，毕节市全市已经取消或暂停征收的行政事业性收费 94 项，免征的行政事业性收费 63 项，降低标准的行政事业性收费 15 项，转为经营性收费、协议收费的 11 项；涉企行政事业收费项目从 107 项减少到 61 项，政府定价的经营服务性收费项目从 45 项减少到 22 项，其中对小微企业免收费 16 项，对不符合法律法规规章规定的管理、收费、罚款项目一律取消。

三是规范审批流程，缩短审批时限。截至 2017 年底，毕节市行政审批由原来的平均 10 个流程减少到 3 个流程，审批时限由原来的平均 25 个工作日减少到 3.68 个工作日，行政审批效率大大提升。③ 2018 年，毕节市进一步扩大简政放权范围，缩短办事流程。工程建设项目审批时间压缩至 80 个

---

① 资料来源：毕节市委政法委。
② 《毕节市行政审批制度改革工作领导小组关于第二批清理规范 15 项市政府部门行政审批中介服务事项的公告》，毕节市人民政府网站，2018 年 12 月 14 日。
③ 资料来源：毕节市委政法委。

工作日以内，不动产登记办理时间压缩至 5 个工作日以内。① 2018 年 12 月，毕节市行政审批制度改革工作领导小组公布《关于公布市直部门行政权力运行流程图（2018 年版）的公告》，对毕节市公安局等 35 个市直部门相关工作流程进行公示，促进行政审批流程更加规范、顺畅运行。

四是按照规范开展规范性文件的制定、备案、清理等工作。在规范性文件制定时，严把"四关口"，即严把起草论证关、征求意见关、审查复核关、"身份"备案关，确保规范性文件在起草时语言表述严谨、科学、规范，避免产生歧义或误导性陈述，在制定时更加贴近实际、贴近群众，在报备时及时、合法、合规。同时，坚持"两清理"，即坚持定期清理和适时清理，推动清理工作常态化，清理结果均向社会公开，及时清除影响经济社会发展的制度性障碍。2017 年报送备案的规范性文件无逾期、没有被纠错，备案率、及时率均为 100%；2018 年，报送备案规范性文件 29 件，备案率 100%。② 2018 年对涉及证明事项、著名商标、军民融合、知识产权保护、生态环境保护等 7 个方面的文件进行了专项清理工作。

（二）完善依法行政制度体系，推进行政决策科学化、民主化、法治化

1. 建立健全政府依法立法和决策制度

2016 年 10 月，毕节市人民政府印发《毕节市人民政府重大行政决策程序规定（试行）》③，要求"市人民政府依据法定职权对毕节市经济社会发展有重大影响、涉及毕节市重大公共利益或者社会公众切身利益的事项作出决定"，并依法通过决策动议、公众参与、专家论证、风险评估、合法性审查、集体讨论决定等程序。该规定对执行监督、法律责任、例外情况等问题作出了具体规定，规定未经上述法定程序的，不得提交市人民政府全体会议

---

① 《2019 年毕节市人民政府工作报告》，毕节市人民政府网站，2019 年 1 月 8 日。
② 资料来源：毕节市委政法委。
③ 《毕节市人民政府重大行政决策程序规定（试行）》（毕府通〔2016〕16 号），毕节市人民政府网站，2016 年 10 月 28 日。

或者常务会议集体讨论。

针对风险评估事项,专门制定《毕节市重大决策社会稳定风险评估实施办法》,"对评估范围、评估内容、评估主体、评估程序及评估结果运用等进行了全面规定,凡需要进行社会稳定风险评估的重大决策事项,均进行风险评估,凡未经评估或经评估认为风险较大且不可控的,一律终止决策";"同时,组建成立了毕节市专家咨询委员会,并按照行业领域设置工业化咨询组、城镇化咨询组、农业现代化咨询组和社会事业咨询组"。①

为扩大公众参与,毕节市政府及部门探索建立"重大决策预公开制度",提出对"涉及群众切身利益,需要社会广泛知晓的重要改革方案、重要政策措施等重大行政决策事项,除依法应当保密的外,应在决策前通过政府网站、新闻媒体等向社会公开,通过听证座谈、媒体沟通等方式广泛听取公众意见,征集意见结束后及时向社会公开意见采纳情况"。2018年通过预公开制度,共开展民意征集205次(市本级159次),收到意见876条(市本级513条),市本级反馈民意征集情况93件。②

2. 推行"法治乡镇长"制度,补齐基层法治政府建设"短板"

乡镇以下的政府法制工作仍然是法治政府建设的"短板"。针对这一问题,毕节市通过开展"法治乡镇长"创建等工作,进行了有益探索。"法治毕节"创建工作开展后,毕节市委组织部、市编委办、市政府法制办联合下发《关于进一步加快推进乡镇法治政府建设工作的通知》,全面开展"法治乡镇长"创建工作,在乡(镇)党政办加挂乡(镇)政府法制办牌子,由党政办主任兼任法制办主任,安排1名法制专职或者兼职人员,明确1名副乡(镇)长分管法制办,负责乡(镇)法治政府建设和依法行政工作。截至2018年12月,毕节市10个县(区)政府(管委会)所辖266个乡(镇)政府(办事处)已全部建立或者明确1名分管副乡镇长(副主任)负责法治创建工作。③ 这一做法改变了乡镇一级一直以来没

---

① 《毕节市2017年度法治政府建设工作情况报告》,毕节市人民政府网站,2018年2月7日。
② 《毕节市人民政府2018年度政府信息公开报告》,毕节市人民政府网站,2019年3月25日。
③ 资料来源:毕节市委政法委。

专题篇
毕节市法治政府建设工程报告

有分管依法行政领导和具体负责办公室及人员的状况，确保市、县（区）、乡（镇）三级政府及市、县两级部门依法行政工作有抓手，有序推进法治政府建设各项工作向下级政府及部门延伸。

除市级层面外，各县（区）和乡镇创新工作方法，根据法律规定和地方实际情况，因地制宜地开展法治政府建设工作，一些地方形成了具有地方特色的法治工作方式和品牌。如黔西县探索开发全县行政执法"三项制度"应用系统。应用系统由"权力运行库""执法部门库""执法人员库""案件办理库"构成，涵盖事前公开、事中公示、事后公开，以及案件办理、全过程记录、法制审核等各个环节，对推行行政执法"三项制度"试点工作进行了有益的探索和尝试。威宁县定期或不定期地在全镇各村（社区）、各学校轮流开展"法治村村通"活动，在"法治村村通"活动中，工作组挑选法律知识扎实人员组成法律咨询组，帮助群众解决法律问题。金沙县通过调度加强工作联系，规范建立各类法治创建工作台账，加大对创建工作开展滞后和不力的后进单位、乡镇进行督促和通报等方式，通过全面掌握工作情况，找出"短板"解决疑难，巩固、强化创建工作成果。纳雍县阳长镇通过引入"道德评说员"机制，摸排群众反映的土地纠纷、合同纠纷、法律维权等疑难问题，化解社会矛盾，助力解决群众"信访不信法"的问题。

3. 全面推行政府法律顾问制度

《中共中央 国务院关于印发〈法治政府建设实施纲要（2015～2020年）〉的通知》提出，要"建立政府法制机构人员为主体、吸收专家和律师参加的法律顾问队伍，保证法律顾问在制定重大行政决策、推进依法行政中发挥积极作用""注重发挥法律顾问和法律专家的咨询论证、审核把关作用"。[①] 2013年4月，贵州省政府办公厅印发《关于推进政府法律顾问工作的意见》，要求县级以上地方各级人民政府及其各部门设立法律顾问室。毕节市在2013年印发《毕节市政府法律顾问工作规则（试行）》（毕府办通

---

① 参见第17条、第40条。

"法治毕节"的探索与实践

〔2013〕155号）①的基础上，制定《关于印发毕节市政府法律顾问工作规则（试行）的通知》（毕法领办〔2016〕8号）②，全面推行政府法律顾问制度。截至2018年，毕节市市、县（区）政府及市政府32个工作部门全部聘用政府法律顾问，全面建立以政府法制机构人员为主体、吸收专家和律师参加的法律顾问队伍，发挥法律顾问在政府重大行政决策、依法行政、合同谈判签署等方面的积极作用。

除市、县（区）级政府外，逐步实现乡镇一级法律顾问全覆盖。《关于印发毕节市政府法律顾问工作规则（试行）的通知》明确要求所有乡镇要加挂政府法制办及政府法律顾问室牌子，安排专人负责政府法制工作，吸收专家、律师等组成政府法律顾问团队，开展政府法律顾问工作。同时，每个季度科学确定法律顾问聘任指标，强化目标管理，逐步推动乡镇政府法律顾问制度全覆盖。自2016年以来，以"法治乡镇长"创建为基础，以乡镇政府法制机构为主体，吸收专家、律师组成乡镇政府法律顾问，在毕节市266个乡镇街道全面推行法律顾问制度。截至2017年底，毕节市10个县区所辖266个乡镇结合自身实际，共外聘法律顾问人员241人，其中聘任专家5人，占比2.1%，社会律师（含法律服务工作者）167人，占比69.3%，公职律师9人，占比3.7%，其他法律专业人才60人，占比24.9%。③特别是针对乡镇一级法律人才匮乏、服务质量不高、经费短缺等问题，在聘任对象、收费方式、服务渠道等方面创新工作方式方法（见图1）。截至2017年10月，乡镇政府法律顾问团队共完成合同文书、重大案件、重大行政决策等审查工作1423件，提供复议和诉讼案件代理服务128件，开展法律宣传培训359次，受委托开展合同谈判85件，参与矛盾纠纷调解和信访案件办理498件，提供其他专项法律服务498件，助力法治政府建设。④

---

① 《毕节市政府法律顾问工作规则（试行）》（毕府办通〔2013〕155号）。
② 《关于印发毕节市政府法律顾问工作规则（试行）的通知》（毕法领办〔2016〕8号）。
③ 《贵州省毕节市推行乡镇法律顾问制度全覆盖助推基层法治政府建设》，国务院法制办网站，2018年6月。
④ 《贵州省毕节市推行乡镇法律顾问制度全覆盖助推基层法治政府建设》，国务院法制办网站，2018年6月。

专题篇
毕节市法治政府建设工程报告

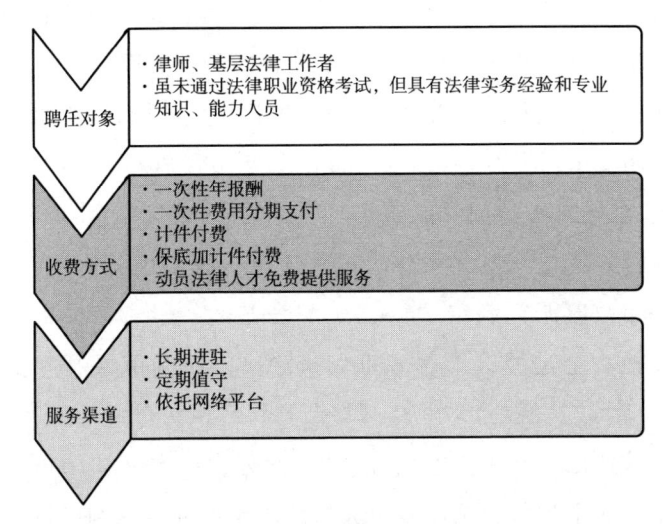

```
┌─────────┐   · 律师、基层法律工作者
│ 聘任对象 │   · 虽未通过法律职业资格考试，但具有法律实务经验和专业
└─────────┘     知识、能力人员

┌─────────┐   · 一次性年报酬
│         │   · 一次性费用分期支付
│ 收费方式 │   · 计件付费
│         │   · 保底加计件付费
└─────────┘   · 动员法律人才免费提供服务

┌─────────┐   · 长期进驻
│ 服务渠道 │   · 定期值守
└─────────┘   · 依托网络平台
```

图 1　毕节市创新乡镇法律顾问工作方式

进一步扩大法律服务范围，逐步推进村（社区）法律顾问工作。在经济社会发展情况相对较好的县（区），将法律顾问工作进一步向村（社区）延伸。现黔西县已经实现村（社区）法律顾问全覆盖，围绕农村土地流转、棚改拆迁、林地确权等容易引发矛盾纠纷的重点难点问题，积极发挥作用。

（三）推行行政执法"三项制度"试点工作，充分利用大数据手段推进行政执法活动规范化、科学化

1. 推行行政执法"三项制度"试点工作

党的十八届四中全会决定提出，要"建立执法全过程记录制度、严格执行重大执法决定法制审核制度、推行行政执法公示制度"（简称"三项制度"）。推行行政执法"三项制度"对于促进行政机关严格规范公正文明执法、保障和监督行政机关有效履行职责、维护人民群众合法权益具有重要意义。[①] 2016 年 12 月 30 日，习近平总书记主持中央全面深化改革领导小组第

---

① 《建设法治政府阳光政府——国务院法制办负责人就行政执法三项制度试点方案答记者问》，《人民日报》2017 年 2 月 11 日。

三十一次会议审议通过《推行行政执法公示制度执法全过程记录制度重大执法决定法制审核制度试点工作方案（送审稿）》；2017年1月19日，《国务院办公厅关于印发推行行政执法公示制度执法全过程记录制度重大执法决定法制审核制度试点工作方案的通知》（国办发〔2017〕14号）出台，决定在全国32个地方和部门开展试点工作。其中，贵州省贵安新区管委会、毕节市作为国务院"三项制度"的试点地方，探索相关制度的实施工作。据此，毕节市政府研究制定"1+3"配套方案，即《毕节市推行行政执法公示制度执法全过程记录制度重大执法决定法制审核制度试点工作方案》《毕节市行政执法公示办法》《毕节市行政执法全过程记录办法》《毕节市重大行政执法决定法制审核办法》。此外，制定《毕节市推行行政执法公示制度执法全过程记录制度重大执法决定法制审核制度试点工作考核任务分解表》，将"三项制度"试点工作分解为34项考核指标任务，确保层层推进落实。

2. 充分运用"大数据"和"互联网+"技术和手段，推进行政执法工作科学化、规范化

按照"1+2"（建设1个统一公示平台，开发2个执法办案应用系统）工作思路，探索建成毕节市行政执法"三项制度"试点工作信息平台、毕节税务行政执法"三项制度"集成应用系统、黔西县行政执法"三项制度"应用系统。紧紧围绕"数据录入实现'聚'、系统接入实现'通'、平台运行实现'用'"的目标，在有效归集行政执法部门基础信息的基础上，不断整合资源，重点突出"用"的核心，努力实现行政执法全过程留痕和可回溯管理，提高行政执法信息化水平，让权力以看得见的方式规范运行。同时，建成行政执法集成应用系统，实现行政执法办案平台统一、法律文书统一、办案流程统一、法制审核统一等"四个统一"，达到全过程留痕和可回溯管理，以及对法定简易程序以外的所有执法决定进行法制审核。

2017年8月，毕节市行政执法"三项制度"试点工作信息平台建成投入使用。作为毕节市人民政府行政执法信息统一公示平台，该平台与贵州省电子政务网、毕节市人民政府网站建立链接，支持互联网访问查询，对行政

专题篇
毕节市法治政府建设工程报告

执法主体、人员、职责、权限、随机抽查事项清单、依据、程序、监督方式和救济渠道等行政执法信息进行全面公开，有效归集市、县、乡三级政府及市、县两级执法部门相关行政执法信息。平台实行数据端口开放，正逐步实现与贵州省"双随机一公开"监管平台、贵州省网上办事大厅等平台数据端口的对接和数据流通。截至2018年底，毕节市行政执法"三项制度"试点工作信息平台更新已经完成，收录和公示执法单位632个、执法人员信息1.38万人、权责清单2.54万份、执法信息5.14万篇，完成业务办件10.44万件，公示执法结果1.16万件，受理咨询投诉34件。①

毕节市税务部门通过"三项制度"试点工作信息平台和集成应用系统，提高执法工作透明度和规范性，工作取得成效。如毕节市税务局采用"可视化""自动化""集约化"的方式，集成汇总行政执法公示、行政执法全过程记录和重大执法决定法制审核要素，在平台上实现任务提取、任务分配、法制审核、审核与审批是否上会、复核、记录会议、审核会议内容、提请单位接收等业务节点，为开展法制审核工作提供了完整细致规范标准的工作流程；通过流程再造，建立起了以书面审核为主、集体审议为辅的审核模式，并制定《重大税收行政执法决定法制审核工作规程》，对法制审核清单内四大类12项审核事项，明确了88大项、32子项法制审核业务判断标准，强化对税务机关权力运行的制约和监督，进一步落实"法治税务"要求。据统计，截至2018年底，毕节市税务系统共对182项重大执法决定进行了法制审核，其中法制机构提出补充完善资料意见后通过审查的有7件，纠正重大行政处罚引用法律依据错误1处，变更提请部门处理意见2件。②

除市级政府和部门外，鼓励有条件的县（区）创新工作方式，实现执法信息数据互联互通，确保行政执法规范、准确。2007年，黔西县投入财政资金300万元，组建专业团队探索开发了全县行政执法"三项制度"应用系统。应用系统由"权力运行库""执法部门库""执法人员库""案件

---
① 资料来源：毕节市委政法委。
② 罗近人、马达、陈恩贵：《毕节税务："三项制度"推动阳光税务全面"升温"》，多彩贵州网，2019年1月3日。

办理库"构成，涵盖事前公开、事中公示、事后公开及案件办理、全过程记录、法制审核等各个环节，规范法律文书、定制办案流程、加强法制审核。该系统于2017年11月建成。同时，该系统已经实现将执法信息自动推送到毕节市行政执法"三项制度"试点工作信息平台，实现执法信息互联互通，为推行行政执法"三项制度"试点工作进行了有益的探索和尝试。

（四）强化监督制约，规范权力运行

1.深入推进行政复议委员会试点工作，建立"四集中"机制，提高行政复议工作规范化、公信力和权威性

2016年7月，毕节市人民政府印发《毕节市人民政府深化行政复议委员会试点工作方案》，并制定《毕节市人民政府行政复议委员会工作规则》及《毕节市人民政府行政复议委员会委员守则》，推进行政复议委员会试点改革，提出"集中现有分散的行政复议资源，建立集中行政复议人员、集中受理、集中审理、集中作出决定的行政复议工作机制，增强行政复议公信力和权威性；充分发挥行政复议依法解决行政争议的功能，提高行政复议案件的办理质量和效力。为维护社会稳定、促进经济发展创造良好的法治环境"[①]，率先在贵州省建立集中人员、集中受理、集中审理、集中作出决定的"四集中"机制。根据方案要求，除毕节市公安局和实行中央或省垂直领导的单位暂不纳入试点集中范围外，其余市直各单位一律统一集中开展行政复议工作，充分发挥行政复议委员会作用，倒逼行政机关依法行政。2016~2018年，全市各级行政复议机关积极依法履行行政复议职责，依法办理行政复议案件共计1579件，坚决纠正违法和不当的行政行为，直接纠正违法和不当的行政行为共计339件，直接纠正率21.5%，切实维护群众合法权益，努力化解了一批行政争议。其中，2017年，毕节市各级行政复议机构共收到行政复议案件395件，结案349件，未审结46件，与上年同期（531件）相比下降136件，降

---

① 《毕节市人民政府关于印发毕节市人民政府深化行政复议委员会试点工作方案的通知》（毕府通〔2016〕12号）。

专题篇
毕节市法治政府建设工程报告

幅为26%;① 2018年,毕节市各级行政复议机关共受理行政复议案件588件,纠正违法和明显不当行政行为118件,调解后终止审理61件。②

2. 强化行政机关负责人依法出庭应诉,实行重大案件旁听机制,倒逼依法行政

在贵州省范围内率先出台《毕节市行政机关负责人行政应诉办法(试行)》,并于2017年制定《毕节市人民政府办公室关于进一步加强行政应诉工作的实施意见》,在高度重视行政应诉工作、切实支持人民法院依法办理行政诉讼案件、认真抓好行政应诉答辩和举证工作、依法履行出庭应诉职责、积极配合人民法院开庭审理工作、严格执行人民法院生效裁判文书、合理划分行政应诉职责、着力加强行政应诉能力建设、有效预防和化解行政争议、加强行政应诉工作监督管理10个方面提出具体工作要求。特别是,明确行政机关的主要负责人是本机关行政应诉工作的第一责任,出庭应诉是行政机关的法定义务,被诉行政机关负责人要带头履行行政应诉职责,积极出庭应诉,不能出庭的,应当委托相应的工作人员出庭,不得仅委托律师出庭;按照《毕节市行政机关负责人行政应诉办法(试行)》的规定,对自然资源权属争议作出确权决定的案件、对房屋拆迁引起的原告为30人以上的案件、对造成公民死亡或者完全丧失劳动能力的行政赔偿案件、对因撤销行政许可导致企业停产停业引发的行政诉讼案件、对上级行政机关认为需要由行政机关负责人出庭应诉的案件等5类行政诉讼案件,被诉行政机关负责人应当出庭应诉。③ 2015~2018年④,毕节

---

① 《毕节市2017年度法治政府建设工作情况报告》,毕节市人民政府网站,2018年2月7日。
② 资料来源:毕节市委政法委。
③ 《毕节市人民政府办公室关于进一步加强行政应诉工作的实施意见》(毕府办发〔2017〕17号),毕节市人民政府网站,2017年2月。
④ 关于行政机关负责人出庭应诉事宜,虽自2010年11月《国务院关于加强法治政府建设的意见》强调要"对重大行政诉讼案件,行政机关负责人要主动出庭应诉",但直至2014年11月《行政诉讼法》修改后,行政机关负责人出庭应诉才作为强制性规定在法律中被确定下来。2015年,贵州省出台《贵州省行政机关行政应诉办法》,明确要求各级行政机关的行政应诉工作应当坚持自觉接受司法监督、支持人民法院依法独立公正行使审判权和维护行政机关依法行政的原则,按照谁主管谁应诉、谁主办谁出庭的原则确定应诉机构和出庭人员,并就行政应诉的具体工作做出安排。因此,本文主要考察对比自2015年以来行政机关负责人出庭应诉的相关数据。

"法治毕节"的探索与实践

市行政机关负责人出庭应诉率分别为37.98%、58.1%、58.3%和36.3%，总体名列全省前茅，但2018年有所下降（见图2）。2015~2018年，毕节市行政诉讼案件败诉率分别为18.06%、14.24%、11.9%和13.6%，总体呈下降趋势（见图3）。①

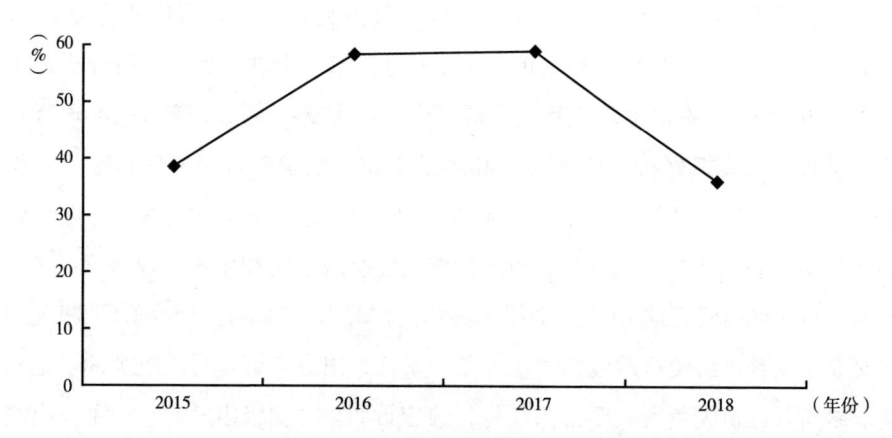

图2　2015~2018年毕节市行政机关负责人出庭应诉率统计

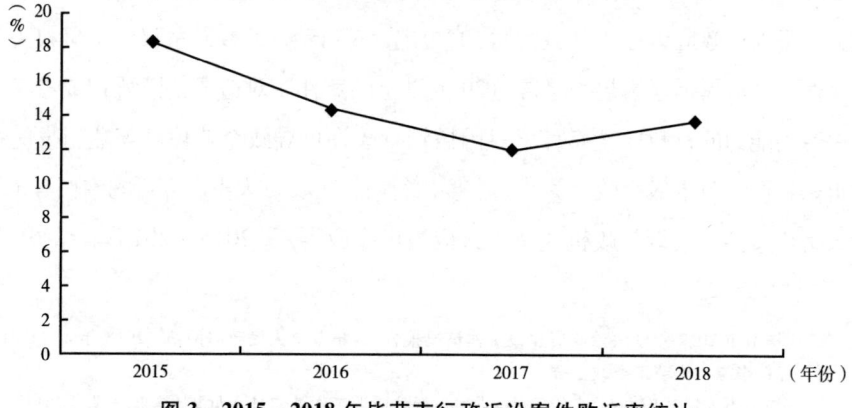

图3　2015~2018年毕节市行政诉讼案件败诉率统计

实行重大案件旁听机制。对于在辖区内具有较大社会影响和典型意义的案件，组织相关行政机关工作人员旁听庭审，给工作人员"提提醒"，提高其法治思维和意识，预防行政违法行为的发生。

---

① 资料来源：毕节市委政法委。

专题篇
毕节市法治政府建设工程报告

（五）深入推进政府信息公开工作，进一步提高政府政务行政中心工作效能

1. 依法深入推进政府信息公开工作，打造"阳光政府"

一是推进政府网站集约化发展。毕节市按照集约、节约的原则，永久下线部门和乡镇网站719家，将相关功能整合建设至上级政府门户网站，形成"1+8"［1个市级+8个县（区）政府门户网站］的工作格局。二是充分发挥政府网站政务公开第一平台的作用，通过各种渠道，进一步推进决策、执行、管理、服务、结果五公开。2018年，毕节市全市主动公开政府信息278127条，同比增长5.51%，其中市本级公布73507条，同比增长46.42%（见图4）。三是完善政府新闻发言人等相关制度，2018年市本级组织召开新闻发布会18次。四是围绕法治政府建设推进政府信息公开工作。2018年，建立重大决策预公开制度和政府会议开放制度，全年面向公众开放会议189次（市本级112次），参会公众918人次（市本级467人次）；公布实施2018年行政审批中介服务事项及行政许可事项目录、行政权力运行流程图及权责清单调整情况39条，开设建议提案信息公开栏目，公开建议、提案办理信

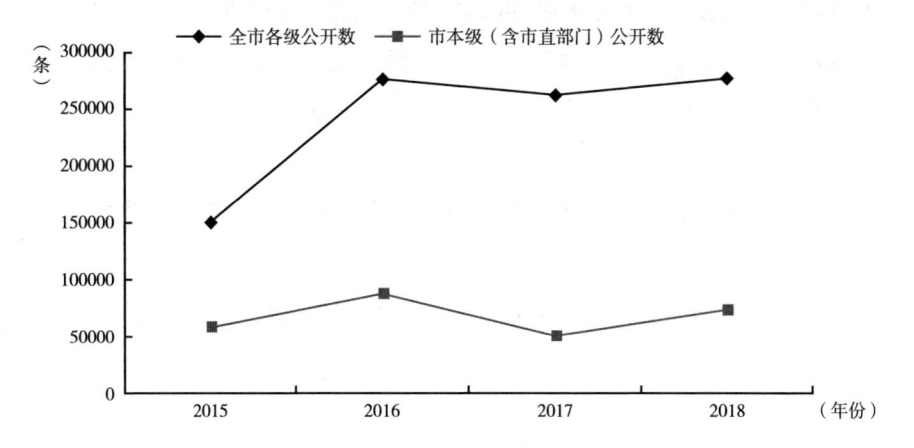

图4 2015~2018年毕节市公开政府信息数（主动公开）

注：根据2015年至2019年毕节市政府信息公开年度报告整理；2019年信息公开年度报告未公布市本级主动公开数。

息 1820 条（市本级 211 条）。[①] 2018 年全省政府门户网站抽查通报中，毕节市政府网站监测总体合格率 100%。

2. 进一步提高政府政务行政中心工作效能

一是市级实体政务大厅建设和"只进一扇门"工作方面，2018 年 5 月，毕节市市级政务大厅正式对外办公，政务大厅分 9 个办公区域，共 149 个窗口，进驻部门（单位）46 个，行政审批部门进驻率 100%，公共服务事项进驻率 91.68%，企业和群众办事"只进一扇门"取得历史性突破。二是"建好一张网"改革方面，截至 2018 年 12 月底，政务服务事项网上可办率为 24.08%，比省要求高出 24.08%。全市网上业务量 553207 件，是 2017 年的 10 倍，办事效率大大提高。三是"最多跑一次"改革方面，开展"简证便民"专项行动，2018 年全市共清理取消证明材料 1152 项，推出"一窗式集成"服务，以合法、合规、便民为前提，本着"成熟一项推出一项"的原则，解决服务对象在不同部门窗口间多次跑、来回跑、申请材料反复提交的问题，解决群众办事难、排队叫号等候时间长的问题，降低群众办事成本。推行"不见面审批"和"一网通办"，2018 年全年毕节市网上办理 53.14 万件，是 2017 年的 10 倍。截至 2018 年 12 月，全市通过贵州政务服务网审批系统为服务对象受理行政审批及公共服务事项 1402066 件（其中网上受理 553207 件），办结 1401645 件（其中当场办结 908721 件）。市级通过贵州政务服务网审批系统为服务对象受理行政审批及公共服务事项 39556 件，办结 39445 件。[②]

二 毕节法治政府建设工程存在的主要问题和建议

毕节法治政府建设工程开启以来，取得了很多工作经验及实效，但也存在一些问题尚待改进。

[①] 政府信息公开相关资料来源于《毕节市人民政府 2018 年度政府信息公开报告》，毕节市人民政府网站，2019 年 3 月 25 日。

[②] 根据《毕节市人民政府 2018 年度政府信息公开报告》及《2019 年毕节市人民政府工作报告》整理。

专题篇
毕节市法治政府建设工程报告

（一）进一步提高法治理念，加强基层法治政府建设工作

由于部门之间、县（区）之间主要领导与创建工作分管领导法治观念不同，重视程度不均，创建工作在毕节市范围内发展不平衡。特别是，受到工作经费、法治意识、法治人才等因素的制约，基层仍然是法治政府建设的"短板"，一些地方、部门仅仅以完成法治创建"规定动作"为目标，很难形成典型经验和亮点进行打造和推广。应当加强上级对下级政府的指导、督察工作，在工作中不断提高各级领导干部这一"关键少数"的法治思维和法治意识，及时对具有典型意义的做法进行总结、提升，形成相应工作经验。

（二）加强行政执法力量和组织保障

一是行政执法力量，尤其是专利等专业领域行政执法队伍力量薄弱，部分县（区）执法人员不足、业务不精、水平不高等问题依然存在。二是市、县两级试点工作联动不够，部分县（区）试点工作较为滞后。三是缺乏专门的法制审核机构，不利于试点工作的推动落实。对此，应当进一步加强全市行政执法队伍建设，充实执法人员队伍力量，积极组织开展市、县两级执法人员的业务培训，提高其业务能力和水平；进一步强化市、县两级联动，继续加强对县区执法人员的业务指导，确保圆满完成年度目标任务；针对重大执法决定法制审核问题，积极与法制部门对接请示，在充分征求单位法律顾问的基础上，将重大执法决定报法制部门审核备案。

（三）进一步推进基层政务公开工作

因基层政务公开体制机制不完善，导致基层政务公开工作参差不齐、不够深入。对此，一是进一步督促各县区理顺工作机制，确保工作有人抓、责任有人担；二是加大政务公开工作建设资金保障力度，特别是加强电子政务网应用推广、政务公开和政府网站建设的资金投入力度，将电子政务建设和运行经费纳入财政预算，确保全市政务公开工作顺利推进；三是加大政务公开工作业务培训力度。

（四）持续提升政府网站服务能力

毕节市政府网站集约化建设虽取得一定实效，但总体来看，网站个性化服务、开放式架构、大数据支撑、创新应用及服务能力仍应进一步提升，电子政务系统最高在线人数不足 2000 人，登录应用率较低，部分县区的电子政务网基础设施尚待健全，部分县区或部门还采用纸质文件流转的方式，无纸化办公程度不高，电子政务网的使用情况不理想。

对此，一是及时将已经永久下线的部门和乡镇网站功能集约至本级政府门户网站，真正形成"1＋8"政府网站格局；二是依托市级数据共享交换，推进政府网站数据资源上架，提高政府网站大数据支撑能力；三是建立电子政务网应用月通报、年考核制度，督促各应用单位提高登录率；四是尽快完善配套基础设施建设，加强技术培训和专业指导。

参考文献

《毕节市权力清单和责任清单目录总表》，毕节市人民政府网站，2016 年 8 月 16 日。

《毕节市行政权力清单责任清单动态管理办法》（毕府通〔2016〕15 号），毕节市人民政府网站，2016 年 9 月 6 日。

毕节市人民政府《关于调整毕节市权责清单事项的决定》（毕府发〔2017〕2 号），毕节市人民政府网站，2017 年 1 月 19 日。

《毕节市行政审批制度改革工作领导小组关于第二批清理规范 15 项市政府部门行政审批中介服务事项的公告》，毕节市人民政府网站，2018 年 12 月 14 日。

《2019 年毕节市人民政府工作报告》，毕节市人民政府网站，2019 年 1 月 8 日。

毕节市人民政府《关于对市直部门权责清单事项进行动态调整的决定》（毕府发〔2017〕26 号），毕节市人民政府网站，2017 年 10 月 31 日。

《毕节市人民政府重大行政决策程序规定（试行）》（毕府通〔2016〕16 号），2016 年 10 月 28 日。

《毕节 2017 年度法治政府建设工作情况报告》，毕节市人民政府网站，2018 年 2 月 7 日。

《毕节市人民政府 2018 年度政府信息公开工作报告》，毕节市人民政府网站，2019

专题篇
毕节市法治政府建设工程报告

年3月25日。

《毕节市政府法律顾问工作规则（试行）》（毕府办通〔2013〕155号）。

《关于印发毕节市政府法律顾问工作规则（试行）的通知》（毕法领办〔2016〕8号）。

《贵州省毕节市推行乡镇法律顾问制度全覆盖助推基层法治政府建设》，国务院法制办网站，2018年6月。

《建设法治政府阳光政府——国务院法制办负责人就行政执法三项制度试点方案答记者问》，《人民日报》2017年2月11日。

罗近人、马达、陈恩贵：《毕节税务："三项制度"推动阳光税务全面"升温"》，多彩贵州网，2019年1月3日。

《毕节市人民政府关于印发毕节市人民政府深化行政复议委员会试点工作方案的通知》（毕府通〔2016〕12号）。

《毕节市人民政府办公室关于进一步加强行政应诉工作的实施意见》（毕府办发〔2017〕17号），毕节市人民政府网站，2017年2月。

毕节市公正司法天平工程报告

张 可[*]

摘 要："法治毕节"创建以来，以毕节市中级人民法院、毕节市人民检察院为牵头或配合单位的"公正司法天平工程"创建考核指标已经全部落实，并进入抓长效实施阶段。"公正司法天平工程"建设情况如下：毕节市法、检两院系统的司法权力得到大力保障，司法人员履职保护机制日趋健全，规范司法程序，全面落实司法责任制，人民参与司法得到有效保障，司法公开不断深化，不断推动大数据信息化建设，人民群众的诉讼权利得到切实保障，诉访分离和诉调对接机制进一步完善，转变家事审判理念、助推社会和谐稳定，切实强化未成年人司法保护，打好"基本解决执行难"攻坚战，生动践行检察机关提起公益诉讼制度。毕节市公正司法天平工程取得了显著的成效和宝贵的经验。

关键词：毕节市 公正司法 法院 检察院

公正是法治的生命线。司法公正对社会公正具有重要引领作用，司法不公对社会公正具有致命破坏作用。必须完善司法管理体制和司法权力运行机制，规范司法行为，加强对司法活动的监督，努力让人民群众在每一个司法

---

[*] 张可，法学博士，贵州省社会科学院法律研究所副研究员，贵州省法治研究与评估中心研究员。

专题篇
毕节市公正司法天平工程报告

案件中感受到公平正义。[①]"法治毕节"创建以来,以毕节市中级人民法院、毕节市人民检察院为牵头单位或配合单位的203项创建考核指标全部落实到具体的责任部门和责任领导,其中对"公正司法天平工程"中涉及法院、检察院的10类61项指标均已全部落实,并进入抓长效实施阶段。

一 开展公正司法天平工程的主要做法和成效

(一)依法独立行使审判权、检察权,司法权力得到大力保障

《中华人民共和国宪法》第131条规定:"人民法院依照法律规定独立行使审判权,不受行政机关、社会团体和个人的干涉。"第136条规定:"人民检察院依照法律规定独立行使检察权,不受行政机关、社会团体和个人的干涉。"党的十八届三中全会通过的《中共中央关于全面深化改革若干重大问题的决定》指出,要确保依法独立公正行使审判权、检察权。党的十八届四中全会通过的《中共中央关于全面推进依法治国若干重大问题的决定》指出,要完善确保依法独立公正行使审判权和检察权的制度。由此可见,人民法院独立行使审判权和人民检察院独立行使检察权是我国法治运行层面的基本原则。当前,毕节市与我国其他地区一样,正处于社会转型期,各种利益冲突日益增多,各种社会矛盾复杂多变,触点多、燃点低,处理不好极易引发严重社会问题。而在各类社会治理手段中,运用司法方式调处纠纷、化解矛盾,可以使社会变革阶段的利益冲突在国家法治总体框架内得到有效控制和防范。因此,切实保证司法权依法独立公正行使,维护司法公信力和权威性,对于推进国家法治建设进程、促进社会和谐稳定意义重大。

毕节市委高度重视法院、检察院依法独立行使审判权和检察权工作,于2015年11月2日专门制定出台《关于进一步支持法院、检察院依法独立行

[①] 习近平:《习近平谈治国理政》,外文出版社,2014。

"法治毕节"的探索与实践

使审判权和检察权的意见》（以下简称《意见》），该《意见》明确：一是切实加强和改善党对人民法院、人民检察院的领导，要坚持党管政法原则，坚持法治原则，严肃责任追究，抓好班子和队伍建设；二是切实加强全市各级人大、政协及社会各界对人民法院、人民检察院的依法监督，要依法发挥监督作用，始终坚持集体监督原则，依法规范社会监督；三是切实加强全市各级人民政府依法行政能力，要主动支持司法监督，严格规范行政行为；四是切实加强人民法院、人民检察院依法独立公正行使审判权、检察权制度保障，要支持人民法院、人民检察院积极开展司法体制改革工作，切实落实好经费保障，不得安排人民法院、人民检察院从事业外活动，不得干预人民法院、人民检察院依法办案，完善法官、检察官职业保障体系，统筹抓好法院、检察院信息化建设，建立备案报告制度。

开展"公正司法天平工程"三年以来，毕节市严格按照中央、省委的相关规定，确保法院、检察院依法独立行使审判权和检察权。主要具体做法是：不得安排人民法院、人民检察院从事业外活动，包括全市各级党政机关和领导干部不得抽调或安排人民法院、人民检察院工作人员参加与审判执行、检察工作无关的各种领导小组及工作机构，不得向人民法院、人民检察院下达罚没、收费及追赃指标，不得要求人民法院、人民检察院参与招商引资、企业帮扶等活动，不得要求人民法院、人民检察院参加行风评议等不符合司法规律的活动，不得要求人民法院、人民检察院工作人员参与计划生育、包村整治、土地征收、房屋拆迁、荒山绿化等具体行政管理活动以及其他不符合司法职能、有损司法公信力的活动，不得长期占用、借用人民法院、人民检察院的编制、人员和固定资产；不得干预人民法院、人民检察院依法办案，包括全市各级党政机关和领导干部不得要求人民法院、人民检察院做出违反法定职责、有碍司法公正的行为，不得以领导、协调政法工作为名对人民法院、人民检察院工作进行不当干预，严禁各级党政机关和领导干部超越正常工作权限和组织程序，利用职务之便和影响，以批信件、打招呼、开会议、发文件等方式干预人民法院、人民检察院正常司法活动，不得以明示或暗示的方式，对正在办理的案件、涉法涉诉信访案件提出倾向性的

专题篇
毕节市公正司法天平工程报告

具体处理意见，影响案件的公正办理；建立备案报告制度，包括全市两级人民法院、人民检察院要建立登记备案制度，对国家机关、有关单位和组织、人大代表和政协委员针对具体案件的处理意见和建议，要规范、公开办理，通过建立台账全程留痕、列入案卷、归档备查。领导干部个人违反法定程序，违法干预司法工作、插手具体案件等行为，人民法院、人民检察院要敢于抵制、及时记录，向同级党委报告并报上级人民法院、人民检察院。

全市两级人民法院、人民检察院严格按照市委的上述规定，全面贯彻执行，认真抓好落实，每月通过案件管理系统对"干预司法插手具体案件办理情况"进行实时监控，到目前为止，尚未发现一起"领导干部和司法人员干预司法插手具体案件"的情况。通过上述制度的建立和落实，全市法院、检察院依法独立行使审判权和检察权得到了充分保障。

（二）司法人员履职保护机制日趋健全

为深入贯彻落实贵州省财政厅、省高级人民法院、省人民检察院印发的《贵州省省以下法院、检察院经费资产由市级统一管理的意见》（黔财行〔2016〕61号文件）精神，将县（区）法检两院财物管理纳入市级财政统一预算管理，为全面实现省级统一管理打下坚实基础，全市两级法院检察院抢抓机遇、积极作为，努力推进市级财物统管工作。2016年，毕节市委、市政府作出毕节政法系统"一年提升装备水平，两年完善基础设施和信息化建设"的部署，法检两院完成了工资薪酬制度改革，并率先在全省完成市级财物统管工作。

市级财物统管的落实，得益于市委、市政府的大力支持和关心。2016年8月，毕节市中级人民法院党组、市人民检察院党组分别向市委报送了《关于提请市委常委会听取法院工作报告的请示》《关于提请市委常委会听取检察院工作报告的请示》，并在前期做了大量工作的基础上，以附件形式上报《关于全市法院工作情况的报告》《毕节检察工作情况汇报》《全国司法体制改革推进会精神传达提纲》《贵州司法体制改革试点法院以案定补实施办法》《毕节法院司改工作方案》《毕节市检察机关司改工作方案》《毕节市两级法院经费资产统一管理与财政部门沟通对接的情况说明》《毕节市财政局对市法院关于提请市委常委会听取法院工作报告的请示中有关问题的说明》《毕节市中级人民法院关于以案定补的报告》《毕节市中级人民法院法官、审判辅助人员、司法行政人员绩效考核奖金分配实施细则》《毕节市人民检察院关于司法体制改革中需要地方财政保障解决有关事项的情况汇报》《毕节市检察机关检察官、检察辅助人员、司法行政人员绩效考核奖金分配实施办法》等一系列翔实的材料，让市委、市政府充分了解法院、检察院情况，掌握司改动向，支持法院、检察院市级财物统管。

通过努力，毕节市两级法院、检察院市级财物统管工作在市委的坚强领导、市政府的大力支持、财政等相关部门的密切配合下，经费资产市级统管工作进展有序、成效明显：一是率先兑现全市两级法院、市检察院的绩效考核奖金；二是实现两级法院、检察院人员经费中工资保障及时足额到位；三是对外聘用人员经费得以纳入财政预算，外聘人员工资由财政下拨工资预算，减轻了法院、检察院办公经费的负担；四是公用经费保障标准得以极大提高，原两级法院、检察院保障标准平均为1.72万元，实现市级财物统管后，毕节市中级人民法院和7个基层法院为5.5万元，七星关区法院为6.5万元；市检察院、七星关区检察院为6.5万元，其余县级检察院（含百里杜鹃检察室）为5.5万元，极大地保障了办公经费；五是转移支付直接下达，解决了地方财政拖欠、挪用中央和省级政法转移支付资金的情况；六是设立了退费备用金，解决退费难的问题；七是设立了充足的大要案备用金，提升了法院、检察院审理大要案的保障力度；八是通过资产清查，对各法院、检察院长期未清的资产进行了全面清理，明晰了产权；九是统一了全市法院、市检察院的差旅费标准，提升干警出差办案的积极性。

（三）构建权责统一的审判权力运行机制，规范司法程序

毕节市中级人民法院树立"早改早发展、早改早受益、早改早成功"的改革理念，精心谋划，积极探索，在全面推进司法体制改革之前，报请市委改革办下发了《关于全市刑事审判、民商事审判、行政审判主审法官办

专题篇
毕节市公正司法天平工程报告

案负责制改革实施方案》。市检察院将办案力量向一线倾斜，设置2个办案组、38名独任检察官。毕节市中级人民法院将党支部建在庭室架构上，组建党支部18个，构建以法官为核心、以审判业务为导向、以党员先锋模范作用为引领的专业化新型审判团队，实现人员配置最优化、办案效能最大化。市检察院结合党建任务形式变化、内设机构"大部制"改革，及时将基层党组织调整为"5个固定基层党支部＋党小组＋专案组临时党支部"模式，实现了业务、党建齐头并进。审判团队、检察办案团队实行扁平化管理，改革文书签发机制，彻底将审判权、检察权返还于合议庭和员额法官以及员额检察官，建立权责统一、权责明晰、权力制约的审判权、检察权运行机制，切实做到司法办案"谁决定谁负责，谁办案谁负责"。市检察院制定《职能配置及内设机构改革试点工作方案》，结合具体情况将各基层院内设机构整合为"6部1局2室"或"7部1局2室"。通过内设机构改革，有效解决了检察职能碎片化问题，实现了"减少层级、扁平化管理"的预期目的。

全市法检两院以推广应用大数据为切入点，积极推进以审判为中心的刑事诉讼制度改革。毕节市中级人民法院以"完善庭前会议，规范法庭调查程序，落实证人、鉴定人出庭作证制度，严格排除非法证据，设立律师辩护制度，庭审全程同步录音录像"等多项举措，推进庭审实质化。市检察院重视发挥检察机关审前主导和过滤作用，健全命案、职务犯罪、重特大毒品案件提前介入侦查、引导取证机制，规范退回补充侦查，完善智能辅助办案系统的类案推送、结果比对、数据分析等功能，强化起诉前对案件事实、证据、程序的审查把关，以"召开庭前会议解决程序性争议，开展重大案件庭审多媒体示证，申请通知证人、鉴定人、侦查人员出庭"等工作为抓手，深化以审判为中心的刑事诉讼制度改革。同时，牵头推进市级层面刑事诉讼大数据智能管理平台建设，通过将证据标准嵌入数据化的管理平台，统一司法尺度，提高司法效率，证据标准指引按诉讼程序分阶段层层递进，在刑事诉讼不同环节起到发现和纠正错漏的作用，最终达到事实清楚、证据确实充分的程度，真正推进以审判为中心的诉讼制度改革。市检察院积极打造

"法治毕节"的探索与实践

"三个中心",即筹备建设大数据综合服务中心、远程提讯中心、远程庭审中心;抓好"四项建设",即基础网络及机房建设、数字会议系统建设、公共广播系统建设、安防建设;构建"五个平台",即侦查信息平台、审讯指挥平台、远程讯问平台、远程庭审平台、远程接访平台;打造"六个系统",即司法办案系统、检察办公系统、检务保障系统、队伍管理系统、决策支持系统、检务公开和办事服务系统。通过完善设施、打造系统、搭建平台,促进检察工作与信息化深度融合。

全市两级法院、检察院实施办案质效的数据信息化管理考核,法院由审判管理局(办)对审判程序进行审限跟踪和质效评估;检察院实行案件网上办案、办案流程网上监控、办案质量网上评查。同时,建立检察官业绩档案和考核制度,构建"全程留痕、终身负责""有权必有责、用权受监督"的全程司法监督制约体系,结合办案量、办案质效、司法调研和办案追责情况,对检察官司法办案进行科学考核。全市法院按照庭审同步录音录像的要求,建成科技法庭 146 个,保证庭审全程留痕。毕节市中级人民法院于 2016 年 8 月正式投入运行电子卷宗系统,随案同步生成电子卷宗,大幅提升法官办案、审判监督、档案管理的信息化水平,确保审判执行活动全程留痕。全市检察院于 2015 年 9 月全面推行电子卷宗系统,工作经验在全省检察机关电子卷宗系统应用部署现场会交流推广,有多家省内外检察院前来学习借鉴。毕节市中级人民法院积极推进繁简分流,实现"繁案精审、简案快审"。以七星关区法院和纳雍县法院为试点向全市法院推行"轻刑快审"机制,试点法院对轻微刑事案件平均办案周期 7 天,最快 1 天,节约了司法成本,提高了审判效率。市检察院着眼节约司法资源、提高办案效率,推动轻微刑事案件快速办理,轻刑快办案件量占办案总数的 20% 以上;员额检察官年人均办案量同比增长近 1 倍,审查逮捕周期平均缩短 28.5%,审查起诉周期平均缩短 23.3%,办案准确率 100%。大力抓好重大案件的审理,积极推进审判委员会、检察委员会制度改革,强化审委会、检委会在总结司法办案经验、制定办案规范、讨论审判检察重大事项、统一法律适用和裁判标准上的职能作用。法检两家在命案、毒品、非法集资、贪贿等重大案件办理期间，制定工作预案，落实值班制度，加强安全保卫、后勤保障、舆论引导。近年来成功侦查终结、开庭审理了省法院指定审理或省检察院交办的厅局级干部重大职务犯罪案件，庭审取得圆满成功，承办重大案件的综合能力得到省法院、省检察院的肯定。检察机关认真落实刑事侦查讯问过程全程同步录音录像和重要取证活动全程录像，职务犯罪讯问犯罪嫌疑人同步录音录像实现了"全程、全部、全面"。

（四）全面落实司法责任制

近年来，全市法院、检察院紧紧围绕司法责任制深入推进司法改革，在办案团队组建、放权与控权、完成市级财物统管、法官检察官职业保障等方面走在全省前列，审判质效考核指标进入全省前三，侦监、公诉、反渎、预防、民行等主要核心业务连续三年位居全省前列甚至勇夺全省"单项冠军"，改革成效明显。全市法院、检察院进一步围绕司法责任制抓好综合配套改革，完善相关工作资料，扎实做好全面落实司法责任制工作。

毕节市中级人民法院、市人民检察院认真研究司法责任制改革背景下的监管模式，推动实现放权与控权的有机统一，通过进一步加强庭长、处长的办案监管职能，以信息化建设为基础，从统一办案标准、保障案件质效、合理绩效考评三方面着手，构建科学合理的办案监督制约机制。毕节市中级人民法院加强案件评查与监管，成立案件评查办公室，制定完善案件质量评查机制，将案件评查质量纳入年度目标考核，以常规评查对所有案件在归档前进行质量评价，以院庭长抽查和重点评查形式，重点评查发回、改判案件和当事人反映强烈的案件，严把案件质量。织金县法院与纳雍县法院开展判决案件交叉评查工作，对评查出的不合格、错案、基本合格案件零容忍全通报。全市法院运用大数据铸牢制约司法权的"数据铁笼"，依托案件管理系统功能实时提取信息数据，加强对审判流程关键节点控制，通过监测，以催办、督办、通报、问责等形式实现了对案件流程管理、节点控制的有效监督。对法官办案效率、办案质量、办案效果进行量化指标考核并实时排名通报，提高了案件质量精细化监管水平，坚决做到"放权不放任，监督不缺位"。全市检察院坚持检察官员额配置向办案部门倾斜、向一线倾斜，共组建检察官办案组38个、独任检察官153名，有效改变了以往"三级层报审批"行政化办案模式，减少了审批层级，确保检察权高效运行。合理配置检察官办案职权，以"正面清单"形式，明确了检察长、检委会、检察官及检察官助理的一般职权，厘清了各业务条线检察官的具体职权，细化检察官职权223项。加强司法责任制配套机制建设，出台《检察官司法责任追究办法（试行）》等一揽子文件，建立检察官、检察辅助人员司法档案，构建了"全程留痕、终身负责"的全程司法监督制约体系，保障了检察权依法规范运行。全市检察院加强案件管理机制建设，实行案件网上办案、办案流程网上监控、办案质量网上评查，狠抓案件质量和效率，刑事逮捕后撤案率、不起诉率、无罪判决率逐年下降至0.07%、0.81%、0.01%。批捕、公诉案件审结率始终保持在99%以上。同时，建立检察官业绩档案和考核制度，构建"全程留痕、终身负责""有权必有责、用权受监督"的全程司法监督制约体系，结合办案量、办案质效、司法调研和办案追责情况，对检察官司法办案进行科学考核。全市检察机关将案件质量评查作为提升案件办理质量的有力抓手，以七星关区检察院作为省检察院确定的案件质量评查系统试点院为契机，全面部署上线案件质量评查系统，实行网上案件质量评查系统开展"一案一评查"，初步建立网上质量评查工作常态化机制。2016年以来，共开展普遍评查、随机抽查等各类案件评查248次，评查案件7064件。开展案件质量评查后，定期汇总评查情况，根据发现问题形成评查报告，督促业务部门及时进行整改；汇总案件评查数据，为员额制业绩考核提供数据，通过考核倒逼办案质量提升。市检察院"案件评查出实招查漏补缺，层层设防倒逼检察权规范运行"的做法，在全省检察机关司法规范化建设视频会上做了经验交流。

在贵州省高级人民法院、省人民检察院的精心指导下，在毕节市委的坚强领导下，全市两级法院、检察院积极参与改革、支持改革，各项司法改革任务顺利推进。毕节市中级人民法院、市检察院坚决落实司法责任制，实现"让审理者裁判，让裁判者负责""谁办案谁决定，谁决定谁负责"。同时，采取有力有效措施保证案件质量。一是加强审判委员会、检察委员会运行机制改革，充分发挥审判委员会、检察委员会总结办案经验、讨论重大案件事项和监督、指导作用，促进"类案同办""类案同判"。二是强化院领导办案的指导示范作用，促进"办好一个案件指导好一类案件办理"。三是规范合议庭、检察官联席会评议、讨论案件。制定《进一步规范合议庭评议案件的规定》《检察官联席会议暂行规定》，更好地发挥评议、讨论实效，提升案件质量。四是强化分管院长、检察长的指导把关作用。明确分管院长、检察长为审判团队、办案团队的负责人，主动介入案件，加强类案指导。五是定期组织召开审判长、检察办案团队负责人联席会议。由审判执行团队、检察办案团队负责人牵头，定期研判审判执行、检察办案工作情况，分析问题，解决问题。六是突出审判长、处室负责人监督管理作用，审判长、处室负责人定期组织业务学习，还需承担对合议庭或检察办案团队组成人员的政治、思想、作风、纪律教育，提升法官检察官综合素能。七是加强案件质量评查。毕节市中级人民法院、市检察院推行案件重点评查和归档评查，启动各县（区）法院、检察院循环评查、交叉评查案件，并定期通报评查结果。八是推动均衡结案，建立按季度对县（区）法院和毕节市中级人民法院各审判团队考核各项工作机制，提升审判效率，避免突击结案导致案件质量下滑。九是强化审判管理，由审判监管团队全程跟踪案件流程，掌握审判节点，定期开展排查通报，并依托信息公开平台，加大司法公开力度，以监督促公正。十是加强队伍培训教育。坚持问题导向，组织干警赴国家法官学院、国家检察官学院和省内外高校有针对性地培训，开展业务技能竞赛，营造法院检察院内部良好学习氛围；十一是推动现代科技与法院检察院工作深度融合。推进电子卷宗随案同步生成和深度应用，探索启动庭审智能语音系统和智慧执行、智慧检务管理指挥平台建设，减轻办案负荷，有效提升办案质效。

（五）人民参与司法得到有效保障

人民陪审员制度是社会主义司法制度的特色和优势，只能加强，不能削弱。全市法院切实按照 2013 年 5 月召开的全国法院人民陪审员工作电视电话会议的要求，加大人民陪审员"倍增计划"的实施力度，及时扩大人民陪审员选任规模，实现"倍增计划"，并积极争取当地财政适当提高陪审经费的财政预算，提高人民陪审员的经济待遇，调动陪审员参与陪审的积极性、主动性。在法律规定的范围内扩大人民陪审员陪审案件的数量和范围，充分发挥人民陪审员联系群众、熟悉群众、代表群众等方面具有的独特优势，让普通公民协助司法、见证司法、掌理司法，充分体现司法的民主功能，促进纠纷的化解。同时，在全市大部分人民法庭不能满足"三审一书"人员配置的情况下，做好人民陪审员的选任，有效缓解全市法院案多人少的压力。其中要特别做好"五老"（老干部、老战士、老专家、老教师、老模范）人民陪审员的选任，为切实推进司法民主打下坚实的基础。

各基层法院加强对人民陪审员制度的宣传，提高当事人对人民陪审员工作的认知度，增强人民陪审员的职业荣誉感。组织陪审员观摩庭审，学习提升驾驭庭审、分析案件的能力，增加陪审员的实践感知，提升陪审质量。建立人民陪审员工作绩效档案，报请人大常委会进行备案。全市基层法院推行当事人协商选择为主、法院随机抽选为辅的人民陪审员选择模式，大幅提升了陪审率，并为人民陪审员参加审判活动提供交通、误工等补助，补助标准为每件 50~100 元。当前，毕节市各县（区）法院人民陪审员参审比例为 94.11%，为全省最高，实现了人民群众有效参与司法，拓展了人民群众监督司法工作的渠道。

为进一步提高人民陪审员的业务知识储备和参审能力，确保人民陪审员依法履职，2015 年以来，全市各县（区）法院组织多名人民陪审员进行了集中培训。在培训班上，法院领导和业务骨干从人民陪审员制度的重要性，加强培训、提升业务素质，以及完善陪审制度、保障人民陪审员依法行使职权等方面做了深入浅出的讲解和积极动员，并指出陪审员们的辛勤付出，切实缓解了基层法院案多人少的矛盾，有效推进了司法公开、司法民主，深受群众好评，希望陪审员们继续发扬优良作风、严格落实各项管理规定、抓好自身学习，为司法审判事业作出更大的贡献。此外，培训班还从强化大局观

专题篇
毕节市公正司法天平工程报告

念、强化监督观念，充分发挥人民陪审员作为调解员、审判员、监督员、联络员、宣传员的"五员"作用，宣传法律、参与庭审，增进当事人与法官之间的信任，搭建人民群众和法院之间相互沟通的桥梁，努力提升司法公信力，正确处理好陪审工作与本职工作的关系等方面做了强调。人民陪审员培训班讲授了民法及民事诉讼法、民事调解、刑法及刑事诉讼法、人民陪审员职责及道德、法官职责与权力、法律基础知识、民事诉讼规则、司法礼仪、法官职业道德及审判纪律等相关知识，并结合审判实践串讲了有关经典案例，具有较强的针对性、实效性。

通过加强人民陪审员培训，新任命的人民陪审员逐渐认识到，一是要提高认识，树立强烈的自豪感和责任感，人民陪审员是不穿法袍的"法官"，参与审理案件可以起到强化司法民主的作用；二是要认真履职，树立人民陪审员的良好形象，在自觉处理好陪审工作与本职工作的关系的同时，做到廉洁自律、遵守法纪、珍视荣誉并恪守职业道德；三是要加强学习，提升履行好陪审工作的能力。人民陪审员制度的目的是保证司法公正、促进司法民主，人民陪审员就是人民的代表，代表着人民参与审判，对审判起着监督的作用。同时，还要以自己参与审判的经历对周围的群众进行法律宣传，发挥好法律宣传的作用。要不断加强学习，特别是新任人民陪审员，要加强对党的理论、方针和政策以及宪法和其他法律的学习，而且要学透、学精通；要克服"陪而不审"的思想，参与案件审理时要把重点放在"审"上，敢于说出审理过程中发现的错误；要克服"合而不议"的思想，在参与合议庭讨论时，把重点放在"议"上。

人民监督员制度是最高人民检察院摸索外部监督机制，拓宽人民群众参与司法渠道的一项重要举措。2015年以来，全市检察机关按照最高人民检察院、司法部《深化人民监督员制度改革方案》的要求，逐步推进人民监督员监督范围、监督程序改革和人民监督员选任管理方式改革，建立了《毕节市检察机关办理人民监督员监督评议案件规定》《人民监督员管理体系》等有关人民监督员的制度机制10余项，配合司法局从市人大代表、政协委员、机关团体和社会各界人士中选任了55名人民监督员。完善监督方式，创新工作模式，邀请人民监督员视察办案工作区、询问室；邀请人民监督员视察监所，参与监所专项检查；组织召开人民监督员和特约检察员座谈会，向人民监督员、特约检察员、专家咨询委员通报检察工作情况，组织参加检察开放日活动，就加强和改进检察工作征求意见和建议。把全市检察机关涉及的"11类案件或事项"纳入人民监督员的监督视野，组织人民监督员监督评议"11类案件或事项"案件。进一步规范人民监督员监督案件的程序和范围，明确承办人民监督员监督案件的责任部门，规范人民监督员监督程序，实现人民监督员监督程序与诉讼程序的有机结合、监督程序与办案程序的有效衔接。

（六）司法公开不断深化

通过建设审判流程公开、执行信息公开、裁判文书公开、庭审公开四大公开平台，全市司法公开更加全面、深入，阳光法院建设成效明显。毕节市中级人民法院制定了《关于进一步加大司法公开广泛接受监督的实施办法》《关于贯彻落实〈最高人民法院关于进一步深化司法公开的意见〉的工作方案》，并配套基本信息公开、审判执行信息公开、诉讼服务信息公开、司法行政事务信息公开、队伍建设信息公开五个实施办法，深化司法公开，拓宽监督渠道，每年邀请人大代表、政协委员对刑事大要案、减刑假释案件等旁听庭审。全市法院充分运用自媒体平台，通过微博、微信、官方网站、今日头条客户端等自媒体，积极开展重大主题、重大活动、重大任务的网络宣传，及时发布工作动态，接受公众监督，了解群众对司法工作的意见和建议，提高工作能力，提升法院形象。并借助运用好媒体的力量，主动与报刊、电视等主流媒体沟通合作，通过媒体搭建与群众沟通的桥梁，主动发布群众关切、媒体关注的信息，讲好法院故事，传播法院好声音，赢得群众的理解和认可。同时，通过开展巡回审理、公开宣判等方式，加大司法公开和以案释法力度，落实"谁办案、谁普法"，增强人民群众法治观念和守法意识。围绕"法治毕节"创建要求，采取微电影、专题片、公益广告、小品、相声、歌舞等多种形式，创作排演普法宣传文艺作品，营造良好的宣传氛

专题篇
毕节市公正司法天平工程报告

围。按照省检察院对法律文书公开率须达到80%以上的要求，毕节市两级检察机关依托案件信息查询系统、"12309"线上线下一体化服务平台等载体，及时督促办案部门公开法律文书，督促承办人进行生效情况确认，确保法律文书及时公开。同时，完善新闻发布会制度，加强"两微一端"平台建设，建立检察院门户网站，举行"检察开放日"活动，及时准确向社会公开检察机关的创新举措、工作动态、工作亮点、重大活动，以及具有典型意义、社会关注度高的案件，不断提升司法工作透明度，拓宽群众参与司法渠道，切实保障人民群众的知情权和监督权。

庭审直播平台是最高人民法院继中国审判流程公开网、中国裁判文书公开网、中国执行信息公开网之后建立的司法公开第四大平台，自2016年9月27日正式开通以来，得到社会各界广泛关注和肯定。毕节市法院积极落实"让数据多跑路，让群众少跑腿"的要求，对依法公开开庭审理的案件实行庭审直播，使公众随时随地通过移动客户端、打开直播链接即可"亲临"庭审现场，不仅满足了群众足不出户就能旁听庭审、了解庭审实况的需求，又便于群众对审判工作进行有效监督，倒逼法官提高审判水平、规范庭审行为，保障了司法公正，树立了司法公信，打通了阳光司法的高速路。

近年来，毕节市中级人民法院以"努力让人民群众在每一个司法案件中感受到公平正义"为目标，不断深化司法公开，将开展网络庭审直播作为提升审判质效、规范司法行为的重要抓手，以公开促公正、以公正立公信。制定出台了《贵州省毕节市中级人民法院关于全面推进全市法院网络庭审直播工作的实施意见》，要求全市两级法院在依法、真实、规范的原则下，在法律规定的公开范围内，对依法公开开庭审理的、可进行网络庭审直播的案件必须进行网络庭审直播。同时，明确全市两级法院的审判团队、技术部门、办公室、宣传部门、法警队、司法行政部门及审判管理部门在网络庭审直播工作中的分工及责任，将网络庭审直播情况纳入年终审判质效考核。2018年5月，毕节市中级人民法院针对全市部分法院网络庭审直播工作滞后的问题，下发了《毕节市中级人民法院关于及时开展网络庭审直播的通知》，要求全市两级法院必须根据现有科技法庭网络庭审直播系统，对公开审理的案件进行庭审直播，毕节市中级人民法院将对全市两级法院网络庭审直播情况进行每周通报。在毕节市中级人民法院的强力推动和督导下，全市两级法院进一步深化对网络庭审直播工作的认识，切实采取有力有效措施推进庭审直播，庭审直播案件数大幅上升。2018年8月13日，最高人民法院发布了中国社会科学院法学研究所对全国法院庭审公开工作进行第三方评估的结果，织金县法院在此次评估中获得全国基层法院第九名的好成绩。近年来，全市检察机关紧跟信息化建设同步推动司法公开，讲好检察故事，传播检察好声音，不断提升人民群众对检察工作的知晓率和满意度，全市检察机关制作的《我们毕节检察官》《取证》等四个节目，包揽"贵州检察机关庆祝改革开放40周年暨检察机关恢复重建40周年文艺调演"前四名，拍摄的《守护者》《宪法与美好共生》在全国、全省微视频微电影征集展播活动中获奖，大方县检察院微信公众号影响力连续两期排行全省检察机关第一名，"互联网+检察"指数排行首次位居全国检察微信区县排行榜第一名。

（七）不断推动大数据信息化建设

全市法院、检察院顺应科技发展潮流，以建设"智慧法院""智慧检务"为目标，立体化推进大数据和人工智能在审判、检察工作中的深度应用，全力打造大数据时代毕节"互联网+审判""互联网+检察"的工作新模式。

1. 法院大数据建设应用情况

2016年以来，全市法院大数据信息化建设进入加速发展阶段，大数据信息化工作被纳入法院重点工作，基础设施建设得以夯实，信息化应用水平明显提升，整体水平逐年提升。

一是信息化基础设施建设进一步夯实。全市法院信息化建设稳步推进，法院专网跨入双百兆链路网，视频会议系统升级至1080P，为各类信息系统的运行铺平了道路。在中心机房建设方面，除面临搬迁新审判大楼的毕节市中级人民法院、纳雍县法院外，其他基层法院机房面积均达到或超过40平方米，机房配套设施如空调系统、杀毒软件、专网安全、服务器等基本配

专题篇
毕节市公正司法天平工程报告

备；在远程视频讯问室建设方面，除七星关区法院和威宁县法院外，全市已建成7个远程视频讯问室；在重点设施建设方面，建成具有同步录音录像等多种功能的科技法庭146个，高清视频接访系统10套，执行指挥中心9个，安装电子屏29块，设立触摸屏19台，配备执行单兵设备73部；在网上法院建设方面，织金县法院建成网上立案、"E调解"平台，让司法服务更加便民。在12个信息化建设指标中，全市法院得满分的有9个，硬件基础设施建设为法院信息化应用奠定了坚实的基础。

二是信息化促进行政办公效率明显提升。传统办公模式粗放低效，存在很多弊端：文件分发基本靠跑，通知公告基本靠贴，信息流转速度较慢，跟踪督办效率低下；纸质文件大量印发浪费耗材，存档、查询和管理效率低下。引入无纸化、绿色办公模式后，借助全市法院统一建设的网上办公自动化系统、电子签章系统、审委会系统、掌上办公系统和即时通信系统，实现了公文收发、通知公告、事项审批、会议讨论、车辆管理、网上考勤、工作日记等全面网上运行。公文拟制、审核、盖章、签发、传阅，出差派车，物资申领，会议讨论等事务均在网上开展。利用移动终端，即使在外出差也能照样审批事项、查阅信息。网上考勤和工作日记将干警日常工作情况在网上"晒"出来，使得网上监管更加便利。办公信息化大大提高了法院信息流转效率，大幅减少文印工作量和办公用品消耗量，有效节约了时间、空间、资金成本。为规范网上办公管理机制，毕节市中级人民法院制定了办公自动化系统管理制度，加强了对网上办公应用的管理，促进了网上办公有序运行，全市法院网上办公系统应用水平显著提升。

三是信息化促进审判质效提升成效凸显。2016年，案件管理系统进行集中升级，核心架构更高效，系统功能更完备，数据整合质量更高，为大数据辅助审判应用奠定了基础。案件管理系统集中部署后，立案、办案、归档、评查等全流程均网上办理。除流程管理外，案件管理系统还包括文书纠错、法律法规类推、电子卷宗等审判辅助系统，这些办案工具减轻了法官负担。案件管理系统实现了对办案流程节点的全程监督，自动计算案件审限、法官办案绩效，对法官办案数量、质量等指标进行排名，为每个办案人员排好"时间表""任务表",激励效果明显。案件管理系统还实现了对案件信息的修改、删除、审批、庭审录像、内外部过问等全程留痕,有效避免了线下操作或人工干预办案情况发生,有力促进了司法公正,提升了司法公信力。

四是积极探索大数据运用,助推审判质效不断提升。充分利用和发掘大数据服务审判是近年来法院信息化发展的新课题,为破除数据孤岛,实现法院、检察院、公安、司法行政数据共享交换、互联互通,全市法院以推广刑事审判诉讼大数据智能管理平台试点为契机,把大数据运用与推进以审判为中心的诉讼制度改革深度融合,起草并报经市委政法委下发了《关于在全市推进刑事诉讼大数据智能管理试点工作的实施方案》,促进公检法三机关在案件质效、信息共享、成果应用、部门协力上实现突破。2016年以来,全市法院利用刑事诉讼大数据智能管理平台办理故意杀人、故意伤害、盗窃、抢劫四类案由案件1162件,已结927件,结案率79.8%;办理减刑、假释案件1020件,结案1018件,结案率为99.8%。刑事审判诉讼大数据智能管理平台的应用,进一步规范了证据审查运用,电子卷宗生成和文书自动生成方便了法官办案,促进了审判质效的提升。

2. 检察机关大数据建设应用情况

2016年以来,毕节市检察机关及时顺应科技发展潮流,抢抓机遇,以建设"智慧检务"为目标,积极搭乘信息化快车,乘势而上、顺势而为,立体化推进大数据和人工智能在检察工作中的深度应用,全力打造大数据时代毕节"互联网+"检察工作新模式,大数据"聚、通、用"服务司法便民、服务司法办案、服务管理决策能力水平明显提升,有效推动了各项检察工作提质增效。

一是高起点抓谋划,抓实抓细大数据应用专项工作。市检察院党组高度重视"智慧检务"工作,把信息化建设视为推动各项检察工作转型升级的重要抓手和引领毕节检察事业创新发展的必经之路,明确提出要将大数据应用作为"一把手"工程抓紧抓实抓好,并确定了"立足长远、高点定位、注重实效、创新发展"的工作思路。全省检察机关"大数据应用推进年"

专题篇
毕节市公正司法天平工程报告

专项工作启动后，市检察院党组狠抓统筹谋划，确保信息化建设顺利推进、如期完成。迅速成立由检察长担任组长的专项工作领导小组，制定了《毕节市检察机关推进大数据应用实施方案》，形成检察长亲自抓、分管检察长具体抓、各部门密切配合的组织体系。市检察院党组先后多次召开党组会议和检察长办公会议，着眼本院检察事业发展需要，专题研究大数据规划、设计、布局、使用等问题，协调解决大数据应用推进中遇到的具体困难，避免了重复建设，做到节约资源，少走冤枉路。强化资金保障，主动向市委、市政府请示汇报，积极与有关部门沟通，有力确保了"智慧检务"的资金投入。

二是高标准抓建设，夯实科技强检工程基础。全市检察机关始终把信息化基础建设作为提高检察工作科技水平的重要举措，抓在手上，落到实处，高标准打造大数据平台载体，为检察工作科学发展提供有力保障，奠定坚实基础。按照最高人民检察院《电子检务工程管理办法》、省检察院《贵州省检察机关电子检务工程项目建设实施计划》的部署要求，加快推进电子检务工程实施步伐，全市检察机关加快司法办案、检察办公、检务保障、队伍管理、决策支持、检务公开与服务等六大平台建设，建设完成互联网、局域网、专线网，标准信息技术机房、专线网络屏蔽机房和相应的专业技术用房，以及多功能检务公开大厅、智能化技侦楼等平台，硬件设施处于全省各市州检察院领先水平。以装备现代化和侦查信息化建设为抓手，逐步配齐配强科技装备，加大科学技术对检察业务工作的技术支撑，全面更新了信息终端、高速激光打印机、多功能一体机、扫描仪等一批自动化办公设备，为信息化工作方便、快捷运行创造了良好的条件。购置了手机取证系统、话单分析系统、心理测试仪等具有领先优势的技术装备和信息化设备，有效促进电子证据勘验、检验、审查技术能力和规范化水平提升。扎实推进办案远程支撑系统建设，建成集远程观摩、指挥调度、示证系统于一体的案件审讯指挥中心，省、市、县三级检察专网连接；建成开通检察机关四级视频接访系统，检民互动更加高效便捷；远程庭审中心已建成投入使用，远程提讯系统除黔西县检察院外已全部完成，为下一步公检法大数据"聚、通、用"平

"法治毕节"的探索与实践

台建设打牢了基础。牢固树立"数据为王"理念，建设完成市检察院大数据综合服务中心，数据采集涵盖全市检察业务、检察办公信息、信息发布展示、检察队伍管理信息、检务保障信息等多项内容，有效破除数据碎片化、孤岛化、闲置化，为推进检察大数据应用提供丰富的数据资源。

三是高效益抓应用，促进检察工作转型升级。注重运用大数据开展网上办案。按照全面、全员、全程的要求使用统一业务应用系统，对案件从"入口"到"出口"实行全程动态监督和质量控制。2016年以来，共发出流程监控预警3451件次。注重运用大数据助推检务公开。依托案件信息公开系统积极探索案件流程信息互联网查询、终结性法律文书互联网公开工作，共计公开法律文书9619份，导出案件程序信息19795条，发布重要案件信息2755条，案件信息公开数量居全省检察机关前列，检察司法办案更加公开透明。注重运用大数据服务司法办案。技、侦联动，及时提供身份信息查询、行动轨迹定位、现场勘验检查、电子物证检测、心理测试、身心监护和全程同步录音录像等阶段性"跟踪式"技术支撑，快速突破了一批有震动、有影响的职务犯罪大要案，技术协助办案量位居全省第一。注重运用大数据保障律师执业权利。充分运用电子卷宗"简明方便、高效实用"的特点，在全市检察机关推广应用，扫描电子卷宗全部实现内容清晰、编码正确、便于阅读、可供复制，大大减少办案人员重复录入卷宗的工作量，节约了司法成本。建成律师阅卷系统，律师申请阅卷时可直接复制，平均每件次办理时间一个小时，检律良性互动更加务实紧密，市检察院被最高人民检察院表彰为"全国检察机关保护律师权利示范单位"。注重运用大数据提升法律监督能力。将刑事执行检察部门的羁押必要性审查、刑事执行档案、出所就医等纳入统一业务系统管理，通过办案信息的流转，对案件进行审查、建档，提高了刑事执行检察监督的针对性和时效性。注重运用大数据抢占舆论制高点。形成两级院门户网、两微一端"三位一体"检察新媒体宣传矩阵，扎实开展新媒体时代网上、掌上宣传，传播检察正能量；建立网络舆论收集和研判平台，适时跟踪涉检网络舆论，及时发布正确信息，技术性清除不良跟帖，夺取网络舆论主导权，成功处置不实涉检网络舆情。

四是高站位抓创新，彰显"智慧检务"特色亮点。以项目推进为手段，大胆先行先试，不少创新做法走在全省前列。为克服"案多人少"的突出矛盾，提高办案效率，威宁县检察院以市检察院远程审讯系统为蓝本，建成远程讯问中心，可在全市各县（区）检察院之间开展远程讯问，并实现讯问远程自动化同录、远程打印等功能，极大节省了办案成本，缩短了办案时间，提高了办案效率。目前，该院已完成与威宁县看守所、金沙县看守所的测试使用，并组织公诉、侦监等业务部门开展了使用培训。建设部署移动检务 App。为了规范检察办案业务、提升管理水平和工作效率、积极适应智慧检务工作的开展，威宁县检察院率先部署了移动检务 App。通过该系统实现移动案件流程审批、移动考评考勤、移动检务通知等各项实用功能，提高单位整体工作效率，保障了全院检察干警工作情况真实可靠、公开透明，有效实现内部高效办公与干警相互监督的双重功能。构建检警巡视互联。大方县检察院运用大数据、人工智能等现代科技，在全省领先上线运行检警互联系统，在县公安局、城区派出所成立了派驻检察官办公室，联通检警办案网络，适时巡查案件情况，推动形成检警网络互联互通，案件信息共享共用，检警合作严把案件事实关、证据关、程序关。

（八）人民群众的诉讼权利得到切实保障

毕节市中级人民法院从 2016 年 8 月起确立了在立案环节不因当事人诉讼费用缴纳不全而不予受理的规定，并规范了诉讼费用的管理和监督机制，进一步深化立案登记，做到有案必立、有诉必理。为切实保障人民群众的诉讼需要，毕节市中级人民法院坚持把诉讼服务中心建设作为民心工程、系统工程来抓，构建了诉讼服务大厅、诉讼服务网、12368 热线"三位一体"综合性服务平台。市检察院在机关设立运行集电子触摸、视频功能于一体的检务平台，公开 70 多项检察工作信息，上网公布判决生效的刑事案件起诉书、抗诉书、不起诉决定书、刑事申诉复查决定书等检察法律文书，切实保障人民群众对检察工作的知情权和参与权。全市法院不断优化升级诉讼服务中心，完善便民硬件设施，实行诉访分离，注重提升服务质量。诉讼服务中心

"法治毕节"的探索与实践

以信息技术为支撑，实现网上立案、网上信访、网上阅卷、案件查询、联系法官等多种功能，运用新媒体平台创新诉讼与调解模式，落实远程视频接访，引导信访当事人理性申诉、依法维权，完善调处化解农村矛盾纠纷综合机制，有效预防和就地化解矛盾纠纷。开展"法治毕节"创建以来，各基层法院通过诉讼服务中心这一平台不断推出便民新举措。七星关区法院设立心理咨询室，聘请心理咨询师进驻诉讼服务中心，彰显司法人文关怀；金沙县法院在诉讼服务中心引进便民服务站，方便群众阅读、休息、购物，延伸了人性化服务。全市检察院健全来信、来访、电话、网络"四位一体"群众诉求表达机制，认真执行诉访分离、领导包案督访、检察长预约接访等规定，开通视频接访系统和12309举报电话，积极参与集中排查化解矛盾纠纷和信访突出问题专项活动，组成以领导班子成员为组长的10个调研督导组赴基层蹲点调研，面对面向群众问症问计，建立案件承办人联系群众工作、涉检信访矛盾排查化解、未成年人案件审查一体化等8个"服务群众最后一公里"长效制度机制，切实找准和回应了人民群众对检察工作的期盼。市检察院完善了《毕节市检察机关办理人民监督员监督评议案件规定》《人民监督员管理体系》等有关人民监督员的制度机制8项，切实加强人民监督员选任及参与评议案件等工作，拓宽选任渠道和范围。定期召开人民监督员会议，加强与人民监督员之间的沟通交流，主动听取意见建议，加强管理和考核，提高人民监督员参与监督的能力。

为给广大群众提供更加人性化、专业化及便捷化的便民司法服务，织金县法院运用"专家调解"方式，通过与新浪网签约开发"E调解"平台，特邀贵州大学、西南政法大学、北京科技大学等高校的15位法学教授、专家学者作为"特邀咨询员"，通过远程视频调解平台对部分矛盾纠纷进行异地调解。当事人可以通过设置于诉讼服务大厅的触摸屏了解并挑选自己"中意"的专家学者为自己答疑释惑。"E调解"平台的建立，不仅克服了西部山区交通不便、高端人才缺乏的局限，还能打破时间、空间的限制，克服当事人身居异地、来往不便的情形，最大限度调动调解积极性，防止矛盾激化，切实减轻诉累。通过这种更加人性化、专业化、便捷化的方式化纷止

专题篇
毕节市公正司法天平工程报告

争，充分体现了法院司法为民的理念。

为弥补威宁县法院在2016年全省法院信息化考核中关于网上立案方面存在的不足之处，及时整改薄弱环节，提升该院的诉讼服务水平，威宁县法院于2017年3月22日主动邀请辖区律师事务所的律师代表20余人到法院参加网上立案培训并借机宣传网上立案，让更多的诉讼代理人及当事人了解并使用网上立案功能。培训过后，律师们开始启用网上立案系统，不到一个月，网上立案已初见成效。网上立案是威宁县法院为方便群众诉讼、提高司法效能、增强办案效率而推行的一项便民举措，包括网上注册、网上立案、案件查询等服务功能，律师及当事人足不出户就能通过网络平台查询案件进展情况及相关信息。律师们感慨，网上立案不但有效拓宽了群众诉讼途径，让群众打官司更方便、更快捷、更顺畅，而且还降低了诉讼成本。大方县法院始终坚持党的领导，找准在"法治创建"工作中的职能和定位，深入贯彻落实《最高人民法院关于深化多元化纠纷解决机制改革意见》，把加强诉讼服务中心建设和诉调对接工作作为法院推进法治创建工作的重要抓手，运用好被西方学者誉为"东方之花"的调解经验，积极打造"1234556"工作模式，通过"一心二室三调四接"["一心"：加强诉讼服务中心建设；"二室"：成立法官驻调解组织工作室和调解组织驻法院（庭）工作室；"三调"：委派、委托、联动调解；"四接"：与综治办、行政机关、仲裁机构、公证机关对接]工作措施，达到"五促五提"（一是促进调解平台的健全完善，提高覆盖率；二是促进调解机制的健全，提高落实力；三是促进调解技能的提升，提高履职力；四是促进调解方式的创新，提高化解率；五是促进调解协议的确认，提高履行率）工作成效，逐步实现最高人民法院要求的"六个转变"（诉调对接平台从单一平面的衔接功能向多元立体的服务功能转变，诉调对接机制从单向输出向双向互动转变，诉调衔接对象从重点突破向全面启动转变，诉调对接操作规范从零散差异向系统整合转变，解决纠纷人才的培养从经验型向职业型转变，法院内部调解机制从粗放型向精细化转变），为人民群众提供更加优质、高效、便捷的司法服务。

全市检察机关牢牢把握社会治安防控治理新形势、新任务，认真研究工作思路和具体措施，健全组织领导体系，将参与加强和创新社会管理工作有效融入"法治毕节"建设大局，将检察工作有效融入社会管理整体工作格局，积极参与"平安毕节、和谐毕节"建设，有效强化与其他政法机关、政府相关职能部门和社会各方面力量的协调配合，切实延伸工作触角推动社会协同，广泛联系群众动员公众参与，有效融入党委领导、政府负责、社会协同、公众参与的社会管理格局。市检察院在深入探索推进刑事和解工作的基础上，与公、检、法、司联合会签《关于实行刑事和解办理轻微刑事案件的若干意见》，形成了全市政法各机关依法妥善处理轻微刑事案件的联合工作机制。大方县检察院积极争取县委支持，将社区矫正工作纳入全县社会治安综合治理考核范围，并规定考核对象为所有接受社会治安综合治理考核单位，考核组织单位为大方县检察院，有效促进了该县"党委政府领导、部门各负其责、社会共同参与"的社区矫正工作机制的建立。威宁县检察院积极探索检调对接化解社会矛盾新途径，与县公安局、法院、司法局制定《关于在刑事和解试点工作中加强衔接的规定》，在检察机关设立刑事和解工作室，从各乡镇司法所和县法律服务中心聘请刑事和解员，有效地将刑事和解纳入大调解工作格局。

（九）诉访分离和诉调对接机制进一步完善

全市法院、检察院推进诉访分离，将涉法涉诉事项导入司法程序机制，在诉讼服务中心、控告申诉部门分设立案和信访窗口，组织开展律师参与化解和代理涉法涉诉信访案件工作。毕节市中级人民法院从2016年4月起每周一、三、五两名律师以轮岗形式进驻诉讼服务中心为群众提供法律服务。全市法院努力化解各类矛盾纠纷，最大限度从源头消除影响安全稳定的因素。市检察院制定了《关于建立律师参与化解和代理涉法涉诉信访案件的工作办法》并于2016年4月实施，每周一由一名律师到院坐班值守，参与接待化解信访案件，对到院坐班值守的律师提供相应的乘车、工作、就餐、休息条件，在接待大厅安放"律师咨询"座牌，检察人员与律师一同接访，引导来访人依法合理通过司法程序解决自身的诉求，提升了涉法涉诉信访案件的化解率。

专题篇
毕节市公正司法天平工程报告

为进一步推进矛盾纠纷多元化解机制、完善立案信访工作，2017年8月25日，毕节市中级人民法院在纳雍县召开了全市法院矛盾纠纷多元化解机制建设现场观摩暨立案信访工作会议。会前，与会人员观摩了纳雍县勺窝镇诉调对接中心，听取了解说员对诉调对接中心工作流程的详细介绍，实地参观了调解室、档案室、陈列室等。在观摩学习过程中，观摩组一行对纳雍法院与纳雍县勺窝镇政府在多元化解纠纷机制改革中的工作给予高度认同。会上，纳雍县勺窝镇、各县（区）人民法院就矛盾纠纷多元化解机制分别做经验交流，毕节市中级人民法院相关负责人对立案、信访工作过程中遇到的问题进行解答。毕节市中级人民法院领导对各县（区）法院矛盾纠纷多元化解机制、立案、信访工作所取得的成绩给予了充分肯定，就下一步工作提出了具体要求：第一，高度重视，快速实施。各县（区）法院要及时将此次会议的主要精神向院党组汇报，在先进经验的启发下，深入落实"党委领导、政府支持、政策指导、多元衔接"的指导方针，进一步对标先进，找准差距，补齐短板，积极争取党委、政府的支持，将矛盾纠纷多元化解机制平台建设与诉讼服务中心建设结合起来。第二，有力推进，加大宣传。各县（区）法院对于矛盾纠纷多元化解机制平台已建立并平稳运作的，要充分发挥平台优势，满足人民群众多元化的司法需求。对于矛盾纠纷多元化解机制平台尚未建立、未平稳运作的，必须积极推动，进而实现矛盾纠纷多元化解机制平台在市、县、乡全方位覆盖、平稳运行。同时，要加大宣传力度，向人民群众宣传、释明"不收费、抗反悔、可执行、促效率"的司法确认制度。让人民群众了解、认同，并积极主动申请司法确认。第三，坚持原则，注重实效。各县（区）法院矛盾纠纷多元化解机制工作不能简单地追求调解率和结案率，要通过做深入细致的思想工作，使纠纷能得到妥善解决。对于调解结果显失公平、明显对一方当事人不利的，要特别注意审查，向当事人释明调解协议的后果及影响，切实防止当事人因不理解法律规定而致权利受损，致使案件结果显失公平。第四，建立机制，协调联动。各县（区）法院要逐步构建沟通协调机制，进一步完善党委领导、政府支持、综治协调、司法推动、部门联动、社会协同、公众参与的矛盾纠纷预防化解工作"大格局"的形成,为"法治毕节"创建作出新的更大贡献。

当前,伴随着毕节试验区经济社会的快速发展,大量因民间纠纷引发的轻微刑事案件、过失犯罪、未成年人犯罪高位运行,已成为影响和制约试验区改革发展和社会和谐稳定的重要因素,检察工作要在服务大局中更加有所作为,必须紧密结合形势任务变化,转变执法理念,创新办案方法。为此,市检察院党组将刑事和解工作纳入检察工作整体格局谋划和推进,多次召开专题会议,统一思想,及时扭转部分干警对开展刑事和解工作"会导致捕后不诉上升,易将矛盾集中在检察机关"的错误认识和消极倾向,使全市检察干警牢固树立了"调解也是执法"的办案理念。全市两级检察院认真分析、吃透新刑诉法和最高人民检察院、省检察院有关规定,结合本地实际,建立了配套工作机制。威宁县检察院制定了《刑事和解试点工作制度》,明确了刑事和解案件范围和条件,对刑事和解案件从受理、调解、处理、回访案件当事人到卷宗归档,均做了严格规定。织金县检察院制定了《刑事和解办法》,明确规定了刑事和解的原则、适用对象、适用条件及具体操作程序。纳雍县检察院根据当地实际情况将适用刑事和解的案件范围确定为普通交通肇事案件、因邻里纠纷引发的轻伤害案件、社会危害不大的未成年人犯罪案件等。大方县检察院制定了《刑事和解案件审查办法》,明确了适用刑事和解的条件和范围等方面的内容。七星关区检察院在其刑事和解的相关制度中规定,受案后首先审查犯罪嫌疑人是否系未成年人或70周岁以上的老年人,是否认罪悔罪,犯罪嫌疑人、被害人是否自愿和解,是否实际履行和解协议的内容等情况,合理评估犯罪嫌疑人回归社会后,有无继续危害社会的可能,并征求侦查机关、当地基层组织及其他相关部门对案件处理尤其是拟作不诉处理的意见。同时,明确规定从询问和解意向开始,到向双方释法析理、审查协议和履行情况等,均应向科长、分管检察长汇报,确保刑事和解的合法性、真实性、有效性。凡作不起诉、变更强制措施决定的刑事和解案件,均要经科室集体讨论、分管检察长同意,并报请检察长或检察委员会研究决定。

（十）转变家事审判理念，助推社会和谐稳定

2016年，最高人民法院在全国选择100个左右基层法院或者中级人民法院开展家事审判方式和工作机制改革试点，毕节市七星关区法院成为试点法院之一。家事审判方式和工作机制改革是对人民群众司法需求的积极回应，是人民法院参与社会治理创新的切入点，也是改善家事审判工作现状的迫切需求。[①]

家庭是社会的基本细胞，婚姻家庭关系的和谐稳固是国家发展、民族进步、社会和谐的重要基石，自成为全国家事审判试点法院伊始，七星关区法院党组高度重视，积极按照上级法院要求，多次召开专题会议对家事审判方式和工作机制改革试点工作进行研究。设立家事审判法庭，并积极组建家事审判团队，选拔任用熟悉婚姻家庭审判业务、具有一定社会阅历和丰富调解技巧、掌握相应社会心理学知识、热爱家事审判工作的法官成为主审法官，探索实现专业化、专案化，卓有成效地开展家事审判工作，促进社会和谐安定有序。七星关区法院以"法治毕节"创建工作为契机，全体家事审判团队成员均严格按照上级法院的要求，充分认识家事审判改革的重要性，树立"家事纠纷无小事"的理念，推进家事审判方式和工作机制创新，认真做好家事审判方式和工作机制改革试点工作，为未来大规模开展家事审判改革工作提供可借鉴、可参考、行之有效的经验。该院各业务庭负责人切实履行一岗双责，既管理好法庭日常事务，作为家事审判团队成员，又要认真做好家事案件研判、审理等工作，发现问题，及时处置，配合家事审判团队加强资料的整理及经验总结，把试点工作做好、做实。

针对家事审判法庭的设立，根据婚姻家庭纠纷的特点，对传统的审判法庭布置模式进行大胆创新，以家庭责任为担当，以"和"为主旋律，以"情"为主调、以亲情维系、宽容理解等为内涵，对审判法庭进行具有我国传统文化的"家庭化"装修、装饰和布置，以"家人"的情怀化解当事人的心结，以"家人"的身份与矛盾双方话家常说里短，以缓解矛盾双方的

---

① 彭纪：《转变家事审判理念　助推社会和谐稳定》，《毕节日报》2017年3月3日。

对立情绪，排解他们排斥法庭的心理。设立心理咨询室，配备桌椅、柜子、心理沙盘游戏沙具套装、心理辅导书籍，聘请具有硕士研究生学历的国家二级心理咨询师，定期与不定期到法院开展心理辅导工作，注重对未成年人的心理保护，减少未成年人心理创伤，同时注重为情绪偏激的信访当事人提供免费的心理咨询与疏导，有效改善当事人不良情绪，化解当事人心结，促进案件得到公正处理。

近年来，为了更好地生存和发展，外出务工人员越来越多，很多农村夫妻长期分居两地，再加上缺乏有效的沟通方式，每年春节前后成为离婚案件立案登记的高峰期，依法审慎处理好此类案件意义深远。需要改变以往审理婚姻家庭案件的模式，实现变机械遵循辩论主义和处分原则为强化法官职权探知、自由裁量和对当事人处分权适当干预。引入家事调查员制度，建立起多元化矛盾纠纷解决机制，努力构建新型家事纠纷综合协调解决机制，认真区分是婚姻死亡还是婚姻危机，若是婚姻危机注重情感修复，若是婚姻死亡，法院在依法判决离婚的同时结案后延伸服务。坚持能动司法，依法保障未成年人、妇女和老年人的合法权益，是家事审判方式和工作机制改革的根本目标之一。

（十一）积极构建"捕、诉、监、防"涉罪未成年人帮教体系，切实强化未成年人司法保护

毕节市总人口930万，其中未成年人约190万，占总人口数的约1/5，做好未成年人检察工作，事关试验区社会的和谐稳定。2016年以来，毕节市检察机关全面贯彻"教育、感化、挽救"的方针和"教育为主、惩罚为辅"的司法理念，全面落实国家对未成年人的特殊、优先保护原则，充分履行检察职能，凝聚多方力量，严格执行"捕、诉、监、防"一体化办案模式，最大限度帮助涉罪未成年人回归社会，取得了良好的法律效果和社会效果，被最高人民检察院确定为未检工作联系点。办理的全省首例父母遗弃未成年子女案，入选2018年度全国检察机关"加强未成年人司法保护"十大典型案例；撰写的《毕节市人民检察院关于遗弃留守儿童犯罪案件的情

专题篇
毕节市公正司法天平工程报告

况汇报》得到市委主要领导肯定性批示。

以司法体制改革为突破口，扎实推进未检机构建设。司法体制改革以来，全市检察机关结合内设机构改革，将未成年人涉嫌犯罪案件、侵害未成年人人身权利犯罪案件，以及开展诉讼监督、预防未成年人犯罪、对涉罪未成年人进行帮扶教育等工作全部归由未检部门办理，并按照"有条件的基层院要继续配齐配强，案件少的基层院也应当配备未检专职人员"的原则，科学核算未检工作量，合理设置员额检察官比例，选取办案能力强、善于与未成年人沟通、善于做帮教工作的检察官组成办案组专案专办，未检工作专业化、精细化、规范化程度明显提高，具有毕节特色的保护性办案、社会化帮教、修复性救助、多元化普法"捕、诉、监、防"一体化工作模式不断完善。截至目前，市检察院及黔西、赫章、纳雍、威宁、金沙等基层检察院均成立了专门的未成年人检察工作办公室或办案组，其中大方、织金、七星关等（县）区检察院还单独设置未成年人检察部门。

以"法治进校园"全国巡讲活动为契机，全面开展未成年人普法教育。全市检察机关认真落实"谁执法谁普法"普法责任制，紧紧围绕"法治毕节"创建，以最高检、教育部安排部署的"法治进校园"全国巡讲活动为抓手，不断创新宣传渠道和手段，分层次、全方位开展青少年法治宣传教育。2017年3月，协助最高人民检察院、省检察院在大方县召开"全国法治进校园——大方站法治进校园"活动，跳出坐堂讲课、照本宣科的法治宣讲模式，转而采用文字、图片、视频结合的多媒体教学，用校园时尚语言讲述发生在学生身边的典型案例，积极回应"校园欺凌""性侵防范"等社会热点问题，使原本枯燥乏味的普法教育变得精彩生动，加深了同学们对法律知识的掌握。2017年5月，积极开展以"防治校园欺凌，护航未成年人成长"为主题的"检察开放日"活动，邀请人大代表、律师代表和部分中学师生代表等社会各界人士近距离感受未检工作，共同探讨防治校园犯罪的方法、学校在教学管理方面存在的漏洞问题、家庭和家长在教育中所需要承担的责任等，为未检工作开展汇聚共识、凝聚力量。

以法治教育基地建设为平台，有效开展未成年人预防犯罪警示教育。为

"法治毕节"的探索与实践

有效预防和减少未成年人犯罪,全市检察机关根据最高人民检察院、教育部等七部委《关于加强青少年法治教育实践基地建设的意见》,积极争取地方党委、政府支持,全力推进法治教育基地建设,努力为未成年人提供良好的警示教育环境。纳雍县检察院与纳雍县团县委合作,建成全市最大的未成年人犯罪预防平台——纳雍县青少年法治教育基地。黔西县检察院吸收借鉴先进地区成熟经验,设立青少年法治教育基地,组织邀请学生进入检察机关、进入教育基地进行参观学习,让同学们在近距离的交流互动中感受法治魅力。2018年,黔西县检察院青少年法治教育基地被明确为"贵州省人民检察院青少年法治教育基地"。市检察院紧紧围绕市委、市政府"113"攻坚战和"十三五"规划法治需要,结合"法治毕节"创建,推动将"市反腐倡廉预防职务犯罪警示教育基地"改版为"市'法治毕节'创建宣传警示教育基地",下设"青少年法治教育实践厅",拟借助"智慧检务"建设取得的丰硕成果,运用3D、声光电互动、虚拟实境技术推进青少年线上、线下警示教育,该厅建成后,将有力推动全市青少年法治教育向更高层次、更高水平迈进。

  以司法办案为核心,着力强化未成年被害人权益保护。全市检察机关结合个案办理,深化司法实践,积极创新涉案未成年人精准帮教、精准保护、精准教育方式方法。一是综合运用法律手段,帮助涉案未成年人摆脱生活困境。如被告人周某某性侵亲生幼女案经法院判决生效,其行为符合撤销监护人资格情形,但相关单位和人员未提起诉讼,大方县检察院书面建议民政部门向法院申请撤销周某某的监护人资格,转由其叔婶监护,同时将被害人作为特殊未成年人群体列入社会救助对象,成为全省首例采取刑事、民事综合手段保护未成年被害人合法权益的典型案例,被最高人民检察院载文宣传。该案具有十分重要的司法实践价值和典型意义,起到了良好的示范和推广作用。此后,全市又成功办理了两起监护权撤销案件,为被害人申请了司法救助以及心理疏导和跟踪抚慰工作。二是积极运用检察建议,清除侵害未成年人权益的"污染源"。针对教师性侵未成年人学生案件多发易发现象,在保持快捕快诉从重从严惩治的高压态势的同时,在庭审发表公诉意见时,依法向法院提出从业禁止建议，要求判决被告人刑满释放后 5 年内不得再从事未成年人教育相关职业，得到采纳并生效执行。三是深入开展以案释法，促进农村留守儿童健康成长。毕节人口基数大，外出务工人员多，留守儿童受侵害等案件、事件时有发生，成为试验区加强社会管理创新的热点、难点和焦点问题。全市检察机关根据市委安排部署，会同公安、法院联合开展打击监护人不履责行为专项行动，大力惩治农村父母外出务工、造成对留守儿童只生不养的遗弃未成年人行为，按照"惩罚极少数，教育大多数"的原则，对不履责情形恶劣、造成严重后果的监护人提起公诉，协调法院将开庭地点选在被告人住所地所在乡镇，适时宣传监护人履职尽责相关法律知识，警醒旁听群众。同时，充分利用"两微一端"等新媒体用户多、浏览量大、传播快的优势，进行跟踪报道，扩大教育影响力。

以沟通协调为抓手，构筑未成年人犯罪预防社会化体系。全市检察机关将预防未成年人犯罪作为未检工作的重中之重，突出加强与其他政法机关、政府部门以及社会组织协作配合，共同建立"教、帮、管、改"四位一体的全方位帮教矫正机制，努力实现未成年人刑事司法体系和社会支持保障体系的无缝衔接。一方面，检察机关加强与侦查、审判、司法行政机关之间的协调配合，建立公、检、法、司未成年人刑事司法联席会议制度，推动公安机关建立未成年人案件专办机制，与审判机关建立未成年人指定管辖制度，与司法行政机关建立健全未成年人法律援助制度。另一方面，加强与综治、教育、妇联、团委、关工委等相关职能部门和社会组织的工作联系与衔接，在检察机关推动下，大方、纳雍、织金等县相继建立了"党委牵头，部门联动，全社会参与"的未成年人社会帮教体系，组建了合适未成年人及考察帮教队伍，为落实涉罪未成年人非羁押措施和开展全程化考察帮教创造了有利条件。

（十二）打好"基本解决执行难"攻坚战，保障当事人合法权益

党的十八大以来，以习近平同志为核心的党中央高度重视人民法院执行工作，将解决执行难作为全面依法治国的重要内容。为贯彻落实党中央重大

"法治毕节"的探索与实践

决策部署，切实回应人民群众重大关切，全国法院于 2016 年正式打响"用两到三年时间基本解决执行难问题"的攻坚战。毕节市法院系统以习近平新时代中国特色社会主义思想为指导，认真贯彻落实党的十八大、十九大精神，认真学习贯彻习近平总书记对毕节试验区工作的重要指示精神，按照最高人民法院和省高级人民法院的部署要求，在市委坚强领导下，在市人大有力监督和市政府、市政协及有关部门、单位的大力支持下，强化措施、规范工作、狠抓落实，2016~2018 年，全市法院共受理执行案件 36446 件，执结 34482 件，执结率为 94.61%，执行到位金额 60.28 亿元。2018 年底，经最高人民法院委托第三方评估，毕节被抽检法院"基本解决执行难"核心指标全部达标。

全市法院以高度的政治责任感和历史使命感，全面构建"基本解决执行难"责任体系。一是落实"一把手"责任抓攻坚。坚持落实"一把手抓、抓一把手"，落实两级法院院长"亲自部署、亲自督办、亲自汇报"的工作机制，以上率下推进执行攻坚。2016 年以来，毕节市中级人民法院院长连续三年向市委常委会专题汇报或重点汇报"基本解决执行难"工作，适时向市委、人大、政府、政协、政法委主要领导积极汇报执行工作推进情况，协调有关单位推动查人找物、开展失信惩戒。二是落实连带责任抓攻坚。毕节市中级人民法院院长与班子成员和各基层法院院长共同签订责任书，实行班子成员"一对一"包片督导，包片基层法院不能如期完成"基本解决执行难"的，毕节市中级人民法院包片领导将承担连带责任，进一步推动毕节市中级人民法院与基层法院实现同心同向、同频共振。包片领导每月深入各县（区）法院督促攻克难关，定期向毕节市中级人民法院党组汇报督导效果，协调解决基层法院执行工作中存在的困难，全力推动辖区 100% 法院完成指标任务。三是层层传导压力抓攻坚。全市法院以分管院领导和执行局长为主要责任人，执行部门干警为直接责任人。严格要求各承办人办案质效达到核心指标要求，未达标者一律问责，有效克服办案人员"等"和"靠"的惯性思维，将压力转化为动力，广大执行干警夜以继日奋战在执行一线，为执结案件竭尽全力。毕节市中级人民法院还制定了《关于加强立案、审

专题篇
毕节市公正司法天平工程报告

判与执行工作协调配合的实施办法》，明确法院内部立、审、执协作部门责任，形成法院内部"基本解决执行难"的工作合力。

全市法院加强执行保障，想方设法做到"要人给人、要钱给钱、要物给物"。一是配齐人力抓攻坚。优先配齐执行队伍，确保执行干警配备比例达到要求。充分满足案件审查办理、执行宣传、综合管理、系统运维的需求。二是积聚力量抓攻坚。毕节市中级人民法院充分发挥办公室、审管办、技术室、信息宣传中心、研究室、司法行政处、法警支队等部门的协同作用，因人因能发挥特长优势，举全院之力，尽锐出战，让每个环节每项工作都有相关部门参与联合攻坚。三是倾斜财力抓攻坚。在财力相对短缺、办公用房极为局促的情况下，毕节市中级人民法院投入132万元资金建成现代化执行指挥中心和调度室，实现全市两级法院与上级法院信息数据互联互通，实现指挥中心与外勤干警实时视频指挥和及时会商等功能。租用闹市区4块LED大屏长期发布失信名单并播放毕节市中级人民法院摄制的执行公益广告，新购执行车辆3台（含1台执行指挥车），配备执行单兵设备13部，执法记录仪25台。

全市法院以问题为导向、结果为导向、时间为导向，向"基本解决执行难"发起总攻。一是组建工作专班抓攻坚。以核心指标和工作难点组建实际执结率攻坚、终本合格率攻坚、执行信访案件办结率攻坚、结案率攻坚、执行卷宗合格率攻坚5个专班。院长为专班总负责人，并明确各专班领导，充实专班人员，集中力量打硬仗、啃硬骨头。调度一切可用资源，统筹推进各项指标任务如期完成。二是解决突出问题抓攻坚。全市法院以第三方评估指标体系为指南，建立工作台账，分类明确各项指标的完成时限和质量标准。2017年，毕节市中级人民法院院长、分管院长、执行局长分别带队到各县（区）法院督导10余次。对照第三方指标体系逐项排查研判问题，明确整改目标，限期弥补完善。2017年底组织全市法院开展迎检预评估工作，由两级法院执行局局长及骨干力量组成三个评查组，交叉检查各院问题整改情况，检查结果在全市法院通报，全盘推动执行攻坚。2018年《"基本解决执行难"第三方评估指标体系》调整后，全市法院立即对新指标体系

111

进行学习领悟，多次开展自查自检和案卷评查，梳理问题清单，做到精准施策、靶向治疗，有效促进执行思维、方式、作风不断走向规范化。三是把握时间节点抓攻坚。坚持对标对表，以目标倒逼任务，以时间倒逼进度。2018年3月以来，毕节市中级人民法院每季度考核通报一次执行质效指标，每两周召开一次两级法院督导视频会议，每周召开一次执行局例会，每天梳理一次两级法院核心指标完成进度，精准掌握攻坚进度和质量。两级法院全部设立执行"作战室"，明确每个指标的时间表、路线图和责任人，做到挂图作战、销号管理，全力决战冲刺。2018年全市法院实现有财产可供执行案件法定期限内实际执结率94.06%；开展网络司法拍卖3220次，成交金额3.7亿元，网拍率为100%，网拍环节实现零投诉；通过开展"猎赖利剑行动"和"雷霆风暴行动"，纳入失信被执行人名单7443人，限制高消费11416人，限制出境177人，罚款63人，拘留748人，执行到位金额33.77亿元。

"基本解决执行难"是党中央执政为民的重要体现，全市法院深入学习贯彻习近平新时代中国特色社会主义思想，始终以让人民群众在每一个司法案件中感受到公平正义为目标，以提升人民群众的获得感为出发点，坚决贯彻落实最高人民法院各项部署安排，坚决以敢打必胜的信心决心，始终不断强化联动执行、强制惩戒、执行宣传，更加注重规范化，深度融入信息化，继续勠力同心、顽强拼搏，不断巩固"基本解决执行难"成果，保持执行工作高水平运转，向"切实解决执行难"目标迈进。

（十三）探索打造预防"怠政"的毕节模式，生动践行检察机关提起公益诉讼制度

党的十八大以来，毕节市检察机关抢抓全面推进依法治国的重大机遇，把探索开展提起公益诉讼作为推进依法行政、强化法律监督的重要工作来抓，勇于探索、大胆实践，初步探索出了开展公益诉讼预防"怠政"的毕节模式，办理的多个案件分别被最高人民法院、最高人民检察院、省检察院评为典型、精品案例，为全省乃至全国检察机关公益诉讼提供了可复制、可借鉴的实践经验。

专题篇
毕节市公正司法天平工程报告

1. 大胆探索，先行先试，下好行政公益诉讼"先手棋"

2014年，毕节市检察机关在开展"督促起诉追收国有资产专项活动"中发现，受制于检察机关行政执法监督手段刚性不足、制约措施缺乏，部分行政机关履职不全面、不到位，导致国有资产、社会公益受损现象时有发生。而开展行政公益诉讼，是改变这一被动局面、提升法律监督效果的有效途径。毕节市检察院党组精心调研论证，与党委、政府充分沟通，要求各县（区）检察院解放思想、找准依据、选取典型，先行先试探索开展行政公益诉讼工作。2014年9月，金沙县检察院调查发现，四川泸州佳乐公司未按规定缴纳噪声排污费，金沙县检察院介入监督后，金沙县环保局虽催促该公司缴纳了排污费，但拒绝对该公司作出行政处罚决定。金沙县检察院针对其行政不作为行为，以原告身份向贵州省仁怀市人民法院提起行政公益诉讼，成功督促金沙县环保局依法作出行政处罚决定。该案作为贵州省乃至全国行政公益诉讼第一案，先后得到人民日报社、新华社、中央电视台等中央媒体采访宣传报道，被中国法学会、环保部表彰为生态环境法治保障制度创新最佳事例，被最高人民检察院评为"十大法律监督案件""行政检察精品案件"，为全省乃至全国检察机关公益诉讼制度的探索提供了"毕节样本"。

2. 依靠领导，内外协同，推动形成开展公益诉讼良好氛围

金沙县检察院"破解行政公益诉讼原告困境"的实践探索，提振了全市检察机关探索开展行政公益诉讼的信心和决心，为最大限度减少阻力，市检察院党组用足用活毕节试验区"先行先试"的政策优势，借助该案影响顺势而为，迅速向毕节市委专题呈报了《全面探索开展行政公益诉讼工作的请示》。毕节市委、市政府要求检察机关要勇于实践、主动作为，并将检察机关探索公益诉讼制度纳入"法治毕节"创建重点项目，同时出台包括支持检察机关提起公益诉讼在内的《关于进一步支持人民法院、人民检察院依法独立公正行使审判权、检察权的意见》。随后，黔西、纳雍、赫章等多地党委相继出台贯彻落实意见，为开展公益诉讼工作开辟了"绿色通道"并提供了强有力的政策支撑。探索开展行政公益诉讼成为全市共识，市、县两级党委主要领导对检察机关请示报告的公益诉讼案件线索均及时研究并作出肯定性批示，同时主动提供案件线索要求检察机关提起公益诉讼，20余家政府职能部门主动与检察机关建立行政执法与民事司法衔接协作机制，全市形成了"党委统一领导，检察机关积极探索，行政机关全力配合"的良好工作氛围。

3. 上下一体，办案联动，确保公益诉讼监督质效

为有效解决基层检察院办案人员不足、力量分散、工作开展不均衡等问题，全市建立"以市检察院为枢纽、基层检察院为主体、县（区）交叉办案"的一体化办案机制，对全市案件线索和办案力量实行统一调配，排除办案阻力干扰，扩大办案规模。结合实际，制定了毕节市检察机关公益诉讼案件办理、民事行政检察案件联动办理两个试行规定，明确市检察院对基层检察院发现的案件线索，专人专案对下指导、分析、论证，确保两级院均参与案件管辖、立案、诉前程序、提起诉讼等全部办案过程，形成工作合力；通过对每份检察建议书严格审核、对拟起诉案件层层审查、指导调查取证、帮助拟定庭前预案、组织庭前会议及模拟庭审、组织庭审观摩等方式，精准化督导，对案件层层把关、确保案件质量。

4. 总结经验，抓好试点，全力推进检察机关提起公益诉讼制度

2015年，全国人大常委会授权最高人民检察院开展公益诉讼试点，毕节被省检察院明确为全省试点地区之一。毕节检察机关认真总结前期开展行政公益诉讼的经验和不足，对探索公益诉讼的思路、方向和步骤进行再安排再部署，在探索开展公益诉讼广度和深度上狠下功夫，结合全省检察机关同期开展的"生态·环境保护检察""民生资金保护"等专项工作，不断健全完善线索收集、诉前程序、风险评估、检法沟通协调等机制，实现了公益诉讼"由部分程序到诉讼全过程，从单一个案到多领域、多类型案件"的全面突破。江苏、四川、江西、河南、遵义等多个省内外检察院先后组队赴毕节考察，学习借鉴毕节公益诉讼经验。2017年全面推开公益诉讼以来，共履行公益诉讼案件前置程序658件，起诉4件，其中刑事附带民事诉讼案件2件。

专题篇
毕节市公正司法天平工程报告

5. 厚积薄发，多点开花，公益诉讼督促、警示、震慑作用日益彰显

毕节检察机关紧密结合试验区建设"三大主题"，在生态环境和资源保护领域重拳出击，在食品药品安全领域精准发力，针对党委政府关注、群众反映强烈的问题，选取典型案例提起公益诉讼，以案释法，以案示警，提升了公益诉讼的社会知晓率和群众认可度，政府职能部门懒政、怠政行为明显减少，社会公共利益得到有效维护。七星关区大银镇政府长期在公路旁倾倒未作任何处理的固体生活垃圾，严重危害当地生态环境、影响当地群众生产生活。金沙县检察院提起公益诉讼胜诉，不仅督促大银镇政府迅速完成垃圾清理整改工作，更带动附近乡镇积极开展农村人居环境整治工作，达到了起诉一案、警示一片、教育社会面的良好效果，该案检、法两家积极探索案件跨行政区划管辖，被最高人民法院评为"2017年度长江流域环境资源审判十大典型案例"。黔西县检察院用"检察蓝"保护"生态绿"，对黔西县卫计局怠于履职行为提起公益诉讼，督促其按照职责要求采取相应的监管措施，防止了更多含有病原微生物的医疗污水流入周边环境，被贵州省高级人民法院评为"环境资源审判十大典型案例"。大方县巴蜀苑食府厨师周伟、周勇炼制地沟油供客人食用，构成生产、销售有毒、有害食品罪。大方县检察院着眼保障群众"舌尖上的安全"，主动作为，提起贵州省首例食品药品领域刑事附带民事公益诉讼，被告当庭宣读公开道歉信，并于判决生效后在贵州省级公开媒体向不特定消费者赔礼道歉，在司法层面上丰富了严惩违法经营的监督手段和路径选择。

二 开展公正司法天平工程取得的工作经验

（一）上下联动，推进工作深入

由贵州省高级人民法院牵头、毕节市中级人民法院配合共同完成了"法院在'法治毕节'创建中的功能实现路径"的课题调研，为全市法院开展"法治毕节"创建科学定位并指明方向。2016年9月，省检察院在大方县召开以"法治毕节"创建为主题的全省检察理论研究年会,编制《"法治毕节"创建理论调研工作专辑》,为检察机关开展"法治毕节"创建提供了理论指导。省、市、县三级法院、检察院均建立了"法治毕节"创建办,明确办事机构和联络员,三级法院、检察院创建办通过"微信群"等多种形式加强联络、互通信息,确保省、市、县三级法院、检察院上下联动,共同推进"法治毕节"创建。自开展"法治毕节"创建以来,省高级法院、省检察院创建办多次深入毕节两级法院、检察院,督促"公正司法天平工程"各项指标任务落实,帮助总结推广经验,并采取与毕节市中级人民法院、市检察院联合督导的形式,强化对七星关区、大方县"法治毕节"创建的工作督导,以问题为导向,分析形势,深入乡镇帮助基层解决实际问题,助推创建实效提升。毕节市中级人民法院每季度召开一次全市法院院长会议,强力推进审判质效和司法公信力提升,促进公正司法。领导班子成员按照包片联系的方式每月深入基层督导,院党组要求班子成员必须到包片县(区)的每一个人民法庭进行实地调研,2017年以来,对全市63个人民法庭的调研督导实现了全覆盖,推进各项创建指标落实。市检察院党组专门听取"法治毕节"创建工作汇报,补充完善了创建工作推进方案、责任分解表和工作台账。同时,多次召开全市检察机关"法治毕节"创建工作推进会,并将"法治毕节"创建工作纳入各部门目标考核内容,结合院班子成员分片联系督导基层检察院制度,党组成员及处室领导先后70余次到各县区检察院、百里杜鹃检察室督导调研,及时帮助基层检察院解决在"法治毕节"创建中遇到的困难和问题,确保检察环节创建任务落地落实。

(二)打造亮点,加强示范引领

为打造富有法院、检察院特色的亮点工作,以亮点示范引领全市法院、检察院创建工作深入开展,毕节市中级人民法院根据各县(区)法院工作特点和实际,采取由基层法院申报和毕节市中级人民法院统筹的形式,分别明确"以审判为中心的刑事诉讼制度改革、多元化解矛盾纠纷、家事审判改革、

专题篇
毕节市公正司法天平工程报告

创新执行机制、信息化运用示范、裁判标准统一试点、刑事附带民事调解、财产保全机制改革、刑事巡回审判、案件繁简分流"10项重点改革创新任务，确保每个基层法院在"法治毕节"创建中均能推出1~2个亮点工作，以亮点做示范，带领全市法院整体推进工作。市检察院认真听取内设机构及基层各界的意见建议，在全市检察机关选取案件管理、职务犯罪案件办案工作区、警示教育基地等代表性强、基础较为扎实的检察工作，积极迎接"法治毕节"创建现场观摩，在"法治毕节"创建中全力创建"检察品牌"。毕节市中级人民法院、市检察院领导班子成员分别对应联系的县（区）法院、检察院加强指导亮点打造，帮助总结提炼工作经验。毕节市中级人民法院组织召开现场会、观摩会等加强典型经验推广，毕节市中级人民法院对七星关区法院"四化推进全国家事审判试点改革"、织金县法院"四力齐发扎实推进司法体制改革"、纳雍县法院"多元化解矛盾纠纷"、七星关区法院和纳雍县法院"轻刑快审"等工作亮点大力推广示范。全市检察机关注重在司法办案中总结成功经验，结合"法治毕节"创建推动依法治市，刑事执行检察、公诉司法裁量及办案机制创新等工作被省检察院交流推广，形成了多项"毕节经验"，"法治毕节"创建工作得到《贵州日报》和检察正义网的专题报道。

（三）忠实履职，坚持公正司法

全市法院不忘初心，牢记使命，充分发挥三大审判职能作用，深入推进"法治毕节"创建工作。一是加强刑事审判维护社会平安，深入开展扫黑除恶专项斗争，坚持打早打小，坚决铲除黑恶势力滋生蔓延土壤，严惩影响人民群众安全感的刑事犯罪，依法审结故意杀人、故意伤害、绑架、抢劫、抢夺、盗窃等严重侵害人民群众人身安全和财产安全犯罪。七星关区法院依法判处农村2名未成年人监护人不履行监护职责案件，在全省开创首例。二是加强民事审判营造法治环境，制定方案依法保护企业家合法权益，为创新创业营造良好法治环境。三是加强行政审判助推法治政府建设，针对全市涉及土地征收、棚户区改造、道路交通行政处罚等行政诉讼案件占比高的情况，发布《行政审判司法审查情况分析报告》白皮书，将法院司法功能从单一的事后监督拓展到源头预防，获市委、市人大及市政府有关领导好评，被省法院转发其他市州法院学习参考。

全市检察院以强化法律监督为重点，积极主动适应司法体制、监察体制改革，聚焦监督主责主业履职尽责，推动法律监督全面平衡充分发展，深入推进"法治毕节"创建。截至 2018 年 6 月一是不断强化职务犯罪检察监督。准确把握检察机关在新的反腐败格局中的职能定位，围绕监察委员会调查程序与检察机关刑事诉讼程序无缝衔接，成立职务犯罪检察办案团队，建立两级院联动审查机制，认真履行职务犯罪案件提前介入、对事实认定和证据收集提出意见建议、决定采取强制措施、审查起诉、决定退回补充调查或自行补充侦查等职能，共提前介入职务犯罪案件 10 件 10 人，提出书面审查意见 45 件次，退回监察委员会补充调查 8 件次，决定逮捕监察委员会移送案件 34 件 41 人，决定不起诉 6 件 8 人，决定起诉 34 件 41 人，法院作出生效判决 9 件 9 人，没有无罪案件发生。二是不断强化刑事检察监督。坚持罪刑法定、疑罪从无和证据裁判原则，严把案件事实关、证据关、程序关和法律适用关，监督撤案 381 人，监督立案 717 人，追加逮捕 894 人，追加起诉 1263 人，追加遗漏罪行 328 人；纠正侦查活动违法 847 件次、审判活动违法 62 件次，提出量刑建议 10267 人，采纳率达 95% 以上；抗诉 69 件，法院已改判和发回重审 40 件。三是不断强化刑事执行检察监督。以开展"维护在押人员合法权益""深化推进判处实刑罪犯未执行刑罚""深化推进财产刑执行"等专项监督活动为抓手，审查提请和裁定减刑、假释、暂予监外执行案件 4836 件，提出监督意见 5957 件，纠正监管场所侵犯在押人员合法权益等违法情形 116 件，对 85 名社区服刑罪犯提出收监执行检察建议，清理判实刑罪犯未执行刑罚案件 4 件，纠正监外执行罪犯脱管 92 人，开展财产刑核查 3027 人 5843.21 万元；认真开展羁押必要性审查，提出变更强制措施或释放建议 603 件，采纳 584 件。四是不断强化民事行政检察监督。办理民事、行政监督案件 2450 件，对不符合监督条件做不支持监督申请决定 452 件，监督审判和执行活动违法 437 件，人民法院采纳 431 件；提出抗诉 20 件（其中虚假诉讼 3 件），法院已改判 9 件，提出再审检察建议 13 件

(法院已采纳)。提起公益诉讼13件，法院已判决生效5件，办理的1件行政公益诉讼案件被省高级法院评为"环境资源审判十大典型案例"，3件案件入选"贵州检察机关公益诉讼典型案例"；针对乡镇垃圾处理、"非洲猪瘟"疫情防控等社会热点问题，发出督促履职检察建议1742件，成功提起全省首例食品药品领域刑事附带民事公益诉讼。

（四）强化执行，维护法治权威

"基本解决执行难"不仅关系到胜诉当事人的权益实现，而且关系经济社会发展的诚信基础，关系司法公正的实现和司法权威的树立。全市法院加班加点、夜以继日开展执行攻坚。一是依靠党委抓攻坚。市委印发了《关于支持全市法院基本解决执行难问题的意见》，组织召开全市决胜"基本解决执行难"工作推进会，市委政法委牵头召开全市执行工作联席会议巩固执行联动机制，全市法院充分利用党委、政府关心支持的政策优势，先后与银行、民政、住建、国土、公安、组织、发改、教育、工商、不动产登记、保险、公积金管理等部门、单位建立执行协作机制，深化了"党委领导、人大监督、政府支持、政法委协调、法院主办、部门配合、社会参与"的综合治理格局。二是压实责任抓攻坚。实行"一把手抓、抓一把手"，两级法院院长"亲自部署、亲自督办、亲自汇报"执行工作。毕节市中级人民法院落实院领导一对一包片督导基层法院的连带责任，全市法院明确分管领导和执行局长的主要责任，压实执行干警的直接责任，层层传导压力，设立执行"作战室"，明确时间表、路线图，做到挂图作战、销号管理。三是刀刃向内抓攻坚。不断推进执行信息化、规范化建设，先后建立完善网络查控系统、执行案件流程管理信息系统、协同执行系统、网络司法拍卖平台、执行案款管理系统等，快速将被执行人银行存款、机动车辆、证券、工商信息实行"一网打尽"。扎牢制度铁笼，利用执行办案平台和执行指挥平台，规范执行办案标准和流程，强化了保全、查控、查封、评估、拍卖等关键节点管控，坚决消除消极执行、选择性执行、乱执行现象。四是专项行动抓攻坚。先后组织全市法院开展"猎赖利剑行动""雷霆风暴行动",以雷霆之势在全市掀起执行风暴,有效地树立了人民法院的司法权威。

三 公正司法天平工程实施中存在的问题和工作建议

"法治毕节"创建工作开展以来,在案件持续上升、人员编制没有增加的情况下,全市两级法院、检察院工作取得了较好的成绩。但是,还要清醒地认识到存在的问题。一是面对人民群众日益增长的司法需求,部分法官检察官还未充分适应社会主要矛盾变化,所需要掌握的知识、本领还与新目标、新部署、新要求存在不小差距。部分法官检察官办案能力、释法说理能力、风险防范处置能力、与群众沟通能力还亟待提高。二是现代化技术与审判执行及检察工作的融合还需进一步深化。电子卷宗随案生成和深度应用推进缓慢,软件公司存在数据对接不到位、系统处理速度慢、自动回填智能化程度不高等问题,严重制约电子卷宗深度应用。毕节市中级人民法院现有审判大楼局促,更是制约信息化建设。三是信用惩戒的社会大环境尚未有效建立。有效执行法院生效判决,不仅是法院的职责使命,同时也是诚信社会建设的重要一环。随着经济社会的发展,法院受案数量逐年增加,仅靠强制措施难以解决执行工作面临的压力。还需进一步落实"一处失信、处处受限"的信用惩戒机制,通过覆盖全社会的征信系统建设,有效提升裁判文书自动履行率。四是检察基层基础建设需大力加强。毕节总人口数位列贵州省各市州第一,但监察体制和派驻纪检机构改革后,检察编制数占全市人口万分比仅为0.58,远低于全省1.5的平均水平,为全省最低,人员编制短缺已成为制约毕节检察工作科学发展的一大"瓶颈"。此外,基层检察院发展不平衡的问题依然突出,检察信息化建设任重道远。在下一步的工作中,全市法院、检察院将继续努力,重点抓好以下工作。

(一)坚持职能作用发挥,抓好脱贫攻坚司法保障

毕节市两级法院共同研究制定《关于为全市乡村振兴提供司法服务和

专题篇
毕节市公正司法天平工程报告

保障的实施意见》，指导全市法院、检察院充分发挥司法职能作用，精准服务乡村振兴工作。准确把握脱贫攻坚形势和任务，紧紧围绕打好"四场硬仗"、抓实"五个专项治理"等关键战役，依法审理土地流转、承包合同、劳动争议等民事案件，最大限度保障民生权益；扎实开展扶贫领域检察监督工作，依法惩治各类扶贫领域刑事犯罪；依法严惩危害农民生命财产安全犯罪，保障农村社会秩序稳定；依法严惩坑农、害农犯罪，保障农业生产顺利进行；依法严惩扶贫领域的职务犯罪，保障扶贫开发项目资金安全；健全司法救助经费保障机制，为贫困诉讼群众提供司法救助和法律援助。

（二）坚持抓好执法办案，为全市经济社会发展提供有力司法保障

一是深入开展扫黑除恶专项斗争。坚持严厉打击犯罪，坚持严格依法办案，确保每一案件办成"铁案"。二是积极参与社会治安综合治理，切实增强风险防控意识，对各类重大敏感案事件排查工作形成制度化、常态化，依法化解各类矛盾纠纷。三是全面深化全市检察机关涉企专项工作，综合运用刑事、民事、行政等多种法律监督手段，加强产权司法保护，依法保护企业家自主经营权，着力为企业家创新创业营造良好法治环境。四是在全市法院全面推行家事审判改革，加强诉前调解和结案后的延伸服务，促进社会和谐。五是坚持依法裁判和协调化解相结合，进一步加强协调工作，巩固提高行政机关负责人出庭应诉率，有效解决行政争议。六是全力抓好执行攻坚，坚决打赢"基本解决执行难"这场硬仗。七是持续推进检察机关提起公益诉讼，监督和促进依法行政、依法治市。

（三）深化司法体制改革工作，促进司法体系和司法能力现代化

一是深入推进司法体制综合配套改革，注重各项改革举措的协同性、联动性和配套性，完善人员分类管理机制，开展内设机构改革，精简机构设置，推进改革整体效能提升。二是深入推进以审判为中心的诉讼制度改革，积极推进证人、鉴定人、专家证人、侦查人员出庭作证，探索远程视频作证和实行隐蔽作证，建立证人出庭报销和补助费用的保障机制。三是推进电子

卷宗随案同步生成和深度应用，提高电子卷宗随案生成质量，提升智能化水平，在全市法院探索试用智能语音识别庭审系统，在全市检察机关积极推进庭审多媒体示证，让法官检察官办案更加便捷。四是加快庭审直播平台建设，在全市法院检察院大力推进庭审直播，增加庭审网络直播的案件数量，拓展庭审网络点播覆盖面，推动"庭审实质化"改革进程，全面深化司法公开。

（四）抓好队伍建设和基础建设，切实提升人民群众满意度

一是完善现有人民法庭的标准化建设，加强巡回审判法庭建设，贴近基层群众需求，为人民群众提供最实用的法律指导和诉讼服务。探索开展驻监管场所巡回检察，依法监督纠正和预防减少侵犯在押人员合法权益的违法行为，确保监管场所安全稳定。二是全面提升诉讼服务中心、12309检察服务中心服务质量和服务效率，切实提高司法便民利民水平。三是深入开展司法大调研，以团队合议庭、检察办案团队和各基层法院检察院为单元加强审判、检察调研工作，以发现问题为导向，以解决问题为出发点，推出高质量调研文章，强化成果转化运用。四是合理分配办案资源，统筹谋划刑事检察、民事检察、行政检察和公益诉讼检察格局，推动法律监督主责主业更加全面、平衡、充分发展。五是深入开展岗位大练兵。坚持从工作需要的实际出发，立足岗位、全员参与、分类组织、务求实效，通过岗位练兵和技能竞赛，确保全市法院检察院队伍素质实现整体大提升。

毕节市全民守法宣教工程报告

孟庆艳*

摘　要：在"法治毕节"三年的创建过程中，毕节市各级人民政府紧紧围绕全民守法宣传工作进行了积极的探索，各区县在宣传工作中呈现出许多亮点，有力地推动了"法治毕节"的创建工作，使法治观念深入人心。

关键词：法治毕节　守法宣传　法治观念

"法治毕节"创建以来，毕节市委宣传部及各相关单位将涉及"全民守法宣教工程"的工作指标任务细化分解，落到实处。经过近三年的实践，全民守法宣教工作取得了显著成效，法治观念深入人心。

一　全民守法宣教工程的主要做法和成效

（一）目标明确，制度先行

"法治毕节"的创建是一项全民工程，为更好地开展"法治毕节"创建工作，毕节市委、市政府及相关单位先后制定了一系列规划、方案、文件等

---

* 孟庆艳，法学硕士，贵州省社会科学院法律研究所副研究员，贵州省法治研究与评估中心研究员。

"法治毕节"的探索与实践

配套措施，为"法治毕节"宣传工作的开展建立了良好的制度基础。根据贵州省委、省政府印发的《贵州省法治宣传教育第七个五年规划（2016~2020）》、《毕节市法治政府建设实施方案（2017~2020年）》（毕委〔2017〕68号）等相关规定，深入实施"七五"普法，广泛开展"法律六进"活动。毕节市各级司法行政部门根据"七五"普法规划总体要求，积极组织，认真实施，开展"法律六进"活动千余场次，较好地执行了全民守法宣教工程工作任务。

1. 落实"谁执法谁普法""谁服务谁普法"的普法责任制度

"法治毕节"建设中，毕节市政府各部门把建立普法责任制摆上重要日程，将"谁执法谁普法"普法责任制的落实情况纳入年度目标考核。建立法官、检察官、行政执法人员、律师等"以案释法"制度，在具体执法司法过程中向群众宣传有关法律知识、法律程序，解答相关法律问题，把司法执法现场变成向群众宣传普及法律的现场。具体做法是：坚持党委（党组）书记认真履行第一责任人职责，带头讲法治课，做学法表率；坚持凡是涉及经济发展、社会稳定和人民群众切身利益等重大问题重大决策的，要预先进行专题学法；充分认识"谁执法谁普法"普法责任制，切实履行"谁执法谁普法"工作责任制；充分发挥组织、协调、指导、督察等职能，落实普法任务清单，加强对各地、各部门普法工作的指导检查，确保"谁执法谁普法"普法责任制落到实处。把普法纳入执法过程，以普法促进执法，以执法深化普法。推动开展全程说理式执法，建立"谁执法谁普法"工作示范点，推动各行政执法部门开展法治文化阵地建设。坚持系统内普法与社会普法相结合，深入开展法治宣传教育和党内法规教育，增强执法者或服务工作者法治观念，提高法治素养和依法办事能力，积极履行社会普法责任，在执法、管理和服务过程中向相对人和社会公众开展普法工作，将执法过程变成生动的普法实践。充分利用重大热点案事件开展普法，把热点案事件依法处理的过程变成全民普法公开课。

2. 落实国家工作人员学法用法工作

国家工作人员学法用法是全面依法治国的基础性工作，是深入推进社会主义核心价值观建设的重要内容，是切实加强干部队伍建设的有效途径。毕

专题篇
毕节市全民守法宣教工程报告

节市各地各部门认真贯彻落实中央决策部署，采取有力措施，制定了《将干部学法守法用法及依法办事情况纳入干部考察重要内容的工作方案》（毕组通〔2015〕126号）等相关文件，大力推进国家工作人员学法用法工作，取得显著成效。国家工作人员的学法自觉性不断提高，法律意识和法治素养明显增强，依法决策、依法行政、依法管理的能力普遍提高，在推进"法治毕节"的创建中发挥了重要作用。具体做法有：在国家工作人员入职培训、晋职培训方面，为确保法治培训课时数量和培训质量，加大各类在职业务培训中法治内容的比重，在组织调训中增加设置法治类课程，明确法治类课程的最低课时要求。严格遵守宪法和法律规定决策，做到法定职责必须为、法无授权不可为。落实重大决策合法性审查机制，对重大事项的决策权限、内容和程序等进行合法性审查，未经合法性审查或经审查不合法的，不得提交讨论。积极推进政府法律顾问制度，为政府重大决策提供法律意见，预防和减少违法决策行为的发生。各级党政机关和人民团体普遍设立公职律师，参与决策论证，提高决策质量。推动国有企业设立公司律师，防范经营风险，实现国有资产保值增值。落实重大决策终身责任追究制度及责任倒查机制，对于违法决策以及滥用职权、怠于履职造成重大损失、恶劣影响的，要严格依法追究法律责任。

通过经常性地、不定期地开展干部法治培训、轮训，将干部学法用法工作常态化，提高了干部的法治思维、法治水平，为"法治毕节"创建工作提供了较高素质的法治人才储备和人才保障。只有党员干部做好尊法守法的带头作用，才能更好地帮助和影响广大群众，从而共同推进"法治毕节"的建设。

（二）全方位建立法治文化阵地，多角度开展法治宣传教育

1. 传统宣传方式

（1）走村串户

百里杜鹃管理区通过进村入户+院坝会+讲习所等形式，举办丰富多彩的宪法知识主题宣传活动。结合脱贫攻坚大排查大走访活动，通过发放宣传

资料、宣传讲解，进村入户把宪法知识送入群众手中，常住农户入户宣传率达90%以上；通过分组召开群众大会，利用宣传讲解把宪法精神送到群众中去；利用"新时代农民讲习所"开展送法进村、法治宣传进万家和宪法专题培训活动，不断增强群众学习宪法的积极性。

（2）加大法治基地建设力度

一是推动法治文化阵地创建。结合毕节市民族民俗文化、少数民族地区的地缘文化和行业文化等特点，积极推进法治文化项目化建设。因地制宜打造法治广场、法治长廊等阵地，把法治元素融入群众公共文化生活。其中，黔西县杜鹃街道大兴社区法治文化广场、织金县税务局法治文化大院等示范点被评为2017年全省"十佳法治文化阵地"。二是深入推进法治单位示范创建。积极开展"民主法治示范村（社区）"创建活动。截至2019年6月，毕节全市有9个村（社区）被命名为"全国民主法治示范村（社区）"、80个村被命名为"省级民主法治示范村"，黔西县被评为"全国法治先进县"。毕节全市共建成法治文化公园16个、法治文化广场206个、法治文化长廊118个、宪法宣传教育基地10个、法治一条街28个、普法超市10个，基本满足群众在生产生活之余的学法需求。①

2. 各类媒体宣传方式综合应用

充分发挥《毕节日报》、毕节市广播电视台、毕节试验区杂志社、毕节试验区网等市级主要新闻媒体的优势，开辟"法治毕节"专题、专栏。毕节试验区网"法治毕节"专栏设置了新闻报道、图片播报、视频新闻、法治在线、政策解读等6个栏目。市级主要新闻媒体充分发挥各自的优势，深入开展"法治毕节"创建的宣传教育，不断提高广大人民群众的知晓率、参与率和好评率。2018年，《毕节日报》的"法治毕节"专栏共计发稿234条，刊载了《春风化雨解民忧——威宁自治县司法局司法行政工作纪略》《转变家事审判理念　助推社会和谐稳定》，推出了《为"法治毕节"作记为"和美毕节"出力》《紧扣法治之弦　谱写和谐乐章》《法治利剑护佑

---

① 数据由毕节市司法局提供，2019年7月24日。

专题篇
毕节市全民守法宣教工程报告

绿水青山》等重要稿件；毕节市电视台《新闻联播》播出稿件194条；"法治毕节"专题节目共播出98期，每期时长约20分钟，共计267条；毕节试验区杂志社共计刊载稿件69篇；毕节试验区网在"法治毕节"专题内推送稿件1200余篇，转载相关稿件1900余篇，"毕节发布"及"看见毕节"微信公众号编发稿件160余篇，宣传部四个微博同步转发法治相关稿件340余篇，"活力毕节"客户端与"掌上毕节"客户端编发稿件270余篇。①

"法治毕节"微信公众号通过法治头条、重点关注、区县动态、强势围观等栏目向广大手机用户传达及时的法治信息，群众在读故事、看新闻的过程中接受法治教育，使法治宣传教育工作常态化变成可能。

"毕节新时代农民讲习所"微信公众号是一个致力于深入宣传党的十九大精神和中央、省、市有关精神，搭建新时代讲习所交流学习的平台，其立足于惠民便民、实效有用、互动及时，助力新时代农民（市民）讲习所蓬勃发展。公众号下设"六干六讲"、讲习先锋、便民服务等栏目。"六讲"指讲思想、讲感恩、讲政策、讲技术、讲道德、讲比武，内容涉及农民、市民生活的方方面面；便民服务栏下设政策咨询、技术咨询、法律咨询和便民查询，为群众提供便捷在线的政策法律帮助。

各类新媒体手段的应用，为"法治毕节"创建工作创造了良好的网络舆论环境。

3. 法治宣传覆盖面广

毕节市及各区县开展全民法治宣传教育的覆盖面相当广泛，从接受法治宣传教育的受众来看，除一般群众外，还特别针对弱势群体，如妇女儿童、孤寡老人、残疾人等。从内容来看，主要有《宪法》《刑法》《民法》《婚姻法》《农村土地承包法》《城乡规划法》《未成年人保护法》《残疾人保障法》《妇女儿童权益保障法》等法律法规，同时结合时下热点问题随时增补法治宣传教育的内容。比如：春节期间利用大量外出人员集中返乡和赶集日的有利时机，协同镇综治办、派出所等单位在集镇广泛开展法治宣传活动。

---

① 数据由毕节市委宣传部提供，2019年6月14日。

活动通过悬挂宣传条幅，在乡镇车站设立法治咨询台、发放宣传资料等形式对返乡农民工进行普法宣传，重点宣传打击黑恶势力违法犯罪案例、计划生育、法律援助、劳动合同、劳动争议、劳动仲裁、社会保障等政策法规以及综治、信访、禁毒、反邪教等相关知识；3月主要围绕三八节妇女维权活动开展宣传，采取制作宣传横幅、发放宣传资料、解答法律咨询等形式，向群众广泛宣传《反家庭暴力法》《婚姻法》《妇女权益保障法》等国家法律法规以及常见法律知识，引导家庭成员学法、尊法、守法、用法，提高妇女群众的自我维权意识和法律意识；4月开展国家安全日普法宣传，各普法成员单位向老百姓解读《国家安全法》《反间谍法》《反恐怖主义法》等法律法规，进一步加强群众对国家安全、网络安全、反恐怖等法律法规知识的理解，提升群众的国家安全意识、法律意识和自我保护意识；6月结合国际禁毒日开展禁毒宣传，提高群众的自我保护和防范意识；12月逢全国宪法日开展宪法宣传周活动，组建农村文艺宣传队，通过各种群众喜闻乐见的形式进行巡演，全方位多形式加大普法工作力度。

通过大力推进法治宣传工作，大大提高了受众的法律意识和法律水平，提高了群众学法用法的积极性，增强了自我保护的意识。

（三）因地制宜，各具特色

毕节市各区县结合自身特点在实践中开展多种方式的宣传工作。

1. 纳雍县

（1）围绕"治盲"个性化宣教抓推动

针对青少年心理特征和现代教育需要，建立法制教育基地。采取喜闻乐见的方式进行体验、互动式守法教育。配齐配强法制副校长，在中小学常态化开展法制教育。推行差异普法，对毒情重点乡镇进行毒品预防宣教；对问题突出乡镇进行打击案例和防治方法普及；对上访问题突出乡镇重点进行信访案例、法律法规宣传。发挥"讲习所"、"农民讲师"和"道德评说员"作用，利用"村民院坝会""板凳会""赶场天赛起来"等形式开展守法宣教，及时填补法治盲点。

专题篇
毕节市全民守法宣教工程报告

(2) "九支队伍"助推"法治纳雍"创建

纳雍县推出了"九支队伍"抓法治创建工作，"九支队伍"指一支法律服务便民团、一支矛盾纠纷调解团、一支社区治安巡逻团、一支弱势群体关爱团、一支尊老爱幼妇女团、一支对外联谊爱心团、一支法治文化宣讲团、一支"三农"发展智囊团、一支民生事业监督团。"九支队伍"的核心组成人员是农村的乡贤人士，是社区的红白喜事管事、官司客、土秀才、田博士、洋专家，他们能积极主动出面帮助协调、解决村（社区）遇到的一些比较棘手的信访维稳、矛盾纠纷等工作和问题。

(3) 农民讲师

农民讲师是纳雍县"法治毕节"宣讲的中流砥柱。他们与群众生活在同一个房檐下，语言相通、思维相近、目标相向，其身正、有思想、有素质，经常深入农家院落、社区、机关、学校，传递党的声音，宣讲惠民政策、讲解"法治毕节"，通过以案说法，用身边人说身边事，用身边事教育身边人，让群众思想得到净化，心灵受到洗礼，法治意识不断提升。通过讲师"点拨"使群众"开窍"，容易引起共鸣，形成共振，凝成共识。

"巡讲"是农民讲师讲解"法治毕节"的生命力所在。坚持以"莫等闲、空悲切；共谋划、求发展；勤宣讲、创和谐"为目标导向，农民讲师每年轮流到全县247个行政村（社区）宣讲政策法规、思想政治教育、家庭教育、感恩教育、脱贫攻坚业务知识，做到政策宣讲、法治宣讲工作抓在日常，落实在经常。

2. 织金县

注重挖掘经验典型。按照"出经验、出典型、做示范"的思路，织金县打造了一批推得出、叫得响的经验典型，如三甲街道的民生监督委员会、经济开发区的"环保管家"、县地税局的"法治文化阵地"等典型都得到了上级领导的充分肯定。注重宣传示范带动。织金县邀请了北京科技大学、西南政法大学、贵州大学、贵州民族大学等高校的知名专家学者，对法治毕节创建典型经验进行深入宣传，邀请中央电视台（央视网）、中国网、中国青年报、当代贵州杂志社、多彩贵州网等5家中央、省级媒体进行集中采访报道，发表如《织金县"三聚焦"精准管控吸毒人员》等"法治织金"创建文章，报道了大量工作信息，取得了良好的社会效果。

3. 赫章县

建好"讲习所"、"娘子军"宣讲团和"法治文化小广场"，法治观念深入人心。

赫章县共建立县、乡、村讲习所507个。其中，县级讲习所2个，乡镇讲习所27个，农村讲习所465个，生产小组或村办企业讲习所13个，已实现行政村全覆盖。讲习所从县委党校、扶贫办、农牧局、司法局等40多个县直部门抽派一批懂政策、懂业务、懂技术的领导干部、业务骨干，结合道德讲堂、农民讲师、百名"娘子军"宣讲团、青年突击队等教育培训资源，组建成讲师团，设立讲师库，按计划深入各乡镇、各村开展讲解。讲习内容涉及惠民政策、脱贫攻坚政策、相关法律法规、艰苦创业精神、传统美德和社会公德等，以群众致富为重点，突出抓好各类政策普及教育、思想政治教育、文明道德教育、创业致富教育、科普知识教育、精神文化教育、民主法制教育、优良民风民俗和健康卫生教育等。通过讲习所活动，干部群众的法治意识得到很大提升，法治观念得到明显转变。

赫章县的百名"娘子军"宣讲团，通过"集体式""个人式""组团式""点课式"等多种形式，用过硬的宣讲技巧，动人的宣讲激情，高潮迭起的宣讲氛围，采取群众喜闻乐见、通俗易懂的方式到机关、到乡镇、进村入户开展宣讲活动。开展留守妇女的科技知识、创业技能、法律咨询、家庭教育等方面的学习和培训，提升留守妇女基本素质和致富能力。赫章县加大政策倾斜力度，出台有利于留守妇女的创业政策，实施农村妇女小额担保贷款项目，帮助留守妇女创业致富；组织留守妇女参与平安家庭创建活动，营造安定团结的农村社会治安环境。百名"娘子军"宣讲团在全县各行各业，各乡镇、村、组开展多场宣讲活动，向听讲群众发放《婚姻法》、《妇女权益保障法》、《未成年人保护法》和文明新风进万家倡议书等各种宣传资料，极大地提高了全县妇女法律意识和自我保护能力。

专题篇
毕节市全民守法宣教工程报告

4. 金沙县

金沙县广泛开展全民守法宣教和"七五"普法工作,提升全民法制意识。通过组建10人青年律师志愿讲师团,组建10人普法志愿者队伍来开展法治宣传活动,有序开展全县的普法工作。金沙县平坝镇双兴社区农民(市民)讲习所——文艺轻骑兵,由当地群众自发组建,该讲习所以文艺创作为主,节目内容贴近生活,采用群众喜闻乐见的方式,寓法于乐。该讲习所创作的对口词《反家庭暴力法问答》、方言顺口溜《赌博危害大》《安全生产保平安》、快板《反腐斗争合国情顺民心》等,受到群众热烈好评。通过农民讲师队伍、农村文艺宣传队伍、农村教师队伍、基层干部队伍、群团组织队伍"五支队伍"大力开展浸润式法治宣传教育,大力宣传《婚姻法》《土地管理法》《农村土地承包法》《城乡规划法》《义务教育法》《未成年人保护法》等农村实用的法律法规,充分发挥普法讲师团积极作用,引导全民增强法治观念,提高守法自觉性。

5. 威宁县

盐仓镇开展法治"村村通"活动。威宁县盐仓镇创新法治创建模式,组织派出所、司法所、综治办、村警"四支队伍",以开展一场法律法规宣讲、观看一部警示教育视频、接受一批法律知识咨询、化解一些基层矛盾纠纷、服务一个困难特殊人群的"五个一"工作措施为抓手,以实现普法明民理、用法化民怨、送法帮民困、知法修民身、守法保民安、违法毁民生的"六法"目标,定期和不定期在全镇各村(社区)、各学校轮流开展"法治村村通"活动。通过这些形式多样的活动,盐仓镇基层群众法治意识普遍增强,农村法治盲点逐渐减少,邻里关系更加和谐,依靠法治思维解决实际问题逐渐成为常态。全镇刑事案件发案同比明显下降,基层环境和谐稳定,"法治盐仓"创建工作成效明显。

6. 七星关区

七星关区为进一步加强基层民主法治建设,制定了《七星关区民主法治示范村(社区)创建方案》,要求各乡镇、街道按照"四有五无两知晓"的示范标准,打造三个民主法治示范村。"四有"指:有村规民约或

"法治毕节"的探索与实践

城市公约，让群众实现自治；有调解组织，让矛盾纠纷不出村（社区）；有"法律明白人"，让群众熟悉法律政策；有"一室一队"（警务室、义务巡逻队），让群众安居乐业。"五无"指：无重大刑事案件，无重大安全事件，无群访非访事件，无失学辍学儿童，无严重违反法律法规行为。"两知晓"指：群众知晓法律法规，熟悉法律服务渠道；群众知晓村（社区）事务，积极参政议政。截至2018年底，七星关区共建"民主法治示范村（社区）"125个，其中，长春堡镇清塘村获"全国民主法治示范村"称号，普谊镇宜兴社区、朱昌镇双堰村等5个村（社区）被授予"省级民主法治示范村"称号，麻园街道望城社区、杨家湾镇大埂子村、撒拉溪镇龙凤村等11个村（社区）被授予"市级民主法治示范村"称号。

通过图1可以看出，2016~2018年七星关区"两抢一盗"案件发案率下降明显。七星关区未发生重大群体性事件，未发生涉及特殊人群的重大命案事件和舆论炒作事件，未发生重大刑事治安案件和公共安全事故，未发生冤假错案，未发生重大进京非正常上访事件和个人极端事件。

同时，七星关区经过三年的努力，成功摘掉了国家禁毒委"外流贩毒

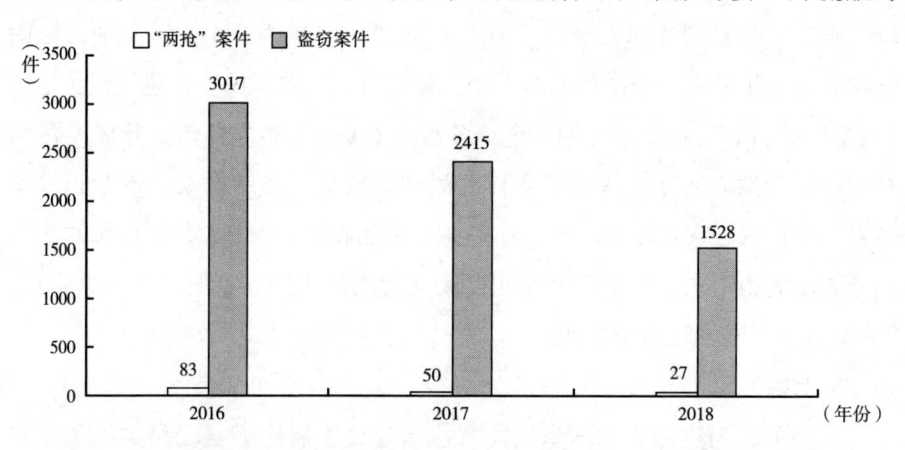

图1　2016~2018年七星关区"两抢一盗"案件发案情况

资料来源：毕节市七星关区创建办提供。

突出通报督导地区"的帽子,贵州省禁毒委将其从"挂牌重点整治县区"降格为"通报警示县区"。

(四)领导干部的法治意识不断提高

领导干部学法用法起到模范带头作用。毕节市抓住领导干部这个"关键少数",让领导干部的学法用法从软任务变成硬指标。制定出台了《将干部学法守法用法及依法办事情况纳入干部考察重要内容的工作方案》,考察过程通过征求纪检(监察)、检察院等执纪执法部门意见,对存在违纪违法行为的考察对象不作为干部人员入选。每年集中举办四期以上的领导干部法治知识培训班,邀请国内专家学者赴毕节市讲学。广泛开展农村"两委"法治培训和农村"法律明白人"教育培训工作,大力提升各级干部运用法治思维、法治方法解决问题的能力。市委党校把宪法、行政法等法律知识列为必修内容,加大社会主义法治理念教育,促进干部队伍法治素质和法治能力的提升。

(五)"法治观念"深入人心

通过"法治毕节"活动的创建和实施,法治观念深入人心。

通过多层次多维度地开展法治宣传教育,坚持"谁执法谁普法",执法司法人员深入基层向群众宣传法律知识;充分发挥新时代农民(市民)讲习所作用,形成固定讲堂、无线讲堂、流动讲堂"三位一体"的法治宣传模式,做到"进百校、赶百场、走百村",真正实现法律进家庭、法律进讲堂。以法治宣传、法治信息、法治文艺、法治服务"四进农家"为载体,将与群众生产生活息息相关的法律知识和发生在群众身边的法治故事艺术处理,通过群众乐于接受的方式,达到"用身边事教育身边人"的目的。

开展"法治毕节"创建活动以来,群众来信来访数量呈逐年大幅递减趋势(见图2),政府部门对来信来访及时登记并转交相关部门处理,答复率为100%。通过广泛的法治宣传和教育,干部的执法司法水平不断提高,

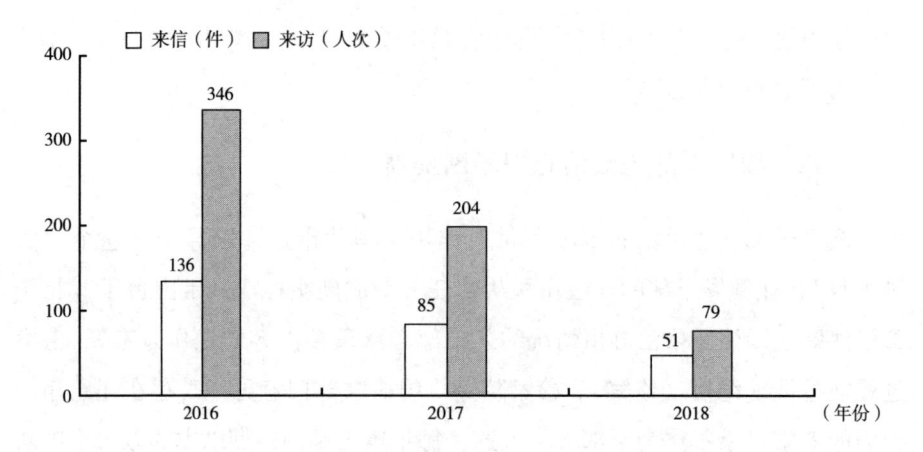

图 2　2016~2018 年毕节市群众来信来访接待情况

资料来源：毕节市人大常委会办公室《2016~2018 年"法治毕节"创建工作情况报告》。

群众的法治意识、维权意识的提高也使得其维权方式更科学，信法不信访的意识正逐渐深入民心，全民法治宣传教育工作取得一定成效。

二　全民守法宣教工程形成的亮点

毕节市农村人口数量占比过半，多民族杂居，所以，在"法治毕节"的创建过程中，基层的法治宣传工作显得尤为重要。为此，毕节市各区县采取形式多样的宣传手段、工作模式，千方百计让法治宣传工作落到实处，在基层群众中落地生根，让法治观念深入人心。

毕节市大力开展"七个起来"活动，着力推进农村思想政治教育。"七个起来"是以"十星级文明户"为载体而深入开展的丰富多彩的思想教育活动，具体表现为：大喇叭响起来，赶场天赛起来，党组织联起来，宣传队演起来，"夜校"办起来，文化墙建起来，村规民约立起来等。这些活动有力地提升了群众的思想政治素质。毕节市"七个起来"活动的典型经验在中宣部舆情信息局《信息专报》（2017 年第 80 期）刊载，在社会上引起了强烈的反响。

专题篇
毕节市全民守法宣教工程报告

（一）赫章县农村"法律明白人"

加强农村"法律明白人"培训，是建设社会主义新农村和全面小康社会的迫切需要，是贯彻落实普法规划、将农民列为法治宣传教育的重点对象的迫切需要，是解决当前农村种种矛盾纠纷和实际问题的迫切需要。

2017年初始，赫章县司法局提出在"法治毕节"的创建过程中，积极开展培育农村"法律明白人"的工作。主要是以户为单位，每十户为一组，每组培养一位"法律明白人"，并将每一位"法律明白人"登记在册。他们主要负责农村家庭的法治宣传教育工作：普及法律常识，解决矛盾纠纷，将基层存在的问题及时反馈给上级部门。

通过"法律明白人"的培育工作，进一步提高了农村基层群众的法律意识和学法用法水平，充分发挥了"法律明白人"在法律进农村中带头人、法治宣传人的作用。这种面向基层的法治宣传教育工作方式值得推广。

（二）大方县"33321"法治宣传模式

"法治毕节"创建工作启动以来，大方县高度重视，积极推动法治宣传方法创新，强化"33321"法治宣传模式，巩固提升"法治毕节"创建工作。其主要做法如下。

1. 突出"三个重点"宣教对象

以领导干部为宣教重点。"法治毕节"创建以来，以举办法律讲座的形式开展培训，切实提高领导干部依法行政水平。完善党委（党组）中心组集体学法、法治讲座等制度，切实加大领导干部学法用法力度，切实提高领导干部依法行政水平。以青少年为宣教重点。推行"法治宣传进百校"，有效提高青少年法治思维意识。以农村群众为宣教重点。大力改善其学法守法环境，一方面，依托新农村建设，加强法治宣传硬件设施建设，为群众学法提供方便场所；另一方面，充分利用春节、彝族"火把节"、苗族"跳花坡"等民族节日开展"送法下乡"宣传咨询活动，大力改善农村群众学法守法环境。

2. 发挥"三支队伍"宣教作用

法律服务队伍"以案释法"。大方县组织法律服务队伍"进百校、赶百场、走百村",结合实际案例,以案释法,达到了"用身边事教育身边人"的目的。人民调解队伍"以调讲法",切实加强各级人民调解委员会规范化建设,实现调解一场纠纷、开展一场普法宣传、促进一方和谐稳定。社矫人员"现身说法",由社矫人员主讲,社区刑满释放人员及辖区学生、群众参加的"现身说法"宣教活动,通过社矫人员讲述自己的经历、自我剖析的历程,教育广大学生和群众自觉做到办事依法、遇事找法、解决问题用法、化解矛盾靠法。

3. 搭建"三个讲堂"宣教载体

"三个讲堂"是指"固定讲堂"、"流动讲堂"和"无线讲堂"。"固定讲堂"总体带动,在乡(镇、街道)定期召开政策法律法规宣讲培训会,重点培训乡村党员领导干部和"法律明白人",通过培训进一步增强干部群众的法治意识;"流动讲堂"主动出击,以法律服务工作者、村(居)"两委"干部、驻村干部以及老党员为主力军,结合农业生产、精准扶贫等与群众密切相关的工作,深入农户家中、田间地头,为老百姓讲解国家法律法规和党的方针政策;"无线讲堂"全面覆盖,充分利用"村村通"工程,将国家法律法规及党的惠民政策制作成音频资料,发放到各村(居)广播站点播放,让老百姓坐在家中也能接受法治宣传教育,实现法治宣传县、乡、村三级全覆盖。随着大数据技术的不断完善,多媒体手段的应用在基层法治宣传教育中的作用显得尤为重要。

4. 创新"两个栏目"宣教方式

结合"法治毕节"创建工作,大方县专门开办了《法治大方》电视专栏节目和《与法同行》广播栏目。在讲述案例、解读法律的基础上,新增办理各类涉法问题的程序、条件等内容,让老百姓在学法、懂法、守法的同时,知晓办理法律援助、公证、起诉、申请劳动仲裁等程序,真正做到为百姓解决难题,为法治铺平道路,把法治宣传教育工作落到实处。

5. 推进"一村一名法律顾问"工作

"法治毕节"创建以来，大方县通过整合全县公证员、律师、基层法律服务工作者，组成近百人的法律服务工作团队，开展"一村一名法律顾问"试点工作，指派法律服务工作者义务到村（居）担任法律顾问，履行提供法律咨询服务、服务农村民主法治建设、服务村居领导决策、服务人民调解工作等"四项服务职责"。2017年实现大方县"一村一名法律顾问"村（居）覆盖率100%。

（三）金海湖新区民族语言与法治宣讲有机结合

金海湖新区成立于2015年12月，是整合原双山新区和经济开发区而组建的新区。以金海湖新区响水乡青山村为例，青山村位于响水乡北部，是一个多民族杂居的村寨，辖12个村民组，居住着彝族、仡佬族、蒙古族等少数民族。辖区内大部分村民日常交流仍然以彝语为主，特别是边远村寨还存在汉字识字率低、语言不通、交流困难、不懂法、不知法的情况。针对这一普法难点，响水乡政法委创新普法形式，充分发挥彝汉双语人才优势，在以彝族为主要聚居地的青山村试点推行"彝汉双语"工作模式，针对性地开展"双语"普法，让不懂汉语的少数民族能够通过自己本民族语言通俗易懂地了解法律，提升自身法律意识、维权意识。具体做法是：青山村村委因地制宜召集本村少数民族干部组成"双语普法服务队"，将少数民族语言同法治宣讲有机结合。双语普法服务队先对当地声望极高并能听懂汉语又能说彝语的寨老进行培训，而后请寨老以讲白话的方式对当地百姓进行宣讲，确保每个村子有一个"双语"法律明白人，实现语言沟通无障碍，确保"双语"宣传更有实效性和针对性。双语普法的主要内容包括：《宪法》《义务教育法》《教师法》《道路交通安全法》《环境保护法》《传染病防治法》《未成年人保护法》《预防未成年人犯罪法》《妇女权益保障法》《国防教育法》《国家通用语言文字法》《禁毒禁赌条例》《治安管理处罚法》《学校体育工作条例》《学校卫生工作条例》，以及其他与青少年教育成长、与学校管理工作密切相关的法律法规、工作条例、规程和国家、省、市新颁布的法律法规等。此外，响水乡还建设双语普法长廊，选择一些经典的法治创建标语，请当地寨老进行彝语翻译后，请工匠在长廊的防朽木上进行彝汉双语的雕刻，简单易懂。

通过开展贴近基层实际、贴近百姓生活的"双语"普法，有效提高了少数民族地区法治宣传教育的效果，深受当地群众好评，同时也为双语普法宣传夯实了基础。响水乡青山村面向群众全面宣传法律法规常识，不断推进全村法治化进程，成为创建民主法治示范村的典范。

（四）百里杜鹃管理区充分利用新时代农民讲习所开展法治文化宣传

百里杜鹃管理区辖7个乡2个管理区，共68个村（社区），总人口14.72万人。在讲习所创建之初，管理区制定了一系列的方案，如管理区"新时代农民讲习所"阵地规范化建设方案、讲习员队伍建设方案、讲习内容规范化建设方案、工作成效考核方案、工作宣传方案等。

2017年全区成立"新时代农民讲习所"85个，实现所有乡（管理区）全覆盖。[①] 围绕"法治百里杜鹃创建"工作，通过"新时代农民讲习所"，组织各级领导干部、广大党员群众开展法律法规、法治思维、法治能力和社会主义核心价值观的学习教育，提升党员干部群众遵纪守法的能力素质。针对农村中存在的不赡养老人、不抚养儿童、婚姻纠纷、劳动纠纷等问题，用"以案说法"的方式进行学习，让法治教育更加人性化，引导群众树立良好的家风，促进社会和谐、民风好转。区司法局通过"流动讲习"的形式，利用"赶场天"等群众较为集中时段，先后组织司法干部到乡（管理区）、村（社区）开展司法宣讲，极大提高了广大党员群众的法律素养和道德品质。大水乡后坝村党支部通过"新时代农民讲习所"，不定期组织留守儿童家庭从家庭和睦、儿童安全健康等方面进行集中宣讲，组织党员进村入户宣讲，让群众认识到关爱儿童的重要性和迫切性。

---

① 资料由中共百里杜鹃管理区工委宣传部提供。

"新时代农民讲习所"面向广大党员干部群众特别是贫困户，讲清政策、讲好发展、讲通思想、讲透法治、讲明方法，把干部"武装起来"，把党员"组织起来"，把群众"发动起来"，使"新时代农民讲习所"真正成为开启民智、凝聚民心、发挥民力、推动民富的平台。

（五）纳雍县"七人议事小组"与民主法治示范村

位于纳雍县骔岭镇东南面的小屯村，距离镇政府2.7公里，辖12个村民组，现有616户2531人，居住着汉、苗、穿青等民族，年人均纯收入达7970元。小屯村丰富的自然资源（煤矿较多）带动了一、二、三产业的持续发展。"法治毕节"创建活动开展以来，小屯村以"法治纳雍"创建活动为抓手，以"富、学、乐、美、和、仁、智、礼、仪、信"为载体，着力打造"十星级文明户"的升级版——"七人议事小组"。"七人议事小组"对当地矿群关系和谐、村民自治共商、环境整治共议发挥作用明显，使小屯村呈现村民崇尚法治、经济协调发展、家和万事兴、共同迈进新农村的景象。

小屯村村委会在开展依法治理、创建"民主法治示范村"的实践中，主要抓好了几方面的制度建设。一是健全和完善以"四民主两公开"为主要内容的村级组织管理制度。二是健全党支部、村委会按期换届选举制度，保证了选举工作严格依法进行。该村"两委"干部的换届选举工作，严格按照《选举法》，实行差额选举和无记名投票的方法，选举结果当场公布，充分体现了村民的心愿。三是建立和健全以村民会议或村民代表会议为主要形式的民主管理制度。做到了凡是村里的大事，尤其是与村民切身利益相关的事项，都提交村民会议或村民代表会议讨论，按大多数人的意见作出决定。四是建立健全以村民自治章程和村规民约为主要内容的民主管理制度。该村制定的村民自治章程和村规民约，都报请镇党委、镇政府审查备案，坚持合法性、针对性、全面性、可操作性和民主性的原则，明确村民的权利和义务，明确村各类组织之间的关系和工作程序，明确经济管理、社会治安、村风民俗、婚姻家庭、计划生育等方面的要求。使村管理做到行之有规、处之有据，实现村民和村委会成员自我约束、自我教育、自我管理。五是健全和完善以村务、财务公开和民主评议党员干部等为主要内容的民主监督制度，使村干部各项管理行为置于广大群众的监督之下。

在对干部行为的约束方面，严格实行"两公开一监督"。村党支部和村委会的工作规划、干部岗位目标责任制、党员干部廉洁自律守则，都一一向村民公开；"两委"工作每半年和年终都分别向党员和村民代表会议报告，接受群众监督。在对村民行为的约束方面，根据《村民自治章程》《村规民约》，结合星级文明户创建活动，按照权利与义务相一致的原则，对思想道德、遵纪守法、履行义务、发展经济、科技文化、移风易俗、计划生育、环境卫生等内容进行量化考评，并与年终分红挂钩。为确保"双约制"的实施，村党支部、村委会建立了会议和重大活动记录制度，将重大事项的决策和落实情况记录在案，特别是与村民利益相关的决策，如土地使用、村建设规划、村民承包经营项目等群众关注的项目严格按照决策的程序，经过村民会议或村民代表会议讨论决定并记录在案，接受群众的监督。

在健全保障监督机制方面，建立了民主监督小组，具体负责监督和检查村级财务、村民自治章程及其他各项制度的执行情况，并负责创建活动管理、监督和考评工作。建立民主监督平台，增加村务管理工作的透明度。该村建立了村务公开栏、光荣榜、警示台，研究有关村民切身利益的大事，定期向村民公布村里的重大事项和群众关心的财务收支、宅基地使用等情况，受理群众对村里工作的建议、意见及有关违法违纪的举报，保证村干部依法行政、依法处理村务。

（六）黔西县"543"公共法律服务机制提升法治宣传教育工作实效[①]

黔西县在"法治毕节"创建中，积极探索"五中心"搭建载体、"四组合"提升能力、"三强化"保障落实的法治宣传教育工作机制，有效释放大司法服务民生、化解社会矛盾、打通法律服务群众最后"一公里"

---

① 资料由毕节市司法局提供。

专题篇
毕节市全民守法宣教工程报告

的功能。以促进经济发展、社会稳定、依法行政为目标，围绕中心，服务大局，深入开展法治宣传教育工作，以宪法为核心的法律法规得到广泛宣传，全体公民的宪法观念和法治意识明显增强，依法办事、依法维权的能力不断提高，"法治扶贫"工作有序开展，为全县决胜脱贫攻坚、同步全面小康提供了有力的法治保障。

一是"五中心"搭建载体，实现普法方式多样化。创建人民调解中心，发挥"以案释法"的辐射作用；创建公共法律服务中心，夯实普法工作实体平台；创建群众工作司法服务中心，强力引导群众依法维权；创建法律援助热线呼转中心，拓展热线平台功能；创建司法服务网络中心，健全网络平台。让群众多形式、多广角接收法律知识宣传。

二是"四结合"提升能力，实现普法网络全覆盖。通过上下配套、左右联通、专兼结合、讲习互动"四结合"开展法治宣传教育，实现普法网络县、乡、村全覆盖。

三是"三强化"保障落实，法治建设工作见实效。通过强化法治惠民、强化资金保障、强化依法打击三项工作措施，推动全县法治建设工作不断向纵深发展，取得很大成效。2016年以来，全县矛盾纠纷逐年减少；到省赴京上访、缠访、非访案件明显下降；刑事案件特别是"两抢"案件、盗窃案件明显逐年减少；群众安全感满意度从2014年的93.48%提高到2018年的99.7%，满意度位列全省第一、安全感跃升至全省第六，连续五年在毕节市名列前茅。2017年5月，黔西县医疗纠纷人民调解委员会被司法部表彰为"全国模范人民调解委员会"；2018年，黔西县司法局被司法部表彰为"全国人民调解工作先进集体"，黔西县道路交通事故人民调解委员会被贵州省政府表彰为"全省先进人民调解组织"；2018年，黔西县被全国普法办表彰为"全国法治县（市、区）创建活动先进单位"。[①]

[①] 资料由毕节市司法局提供。

三 存在的问题和工作建议

（一）存在的问题

1. 对创建工作重要性认识不够到位。个别县区和创建责任单位仍存在工作开展不实、重点不突出、收效不明显的问题。重点任务落实不够，创建措施针对性不强，恶性敏感案事件仍有发生。上下级之间、部门之间沟通衔接有待进一步加强，党政部门与社会力量统筹协调推进法治社会建设的工作有待进一步拓展。创建经验亮点不够突出，一些富有创新性的实践做法，总结、推广不及时，示范带动效应不够。

2. 人员配备不到位。从市、县到乡镇均存在普法宣教工作力量薄弱，一人兼多职现象比较突出。部分地方法治创建工作由司法所仅有的一名司法助理员兼职，或是由综治办仅有的工作人员兼任，造成分工不明确、协同配合不到位、工作目标无法细化分工、报送资料严重滞后、工作进展缓慢等情况；同时导致法治创建工作推进不力，如法治宣传标语、法治教育基地、村法治宣传栏、"法治毕节"微信公众号等法治宣传工作未得到真正落实，从而影响法治宣传的效果。

3. 城乡存在较大差距。部分比较偏远的农村地区，由于自然环境、经济条件的制约，无法充分开展法治宣传工作。加之宣传员业务水平有限，受众文化知识基础薄弱，接受过程相对缓慢，"法治毕节"的公众参与率和知晓率都不高，法治宣传的社会效果不明显。

（二）工作建议

1. 加强干部学法用法培训，提高领导干部运用法治手段解决问题的能力。

2. 重视各级政府相关人员的配备和保障问题，保证专人负责"法治毕节"的创建工作。特别是在法治宣传教育方面，法治宣传教育直接面对受众，工作量大，宜配备专人负责或牵头，以保证法治宣传工作的有序、及时开展。

3. 加强基层法治宣传工作人员相关保障。法治宣传教育的受众主要是广大的群众，基层法治宣传教育工作特别是贫困乡镇是尤为重要的一环。贫困乡镇的法治宣传受众大多物质生活水平较低，法治意识淡薄，法治宣传工作人员开展工作尤为困难。同时，基层法治宣传教育人员自身的法律素养也需要不断提高，知识结构需要不断完善，因此应重视对基层法治宣传工作人员的培养投入和物质保障，以保证基层法治宣传工作的稳定性和连续性。

4. 及时总结工作经验，推广工作亮点。毕节市人口众多，民族多元，在推进"法治毕节"的创建过程中，在因地制宜的基础上应博采众长，相互学习借鉴，共同推动"法治毕节"创建工作。

毕节市法治惠民服务工程报告

王向南[*]

摘　要："法治毕节"创建工作启动以来，毕节市开展了一系列法治惠民服务活动。毕节市公安机关通过建立"六张防护网"和"平安七区"，构建了社会治安立体防控体系，以大数据创新为载体，推动社会治安防控体系进一步健全，以"六项工程"为载体，着力推进特殊人群服务管理，强化基层群众自治，夯实法治创建群众基础，做好移民信访维稳，多元化解社会矛盾。工作中各区县、各部门均产生了较多值得学习和借鉴的经验和工作方法。与此同时，工作中也存在社会治理难点有待突破、特殊人群服务管理难度大等一些问题。总的来讲，"法治毕节"创建过程中，法治惠民服务工作取得了阶段性成效，有力地保障了全市人民安居乐业，维护了社会大局稳定，服务了经济社会发展。

关键词：法治惠民　特殊人群　基层治理

"法治毕节"创建工作启动以来，毕节市法治惠民服务工程以解决突出治安问题为导向，以大数据理念为引领，以特殊群体服务保障为根本，以化解矛盾纠纷为重点，以夯实基层基础为保障，深入开展五项行动和严打整治行动，全面落实惠民服务各项措施，完成法治惠民服务工程创建工作启动创

---

[*] 王向南，贵州省社会科学院法律研究所助理研究员，贵州省法治研究与评估中心副研究员。

专题篇
毕节市法治惠民服务工程报告

建阶段、探索试点阶段各项目标任务，取得了阶段性成效，有力地保障了全市人民安居乐业，维护了社会大局稳定，服务了经济社会发展。

一 毕节市法治惠民服务工程的主要做法和成效

（一）坚持把全面深化改革作为公安工作的强大动力，创新驱动实现新突破

随着科技水平的提升和社会治安形势转变，毕节市公安机关社会治安防控逐步形成民防网、警防网、技防网、保安防范网、人民调解网、虚拟社会防控网"六张网"和警务进"矿区、库区、工区、景区、校区、林区、（医）院区"等"平安七区"互补模式，基本形成天上地下、人防、物防、技防相结合的社会治安立体防控体系。

毕节市公安机关按照上级公安机关安排部署，立足地方实际，积极争取省公安厅和市委、市政府以及各县（区）党委、政府的大力支持，随着"天网工程"建设的不断深入，毕节市社会治安防控体系建设逐步形成以指挥中心为龙头，以警务信息综合应用平台为支撑，以"六张网"为骨架的全天候、全方位、立体化的社会治安防控体系。毕节市按照"政府领导、公安主导、社会参与、统筹兼顾"的模式，结合毕节实际，全力推进全市社会治安防控体系建设，开展法律法规大宣传、矛盾纠纷大排处、社会治安大整治"三大行动"，出台了关于加强社会治理创新建设法治毕节"1+4"配套文件，把完善社会治安立体防控体系建设作为重要内容纳入"党委领导、政府负责、社会协同、公众参与、法治保障"的"法治毕节"创建中，实行工程式、台账化管理，不断推进社会治安防控体系建设。

全力推进以犯罪实时控制机制扁平化指挥实战为核心的立体治安防控体系建设应用，有效提升了快速反应、整体联动、应急处突能力。针对基层警力严重不足的短板，黔西、纳雍等四个县区积极进行"大警种、大部门"制改革试点，进一步改善了警力结构，压缩了指挥层级，"大部门、大警

种"制改革提升了整体战斗力。在市委、市政府的统筹下，综治中心实体化运行在全市30个乡镇（街道）试点推进，全面整合乡镇（街道）公安、司法、人社、国土、卫计等各口职能、人员、管理、机制和场所等，进一步提升了社会综合治理效能。坚持把全面从严治党、全面从严治警作为做好公安工作的重要保障，队伍建设取得新进展。近年来，全市公安机关牢牢抓住队伍建设这个根本，严打犯罪、严管队伍"两轮齐转""两翼齐飞"。坚持制度管警，进一步落实政治建警、从严治警、素质强警和从优待警，出台了《毕节市公安局队伍管理规定》，层层传导压力，形成了以"制度管人"的新常态，全市公安民警精气神大为提升。

社会治安防控体系基本建成。在上级公安机关和地方党委、政府的领导下，毕节市公安机关不断加大社会治安防控体系基础设施建设。一是"天网工程"建设成效显著。截至2019年6月，毕节市投资超过10亿元，建成"天网工程"前端监控点16523个，智能报警点500余个，联网率100%。二是扁平化指挥体系建设成效显著。"平台建设标准化、巡逻防控网格化、现场警情可视化、指挥调度扁平化、情指联动一体化"的扁平化指挥体系初步建成，其中，黔西县、纳雍县和七星关区扁平化指挥体系运行效果显著。三是建成全国一级互联网监控中心等一批一流的业务支撑系统。将互联网信息监控中心建为贵州省唯一的全国一级监控中心和公安部互联网信息监控支撑点，建成市公安局刑事科学技术研究所，建成一批网安、技侦手段。四是做强一批实战应用业务系统。案事件系统、派基系统、特行管控系统、网吧管理系统、指纹自动识别系统、情报研判系统等各个重要业务系统的基础数据得到了极大的充实，在侦查破案、人口管控和社会治安防控等实战工作中发挥了重要作用。五是专业人才建设取得阶段成效。在不断充实专业人才队伍的基础上，全市各级公安机关通过跟班学习、业务知识竞赛及各种形势的公安信息化应用技能训练工作，分批、分层次对民警进行培训，为信息化建设提供强有力的智力保障和运行保障，全面提升信息化建设应用能力。

社会治安防控基础建设和基层实力不断提升。一是成立了现役部队警卫处，组建了专业的反恐队伍和综合情报研判机构。二是全市已选聘村级警务

专题篇
毕节市法治惠民服务工程报告

助理 2986 名，禁毒专干 948 名，派出所专职消防辅警 261 人，公安协警力量 10000 余人。三是新建、改扩建了一批派出所，全市共设立驻校警务室 2163 个、"护校岗" 622 个、治安岗亭 327 个，配备学校专职安保人员 3253 人，消除"无校门、无围墙"学校 21 所，配备校园防护器械装备 2 万套，安装视频监控设备 2530 套，安装"一键式紧急报警装置" 599 套。四是全市共建医院警务室 117 个，派驻民警 130 名，督促配备保安力量 1011 人，督促增设监控探头 274 个。五是七星关区、织金县、赫章县成立了公交安全专业应急处突队伍，其余各县设立了公交安全兼职处突队伍，年均在公交车站点及重要线路开展巡逻排查 13000 余次。六是全市共有保安员 9345 名，推动单位、行业配备保安员 6395 名，督促指导重点要害部位配备保安 4597 人，推广应用了一批"技防入户"措施。七是加强了 16 支政府专职消防队、4 支企业专职消防队建设，消防车辆由 2011 年的 94 辆增加至 2015 年的 132 辆、个人防护装备及灭火救援装备由 2011 年的 13467 件（套）增加至 2015 年的 35644 件（套）。全市共招聘派出所专职消防辅警 261 人。八是全市 227 个乡镇已建立交通安全协管站 227 个，覆盖率 100%，拟建农村劝导点 1246 处，已建 1246 处，完成率 100%；应配备交通协管员 1454 人，已配备 1331 人。并将全市客运企业、客运车辆、客运车辆驾驶人、危险品运输企业、危化品运输车辆全部纳入"交通安全综合监管云平台"实施动态监管。九是危爆物品实现闭环式管理。通过民爆物品、烟花爆竹、剧毒化学物品信息系统，对危爆物品生产、运输、保管、使用进行环节管理，强化民爆物品、烟花爆竹、剧毒化学品等危爆物品安全监管工作。

（二）以大数据为引领，有效推进社会治安防控体系建设

加强社会面防控、重点人员和重点行业、城乡社区村寨、机关企事业单位内部安全、技术视频、信息网络防控等"六张网"建设，着力构建高效便捷、安全可靠的立体化社会治安防控体系，进一步提升人民群众安全感。通过建立城区网格化巡防扁平化指挥体系，继续巩固"天网工程"建设成果、积极推进"雪亮工程"建设、在城区实行网格化布警、加强"村级警

"法治毕节"的探索与实践

务助理"工作、认真抓好《企业事业单位内部治安保卫条例》的落实、强化网络舆情导控专业队伍建设等措施，切实推进社会治安防控体系建设。截至目前，全市已建成"天网工程"前端监控点16523个，端口全部与省联网；整合社会资源27364路；治安卡口443套共1240个摄像机，与省联网443套。县区人民政府所在地的城区街道共有巡逻防控力量1848人，县区人民政府所在地以外的乡（镇、街道）共有专职巡防队伍358支3654人。农村地区拥有巡防力量16998人。七星关区公安局运用大数据系统，对城区进行适时监控，实行网格化巡逻出警。

以实际问题为导向，创新社会治理模式。为有效支撑政府决策、提高社会治理水平，毕节以政府统筹、公安主抓，运用大数据、云计算等技术建设"乌蒙云"平台，以云计算平台和大数据中心为智慧中枢，构建云管理和云保障两大体系分支，搭建信息资源服务、云 GIS、移动警务、部门共享四大底层支撑，深化智能感知、指挥调度、情报研判、基层基础工作、社会管理与服务五大应用，逐步打破部门壁垒，数据共享、业务协同，推动政府管理更加高效，公共服务更加便捷，着力构建"寓管理于服务、以服务促管理"的社会治理新模式。

以基础建设为起点，夯实社会治理根基。紧盯"吃、住、行、消、乐"等活动轨迹，全市统一规划，大力推进天网工程及其附属工程、"雪亮工程"、地网、人像识别、车辆抓拍、治安卡口、公共 Wi-Fi、二维码门牌等基础设施建设，逐渐形成全息感知的立体化数字防控体系，同时丰富行为轨迹信息获取途径，数据实时汇聚进入"乌蒙云"平台大数据中心，目前"乌蒙云"大数据中心汇聚全市天网附属工程数据230亿余条，客车站实名数据310万余条，网吧实名数据1900万余条，车辆卡口数据7亿余条，人像数据2万余条，公共 Wi-Fi 数据142亿余条，通过智能分析应用，有效提升社会治安动态管控能力。2016年以来，全市共抓获网上逃犯3600余名，抓获网上命案逃犯137名，近几年毕节市追逃工作考核成绩排名全省第一。

以信息采集为突破，破解基层治理难题。研发"互联网+社会综合治

专题篇
毕节市法治惠民服务工程报告

理管理云平台",围绕"人、地、物、事、网、组织"等基础要素,通过App对全市900多万人口、约200万座房屋、1000多个单位、3654个自然村进行标准地址、实有房屋、实有单位、实有人口、贫困人员、就业创业、家庭收入、特殊人群、人口健康及基本卫生服务等涵盖各方面的380项基础信息进行采集,推动基础信息资源高共享,做到基层数据底数清,社情民意及时掌握上报,实现社会治理由事后处置向事前预防转变。

(三)以"六项工程"建设为载体,深入推进特殊人群服务管理

为进一步解决特殊人群服务管理方面存在的突出问题,坚持高规格谋划、园区式定位、集团化运作,扎实推进特殊人群服务管理"六项工程"建设,形成了特殊人群服务管理"四轮驱动"新机制。

1. 着力留守儿童保障体系建设

充分运用"3444"工作模式解决农村留守儿童问题。强化"三个精准":精准建档立卡,精准落实队伍,精准整治问题。强化"四个坚持":坚持家庭主体,采取"四个一批"落实有效监护(劝父母返家照料一批、劝父母携带外出一批、委托监护照料一批、机构临时管护一批)。坚持政府主导,把留守儿童关爱保护工作纳入政府重要工作内容。坚持学校尽责,充分发挥学校主阵地作用,认真落实控辍保学"五项制度"(排查报告制度、劝返复学制度、贫困帮扶制度、学籍管理制度、责任追究制度)和"七长[县(区)长、教育局局长、乡(镇)长、村(居)主任、校长、家长、师长]负责制",实行政府和教育"双线"目标管理,抓好控辍保学工作,农村留守儿童辍学情况基本消除。坚持社会参与,即强化"四项机制",确保工作长效。完善政策联动机制,相继出台了20余份文件,完善了农村留守儿童关爱救助保护政策体系。完善经费保障机制,市、县、乡三级将农村留守儿童工作经费纳入财政预算,压缩8%行政事业单位经费用于扶贫和农村留守儿童等工作,为做好留守儿童关爱工作提供资金保障。2015年来,全市累计投入农村留守儿童工作资金2.88亿余元。完善督察问责机制。充分发挥督察考核在推动工作落实中的"指挥棒"作用,按照"督察必须深

入、整改必须到位、追责必须严肃"的要求,建立不定期督察机制。

毕节市共劝返父母减少22.7万名留守儿童,动员父母携带外出减少4.2万余名留守儿童。落实强制报告责任,定期开展风险评估,分类落实帮扶责任和开展走访关爱。加强关爱设施建设,建成寄宿制中小学1138所、山村幼儿园1640所,设置亲情聊天场所2139个,学校设立心理健康辅导室1448个、设立阳光少年之家2333个,建成城乡社区儿童之家3804个,市、县两级未成年人保护机构和儿童福利机构实现全覆盖。完善"8+4"社会救助体系,建立"六助一体"困境儿童保障制度,将17.1万名家庭困难儿童纳入最低生活保障(其中留守儿童9140名),对1.4万名无人抚养困境儿童每人每月发放100~400元生活补助。散居和集中养育孤儿每人每月保障标准分别达800元、1300元,年发放孤儿基本生活费3662.1余万元。每年投入资金约1700万元,为小学阶段留守儿童、困境儿童发放安全电话手表,搭建与家人及帮扶责任人情感交流平台,依托公安机关网络平台加强安全保护。开发毕节市劳动力就业平台及手机App,精准为农村家庭劳动力提供就业创业推介服务,利用每年元旦、春节共开展集中就业招聘活动近850场次,引导4万余名返家儿童父母在本地创业就业。开展"四在学校·幸福校园"活动,落实控辍保学"五项制度"和"七长"负责制,寄宿制学校优先保障2.17万名留守儿童入住需求。农村义务教育学校和幼儿园全面实施营养改善计划,覆盖学生和儿童120.7万名。发动社会力量参与,引导"代理家长""爱心妈妈"结对3.2万名留守儿童,建成希望童园32所、山村幼儿园254所、儿童福利院1所。筹集社会资金1200万元,帮扶留守儿童、困境儿童5.7万余名。

2. 健全完善特殊群体保障体系

健全贫困家庭扶持保障体系,完善养老敬老保障体系,健全扶残助残保障体系。健全发现报告、应急处置、帮扶干预机制,及时发现并帮助特殊贫困家庭解决实际困难。建立家庭、基层组织、政府和社会力量相衔接的关爱服务网络,加强对特殊人群的安全保护和服务管理,确保他们的基本生活无忧,建设"爱心毕节"。

专题篇
毕节市法治惠民服务工程报告

毕节市特困人员救助供养的工作成效：毕节市贯彻落实《农村五保供养工作条例》《毕节市特困人员救助供养实施办法（试行）》，将符合条件的对象纳入五保供养范围，逐年提高供养水平，确保供养对象生活水平不低于当地村民平均生活水平。在及时发放供养金保障特困人员基本生活的基础上，整合救助资源，及时对特困人员实施医疗救助、临时救助等救助措施，切实解决特困人员就医及临时性生活困难问题，托住民生底线。截至2018年12月，全市有特困人员20086人（其中集中供养8165人），特困人员平均基本生活标准为8508元/年，全护理、半自理和集中供养全自理特困人员照料护理年平均标准分别达18744元、11246元和3749元，2018年共支出特困人员救助供养金23484.6万元。投入使用的敬老院220所、床位10385张，集中供养率421%、床位利用率77%、法人登记率100%。

毕节市落实残疾人保障主要措施：全面建立残疾人两项补贴制度，对一、二级重度残疾人发放护理补贴。2016年共为49539名困难残疾人发放生活补贴资金2643.8万元，为39697名重度残疾人发放护理补贴资金2057.76万元。2017年，共为56515名困难残疾人发放生活补贴资金5520.57万元，为56967名重度残疾人发放护理补贴资金2891.22万元。2018年，共为56158名困难残疾人发放生活补贴资金5228万元，为61776名重度残疾人发放护理补贴资金3240.14万元。发放补贴金额和发放人员范围呈逐年递增趋势。

毕节市流浪乞讨救助的主要做法：一是救助设施进一步完善。实现流浪乞讨人员救助网络市、县（区）、乡（镇、街道）、村（社区）四级全覆盖。二是深入开展"寒冬送温暖"、救助管理机构"开放日"、救助宣传月等救助专项行动或活动。全市共救助流浪乞讨人员13579人次，其中未成年人2210人次、肢体残疾人员766人次、疑似精神障碍患者2944人次。三是强化救助管理机构及站外托养医治清理整治工作。按照救助管理机构"六必须、六不得"要求，以"严格执行救助政策、严格规范救助程序、严格加强站内管理、严格监督站外托养医治"四个"严格"为抓手，下发了救助托养医治整改通知书、开展了救助政策法规业务培训、召开了整改工作通报会及调度会议，深入督察整改落实情况。对需整改的27个托养医治问题隐患已整改27个，整改率达100%。

3. 着力抓好"六项工程"基础设施建设

注重建设多元化，抓好政府投入、民营企业投入和社会参与，在政府投入24.6亿元建设寄宿制学校、育新学校、关爱医院、儿童福利院、阳光企业厂房等基础上，引导民营企业和社会力量投入4亿多元建设精神病院、关爱医院等。注重管理规范化，严格准入标准，抓住规范运行，建档立卡跟踪管理，全市特殊人群服务管理已形成常态化工作机制。全市8个县区基本成建制建成专门学校、精神病医院、关爱医院、阳光企业、安置帮教基地、流浪未成年人救助保护中心。

（四）强化基层群众自治，夯实法治创建基层基础

近年来，毕节市针对城市社区服务阵地不够、队伍不稳、功能不足等问题，积极探索构建场所、队伍、财力、制度"四有体系"，激活社区这个城市健康肌体中最活跃的"细胞"，为城市繁荣和社会发展夯实了基础。一是建阵地，服务有场所。二是选干部，服务有队伍。三是保经费，服务有财力。四是定规矩，服务有制度。组织实施"先锋示范工程""能人兴村工程""领头雁工程"等"三大工程"建设，扎实开展"岗位实践大练兵""社情民意大走访""学习比武大讲堂"等"三大活动"，着力加强农村乡（镇、街道）党委书记、民选干部、农村"土专家""田秀才""返乡农民工"等"三支队伍"建设，积极推进"撤乡建镇并村"等更加务实管用、灵活便捷、科学合理的基层组织设置形式，不断壮大基层实力，全面夯实基层党组织。

毕节市强化基层治理的主要做法：一是在不断健全完善城市社区"有形网格、有形管理"网格化管理模式的基础上，积极探索在农村社区推行"无形网格、有形管理"网格化管理模式，以网格化体系管理为载体，实施精细化服务，更好地实现"五个零距离"服务群众的目标。二是在不断推广"六零六好"经验的基础上，进一步整合乡镇（街道）"七站八所"职

专题篇
毕节市法治惠民服务工程报告

责职能，积极推进乡镇（街道）"三委一组一中心"、村"两站两会"、村民组"一组一室"社会治理集成创新，充分发挥中心户长、民生监督员、族老、寨老化解矛盾、定分止争的作用。三是切实整合社区干部、派出所民警、禁毒专干、司法社工、志愿者等社会服务工作者的力量，确保社情民意及时收集梳理、矛盾纠纷及时发现化解、民生政策及时兑现落实。四是积极开展"村级警务助理""交通协管员""社区禁毒专干""综治协管员"配备工作。"村级警务助理"配备全覆盖，全市266个乡（镇、街道）均配备"一村一警务助理"，目前共有3649名，其中专职警务助理2764名，配备率达102.8%。五是积极推进基层法律顾问制度建设。全市266个乡（镇、街道）实现政府法律顾问全覆盖，并逐步推行村、社区法律顾问制度。共外聘法律顾问241人、社会律师167人、公职律师9人、其他法律专业人才60人，为推进基层法治建设筑牢"安全围栏"。

（五）做好移民信访维稳工作，多元化解社会矛盾

深入推进"法治毕节"创建工作，结合水库和易地扶贫搬迁移民工作实际，着力解决库区和移民安置区影响社会和谐的突出问题。毕节市切实加强矛盾纠纷排查调处力度，认真做好移民来信来访接待处理，积极组织化解信访积案，有效解决各类矛盾纠纷，全面落实信访维稳工作责任制的"七个一"包保稳控措施，开门接访、全员下访，重点加强对重点地区、重点人员的稳控。

推行人民调解司法确认制度，建立法院与行政机关、调解组织、仲裁机构以及其他非诉讼纠纷解决组织的完善衔接机制，畅通司法确认渠道，办理调解协议的司法确认、速裁、督促程序等。以建立完善矛盾纠纷多元调处中心为重点，以建立完善专业化调解组织平台、公共法律服务平台、综治工作信息管理平台为载体，全市已建280个矛盾纠纷多元调处中心、426个专业性行业性矛盾纠纷化解平台、360个公共法律服务平台、44个以司法确认制度为核心的诉调对接平台、285个综治工作信息管理平台。纳雍县建立了"诉调对接"多元化矛盾纠纷化解机制，有效推进矛盾纠纷化解工作。

二 法治惠民工程取得的工作经验和亮点

(一)立体化社会治安防控体系建设切实保障社会治安

扁平化指挥体系建设取得新突破。一点带动,全面升级,以天网工程建设为基础,通过扁平化指挥体系建设,推动特巡警、应急通信、巡逻处突装备、治安巡防勤务机制、重点人员管理等工作全面推进,推进社会治安打、防、管、控的新突破,形成"以扁平化指挥为引导,街面警力同步协调、快速反应、合成作战"的工作局面。

命案防控侦破取得新突破。市公安局与市委政法委联合下发《关于进一步加强命案防控工作的紧急通知》《毕节市命案防控工作方案》等文件,严格执行命案隐患日排查报告制度,突出开展命案隐患和风险排查工作。

基层派出所建设取得新突破。2015年,市公安局、市发改委联合下发《关于深入推进全市68个派出所业务用房改扩建工作的紧急通知》,推动市委组织部、市委政法委联合下发《关于明确公安派出所主要领导任乡(镇、街道办事处)党委(党工委)委员的意见》,商请推动市委组织部、市委政法委、市编办、市财政局联合下发《关于选聘"村级警务助理"的实施意见》等相关文件,深入推进基层派出所业务用房改扩建、班子建设和警力配备等工作,派出所三年攻坚战工作取得新的突破。全市完成268个派出所民警备勤休息用房食堂及配套基础设施改造工程,派出所警力达1678名,占民警总数的37%;配齐269个派出所领导班子,配备700余名派出所领导,解决300余名连续在派出所工作15年(含)以上民警的副科级待遇。

网络安全管理工作取得新突破。依托贵州省唯一的一个互联网监控中心,全面推进依法治网和"平安网络"建设,以构建网络社会综合治理体系为主线,全面发力,网络安全管理工作取得新的突破,市公安局网安支队曾荣获全国"百城禁毒"工作优秀单位和全国"扫黄打非"工作先进集体荣誉称号。

专题篇
毕节市法治惠民服务工程报告

禁毒工作取得新突破。全市禁毒基层基础、预防教育、缉毒执法、禁吸戒毒等工作不断突破，社区戒毒、社区康复"阳光工程"和收治特殊涉毒群体"关爱医院"建设成效凸显。近年来全市有1个单位荣获全国禁毒工作先进集体，6个单位被评为全省百城禁毒会战成绩突出集体，七星关区、织金县、大方县等4个"阳光工程"集中安置基地被授予全省阳光工程建设示范点称号，织金县、黔西县"关爱医院"，大方县马场镇、纳雍县以则孔村毒情重点整治工作等得到国家、省禁毒委领导的一致好评，并向全省推广。

警卫安保工作新突破。成立市公安局警卫工作领导小组，形成重大警卫安保活动警卫牵头，政府部门综合安保活动办公室牵头，其他事项活动治安牵头，其他警种各司其职，属地管理、警种督导、合成作战的警卫安保工作模式。

（二）"乌蒙云"平台创新社会综合治理

毕节市牢牢把握大数据发展大势，推进大数据与社会治理深度融合，逐步破解了毕节当前社会治理困境，提升了社会治理能力。

以智能应用为手段，强化风险预测预警。依托"乌蒙云大数据人员管控平台"等技术手段，加强海量数据资源内在价值深度挖掘，深化智能应用，分析人员密度热力分布、人员运行趋势分布以及人员密度变量趋势等，实时宏观监控城市的高危风险区域，为城市的综合预警及应急指挥提供宏观决策依据，为城市应急指挥部门提供城市风险日历表以及城市风险坐标点，提高决策响应速度以及应急指挥效率和公众满意度，目前"乌蒙云大数据人员管控平台"实时管控各类对象3400余名，近年来通过大数据应用，毕节公安部门主动发现并报送跨区域情报线索600余条，向企事业单位发送防范预警提示意见函2800余份，通过媒体向公众发布预警防范提示2300余次。

以"互联网+"为支撑，提升服务民生效能。毕节充分依托"乌蒙云"平台，坚持政务服务与"互联网+"深度融合，着力解决好企业和群众反

"法治毕节"的探索与实践

映突出的办事难、办事慢、多头跑、来回跑、不方便等问题，推行"合一通办"政务服务模式，结合实体大厅、网上平台、移动客户端、自助终端、服务热线等，实现线上线下功能互补、无缝衔接，全市公安机关优化整合各警种部门服务流程，推进以"搭建微平台、推进微宣传、推广微服务、落实微管理"为主要内容的"微警务"建设，研发具备内部流转、审核审批、消息提醒、进度查询等功能的微警务平台和微信公众号，努力实现让群众办事由"足下奔波"变成"指尖轻触"。

以同步防护为保障，确保数据资源安全。坚持大数据建设应用与安全防护同步规划实施，在建设过程中对网络、系统、应用、数据等进行多层安全设计，建立了用户、权限认证机制和安全策略，划分数据、算法安全等级，并强化身份验证、密钥保护、数字签名等关键技术应用，同时加强应急保护措施建设和内部安全管理，利用"安全防护监测预警平台"对全市关键信息基础设施、重要网络、大数据平台等开展全天候、全过程、全网络的监测，2014年毕节建成全省第1家"全国一级互联网信息监控中心"，处置重大级别以上安全漏洞事件5起，共发布预警通报200余期，全市网警巡查执法账号作为全国首批上线的50个网警巡查执法账号之一。

以大数据深度应用为重点，快速提升破案能力。加强数据资源整合共享和深度应用，有效运用大数据关联犯罪嫌疑人行为轨迹，为侦查破案提供强力支撑。

自2015年开展体系化打击以来，全市共打掉团伙150多个，抓获犯罪嫌疑人400余人，破获案件1500余起。2017年以来，全市公安机关开展技术破案会战以来，通过指纹数据比对破案124起，DNA数据比对破获大方县2013年4月3日陈训艳被杀案等104起案件，利用人像比对系统抓获300余名逃犯，利用天网视频"以图搜图"功能，3小时破获大方"8·14"命案，利用大数据"一键通"功能，破获七星关"8·02"偷牛盗马案、大方"8·26"盗窃手机案、赫章"10·15"系列盗窃货车柴油案等400余起案件。

（三）深入推进特殊人群服务管理"六项工程"，确保社会安定有序

七星关区高度重视问题青少年矫治教育工作，2012年建立针对有严重不良行为的未成年人进行矫治教育的专门学校——毕节市第十六中学。学校于2015年正式招生。十六中共接收学生695人次，结业619人次，目前在校72人次。学校之所以能取得很好的成绩：一是党政重视，保障有力。2016年，省委副书记、政法委书记谌贻琴在毕节市委领导的陪同下，到毕节市第十六中学考察调研，对毕节市第十六中学的建设及取得的教育矫治效果给予了高度肯定。学校的管理及办学成果得到省、市、区主要领导的关心和肯定。二是规范构造，机构健全。学校投资3000多万元，着力打造标准化校园。学校建设规范、环境优美、功能齐全。三是以人为本，注重特色。除按义务教育正常课程开设课时外，注重"六大特色教育"，即养成教育、心理教育、法制教育、感恩教育、兴趣教育、励志教育。实施"五种教学方法"，即激励法、朋友法、亲情法、积分法、感化法和管理规范化。四是效果凸显，任重道远。学生不良行为得到有效矫正，学生结业后得到家庭和社会好评。社会治安明显好转。

黔西县防控社会风险，强化精神障碍患者救治救助和服务管理。黔西县建设精神病医院的主要做法有：一是加强组织领导，发挥部门职能，全面构建精神障碍患者防治网络。二是健全完善机制，强化责任落实，确保精神障碍患者得到有效管控。三是加强软硬件建设，突出人性化管理，做好精神障碍患者医治工作。由县政府划拨土地，通过招商引资引进企业投资5000余万元，建成了黔西县精神病医院。医院为一所集预防、医疗、康复等多项功能于一体的现代化二级精神病专科医院。占地总面积13500平方米，开放床位350张。截至目前，精神病医院历年来门诊诊疗各类精神障碍患者31500余人次，住院收治各类精神障碍患者7210余人次，其中重型精神疾病患者5140余人次，有620余名患者经治疗出院后完全恢复社会功能，其余大部分病人恢复部分社会功能，基本正常融入社会；共收治籍贯来自全国各地流

浪精神障碍患者 117 人，其中 70 名患者经过治疗好转后送回原籍。

威宁县黑石头镇用法治思维为农村留守儿童成长保驾护航。黑石头镇运用法治思维，从加强教育监护责任和公共管理责任入手，具体情况具体分析，建立了由监护人、学校、社会和法律共同编织的防护网，让每一个需要帮助的农村留守儿童都能得到实际的关爱和保护。一是实施结对帮扶，构建维权网络。二是"一中心一室一点"，帮助维护合法权益。三是劝说购买保险，打造双重保护。四是开展法律宣传教育，营造全民关爱氛围。

织金县搭建平台帮助社区戒毒，社区康复人员融入社会。织金县以法治创建为引领，积极创新禁毒社会管理，探索建立了以"就业安置"为核心、以"阳光企业"为载体的"四位一体"社区戒毒、社区康复"阳光工程"新模式。县委、县政府于 2012 年引进宇恒阳光实业有限公司，专门用于集中安置社区戒毒康复人员就业，企业始终秉承以就业安置为核心，集"生理脱毒、身心康复、就业安置、融入社会"于一体的"阳光工程"企业理念，铺就了吸毒人员回归之路，搭建了吸毒人员就业平台，取得了良好的政治效果、法律效果和社会效果。

（四）完善基层治理体系，加强基层基础建设

大方县坚持以队伍建设为抓手，以平台建设为保障，以便民惠民为宗旨，以提高公共法律服务水平和质量为目标，充分利用互联网＋云平台的新兴科技手段，创新工作思路，探索服务模式，进一步完善覆盖城乡、惠及全民的公共法律服务体系。大方县大关镇运用大数据和"互联网＋"思维，自主研发"人地房管理系统"和"智慧门牌"，让互联网多跑腿、老百姓少跑路，有效提升社会治理能力，形成"阳光政务、全民监督"的良好格局。多渠道采集构建宏观数据库，解决"数据怎么来"。依托"以房管人"，形成直观数据信息。多方协作管理实现数据共建共享，做好"数据怎么管理"。常核"人房变动"，确保及时更新。明确"层层授权"，确保安全管理。多领域运用融合打造"智慧大关"，探索"数据如何运用"。"大数据＋智慧门牌"服务与管理并行。大关镇文明社区民生监督员罗昌友通过扫描

专题篇
毕节市法治惠民服务工程报告

二维码对村务实施监督的有效做法，在中央1台6集政论专题片《法治中国》第三节"法治政府"中作为政务监督典型案例播出，并得到省委领导批示；大关镇结合法治毕节创建工作实际，创新思路，建立"人房管理系统"信息平台，以基础工作信息化为抓手，突破各种数据壁垒，将全镇"人、房、事、地、情、物、组织"全部纳入平台进行数据化管理，自动生成作战地图、民情地图，让条数据转变为块数据，实现网络"管理"与"服务"双赢，成为毕节市首个创新管理模式的乡镇，为建设"法治毕节""平安毕节"探索出了一条新路子。

金沙县积极构建公共法律服务体系，推进"法治金沙"建设。规范推进"六个层面"向社会购买公共法律服务，促进服务业发展和服务型政府建设。基本实现县政府四大班子机关、县直部门、乡镇街道、村居社区、中小学校和规模以上企业的六个层面公共法律服务购买，基本实现"公共法律乡乡通"和"一村一法律顾问"目标。夯实县、乡（镇、专业部门）、村（社区）三级人民调解和法律服务两个组织，搭建推进矛盾纠纷多元调处机制建设的平台。开展全方位的法律服务，推进全民学法、用法、守法意识不断提高。推行"三个三"调解工作法，切实把矛盾纠纷调处化解在基层。构建三级法律援助服务网络，筑牢服务基础。开展基层司法行政公共服务管理中心试点建设，以点带面逐渐延伸。2016年12月12日，金沙县中华村被授予贵州省第三批"省级民主法治示范村（社区）"称号。中华村第一书记也荣获全省最美"第一书记"表彰。中华村从金沙县49个一类贫困村一跃成为备受关注的精准扶贫示范样板村。

黔西县积极提升公共法律服务实效，抓实载体，健全机制打通法律服务群众"最后一公里"。探索创新"543"（"五中心"搭建载体，"四结合"提升能力，"三保障"凸显成效）公共法律服务体系建设工作模式，强化底线思维，服务民生保障，化解矛盾纠纷。黔西县谷里镇按照"党政领导、综治牵头、部门联动、齐抓共管"的思路，投入资金50余万元着力打造多功能一体化的综治中心，为群众提供"一站式""一条龙"的优质高效服务，把综治中心建设成为社会矛盾的"化解器"、沟通群众的"连心桥"；

黔西县杜鹃街道大兴社区实施"四个三"创建行动，将服务民生、服务群众作为法治建设的出发点和落脚点，打通服务群众"最后一公里"，被贵州省法治宣传教育工作领导小组办公室、贵州省司法厅授予"贵州省十佳法治文化阵地"称号，并作为第七批"全国民主法治示范村（社区）"获得司法部、民政部表彰。2017年10月黔西县大兴社区法治广场获得贵州省"十佳法治文化阵地"表彰，2018年7月大兴社区获得"全国民主法治示范村（社区）"表彰。社区以"寨老"、"族长"、老党员、老教师、法律工作者、社区干部为主体，成立了矛盾纠纷调解委员会，建立了"矛盾纠纷调解"人才库，适时开展矛盾纠纷调解。通过不断推进法治惠民服务，创新工作机制，用活矛盾纠纷调解室，切实化解群众之间的矛盾纠纷。

七星关区人民政府统筹优化法律服务资源，全面提升公共法律服务水平。七星关区公共法律服务中心通过设置基层法律服务、公证服务、法律援助、人民调解、社区矫正、法治宣传6个服务窗口，通过"一站式组合、多窗口服务"的区级法律服务中心建设，在服务全区经济社会发展、保障和改善民生、优化法律服务资源配置、促进社会和谐稳定等方面发挥了重要的作用。七星关区长春堡镇清塘村2015年被民政部、司法部命名为"全国民主法治示范村"。该村切实抓好群防群治，实现村民自治；抓好公道评说，加大矛盾纠纷排查化解；抓好法制宣传，着力营造法治氛围。

威宁县陕桥社区开展"五员合一"公共服务机制。陕桥社区坚持以人为本，努力提升法治化水平。一是加强法治宣传，努力提升全村法治化管理水平。二是增强法治观念和法律意识。三是进一步推进法治建设，全面推进基层依法治理工作。四是通过"五员合一"公共服务机制的开展，使社区干群关系、群众关系更加和谐，为法治创建示范亮点工作打下了良好的基础。

（五）完善矛盾纠纷多元化解机制，有效化解各类矛盾纠纷

黔西县"三多一平台"机制构建人民调解工作大格局。黔西县人民调解中心充分发挥人民调解维护社会稳定的"第一道防线"作用，创新了

专题篇
毕节市法治惠民服务工程报告

"三多一平台"人民调解服务模式（实现人民调解队伍多重化，构建人民调解组织多元化，实现人民调解方式多样化，搭建"黔西县人民调解中心"这一平台）。2015～2018年，连续四年安全感满意度测评名列全市第一，2018年全县安全感满意度测评99.7%，名列全省第2名。2016年，黔西县人民调解中心和黔西县医疗纠纷人民调解委员会分别被推荐上报司法部作为"全国司法行政系统先进集体"和"全国模范人民调解委员会"的表彰单位。2017年，黔西县医疗纠纷调解委员会被司法部表彰为"全国模范人民调解委员会"；2018年，黔西县司法局被司法部表彰为"全国人民调解工作先进集体"；2018年，黔西县被全国普法办表彰为第四批"全国法治县创建活动先进单位"。

黔西县人民调解的具体做法：一是强化阵地建设，搭建工作平台，夯实人民调解工作基础。建立黔西县人民调解中心指导全县人民调解工作，该中心拥有300多平方米办公用地、7名工作人员、1个服务大厅、3个多功能人民调解室，组建教育、市场监管、民政等15个行业性和医疗、交通、疑难复杂纠纷等9个专业性调解委员会。二是强化队伍建设，健全专家库，实现人民调解队伍多重化。建立由100名律师、司法行政干部、基层法律服务工作者、退休政法干部、行业业务骨干等组成的人民调解信息平台。在调解大厅设置触摸屏，将优秀人民调解专家个人信息录入系统，由群众根据需要触摸"点员调解"，自主选择调解员。三是狠抓组织建设，健全调解网络，构建人民调解组织多元化。黔西县人民调解中心指导全县29个乡镇（街道）、县直各单位和365个行政村（社区）设立人民调解委员会，每个调委会按照"五有"（有场所、有人员、有牌子、有调解记录、有卷宗）标准建设。同时，县财政每年将100万元的"以案定补"经费和"十佳人民调解员"表彰奖励经费纳入预算，为人民调解工作在经费上予以保障。四是注重协调配合，构建"三调联动"机制，实现人民调解方式多样化。行政调解实行首问责任制，并与司法调解、人民调解协调联动；与法院、检察院、公安探索建立诉调、检调、公调对接机制；在人民调解中达成的民事协议经当事人申请，可以到有管辖权的法院确认其效力，保障人民调解制度的应有功能，节约司法资源，提高司法效率；对调解不成的，引导当事人依法走法律程序，做到人民调解与依法诉讼有机衔接。目前，黔西县人民调解中心共调处各类矛盾纠纷3216起，调解成功率98%以上，其中疑难复杂561起，涉及医患纠纷307起，无一起当事人上访。

大方县团结社会各界力量，探索和实践社会突出矛盾纠纷的多元柔性化解。一是重视调查研究。两年多来，平安大方和谐促进会全体入会人员，足迹遍及全县20多个乡镇，按照"联、促、实、干"的工作方法，积极加强与乡镇、部门和利益各方的联系，促进促成当事各方相互谅解和妥协，实打实为当事人的利益平衡站位思考，树立干实事、干成事的平常心。二是建立调解基金。平安大方和谐促进会成立之初就建立了"社会突出矛盾纠纷协调化解基金"，得到社会各界的鼎力支持，共募集到来自社会各界的捐赠款50多万元。三是吸纳会员广泛。在现有的300多名会员中，个人会员175人，人员包括退休老干部和宗教界、医药界等社会各界德高望重的代表，有村老、族老、寨老，涵盖全县30多个乡镇办事处；单位会员158家，还有10余家其他社会组织。四是网络组织紧密。在县平安大方和谐促进会的倡导下，大方县30多个乡镇均建有乡一级的促进会组织，业务上接受县促进会的统一领导，可独立开展工作。

三 法治惠民工程实施中存在的问题和完善建议

（一）法治惠民服务工程存在的问题

1. 思想认识有待提高

一是少数干部群众认为，法治工作经常开展，但违法犯罪现象仍屡禁不止。因此，出现了"普法无用"的模糊认识。二是一些地方的干部特别是领导干部把法治惠民工作看成是软任务，存在"敷衍了事"的倾向。三是少数部门的领导认为普法宣传教育工作是部门行为，是司法行政部门的事情，与其他部门、领导无关，可以事不关己、高高挂起。四是少数干部存在

专题篇
毕节市法治惠民服务工程报告

"普法工作搞多了,群众维权意识增强了,我们的工作就会越来越难做,怎能让群众懂得太多的法律"的错误思想。

2. 社会治理难点有待破解

一是全市刑事、治安案件尤其是"两抢一盗"案件易发多发,农村偷牛盗马、城乡接合部盗窃摩托车、"城中村"入室盗窃等仍是影响群众安全感的重要因素。二是命案绝对数较大,仍排全省前列。三是吸毒群体庞大,收戒管控难度大,外流贩毒突出。四是诈骗、非法集资等涉众型、侵财性案件易发难处,涉案金额较大。五是猥亵、欺凌青少年、儿童等各类敏感案事件时有发生。

3. 特殊人群服务管理难度大

全市吸毒人员、精神障碍患者、刑释解戒人员等特殊人群基数庞大,市、县(区)两级监管、戒疗养场所空间有限,安全隐患大;大部分县(区)还未修建公立精神病医院,少数县(区)关爱医院和专门学校还未建成投入使用,现有的关爱医院不能满足需求,全市刑释解戒人员、违法青少年、艾滋病患者、留守儿童和困境儿童等特殊人群在摸底排查、救治救助和服务管理方面还存在诸多不到位的地方。

4. 传统公共安全问题突出

全市各领域安全监管难度大、管理薄弱环节多、盲点多、隐患多。一是道路交通领域方面。全市公路通车里程3万多公里、机动车77.8万辆、驾驶人员87.5万名,公路安全防范设施缺失,交通参与者安全意识普遍不强,道路交通事故易发多发。二是消防领域方面。已建、在建及报备30层以上高层建筑1121幢,消防安全形势严峻。老旧城区、"城中村"区域等消防设施"老、瘫、坏、无"问题突出,农村群众消防安全意识不强,住宅周围火灾风险高。三是重点单位、行业领域方面。寄递物流"三个百分百"尚未落实。四是流动人口服务管理机制不健全,传统违法犯罪加速向网上发展蔓延,网上贩毒、赌博、诈骗、传销等违法犯罪活动快速增长,防范打击难度大。

5. 矛盾纠纷排查化解任务艰巨

目前,征地拆迁、矿群矛盾、地质灾害、政府欠债、企业欠薪等方面矛盾纠纷进一步凸显,特殊利益诉求群体、涉军群体、移民群体等历史遗留问题不少,呈现出新老矛盾交织,化解和处置难度大。许多乡(镇、街道)矛盾纠纷排查化解工作做得不够深、不够细,致使到省到京群访、非访未得到有效遏制。

6. 基层基础仍然薄弱

一是受专项政法编制的影响,市、县、乡三级政法工作人员较少,全市公安干警、法官、检察官、乡镇司法所工作人员严重不足,办案压力和基层工作压力大。二是乡、村两级对综治工作重视程度不够,学习研究贯彻落实不力,未认真查找分析和具体解决实际问题,具体督察少、跟踪盯办少,不作为、慢作为现象严重。三是部分乡(镇、街道)政法委书记、村级警务助理"一岗双责"履行不到位,治安防范薄弱,宣传教育缺乏实效,应急处置反应迟缓。四是农村治安防范较为薄弱,群防群治工作弱化,群众参与法治惠民服务工作的积极性、主动性不强,知晓率相对较低。部分群众文化素质不高、法治观念淡薄,人生观、价值观、道德观存在偏差。五是资源整合不到位,部门之间协作配合不够,个别单位和部门仍然存在"平安不平安主要看公安"的思想。

(二)完善法治惠民服务工程的建议

习近平总书记指出:"公平正义是我们党追求的一个非常崇高的价值,全心全意为人民服务的宗旨决定了我们必须追求公平正义,保护人民利益、伸张正义。全面依法治国,必须紧紧围绕保障和促进社会公平正义来进行。"我们必须牢记总书记的教诲,坚持人民主体地位,提高保障和改善民生水平,加强和创新社会治理,打造共建共治共享的社会治理格局,使人民在共建共享发展中有更多获得感。

1. 进一步加大法治宣传教育工作力度

一是要大力宣传全面推进依法治国的指导思想、总目标、基本原则和重大任务,进一步明确方向,增强信心。二是要强化宪法宣传,培养全民宪法意识。要围绕"国家宪法日"在全社会普遍开展宪法教育,弘扬宪法精神。

专题篇
毕节市法治惠民服务工程报告

同时还要通过宪法宣传日和宪法宣誓，把宪法列入党委（党组）中心组学习内容，列为党校必修课，强化领导干部和公务员宪法意识，在全体公职人员中真正营造尊重宪法权威的氛围，提高法治意识。三是要切实开展好社会主义法治理念教育。要通过宣传教育，引导重点人群特别是领导干部和公务员牢固树立社会主义法治理念，把法治精神内植于心、外践于行。四是要从法制宣传向法治宣传转变。即要更加注重治理层面的宣传，更加注重法治理念、法治精神的传播与渗透，重视权利与义务的统一，重视实体法与程序法宣传的有机统一，特别是通过以案释法等群众喜闻乐见的形式大力开展法治宣传教育。五是要注重法治文化学习宣传。大力弘扬社会主义法治精神，建设社会主义法治文化，增强全社会厉行法治的积极性和主动性，形成守法光荣、违法可耻的社会氛围，使全民都成为社会主义法治的忠实崇尚者、自觉遵守者、坚定捍卫者。六是要强化中小学学科教学中渗透法治教育，大力推进普法教育。

2. 进一步健全完善工作机制

一是要建立健全各级法治惠民服务工作的具体制度，定期不定期听取工作汇报，切实研究和解决工作中的实际问题。深入基层检查、指导法治惠民服务工程，确保工作扎实、深入、持久地开展。二是把法治惠民服务工程纳入经济社会发展大局中同部署、同安排、同检查、同考核、同奖惩。特别是要落实人、财、物方面的保障，将其列入经济社会发展目标考核和年度工作目标考核内容，并汇各方之长、举社会之力，不断加大工作力度，推动工作扎实有效开展。三是充分发挥各成员单位职能作用，加强统筹协调，进一步完善各级各部门各司其职、齐抓共管的运行机制，整体推进各项工作有序开展。四是督促县（区）行政许可及公共服务事项全部进驻政务中心，防止出现群众办事多头跑现象。

3. 进一步加强矛盾纠纷排查化解工作

一是坚持领导责任落实，实行归口管理，按照"谁主管、谁负责"和"分级管理"的原则，注重源头预防，及时发现苗头隐患，依法处理各种矛盾纠纷，切实把各类矛盾纠纷解决在基层，化解在萌芽状态。二是坚持矛盾纠纷排查调处长效机制，实行矛盾纠纷月排查与集中排查相结合，重点区域排查和重点人员排查相结合，务求做到抓早抓小，及时化解。三是坚持矛盾纠纷激化过错责任追究。对排查、解决矛盾纠纷不力，造成群众集体上访和矛盾纠纷激化的，严格追究相关责任人的责任。四是排查苗头性、倾向性问题，注意区分制度性漏洞和瑕疵造成的损害群众切身利益的情况，及早提醒和纠正。五是加大力度排查矛盾纠纷隐患、群体性隐患以及容易引发群体性事件的信息。立足解决突出信访问题，在全市集中开展处理涉法上访问题专项治理，及时化解、妥善处置影响社会稳定的矛盾纠纷，切实维护全市社会和谐稳定。

4. 进一步持续深入开展严打整治行动

一是要坚持什么犯罪突出就重点打击什么犯罪、哪里治安混乱就重点整治哪里，切实增强打击整治的针对性、主动性，加强对犯罪规律的研究，创新打击方式，更加注重情报导侦、科技支撑、整体联动，切实增强打击整治的科学性、有效性。二是针对黑拐枪、盗抢骗、黄赌毒等顽症，建立常态化打击整治机制，坚持打早打小、露头就打。三是针对非法集资、金融诈骗、传销等涉众型经济犯罪，有效开展专项打击整治，强化风险预警，加强宣传教育，提高公众识别和防范能力。四是针对危害食品药品安全、环境污染、电信诈骗等新型犯罪，加强部门合作，把行政执法和刑事司法、末端查控和前端管理紧密结合起来，着力增强打击整治效果。五是针对个人极端暴力犯罪问题，加强对矛盾突出、心态失衡、扬言报复社会、长期缠访闹访等重点人员的管控，加强对严重精神障碍患者、不良行为青少年、刑满释放人员、吸毒人员等特殊人群的服务管理，努力化解不稳定因素。

5. 进一步夯实基层基础

一是选好配强基层组织领导班子尤其是村（社区）"两委"班子。真正把肯干事、能干事、群众信任的优秀人才选拔进村领导班子。二是加强对"两委"成员和村级警务助理、村民小组长、中心户长等培训教育，增强他们为人民服务的公仆意识、廉政意识和责任意识。三是充分利用社会治理集成创新工作在乡镇（街道）、村（社区）、村（居）民组已经搭建好的"三委一组一中心""两站两会""一组一室""中心户长"工作平台，发挥好村级警务助理、村民小组长、中心户长等力量。同时，要进一步建立和完善各种民主议事、民主监督制度，做到有章可循，按制度办事。四是加强基层阵地建设，进一步完善基础设施，打造县、乡、村三级法治文化活动阵地。五是推进"雪亮工程"和综治中心建设进度及保障建设质量，提升治安防控能力。要建立健全必要的经费保障制度，在人、财、物上予以可靠保证，尽快完成省市下达的目标任务，强化已建设备维护管理，确保正常运行，充分发挥作用。

6. 进一步加强特殊人群的服务管理

积极创新思路，有效推进特殊人群服务管理工作。一是强化部门协作，精准摸清特殊人群底数，认真落实好源头联动管控措施，预防和减少特殊群体违法犯罪。加强特殊群体管理平台规范化建设，最大限度实现对特殊群体的有效管理。二是加强特殊弱势群体民生服务和保障工作，特别是加强对残疾人、空巢老人、留守儿童、留守妇女等特殊群体服务管理工作，不断加强民生保障工作，确保全市社会安定和谐。三是加强统筹协调，加大资金投入，建成和完善县（自治县、区）、乡（镇、街道）流浪未成年人救助保护中心、育新学校、精神病医院、刑释解戒人员出监（所）安置帮教基地、"阳光工程"企业（安置点）、关爱医院。

参考文献

公丕祥主编《区域治理与法治发展》，法律出版社，2017。
季卫东：《通往法治的道路：社会的多元化与权威体系》，法律出版社，2014。
张文显：《法治与法治国家》，法律出版社，2011。
凌斌：《法治的中国道路》，北京大学出版社，2013。
王公义主编《司法行政研究》，法律出版社，2013。

毕节市生态文明法治工程报告

韩敏霞[*]

摘　要：党的十八大以来，贵州省坚守生态底线，践行绿色发展，在生态文明法治建设上取得了较大的成效，形成了许多可操作可复制的成功经验。同时，生态文明法治建设的成效离不开民族地区的实践与探索。尤其是2015年开始的"法治毕节"建设，"生态文明法治工程"作为"六大工程"的重要内容，五年来，其在立法、执法和司法等方面探索了一套生态文明法治建设的实践模式和样板，为贵州民族地区营造了良好的法治环境，也为贵州省的生态法治建设探索了有益经验。

关键词：法治毕节　贵州民族地区　生态文明法治工程

自2015年11月"法治毕节"创建工作启动以来，毕节市深入贯彻习近平总书记系列重要讲话精神，按照省委十一届四次、五次全会关于全面深化改革，全面依法治省总体要求，以及中央环保督察组的反馈意见精神，坚持问题导向、目标导向、效果导向，强化法治的引领和规范作用，为毕节守底线、走新路、奔小康营造了良好的法治环境。经过三年的创建，毕节市生态文明法治建设在建立健全具有地方特色的生态法规规章体系、强化生态环

---

[*] 韩敏霞，法学博士，贵州财经大学副教授，贵州省法治研究与评估中心研究员，中国社会科学院·贵州省社会科学院博士后科研工作站博士后研究人员。

专题篇
毕节市生态文明法治工程报告

境执法监督、推进生态环境司法保护体制机制改革、建立健全生态环境执法司法保护机构、加强生态环境行政执法与刑事司法衔接、健全监督和责任追究制度、建立和完善生态补偿机制等方面取得了明显成效，为"法治贵州"建设探索了有益经验。

一 生态文明法治工程的主要做法和成效

（一）加强地方立法，建立健全符合毕节地方特色的生态法规规章体系

1. 以科学立法引领生态文明法治工程建设

生态立法主要有两个立法维度："纵向"立法维度和"横向"立法维度。纵向立法维度重在加强统揽全局的综合性环境立法，而"横向"立法维度重在加强覆盖全面的地方单行环境立法，以及各地方（省市）环境立法之间的协调性。[①]"法治毕节"创建工作启动以来，毕节市充分发挥法律在资源节约和环境保护方面的规范、约束和引导作用，健全生态文明地方法规规章和各项制度，以单行环境立法的横向维度引领生态法规体系建设。2016年1月22日，经毕节市第一届人民代表大会第七次会议研究通过的《毕节市地方立法条例》，按照程序报省人大常委会批准，于2016年3月31日经贵州省第十二届人民代表大会常务委员会第二十一次会议研究，并获得省人大批准；市人大常委会按照《毕节市地方立法条例》的规定拟定了《毕节市人大常委会2016年立法计划》，将毕节市重点流域、草海、百里杜鹃、韭菜坪等重点区域和毕节市城区饮用水水源保护的生态环境立法和立法调研工作作为工作重心，于2016年5月14日经市委一届第八十二次常委会研究给予批复，原则同意该立法计划。市人大常委会按照立法计划开展了针对全市饮用水水源保护方面的调研，市人大常委会法工委积极组

[①] 罗念、付炫平：《加强地方环境立法 助推长江经济带实现生态优先的发展——基于湖北省环境立法现状的分析》，《长江论坛》2018年第4期。

织、协调相关部门开展立法的相关工作，严格制定时间表，在确保立法质量的同时有条不紊开展立法工作。2017年7月1日，毕节市获得地方立法权后制定的第一部实体性地方法规《毕节市饮用水水源保护条例》正式施行，之后制定了《毕节市百里杜鹃风景名胜区条例》《毕节市城乡规划条例》，并积极推进白甫河生态环境保护立法及《威宁自治县草海保护条例》修订等工作。同时，全面开展清理与加快生态文明建设不适应的地方性法规、政府规章和规范性文件工作，力争到2020年完成符合地方特点的生态环境立法。

2. 以科学合理的国土空间规划促进生态空间体系建设

"法治毕节"创建工作中，毕节市以七星关区为试点，编制《七星关区控规整合》和《毕节市中心城区近期建设规划（2016~2020年）》，探索经济社会发展规划、城乡规划、土地利用规划、生态环境保护规划等"多规合一"，实现"一本规划、一张蓝图"。规划要求根据资源禀赋、环境承载能力、城镇发展等因素科学合理划分国土空间主体功能；严格按照主体功能区定位谋划区域发展，促进生产空间集约高效、生活空间宜居适度、生态空间山清水秀；构建平衡适宜的城乡建设空间体系，适当增加生活空间，保护和扩大绿地、水域、湿地等生态空间；强化城乡规划约束力，严格"绿线、蓝线、紫线和黄线"四线管理，坚决控制城乡建设用地无序扩张，杜绝大拆大建。通过积极实施主体功能区战略，优化国土空间开发格局，逐步建立科学合理的生产、生活、生态空间体系，建设资源节约型、环境友好型生态家园。

3. 以最严格的生态红线制度守卫环境质量底线

生态红线地方立法的立法目的可以归结为生态文明建设和可持续发展。生态红线地方立法的制度目标是生态安全和生态系统平衡。[1] 实施生态红线，一方面要借助现有机制，另一方面要借助现有政策。[2] 环境保护部《生态功能基线划定技术指南》对生态红线划定的技术规范做出了指引，但是

---

[1] 吴贤静：《生态红线地方立法完善路径》，《地方立法研究》2018年第1期。
[2] 吴贤静：《生态红线地方立法完善路径》，《地方立法研究》2018年第1期。

专题篇
毕节市生态文明法治工程报告

并没有规定如何实施生态红线。为有序推进生态文明体制机制改革，毕节市制定了《毕节市扶持生态环保产业发展实施办法》《毕节市贯彻落实国家生态文明试验区（贵州）建设工作任务实施方案》《毕节市推进生态文明建设体制机制改革实施方案》。方案明确实行最严格的耕地、林地和水资源保护制度，将大气、水、土壤等环境质量作为地方各级政府环保责任红线，确定污染物排放总量限值和环境风险防控措施，建立和完善了严守环境质量底线和生态红线的运行机制。在农田保护方面，毕节市根据《国土资源部农业部关于划定基本农田实行永久性保护的通知》《关于加强和完善永久基本农田划定有关工作的通知》《贵州省基本农田划定工作方案》《省国土资源厅关于全面推进永久基本农田划定工作的通知》精神，市政府对基本农田划定工作高度重视，成立了专项工作领导小组，开展永久基本农田划定方案的编制，对永久基本农田划定工作做了具体安排和部署，并对永久基本农田划定的外业调查完成情况，数据库建设进度，千亩以上坝区、城镇周边、交通沿线划定及举证等工作进行技术培训及督促调度。截至2017年5月30日，各县（区）均按要求编制了基本农田划定工作实施方案，成立了领导小组，明确了工作职责，落实了1515.06万元专项经费，确定了技术承担单位。为实行最严格的耕地保护制度，完善基本农田保护制度，全面划定永久基本农田红线，全面开展耕地质量等级评定与监测，实施耕地质量保护与提升建设，制定了《毕节市耕地红线保护责任考核办法》。为实行最严格的林地保护制度，划定了林地、森林、公益林、森林覆盖率、湿地、石漠化综合治理、生物多样性保护等7条林业生态红线，制定了《毕节市林业生态红线保护责任考核办法》。为实行最严格的水资源管理制度，建立和落实用水总量、用水效率和限制纳污"三条红线"控制制度，建立健全最严格水资源管理制度政府考核工作制度，制定了《毕节市水资源管理使用红线责任考核办法》。为实行最严格的环境质量管理制度，将大气、水、土壤等环境质量纳入地方各级政府环保责任目标，形成严守环境质量底线和生态红线工作机制。为落实污染物总量控制制度，每年将总量控制指标计划下达各县（区）并进行考核。

4.以明晰的责任清单及严格的责任追究机制约束责任人员

党的十八届三中全会审议通过了《中共中央关于全面深化改革若干重大问题的决定》(以下简称《决定》)。《决定》提出,推行地方各级政府及其工作部门权力清单制度,依法公开权力运行流程。2016年,毕节市根据市政府的统一安排部署,按照"一表两单"的要求,完成毕节市环保局权力清单和责任清单的编制工作,并依法在市政府和环保局门户网站对环保局的349项行政职权事项公开。2017年,由于《中华人民共和国环境影响评价法》修改、《贵州省大气污染防治条例》颁布实施、《废弃危险化学品污染环境防治办法》废止,为保持政令一致,按照《毕节市行政权力清单责任清单动态管理办法》,对毕节的权力清单和责任清单进行调整。2018年,根据环境保护法律法规规定和毕节环保局工作职责,参照《市(州)环保部门权力清单和责任清单参考目录》,编制了《毕节市环境保护局权力清单和责任清单目录(2018版)》。同时,为进一步健全责任追究机制,毕节市先后出台了《毕节市各级党委、政府及相关职能部门生态环境保护责任划分规定(试行)》《毕节市生态环境损害党政领导干部问责暂行办法》《毕节市生态文明建设考核办法》《毕节市生态红线保护责任考核办法》《毕节市实行最严格水资源管理制度考核暂行办法》《毕节市基本农田保护考核及责任追究办法》等制度,明确各级党委、政府及有关部门的生态环境保护责任,落实"党政同责、一岗双责"。对不顾生态环境盲目决策、造成严重后果的干部,按照《毕节市干部作风预警制度》和《毕节市干部召回办法》进行问责。

(二)加强执法力度,确保生态环境法律法规体系的有效实施

1.加强执法力度,做实环保督察突出问题整改

法律的生命力在于实施。法律的实施包括法的执行、法的适用、法的遵守和法的监督,其中,法的执行是关键。环境执法的核心要素主要包括执法理念、执法模式、执法体制、执法手段、执法监督与责任等五个方面。[①] 毕

---

① 刘明明:《改革开放40年中国环境执法的发展》,《江淮论坛》2018年第6期。

专题篇
毕节市生态文明法治工程报告

节市在环境执法方面，主要采取了以下行动。

一是进一步深入开展"六个一律"、"六个严禁"、环保"利剑"执法专项行动，严厉打击各类环境违法行为。三年来，毕节市在全市深入开展了环保执法"风暴"、毕节市中心城区及县城环境质量改善攻坚行动、打击涉危险废物环境违法犯罪行为等专项行动，以整治"黑废水""黑烟囱""黑废渣""黑废油""黑数据""黑名单"为重点，严厉打击各类环境违法行为。2016~2018年，全市共出动执法人员1.9万余人次，检查企业7000余家次，查处违法企业954家次，共处罚金5462.42万元，移送公安机关行政拘留案件57件，涉嫌污染环境犯罪6件，实施查封扣押18件，限产停产55件。全市共查处涉林案件2536起，其中行政案件2267起、刑事案件269起。

二是深入摸排，分类施策抓精准打击。各县（区）按贵州省行动办要求对下放的疑似图斑进行多次核实修正，建立本县（区）疑似图斑数据库。各级公安机关、法院、检察院、工商部门等联席会议成员单位紧密协作、迅速行动，按照确定的巡查重点和职责分工，采取全面清理检查、错时检查、突击检查、明察暗访相结合等方式，定期、不定期地组织开展巡查和抽查，积极主动开展了纵到边、横到底的巡查排查工作。对专项行动摸排出的案件，按案件性质、案件类型、责任主体等进行分类整理，针对不同的案件采取不同的措施实施精准打击，有效提高了办案效率。

三是建立联合执法机制，形成打击环境违法行为的强大合力，实现执法生态化。执法生态化是指执法主体在执法过程中更加注重环境利益的保护，在执法理念、执法机构、执法行为、执法手段与技术等行政执法的各个环节都贯彻生态文明思想、遵循生态环保理性的指引[1]。其中，创新跨行政区域环境保护协调机制是其重要内容。一方面，建立部门联动执法机制。毕节市委、市政府高度重视，明确指出要把抓好"六个严禁"专项行动作为毕节

---

[1] 李爱年、刘翱：《环境执法生态化：生态文明建设的执法机制创新》，《湖南师范大学社会科学学报》2016年第3期。

"法治毕节"的探索与实践

市坚决守住发展和生态"两条底线"的重要工作来抓，作为全市生态建设的有力举措来推进和落实，并结合毕节市实际提出了一系列的工作要求和部署。毕节市环保局与市检察院、市公安局建立了联动执法联席会议制度、联络员制度、重大案件会商督办制度、信息共享机制、案件移送机制、紧急案件联合调查机制和打击环境污染犯罪奖惩机制等，陆续查处了非法处置危险废物污染环境案、非法利用废旧轮胎炼油污染环境案等典型案件。建立了"六个严禁"专项行动联席会议制度，由分管副市长担任联席会议第一召集人，亲自指挥、调度、督促。同时，市、县均成立生态损失补偿协调小组，成员由毕节市各级法院、检察院、林业部门分管领导组成，协调小组办公室设在市、县林业局，负责牵头、协调生态损失补偿相关事宜。另一方面，建立跨区域联动执法机制。毕节市与云南省昭通市、四川省泸州市签署了《川滇黔三省交界区域环境联合执法协议》，与遵义市签署了《赤水河流域环境保护联动协议》，切实开展联合执法、联合监测、联合应急，实现共同治理、协作监管，成功处置了织金县沧海煤矿污染六枝水源、织金黑土河大桥施工废水污染安顺水源、镇雄污水污染七星关大河乡等多起跨界污染纠纷。

四是建立多维度督察体系，坚决整改好环保督察反馈问题。针对环保督察的突出问题，毕节市出台了《迎接环保督察问责办法》，落实了10条问责措施，直指突出环境问题整改中慢作为、乱作为、不作为行为，将突出问题整改引向深入。截至2018年12月31日，共问责302人。同时进一步提高政治站位，旗帜鲜明、态度坚决地抓整改。按照市委的安排部署，建立了市级领导重点督导、市级综合督察、市督办督察局专项督察、职能部门行业督察的多维度督察体系，不折不扣抓好中央和省委环保督察反馈问题的整改落实。截至2018年12月31日，中央环保督察组反馈毕节市涉及的28个问题全部上报整改完成，中央环保督察组交办毕节市的327件（含威宁40件）信访件已全部审核办结；省委环保督察组向毕节市交办56个问题，办结45个，办结率80.36%；群众信访投诉371件，申报办结363件，办结率97.84%。

专题篇
毕节市生态文明法治工程报告

2. 强化依法治污，全力打好污染防治攻坚战

在深入实施三个 10 条的基础上，毕节市为全力打好污染防治攻坚战，制定印发了《毕节市关于坚决打好污染防治攻坚战的实施意见》、《中共毕节市委　毕节市人民政府关于坚决打好污染防治攻坚战 夯实贯彻新发展理念示范区建设基础的实施意见》以及相关方案，完成污染防治攻坚战"1＋1＋3＋N"体系构建，统筹推进扬尘污染治理、柴油货车污染治理、工业企业大气污染防治、燃煤及油烟污染治理、集中式饮用水水源地保护等 17 项污染防治攻坚行动，坚决打好蓝天保卫战、碧水保卫战、净土保卫战、固废治理战役和乡村环境整治战役等"五场标志性战役"。

（1）土壤污染防治方面。2018 年，市环保局紧紧围绕十九大会议精神、生态环境保护大会精神，以打好污染土壤防治攻坚战为目标，积极推进土壤污染防治工作。

①压实责任推进土壤污染工作任务。制定印发了《毕节市关于坚决打好污染防治攻坚战的实施意见》和《毕节市打好净土保卫战三年行动方案》配套方案，进一步落实部门和县区的土壤污染防治工作责任。拟定并与 9 个市直部门和 10 个县区签订土壤污染工作目标责任书，印发《毕节市 2018 年土壤污染防治年度实施方案》，分解落实各县（区）、各部门土壤污染工作任务。

②积极开展土壤污染状况详查工作。配合第三方完成全市 118 个农产品协同监测、1774 个农用地土壤背景值、13540 个农用地的土壤详查样品采集工作。召开重点行业企业土壤用地调查动员部署会，积极推进重点行业企业用地基础信息采集工作。开展土壤环境质量国控例行监测工作，共监测土壤点位数 324 个、植株点位数 276 个。

③积极推进疑似污染地块排查和信息录入。排查出疑似污染地块 14 块，其中从事过有色金属冶炼生产经营活动的疑似污染地块 8 块，从事过化工生产经营活动的疑似污染地块 2 块、类重金属冶炼生产经营活动的疑似污染地块 2 块，废旧轮胎非法处置疑似污染地块 2 块，已录入信息系统疑似污染地块 14 块。

"法治毕节"的探索与实践

④积极推进土壤环境重点行业监管。一是组织重点企业开展农用地监测。组织纳入省级土壤环境重点的6家企业开展用地土壤环境质量监测。二是积极开展涉重行业排查整治,制定《毕节市涉重企业专项排查工作实施方案》,组织各县(区)开展涉重行业排查整治,清理整顿涉重金属行业"散乱污"现象。三是积极开展伴生矿放射性监测。以县(区)为单位委托第三方开展伴生矿放射性普查监测,完成643家伴生矿放射性监测。四是严格执行重金属污染物减排。制定印发《毕节市"十三五"重点行业重点重金属污染物减排方案》,提出到2020年重点行业重点重金属污染物排放总量不超过2013年的目标。

⑤积极开展工业固体废物环境监管。一是开展长江经济带固体废物大排查整治。完成837家固体废物产生单位、5家危险废物经营单位和10家固体废物处置利用单位排查工作,建立问题台账清单473个并完成整改。二是开展固体废物排查整治专项行动。完成生态环境部"清废2018"专项行动督察组反馈的14个问题整改工作;印发实施了《毕节市固体废物排查整治专项行动工作方案》,在全市范围内开展固体废物排查整治专项行动,相关工作正在开展中。三是积极开展工业渣场环境隐患排查。制定《毕节市工业渣场环境隐患摸底排查工作方案》,组织县(区)开展尾矿库、工业渣场等固体废物堆存场所环境摸底排查,督促其企业完善防扬散、防流失、防渗漏等设施。四是积极争取资金推进资源循环利用。

⑥积极开展未污染土壤保护。一是强化规划审查把关。在组织审查各县区城市(县城)总体规划修编时,将土壤污染纳入重点审查环节,严格把关,禁止在居住用地、教育用地等周边布局三类工业用地。截至目前,全市无布局三类工业用地在居住用地、教育用地等周边的现象发生。二是强化监管执法。依托环保督察问题整改专项检查和督导,全面开展环境执法监督检查,截至目前未发现向湿地、滩涂等非法排污、倾倒有毒有害物质的环境违法行为。

⑦积极开展耕地保护。一是积极开展化肥零增长行动。积极开展测土配方施肥工作,降低化肥污染。建立配方肥销售网点132个,在50个乡镇开

专题篇
毕节市生态文明法治工程报告

展配方肥销售补贴试点建设。二是积极开展农药零增长行动。大力开展绿色防控，降低农药污染，绿色防控覆盖率提高了 20.65% 以上，全市示范带动实施专业化统防统治面积 70.12 万亩。三是积极推进农田残膜回收利用。依托烟草部门建立的"烟农负责捡拾+烟草合作社回收网点负责收集转运+加工企业负责加工再利用"的回收利用体系，通过创新机制，烟草领域的废旧农膜回收取得了较好的成效。四是积极开展农业灌溉用水监测。配合省水利厅完成《贵州省灌溉水水质监测方案》制定。根据毕节市灌溉实际情况，选取毕节市黔西县附廓水库、金沙县西洛河水库、金沙县菁河水库等 3 座水库为监测点，开展灌溉水水质监测。

⑧积极开展生活垃圾污染整治。一是积极推进垃圾发电项目建设。启动建设 4 个垃圾焚烧发电项目。二是扎实推进垃圾收运系统建设。截至 2018 年底，全市建成了 242 个乡（镇、办事处）垃圾转运站，超额并提前完成垃圾转运站任务，乡镇垃圾收运设施基本实现全域覆盖、城乡一体化，比国家 2020 年农村垃圾处理目标提前两年实现，实现城乡垃圾处理一体化和全覆盖。三是垃圾填埋场建设、运营及非正规垃圾填埋场排查整治方面，加强运营管理，督促运营单位按照《生活垃圾卫生填埋场运行维护技术规程》要求做好压实、消毒、除臭、覆盖工作，实施渗滤液处理站扩能提标改造，解决设施设备长期超负荷运行问题，确保渗滤液处理达标排放，督促垃圾转运站严格按照《生活垃圾收集运输技术规程》进行管理，渗滤液全部运至填埋场渗滤液处理站进行规范处理；对非正规垃圾堆放点排查和整治工作进行安排和检查，多次对排查不彻底和整治不力的县（区）领导进行约谈，积极推进排查整治。

⑨推进受污染农用地安全管控。一是积极开展退耕还林。2018 年，毕节市新增完成退耕还林工程营造林 82.66 万亩。其中，还经济林 65.62 万亩，占退耕还林面积的 79.4%；还生态林 17.04 万亩，占 20.6%。二是加强受污染地块规划管理。在开展毕节市中心城区城市总体规划修编工作中，将土壤污染纳入重点审查对象，合理确定地块用途，严禁将未完成污染治理修复的地块作为住宅、公共管理与公共服务设施用地等。

⑩积极推进土壤污染治理及防治研究。一是有序推进赫章重金属污染治理项目建设。督促赫章完成2016年、2017年中央资金支持的寨村废渣治理建设。二是有序推进威宁重金属污染治理项目建设。三是积极开展土壤污染防治研究。申报2017年第二批毕节市科技计划项目涉及土壤污染防治领域2个，联合申报省科技厅2019年科技计划项目1个。

（2）水污染防治方面。2016年以来，根据省政府与市政府签订的水污染防治目标责任书，市政府将目标任务逐一分解落实到各县（区）并签订目标责任书。按照国家和省水污染防治工作有关要求印发实施《毕节市人民政府办公室关于印发毕节市水污染防治行动计划工作方案的通知》（毕府办通〔2016〕16号）、《毕节市人民政府办公室关于印发毕节市2016年水污染防治实施方案的通知》（毕府办通〔2016〕52号）、《毕节市污染防治行动计划工作联席会议办公室关于印发毕节市2017年水污染防治年度实施方案的通知》（毕污防办〔2017〕2号）、《毕节市污染防治攻坚战工作领导小组办公室关于印发〈毕节市2018年水污染防治年度实施方案〉的通知》（毕污防办〔2018〕2号），2018年印发实施《毕节市打好碧水保卫战三年行动方案》（毕委办字〔2018〕36号）。

在水污染防治方面，开展的重点工作任务情况如下：一是加强工业集聚区水污染整治，全部建成全市8个省级工业园区污水集中处理设施并安装自动在线监控装置联网。二是加强城镇污水处理及配套管网建设与污泥处理处置工作，完成全市15个县级污水处理厂提标改造工程。三是加强畜禽养殖污染整治，编制完成8个县（区）畜禽养殖禁养区划定优化方案。四是加强农村环境综合整治工作，2016年以来每年完成135个。五是加强船舶港口污染控制，印发实施《毕节市船舶与港口污染防治工作实施方案（2017~2020年）》《毕节市防止船舶及其作业活动污染水域环境应急能力建设规划（2017~2020年）》《毕节市内河船舶污染事故应急预案》等。六是加强水资源节约保护，实施最严格水资源管理制度。七是加强饮用水源环境监管和保护，划定饮用水源保护区284个（其中2018年新增划定6个），定期开展饮用水源评估和水质监测工作，水质达标率100%。八是推进加油站地下油

专题篇
毕节市生态文明法治工程报告

罐改造工作，全市289个加油站（949个地下油罐），已完成更换双层罐或设置防渗池的加油站212个（地下油罐705个）。九是全面推进河长制工作。下达《关于设立毕节市河长制办公室等事项的批复》（毕市机编〔2017〕24号）、成立毕节市河长制办公室；印发《毕节市全面推行河长制总体工作方案》（毕委办字〔2017〕41号），出台《毕节市全面推行河长制工作考核暂行办法》（毕河长办〔2017〕10号），完成《毕节市河长制办公室关于毕节市河长制工作省级验收自查的报告》并上报省河长制办公室。

（3）大气污染防治方面。从近三年的空气质量状况对比可以发现，2016年毕节市中心城区优良率均达到省考核目标。三年来，在大气污染防治方面的主要工作如下。

启动纳雍电厂一厂2号机组脱硫、脱硝、电袋除尘器等超低排放改造工程，共关闭退出煤矿41处、产能573万吨/年。从2017年1月1日起，在全市范围内所有加油站禁止销售低于国Ⅴ标准车用汽油、柴油；2017年7月1日起，全市禁止销售低于国Ⅳ标准的普通柴油。淘汰城市建成区燃煤锅炉12台共184.1蒸吨。6家火电厂全部纳入国家重点监控企业管理，10家新型干法水泥厂全部纳入省级重点监控企业管理。截至目前，所有国、省控企业均已安装废气排放自动监控设施，安装率达100%。加大建筑施工工地扬尘和渣土运输车辆的管理力度，使施工现场污染防治各项措施落到实处。启动了高速公路、铁路两侧可视范围内和城市周边矿山、配煤场所等企业的扬尘污染治理。对1000余家餐饮行业进行了检查，安装油烟净化设施490余套。淘汰老旧车、黄标车1.2万辆。登记上户的新能源汽车264辆，推广应用本地生产的低速电动车53辆。完成了大气污染源清单编制工作。

全面启动扬尘污染治理、柴油货车污染治理、工业企业大气污染防治、燃煤及油烟污染治理四大攻坚行动。印发实施《毕节市污染天气应急管控方案》，先后8次启动污染天气应急管控；组织开展中心城区大气颗粒物来源解析，核实影响毕节市环境空气质量的主要贡献源为道路扬尘、建筑水泥尘、燃煤尘、工业粉尘、机动车尾气尘、生物质燃烧，找准污染天气管控重点；建成毕节市环保云平台，开展10个县（区）环境空气质量预报。印发

《关于开展中心城区扬尘综合督察的通知》和《关于开展2018年蓝天保卫战专项督察的通知》，抽调专人组成蓝天保卫战专项督察组，重点督察大气污染防治主体责任落实、扬尘治理、污染源达标等情况，督察发现的问题实行现场签收交办，责任落实到单位和个人。共对中心城区62个建筑工地下达问题整改交办单，共处罚金66.1万元。出动人员1225人次，检查建筑工地、非煤矿山等企业765家次，共处罚金167万元。完成2017年省下达的21家清洁生产企业治理任务。拆除页岩砖厂26家，整治坟石加工点11个。规范治理烧烤店580家，查处露天烧烤345起，取缔燃煤炉灶220余户，中心城区对20蒸吨以下燃煤锅炉进行摸底排查工作，其余县区淘汰燃煤锅炉7台共9蒸吨。检测柴油货车6711辆，推广使用用气出租车600余辆。

（三）推进生态环境司法保护体制机制改革，维护生态文明建设秩序

司法是维护社会公平正义的最后一道防线，是公众对司法应然功能的一种期待。如果司法这道防线缺乏公信力，社会公正就会受到普遍质疑，社会和谐稳定就难以保障。生态文明建设是习近平总书记治国理政新理念新思想新战略中的重要组成部分。习近平总书记指出："要像保护眼睛一样保护生态环境，要像对待生命一样对待生态环境。"在生态文明理念的指引下，三年来，毕节市积极探索、勇于创新，环境司法工作取得了较大的成就。

1. 加强环境资源审判组织和队伍建设

按照十九大报告要求，毕节市不断推进司法体制改革，探索设立跨行政区划的审判机构和管辖制度，不断提升环境资源案件的审理水平。2017年5月4日，省编办正式批复在毕节市中级人民法院和七星关区、黔西县法院设置3个环境资源审判庭。毕节市中级人民法院环境资源审判庭负责审理全市环境资源各类案件。七星关区法院环境资源审判庭主要管辖毕节市西四县（七星关区、纳雍县、威宁县、赫章县）的环境资源类各类案件。黔西县法院环境资源审判庭主要管辖毕节市东四县（黔西县、大方县、织金县、金沙县）的环境资源类各类案件。环境资源审判庭将加强与

专题篇
毕节市生态文明法治工程报告

公安、检察、环保、林业等机关和部门的协作配合，做到信息共享，形成生态环境保护的司法合力，为环保行政执法部门提供法律支持，对环境违法企业产生威慑作用，提升环保行政执法效率，进一步加强毕节生态环境有效整治和司法保护。环境资源审判庭的设立，有利于突出毕节试验区"生态建设"主题，有利于加快建设试验区资源节约型和环境友好型社会，强化环境治理的司法保护，有力推动生态建设的开展，这对毕节试验区资源开发、生态建设和环境保护将起到积极的作用，为毕节试验区生态文明建设提供司法保障。

在队伍建设上，加强对环境资源审判理论的研究，针对毕节市两级法院受理的涉碳排放、绿色金融、生物多样性保护、排污权、用能权、用水权交易、节约能源等与气候变化应对密切相关的环境资源类案件，深入开展调查研究，努力将毕节市两级法院环境资源审判团队打造成既精通法律专业又熟悉环境专业知识的审判团队。同时，将紧密结合毕节试验区经济社会发展的实际，围绕市委、市政府关于"五城同创"、"河长制"、城镇化建设、旅游产业发展、矿区生态保护等重要决策部署，对污染环境、破坏生态的行为，对失职、渎职、行政不作为的行为，以公正、高效的审判坚决依法严厉打击。

2. 加强环境资源审判制度建设，着力推进环境资源司法专门化

毕节市两级法院的环境资源审判庭是依法全面保护生态环境资源的专门审判机构，其按照贵州省高级人民法院于2017年8月1日印发的《关于环境资源案件集中管辖规定（试行）》明确的受案范围，集中审理全市涉及环境保护的破坏生态、排污侵权、损害赔偿、环境公益诉讼等类型的刑事、民事、行政案件。毕节市两级法院环境资源审判庭设立后，设置了专门的环境资源审判合议庭来审理环境资源类案件，实行集刑事、民事、行政案件于一体的"三合一"归口审理模式，以便提高环境司法的专业化水平。近年来，许多环保法庭尝试了一些创新。在民事责任方式上，主要是将停止侵害、排除妨碍、消除危险、恢复原状等责任方式具体化和程序化，比如环境整治方案。在刑事责任方式上，主要增添一些可以修补环境的行为罚，比如在滥

伐、盗伐林木等案件中，在缓刑等主刑外，加上"补充植苗"的责任。① 毕节市两级法院环境资源审判庭成立后，依法打击破坏生态环境的犯罪，自2017年5月至2019年5月，共审结污染环境、盗伐林木、滥伐林木等犯罪案件80件，判处180人。2018年，七星关区法院环境资源审判庭立案受理行政公益诉讼案件1件，由纳雍县人民检察院诉纳雍县林业局未依法履职的行为违法案，请求判令纳雍县林业局对贵州纳雍隆庆乌江水泥有限公司违法占用林地行为依法履行法定职责。黔西县人民法院环境资源审判庭共受理各类环境资源案件共15件。其中，民事案件8件（6件为财产损害赔偿纠纷、1件为排除妨害纠纷、1件为确认合同无效）；行政案件1件，案由为地质矿产行政管理；行政公益诉讼案件1件，案由为履行法定职责；刑事案件3件，案由为滥伐林木2件、非法占用农用地1件；行政非诉审查2件，案由均为环境保护行政行为。

3. 深入开展生态环境保护检察工作，加强对资源环境监管执法活动的监督

2016年以来，为认真贯彻落实党的十八届五中全会、党的十九大精神和习近平总书记在贵州省代表团讨论时的重要讲话精神，贯彻中央、省委、市委关于"既要金山银山，又要绿水青山"的战略部署，贯彻创新、协调、绿色、开放、共享发展理念，落实省委十一届六次全会、市委一届七次全会提出的绿色发展理念，毕节市检察机关深入开展生态环境保护检察工作，加大对严重污染水源、大气、土壤等犯罪的打击力度，加强对资源环境监管执法活动的监督，坚决贯彻执行中央生态环境保护政策，积极与林业、环保、国土、公安、法院等部门协作配合，严厉打击破坏环境资源违法犯罪行为。

2016年以来，全市共立案查办生态领域职务犯罪案件152件180人，大案、重特大案142件，要案17件；监督生态领域立案149件，追捕追诉8人；向有关部门发出督促履职检察建议并被采纳1585件；落实"补植复绿"检察建议1009件，落实补植树木、草地29300亩、380万余株；编发

---

① 刘超：《环境修复审视下我国环境法律责任形式之利弊检讨——基于条文解析与判例研读》，《中国地质大学学报（社会科学版）》2016年第2期。

生态环境保护工作专刊 50 期共 172 篇；编发《生态环境保护工作案事例汇编》5 期共 17 篇；开展专项工作的信息、简报被国家级、省级媒体及省院采用 130 余篇；开展"毕节市生态环境保护法律知识进校园"、"严厉打击非法排放、处置废弃物污染环境违法犯罪案件"、打击"六黑"专项调研等"小专项"行动，专项工作取得了一定的成效。毕节市两级法院环境资源审判庭成立后，依法打击破坏生态环境的犯罪，截至 2018 年 3 月，共审结污染环境、盗伐林木、滥伐林木等犯罪案件 40 件，判处 51 人。七星关区法院环境资源审判庭立案受理行政公益诉讼案件 1 件。

4. 加大提前介入和快捕快诉力度，强化立案监督职能

为从严从快打击破坏生态领域刑事犯罪，确保破坏生态资源的违法犯罪受到法律严惩，全市检察机关加大提前介入和快捕快诉力度，依法纠正有罪不究、以罚代刑等问题。2016 年以来，共批准逮捕生态领域犯罪案件 132 件 150 人，提起公诉 216 件 254 人，对破坏生态环境领域犯罪案件监督立案 170 件。如毕节市中级人民法院生态处在与市环保局联系工作的过程中了解到毕节市纳雍县、黔西县群众举报有人用废旧轮胎炼油，产生的废气、废油和废渣严重污染环境，检察机关遂通过检察建议督促环保部门进行履职，并对上述案件进行提前介入，通过查阅资料、查阅法院生效判例以及相关司法解释等指导环保部门前期收集证据工作，由于毕节市检察院从未办理过废旧轮胎废渣污染环境刑事案件，环保部门、公安机关对案件的定性、鉴定等存在分歧，案件迟迟不能进入侦查环节。检察机关通过监督环保部门移送案件、通过监督公安机关立案等方式督促相关部门对案件进行查办。通过检察机关的督促，公安机关对涉嫌污染环境的人进行立案侦查后，检察机关迅速对到案人员进行快捕快诉。该案件系毕节市检察机关监督立案的全省首例废旧轮胎炼油污染环境案，是毕节市检察机关与公安机关、环保部门行政执法与刑事案件无缝对接的成功范例，也为其他市州办理此类案件提供经验借鉴，也是 2016 年以来毕节市检察机关深入开展环保执法"风暴"专项行动的成效之一。该案件的成功办理得到国家环境保护总局、省政府、省检察院等上级部门的高度肯定，并被《贵州日报》《法制生活报》等省级主流媒体

相继报道。又如某煤矿申请到"矿山复绿"项目后，在未取得相关手续的情况下，非法占用农用地150.8亩，直接将植被下的煤炭采出变卖谋利，严重破坏了生态环境。检察机关监督公安机关立案后，依法决定对煤矿负责人批准逮捕。对投案自首、认罪认罚、修复被损生态效果好，经职能部门鉴定合格的，依法拟不追究刑事责任；对不认罪认罚的，依法坚决严惩，有效遏制了煤矿借"复绿工程"私挖滥采现象。该项工作得到了市委的高度肯定。

5. 加大督促履职力度，确保"落实"督促履职检察建议

全市检察机关通过多举措摸排督促履职线索，一是从群众反映强烈的垃圾污染、小流域污染、水体污染等重点领域入手，与环保部门联合开展环保执法"风暴"行动，对辖区内的洗煤厂、造纸厂、汽车修理厂、赤水河流域等进行实地调查发现督促履职线索。二是通过查阅环保部门的行政执法卷宗，发现行政执法部门存在怠于履职的线索。通过多种方式调查到行政执法部门怠于履职的线索后，检察机关通过检察建议督促履职，促成行政执法部门对破坏生态资源的现象进行查处，共向行政执法部门发出督促履职检察建议1850件，被采纳1585件。如毕节市法院生态处在工作中发现市环保局对织金邓某非法处置废机油一案进行查处的过程中，对涉案的废机油等未及时进行送检等证据收集工作，该案有可能构成刑事犯罪，若不及时进行证据固定可能导致案件无法处置，检察机关遂通过检察建议督促环保部门及时进行处理，经督促，环保部门对涉案的废机油进行送检后，因部分废机油混合物鉴定结果不属于危险废物，达不到立案标准，该局遂对邓某作出罚款5万元的行政处罚。行政处罚作出后，环保部门未及时对该罚款进行收缴，也未及时督促邓某对涉案废机油进行处置，检察机关再次向环保部门发出检察建议，督促环保部门对行政处罚款进行收缴并妥善处置涉案废机油，环保部门采纳了检察机关的建议后及时收缴了上述罚款，并对涉案废机油进行了妥善处置。又如纳雍县检察院在开展工作的过程中发现该县城管局环卫站擅自在该县石板河段修建垃圾中转站，导致该地段污水横流、臭气熏天，该院生态部门向环保等部门发出检察建议并将情况反馈给院领导，经该院领导向县委主要领导汇报，县委主要领导作出批示，要求城管、环保、规划等部门结合

专题篇
毕节市生态文明法治工程报告

该院的检察建议,重新选址修建垃圾转运场,经督促,该县城管局将该处垃圾转运场撤销并彻底清除全部垃圾,检察机关通过检察建议督促履职收到了良好的社会效果。

6.强化生态修复,确保"落实"补植复绿工作

对社会环境公共利益的损害填补,金钱赔偿并非主要目的,主要目的应为判令损害行为人消除污染、恢复环境原状。对自然环境质量的损害和自然资源生态功能的损害,用传统的经济损失计算方法计算或折算是欠科学的。[①]

在环境公共利益的损害填补方式上,一是促成建成"补植复绿"基地,保证复绿工作的规模性。检察机关通过检察建议等方式,促成全市建立"补植复绿"基地57个共计34100余亩,通过检察建议落实补植树木182万余株。其中市检察院与市林业局在百里杜鹃管理区管理委员会共建的"补植复绿"基地成为全市"补植复绿"示范基地,并作为2016年6月16日"法治毕节"创建第二季度观摩会的现场参观点向全市推荐,多家媒体对该基地的"补植复绿"工作进行了报道。七星关区等基层检察院与林业局共建的补植复绿基地也相继被当地新闻媒体报道。

二是通过持续监督方式,促成补植复绿工作持续跟进。检察建议促成的"补植复绿"工作不仅落实"栽种",而且要"成活",还要督促"后期管护"。全市检察机关通过持续监督方式,确保栽种的树木成活并成长。如2016年赫章县检察院对上一年专项行动期间在1628亩基地上栽种的196180株树木进行现场察看,发现部分树木已枯萎,该院遂联系该县林业部门,督促对枯萎苗木进行补种3万余株。又如七星关区检察院通过察看该院与林业部门共建的"补植复绿"基地,发现该基地内杂草丛生,遂督促林业部门进行后期管护,确保补植林木成长。

三是通过生态补偿机制实现办案法律效果、社会效果、生态效果有机统一。全市两级检察机关均与法院、林业局联合印发《破坏森林资源违法犯

---

① 王树义:《论生态文明建设与环境司法改革》,《中国法学》2014年第3期。

罪案件生态损失补偿工作机制》，且检察机关主动作为，将办理案件和恢复青山相结合，积极引导犯罪嫌疑人、被告人签订生态损失补偿协议，及时对被破坏的林木进行补植补种，并在向法院起诉时建议法院进行从宽处罚。截至目前，共引导190名犯罪嫌疑人、被告人签订生态补偿协议，共缴纳植被恢复金76万余元，补植林木1200余亩13万余株。

如大方县胡某某、赵某某因放火烧山种中药材，不慎引发火灾，涉及面积为64.5亩。大方县检察院办案人员对胡某某、赵某某进行释法说理，引导胡某某、赵某某签订生态损失补偿协议，后经黄泥塘镇化理村村委会对栽种林木验收合格后，大方县检察院邀请县林业局、黄泥塘派出所、黄泥塘镇化理村村委会和人民监督员到场，依法对胡某某、赵某某失火毁林一案进行公开听证，在充分听取各方意见的基础上，对胡某某、赵某某作出相对不起诉决定。又如七星关区检察院针对燕某某失火罪一案向森林公安局发出检察建议，建议该局在办理案件过程中指导和监督犯罪嫌疑人的亲属及时完成林木补植，及时恢复受损林地，目前燕某某亲属已在失火地内补植树木6万余株，在当地影响较大，起到很好的教育作用。再如七星关区检察院督促非法占用农用地的某公司进行补植时，该公司除了缴纳生态损失补偿金外，还征地38余亩用于林木补植。通过在办理案件过程中贯彻恢复性司法理念，将案件与补植复绿有机结合，很好地实现了办案的法律效果、社会效果和生态效果的有机统一。

四是积极开展矿山补植复绿工作。不仅要明确预防性保护或生态修复作为责任方式的优先性以及异地修复或损害赔偿的次优性，而且要通过执行方案的设计、替代责任的兜底保障等确保责任方式的切实有效。[1] 为进一步贯彻落实省院的工作部署，加强毕节市矿山地质环境保护和综合治理，督促相关部门及时对矿山开采过程中损毁的植被进行恢复性治理，毕节市检察机关通过调查报告、工作报告等方式积极向当地党委、政府汇报，争取支持，并

---

[1] 张忠民：《生态破坏的司法救济——基于5792份环境裁判文书样本的分析》，《法学》2016年第10期。

专题篇
毕节市生态文明法治工程报告

通过检察建议等方式督促相关部门开展该项工作。目前，检察机关已通过检察建议督促对574个矿山恢复治理完毕，督促缴纳植被恢复金23万余元，取得了良好的社会效果。

五是查办生态领域大要案、窝串案。毕节市检察机关查办了林业领域职务犯罪案件窝案、串案，涉及退耕还林、石漠化治理、天保管护工程、扶贫生态种植、重点生态功能区建设等项目；查办了环保、水利领域职务犯罪案件，涉及污水处理工程、环保手续办理、小流域工程、贯城河项目建设等领域。污水处理工程直接影响环境和人民生活质量，环保手续的背后涉及各种污染指标的排放，各种小流域工程项目的建设直接影响流域内的水质；查办了国土领域的大案、特大案件，涉案人员在履职过程中，利用职务之便，收受他人贿赂，放纵第三方大肆收取探矿工程队保证金等，严重侵犯了国家对土地矿场的管理秩序。通过加大对涉及环保污染等领域案件查办，对遏制本地环境污染起着举足轻重的作用，有效震慑了生态领域职务犯罪行为。

六是积极督促环保执法"风暴"专项行动。2016年全省环保执法"风暴"专项行动开展以来，毕节市检察机关通过查办环保领域职务犯罪案件，监督立案环境污染案件，督促环保部门履职，以及与环保部门共同开展"小专项"行动、共同开展环保大检查、共同进行专题调研等方式深入开展环保执法"风暴"专项行动。其中监督立案了10件污染环境案件，联合环保部门对辖区内重点污染企业进行环保大检查，其中对197家汽车修理厂"黑废油"进行了专项检查，对大型电厂、水泥厂、煤矿等进行了实地察看，发现不同程度地存在污染环境问题，检察机关遂向环保部门发出督促履职检察建议，并督促落实整改。如纳雍县检察院联合环保等部门在开展"风暴"执法专项行动的过程中，针对该县两个废旧塑料加工企业因违法排放废气被环保部门进行行政处罚不仅拒不执行而且仍继续开工生产的行为，纳雍县检察院及时建议环保部门将案件移送公安机关，公安机关对两个企业的负责人进行了行政拘留。又如该院针对纳雍县污水处理厂瞒报污水处理"黑数据"案进行监督，除督促环保部门对该企业进行行政罚款外，及时监督公安机关对该污水处理厂的负责人杨某某进行行政拘留，该案是全省开展

"法治毕节"的探索与实践

"风暴"执法专项行动中毕节的首例"黑数据"案,起到了很大的震慑作用,收到了较好的社会效果。

七是快速响应,促"清废行动2018"交办问题整改落实。为坚决遏制固体废物非法转移案多发态势,确保长江生态环境安全,生态环境部于2018年5月9日启动"打击固体废物环境违法行为专项行动"(以下简称"清废行动2018"),并对111个突出问题进行挂牌督办,贵州被挂牌督办14个,其中涉及毕节问题4个。为确保毕节被挂牌督办问题整改落实到位,市检察院生态处实时关注生态环境部的网上通报,迅速行动,将挂牌督办情况及时转发至县区生态部门,县区生态部门通过实地调查,推进"清废行动2018"交办问题整改。黔西县、赫章县、威宁县检察院分别对涉及被挂牌督办的问题进行走访调查,向相关部门发出检察建议,督促相关部门及时全面履行职责,确保被挂牌督办问题按时完成整改。

八是继续加大检察机关提起公益诉讼探索力度。2017年6月27日,《民事诉讼法》和《行政诉讼法》分别在第55条和第22条增加一款,正式赋予检察机关可以就生态环境资源和环境保护、食品药品安全、国有财产保护、国有土地使用权出让等领域提起民事诉讼和行政公益诉讼的主体资格。到2017年5月,全国环境公益诉讼案件所占比重提升至30%。[①] 毕节市围绕省检察院关于检察机关提起公益诉讼的决策部署,大力推进环境公益诉讼制度,推进纠纷多元化解决方式并加强对接,不断探索具有中国特色的生态环境公共利益保护的司法模式。结合毕节公益诉讼探索经验,于2015年12月23日经院检察委员会审议并通过了《毕节市检察机关公益诉讼案件办理规定(试行)》并印发全市检察机关,制定《毕节市检察机关民事行政检察案件联动办理规定(试行)》,共摸排案件线索12件,其中民事公益诉讼案件线索2件、行政公益诉讼案件线索10件。经毕节市检察院民行处、生态处审核,已向省检察院报送行政公益诉讼案件线索1件。

---

① 张忠民:《检察机关试点环境公益诉讼的回溯与反思》,《甘肃政法学院学报》2018年第6期。

专题篇
毕节市生态文明法治工程报告

二 生态文明法治工程的亮点

2015年，贵州省委在全面依法治国的大背景下做出开展"法治毕节"创建工作的重要部署，毕节市紧紧围绕"法治毕节"创建工作的总体要求和"六项工程"总体目标，严守生态红线，用好"六个严禁"执法利剑，加大生态执法力度，严厉打击涉林违法犯罪行为，认真践行"谁破坏谁恢复、谁受益谁补偿"的法治理念，坚持恢复性司法理念和宽严相济的刑事司法政策，积极探索和开展"补植复绿"生态修复工作，通过办一个案件、恢复一片青山，实现了惩罚犯罪与生态保护双赢的良好效果。2017年9月18~21日，省委政法委、市委政法委共同发起喜迎党的十九大"法治毕节"展新颜报道，中央级新闻媒体、省级16家新闻媒体对"法治毕节"毕节市生态立法、七星关区拱拢坪"补植复绿"基地、七星关区"倒天河"水库法治整治和织金县环保管家试点等亮点进行了深入采访，也展示了新形势下生态建设探索的新路子、新亮点、新成效。

（一）加强规范性文件备案审查及执法检查制度

2016年4月5日，《毕节市人大常委会关于建立健全地方立法工作机制的若干意见》经市一届人大常委会第六十九次主任会议审议通过并生效实施。经过一年的探索实践，市人大常委会已探索出以立法计划为指引，以问题为导向，以实地调研为基础，以专业起草为框架，以专家论证为依托，以广泛征求意见为保障，以"二审一备"为标准的立法工作机制。不仅如此，还进一步加强规范性文件备案审查及执法检查制度。截至目前，根据《毕节市人民代表大会常务委员会规范性文件备案审查办法》，市人大常委会共对111件规范性文件开展备案审查工作。备案审查率达100%。市人大常委会共对《贵州省生态文明建设促进条例》《毕节市饮用水水源保护条例》《贵州省人民代表大会常务委员会关于依法推进打好污染防治攻坚战 开创百姓富生态美多彩贵州新未来的决议》等法律法规开展执法检查6次。针对执法过程中存在的问题,提出了改进执法工作的建议,结合常委会委员和部分人大代表的审议意见印发法律实施单位整改落实,保障了法律法规在毕节市能够得到严格遵守和贯彻执行。

(二)积极组织开展专题询问

2016年和2018年,市人大常委会分别对重点区域环境保护和污染治理工作、创建国家园林城市工作进行专题询问,政府对有关问题认真作答。通过专题询问共同推进中央、省委、市委重大决策部署的贯彻落实,体现了坚持党的领导、人民当家做主和依法治国的有机统一。在专题询问工作中,市人大常委会重点突出了连续询问机制,在全国各级人大常委会专题询问中进行了创新。

(三)建立环境行政执法与刑事司法联动机制

在2015年开展"生态环境保护专项行动"取得丰硕成果的基础上,三年来,毕节市结合"生态文明法治工程"工作要求,继续牢牢守住生态与发展两条底线,建立行政执法和刑事司法衔接机制,加强生态环境司法保护,为毕节试验区绿水青山绘上检察"底色"。通过行政部门与司法机关之间的工作衔接,构建起信息共享、资源共用、重大疑难案件共商等联动机制,毕节市检察院与市林业、环保、水利等部门共同出台了《毕节市人民检察院毕节市环境保护局生态环境保护工作衔接机制》《毕节市人民检察院毕节市林业局生态环境保护工作衔接机制》,各县区检察院与各地行政部门建立生态环境保护行政执法和刑事司法衔接长效机制180余项,推动形成生态环境保护部门联动并行格局。

(四)加大检察机关提起公益诉讼探索力度

围绕省检察院关于检察机关提起公益诉讼的决策部署,结合毕节公益诉讼探索经验,于2015年12月23日经院检察委员会审议并通过了《毕节市检察机关公益诉讼案件办理规定(试行)》并印发全市检察机关,制定《毕节市检察机关民事行政检察案件联动办理规定（试行）》。加大公益诉讼探索力度，两级检察院民行部门共摸排案件线索12件，其中民事公益诉讼案件线索2件、行政公益诉讼案件线索10件。已向省检察院报送行政公益诉讼案件线索1件，审核案件线索2件。2018年10月，七星关区检察院组织民行、刑检、公诉、案管等部门，对开展公益诉讼过程中的案件查办、结果反馈等工作机制进行讨论并完善。自全国检察机关全面推开公益诉讼工作以来，该院以生态环境和资源保护、国有资产保护等领域为重点进行线索摸排，与相关行政执法部门建立行政执法与刑事司法衔接平台，会签《关于建立公益诉讼协作机制的实施意见（试行）》。截至2018年10月，七星关区检察院共摸排公益诉讼线索120余条，办理行政公益诉讼诉前程序案件103件，督促行政机关清理垃圾9539.62吨。

（五）建立林业生态补植复绿工作机制

"法治毕节"创建工作开展以来，毕节市以开展森林保护"六个严禁"执法专项行动为载体，严厉打击破坏森林资源的违法犯罪行为。为了共同做好打击破坏森林资源的违法犯罪行为，有效衔接行政执法、刑事司法办案环节，依法、高效办理案件，确保受损森林资源得到有效补偿，法院、检察院、林业部门对破坏生态资源的违法犯罪行为在依法打击的同时积极探索"补植复绿"新模式。2015年11月13日，毕节市中级人民法院、市人民检察院、市林业局三家单位联合印发了《毕节市破坏森林资源违法犯罪案件生态损失补偿工作机制》，针对森林失火、盗伐、滥伐林木及非法占用林地等行政处罚和刑事案件，通过引导犯罪嫌疑人、被告人或者犯罪嫌疑人、被告人委托的其他主体签订生态损失补偿协议，在受损林地、生态公益林地或补植复绿基地补植林木，或缴纳生态损失补偿金由林业部门代为补植等方式，开展生态损失补偿工作。截至2018年，全市共查处涉林行政案件2267起，破获刑事案件269起，建立补植复绿基地57个、34100亩，已补植树木182万余株。

（1）敢于创新，坚持惩罚与保护相提并重。生态环境领域的犯罪不同于其他领域，青山绿水一旦遭到破坏，不是用严厉的刑罚可以挽回的。毕节市改变了以往偏重"打击与惩罚"的生态治理老路，而是更加注重"打击与惩罚""惩罚与保护"相提并重。不但要惩罚违法者，使其得到教育，更要违法者恢复环境原貌，不再让生态领域出现"破罐子破摔"的现象。毕节市林业局在办理森林失火、盗伐、故意毁坏林木及非法占用林地等行政处罚案件时，除采取罚款、没收相关财物或责令停止违法行为等处罚措施外，还提出了异地"补植复绿"的治理理念，严格依法责令被处罚人补植相应数量树木或恢复相应数量林地，并明确履行时限、地点以及不按时履行应承担的法律后果。通过这样的方式，不但使犯罪嫌疑人受到应有惩罚，还让受损森林资源得到有效补偿。

（2）机制运行，达到司法效果与社会效果有机统一。在开展生态损失补植复绿工作中，更加注重补植复绿带来的法律效果。如对自愿缴纳生态损失补偿金或签订并积极落实生态损失补偿协议的犯罪嫌疑人、被告人，办案单位可以向人民检察院提出从宽处理的意见，人民检察院可向人民法院提出从宽处理的意见，人民法院在受理案件时可依照量刑规范化给予被告人适当从宽处罚。通过这样的优化措施，引导其他违法者选择补植复绿等方式弥补犯罪过错，尽快恢复生态资源的循环能力。如织金县通过引导3起案件的3名被告人签订生态损失补偿协议，及时对被破坏的林木进行补植后，3名被告人均获得了法院的从宽处理。体现了在办理案件过程中贯彻宽严相济的刑事政策，在严厉打击破坏生态环境资源犯罪的同时，做到司法效果、社会效果的有机统一。

（3）基地建立，损失补偿与警示教育共同推进。大力推进森林保护"六个严禁"执法专项行动，针对犯罪嫌疑人在破坏林地上无法实施恢复措施的林地案件，通过投入生态损失补偿金，建立补植复绿基地，采取异地补植的方式重新播种、植树，让受损的森林生态得到及时有效的恢复。如七星关区投入30余万元生态损失补偿金。其中鸟语林补植复绿区面积340亩，主要栽植红豆杉林120亩，深山含笑、红花木莲混交林220亩；大海子工队补植复绿区面积115亩，栽植大叶女贞和杉木混交林；林场场

专题篇
毕节市生态文明法治工程报告

部周围补植复绿区面积 200 亩，主要补植树种有女贞、香花槐、连香树和桂花。在补植复绿基地的建设过程中，检察院、法院、林业部门精心谋划，因地制宜，制作相关标识牌，集中在修复基地周围制成普法展板，用于宣传保护环境的法律规定，进行相关普法教育，起到"查处一个、教育一片"的目的。

（4）创新方式，确保生态修复获实效。在开展"补植复绿"生态修复工作过程中，针对不同类型的案件，积极探索和采取有效的措施开展补植。针对因盗伐林木、滥伐林木、失火和故意毁坏绿化带而受到林业部门行政处罚和公安机关立案查处的，检察机关督促林业部门责令被处罚对象、违法犯罪单位及个人在原址补种树木，或责令缴纳植被恢复费后由林业部门组织补种。针对因无证生产、采石或毁林开荒等非法占用林地而受到林业部门行政处罚或公安机关立案查处的，检察机关发出检察建议，督促林业部门建立补植复绿基地，责令被处罚对象、违法犯罪单位及个人在补植复绿基地异地补种树木。对非法收购盗伐的林木及非法采伐、毁坏国家重点保护植物破坏森林资源的案件，参照盗伐补植标准执行。

（5）强化沟通协调，共同推进补植复绿工作的开展。生态损失补偿工作实行人民法院、人民检察院、林业局分工负责，相互协调原则。林业局负责测算森林资源受损情况及应补植林木或恢复林地的数量（面积），负责生态损失补偿金的管理和使用，确定补植地点、时间、树种并对补植工作进行技术指导和检查验收；森林公安局、人民检察院、人民法院在受理破坏森林资源的刑事案件后，引导犯罪嫌疑人、被告人自愿签订补偿协议弥补生态损失，并共同对补植林木及恢复林地情况进行监督。为加强补植复绿工作的执行监督和后续跟踪检查，人民法院、人民检察院、林业局每半年召开一次会议，相互通报半年来开展生态损失补偿情况，包括办理破坏森林资源违法犯罪案件基本情况，补植面积，保证金和生态损失补偿金的收取、管理及使用情况，以及对犯罪嫌疑人、被告人处理情况等。如 2016 年 1 月 27 日，毕节市检察院、市林业局针对办理案件中的疑难问题召开了研讨会，不仅加大了市检察院、市林业局对行政执法和刑事司法衔接的力度,而且保持了检察机关与行政执法部门共同协作的良好局面。

(6)签订协议,确保受损林木得到有效恢复。森林公安局、人民检察院、人民法院受理破坏森林资源违法犯罪案件后至刑事判决做出前,根据林业部门评估的受损林木(或生态)的价值数额,积极引导犯罪嫌疑人、被告人与被害人(包括国家、集体、个人等)签订生态损失补偿协议,议定由犯罪嫌疑人、被告人在约定的时间、地点补种相应数量林木(恢复林地)或缴纳生态损失补偿金,从而有效弥补受损的生态资源。

(7)注重"保证金"作用,确保生态补偿协议有效履行。在补植过程中,生态损失采取补植复绿和缴纳生态损失补偿金两种补偿方式,检察机关要求补植林木责任人先向林业部门提供一定数额的保证金作担保,补植林木责任人全面履行协议完毕,并经林业部门验收合格后,退还保证金。如果补植林木责任人未履行协议或履行协议不符合要求,林业部门根据办案单位反馈的意见,聘请他人代为履行协议,所需费用从补植林木责任人缴纳的保证金中扣除。通过缴纳一定数额的保证金,保证了生态损失补偿协议的有效履行。

(8)强化宣传,营造良好的舆论氛围。充分利用网络、报刊、电视等媒体加大对"六个严禁"和生态补植复绿工作的宣传报道。据不完全统计,"法治毕节"创建工作开展以来,毕节市各级法院、检察院、林业局在各级媒体宣传报道480余条次,如《中国绿色时报》以题为"毕节涉林案件'补植复绿'近千亩"、新华网和央视网以题为"贵州毕节7家单位及个人非法占用林地受处罚补植130余亩"、《今日贵州》以题为"破坏森林资源要'补植复绿'"分别报道了七星关区、百里杜鹃管理区生态补植复绿基地建设情况。同时,毕节市林业局还在《毕节生态建设》杂志、毕节市林业局门户网站、《毕节日报》开辟了相应专栏,对"六个严禁"和生态补植复绿工作进行了专题报道,营造了良好的法治舆论氛围。

（六）推行"环保管家"试点

2017年7月，织金经济开发区管委会与贵州省环境工程评估中心签订了《"环保管家"战略合作框架协议》，省评估中心充分发挥其环保技术优势，为织金经济开发区生态发展之路提供新形势下"环保管家"一揽子服务，完善建设项目环境管理体系，共同探索项目建设及运营中的环保措施、管理方法，促进企业实现稳定持续达标，降低环境风险，控制环保运行成本。在"环保管家"的助力下，织金经济开发区项目建设环保工作已初见成效，中国石化长城能源化工（贵州）有限公司60万吨/年聚烯烃项目、织金绮陌至茶店洪家渡大道工程、织金新型能源化工基地污水处理厂及配套管网工程、贵州织金经济开发区纵一路工程、中石化贵州织金煤化工征地拆迁安置等项目均获相关环保部门批复。此次战略合作的签订，是"法治毕节"生态文明法治工程组在创建过程中，积极探索环境污染治理新机制，努力提高污染治理专业化水平和治理效果，推动织金县经济开发区（化工基地）环境服务业快速发展的一次新的探索，为经开区建设项目规划、设计、建设、运行的全过程提供全方位的"环保诊断"，促进织金县经济开发区及企业环境管理体系的完善，探索环境保护措施、设施的适宜性管理方法与途径。"环保管家"是针对目前国内环保面临的新形势，针对企业提供专项定制的咨询及工程技术服务等"一条龙、一站式"环保服务，通过打造定制化、专业化环保服务，促进企业实现稳定持续达标，降低环境风险，控制环保运行成本。

三 生态文明法治工程存在的问题及完善建议

（一）生态环保执法中存在的问题

1. 土壤污染治理方面

一是历史遗留工矿用地土壤治理任务艰巨。毕节市铅锌冶炼、土法炼硫等企业起源早，企业污染场地较多，且大部分企业遗留污染场地责任主体灭失或难以查找，偿还历史形成的土壤污染治理欠账任务相当艰巨，加之地方财力紧张，完成企业历史遗留场地的治理任务异常艰巨。二是农业面源污染治理及耕地修复治理任务重。全市农业面源污染点多面广，化肥、农药使用量管控难度大，农业面源污染严峻。全市土壤污染因子、污染程度等底数依然不清，但根据目标责任书的要求，毕节市"十三五"期间需要修复治理60.19万亩、受污染耕地安全利用面积230.31万亩、重度污染耕地种植结构调整150.31万亩的任务尤为艰巨。三是土壤管理不规范。虽然已完成了农用地土壤详查采样工作，但相关数据尚未公布，在编制《土壤污染突发事件应急预案》、实施土壤污染防治上还不具备针对性和指导性。四是疑似污染地块排查仍不理想。疑似污染地块排查工作还不全面、不彻底，位于边远农村地区疑似污染地块因再开发利用价值不大，环境风险管控力度不够；已排查出的疑似污染地块因占地面积、用地类型不详、污染底数不清等影响导致信息录入不及时。

2. 水污染治理方面

一是环境保护体制机制有待完善。环境保护工作需要各级各部门共同参与，但是在具体工作中，还存在职责不清、职能交叉等问题；部门环保责任落实不到位，主动性不强，有些部门还处于被动抓环保的情况。二是环保设施建设依然滞后。全市大部分乡镇未建成污水处理厂，农村普遍缺乏污水、垃圾处理设施。三是基层环保人力紧张、人员专业能力参差不齐。

3. 其他方面

一是公益项目查处难度较大。公益性项目占用林地面积大、涉及面广，需要对接的部门多，案件推进缓慢。二是违法主体法律意识淡薄。非法占用林地、未批先占等违法行为时有发生。三是执法人员不够。四是执法后勤保障滞后。总体来说，环境执法面临环境执法权不独立、环境执法手段有限、环境执法能力不足等多种困境，[①] 这是目前毕节市乃至全国环境执法的主要问题。

[①] 李爱年、刘翱：《环境执法生态化：生态文明建设的执法机制创新》，《湖南师范大学社会科学学报》2016年第3期。

专题篇
毕节市生态文明法治工程报告

(二) 生态环保司法中存在的问题

第一，司法体制改革后，全市基层检察院成立"民事行政检察部"，生态检察职能与民事行政部门合并，两个部门工作量大、人员少，力量薄弱现象更加突出。第二，督促履职工作力度不大，实效不显著。部分检察建议采纳后无后续跟踪情况，对行政机关的实际履职情况不清，且责任划分不够明晰。一些工作责任主体不够明确，或明确了几个责任部门，但存在推诿现象。第三，两级检察院联动的格局还未形成。市、县（区）两级检察院之间沟通交流不够。第四，"补植复绿"工作发展不平衡。落实发出的"补植复绿"建议数偏少，发展不平衡。第五，宣传力度不够，影响力待加大。在开展工作的同时没有及时发声，宣传力度不够。

(三) 生态文明法治工程完善的建议

一是进一步做好生态文明制度的立、改、废工作。"法治毕节"创建多项指标涉及相关制度机制的贯彻落实及建章立制。因此，应进一步抓好制度贯彻、清理和制定完善等工作。对于需要对上级部门制定的相关制度机制进行贯彻落实的，积极组织学习，结合工作实际制定实施细则；对于需要建章立制的目标内容，认真开展调研制定工作，如已经有相关制度的，应根据实际进行完善或清理。

二是加大生态文明体制改革力度，建立完善生态文明建设体制。围绕重点流域、草海、百里杜鹃、韭菜坪等重点区域环境保护，启动生态环境保护地方立法工作，按立法程序制定立法计划，完成符合地方特点的生态环境立法。建立完善资源红线保护制度。实行最严格的耕地、林地和水资源保护制度，将大气、水、土壤等环境质量作为地方各级政府环保责任红线，制定污染物排放总量限值和环境风险防控措施，建立完善严守环境质量底线和生态红线的运行机制。完善生态环境监管制度。明确生态环境执法权限与执法程序，依法赋予充足的执法权并加大问责力度；加强环保、检察、公安、法院生态环境保护跨区域、跨部门的环境执法体制机制，减轻对地方政府的过度依赖。完善环境空气质量和水环境质量在线监控系统,建立完善生态文明指标监测体系。完善生态保护补偿机制。按照"谁开发谁保护、谁受益谁补偿"的原则,建立流域间生态补偿县级横向转移支付制度,科学界定生态保护者与受益者的权利和义务,严格执行国家生态公益林补偿政策,及时足额兑现年度补偿资金。

三是进一步强化生态环境执法监督。围绕"六个严禁"和环境保护"六个一律"专项行动,进一步突出多部门联动执法,强化公安、环保、国土、林业等部门沟通协作,建立部门间打击破坏生态环境违法犯罪的工作机制。进一步强化环境保护网格化管理工作,加强部门联动,严厉查处各类生态破坏和环境违法违规行为;加大环境经济政策的实施力度,充分发挥市场手段在环境保护领域的作用,丰富执法手段;统一环保执法标准,规范环保执法行为。

四是进一步强化生态环境司法监督,加大对生态领域职务犯罪的惩防力度,推进公益诉讼制度探索,完善检察机关提起民事、行政环境公益诉讼制度,市、县法院设立生态环保法庭,加强行政执法监督和环境司法;强化市、县两级环境监察能力标准化建设,全面提升环保执法能力。检察机关以"六个严禁"及"风暴"执法专项行动为契机,加强与执法部门沟通,积极推进该项工作,并加强与电视台、报社联系沟通,借助媒体的力量宣传专项行动,提升群众保护环境的意识,扩大生态专项行动的影响力。

五是落实生态文明建设责任追究制度、完善生态文明政绩考核制度。引导党政领导干部树立正确的政绩观,并将考核结果纳入领导干部政绩考核体系;将资源消耗、环境损害、生态效益等指标纳入经济社会发展综合评价体系。切实落实生态文明建设指标考核体系并纳入地方党政负责人政绩考核,加大中央财政对环境保护的投入力度,减少地方政府对环保执法的阻碍。

参考文献

  罗念、付炫平:《加强地方环境立法 助推长江经济带实现生态优先的发展——基

专题篇
毕节市生态文明法治工程报告

于湖北省环境立法现状的分析》,《长江论坛》2018 年第 4 期。

吴贤静:《生态红线地方立法完善路径》,《地方立法研究》2018 年第 1 期。

刘明明:《改革开放 40 年中国环境执法的发展》,《江淮论坛》2018 年第 6 期。

李爱年、刘翱:《环境执法生态化:生态文明建设的执法机制创新》,《湖南师范大学社会科学学报》2016 年第 3 期。

刘超:《环境修复审视下我国环境法律责任形式之利弊检讨——基于条文解析与判例研读》,《中国地质大学学报》(社会科学版) 2016 年第 2 期。

张忠民:《检察机关试点环境公益诉讼的回溯与反思》,《甘肃政法学院学报》2018 年第 6 期。

王树义:《论生态文明建设与环境司法改革》,《中国法学》2014 年第 3 期。

毕节市法治监督检查工程报告

夏丹波[*]

摘 要：法治监督检查工程是法治毕节创建的"六大工程"之一，是法治毕节创建的主干内容。法治监督检查工程主要涉及法治监督和工作检查两部分内容，法治监督主要是对科学立法（包括各级党委、政府及其组成部门制定的规范性文件）、严格执法、公正司法、全民守法情况的监督，工作检查主要是针对国家及上级部门的决策部署落实情况以及"法治毕节"创建工作本身开展的监督检查。法治监督检查是地方法治建设的重要内容和手段。对毕节市法治监督检查工作的详细梳理，对总结整个"法治毕节"创建工作情况、提炼经验方法、汇总问题障碍、思考完善路径意义重大。梳理总结主要聚焦法治监督检查工程的主要做法及其成效、法治监督检查工程的重难点突破、法治监督检查工程建设的经验与启示、法治监督检查工程存在的主要问题以及完善法治监督检查工程的主要举措等五个方面的内容。

关键词：地方法治 法治毕节 法治监督检查

按照贵州省委、省政府《"法治毕节"创建工作总体方案》和《"法治毕节"创建工作总体实施方案》要求，法治监督检查工程是"法治毕节"

---

[*] 夏丹波，法学博士，中共贵州省委党校法学教研部副教授，贵州省法治研究与评估中心研究员。

创建的"六大工程"之一，与法治政府建设工程、公正司法天平工程、全民守法宣教工程、法治惠民服务工程、生态文明法治工程一起构成了"法治毕节"创建的重要工作任务和一级创建目标。要对"法治毕节"创建工作进行阶段性梳理，总结已经形成的经验，找出还存在的问题，厘清下一步工作思路，必须对"法治毕节"监督检查工程进行专项梳理、总结，从而全面反映"法治毕节"创建工作情况。以下主要从法治中国建设的战略高度、法治贵州建设的现实视野及"法治毕节"建设的生动实践出发，对法治监督检查工程的主要做法及其成效、法治监督检查工程的重难点突破情况、法治监督检查工程建设的经验与启示、法治监督检查工程建设存在的主要问题、完善法治监督检查工程的主要建议等五个方面进行全面深入的考察总结。

一 法治监督检查工程的主要做法及其成效

法治监督检查工程在聚焦对政府公权力的制约与监督的同时，还强化了对公民遵法守法情况的监督，下面从党内监督、人大监督、民主监督、行政监督、司法监督、审计监督、社会监督、新闻舆论监督等八个方面具体总结该项工程的主要做法及其成效。

（一）党内监督工作主要做法及其成效

1. 逐步完善了党委依法决策机制

一是强化对重大决策和重要文件的合法性审查。2016年制定出台了《关于进一步做好市委文件审核工作的意见》（毕党办发〔2016〕15号）及《中共毕节市委重大决策合法性审查制度》两个规范性文件，以专门对此项工作进行规范。

二是重大事项决策过程实行全程记录。毕节市委办公室印发了《"法治毕节"创建"法治监督检查工程"市委办公室牵头任务责任落实方案》，明确市委办公室负责笔录和除涉及纪律、人事之外"三重一大"事项决策的录音录像，毕节市纪委负责自带设备对市委研究涉纪事项全程录音录像。

三是建立党委重大决策责任追究机制，严格执行主要领导末位表态制度。

四是全面落实党委主要负责人履行推进法治建设第一责任人职责要求。"法治毕节"法治监督检查工程严格按照习近平总书记要求即"党政主要负责人要履行推进法治建设第一责任人职责"。毕节市委由市委书记亲自挂帅，担任第一责任人，其他各县区均由党委一把手担任第一责任人。

2. 党委政法委监督职能得到了充分发挥

一是建立了专题听取各政法机关汇报重大事项的工作机制。2016年以来，毕节市委政法委代表市委先后听取了毕节市中级人民法院关于刑事、民商事、行政三大审判改革报告，毕节市检察工作情况汇报，毕节市公安工作情况汇报等。

二是健全了督促政法机关依法履职制度。毕节市委政法委办公室下发了《关于做好市级案件交叉评查工作的通知》（毕政法办〔2016〕9号），成立了评查领导小组，明确了评查时限和目标要求。毕节市中级人民法院印发了《贵州省毕节市中级人民法院案件质量评查实施办法（试行）》（毕中法〔2015〕82号），就案件评查的机构、组织、方式及范围等作出了明确规定，并严格按照规定开展工作。

3. 党内规范性文件合法合规报备工作制度化

一是建立了党内规范性文件制定、报备和清理制度。印发了《党内规范性文件制定、报备和清理制度（试行）》（毕党办发〔2016〕15号），严格督促各县（区）党委（党工委）和市直单位党组织遵照执行。印发了《中共毕节市委办公室关于进一步做好党内规范性文件备案审查工作的通知》（毕委办字〔2017〕77号），实现了党内规范性文件备案审查工作制度化、规范化。印发了《中共毕节市委办公室关于印发〈市级党内规范性文件清理工作方案〉的通知》（毕委办字〔2016〕11号），对1978~2012年以中共毕节市（地）委文件、中共毕节市（地）委办公室文件形式发布的党内规范性文件进行全面清理。印发了《中共毕节市委办公室关于建立市委党内规范性文件工作联席会议制度的通知》（毕委办字〔2017〕76号），明确了工作职责，建立了相应机制。

二是严格落实党内规范性文件执行监督制度。印发了《党内规范性文件执行监督制度（试行）》，要求各县（区）和有关部门（单位）抓好落实，切实维护党内规范性文件的权威性和严肃性，努力在全市推进党内规范性文件的有效执行。

4. 强化执纪执法监督

2015年以来，纪检监察机关受理、查处失责问题946个，问责91个党组织、1178名领导干部，党纪处分235人。发现扶贫民生领域腐败和作风问题24759个，立案7296件，处分7336人，移送司法机关104人，涉及金额3.084亿元。受理各类信访举报11662件，立案7942件，结案7461件，党纪政务处分8486人。

（二）人大监督工作主要做法及其成效

1. 加大对"一府一委两院"的监督力度，强化对政府组成部门的工作评议或专题询问

一是强化对专项工作报告的听取和审议。2016~2018年，共听取和审议了"一府一委两院"专项工作报告36个，代表对专项工作报告满意度达96%以上。与会代表结合毕节市实际提出了大量具有前瞻性、科学性和可操作性的建议意见，由常委会办公室转交"一府一委两院"组织研究处理并得到整改落实。二是强化对政府组成部门的工作评议。2016~2018年，市人大常委会先后对通村油路建设、城镇职工养老保险、"一气三表"专项整治、食品安全、脱贫攻坚工作进行专项评议5次。从关注出行安全到保障"老有所依"再到助力脱贫攻坚，市人大常委会始终不遗余力，全力以赴解决民众普遍关心的热点难点问题。其中，评议脱贫攻坚工作得到了省人大领导的充分肯定。三是积极组织开展专题询问。2016年和2018年，市人大常委会分别对重点区域环境保护和污染治理工作、创建国家园林城市工作进行专题询问，政府对有关问题认真作答。通过专题询问共同推进中央、省委、市委重大决策部署的贯彻落实，体现了坚持党的领导、

"法治毕节"的探索与实践

人民当家做主和依法治国的有机统一。在重点区域环境保护和污染治理工作专题询问中,市人大常委会重点突出了连续询问机制,对专题询问方式进行了创新。

2. 制定年度执法检查计划,严格落实规范性文件备案审查

一是不断完善执法检查制度。毕节市人大常委会先后制定了《毕节市人民代表大会常务委员会法律实施情况监督检查办法》《毕节市人大常委会关于开展〈中华人民共和国预算法〉执法检查工作方案》等文件,同时将执法检查纳入各年度工作要点报市委同意,不断完善执法检查制度建设。2016~2018年,市人大常委会共对《中华人民共和国未成年人保护法》《中华人民共和国预算法》《贵州省生态文明建设促进条例》《贵州省大扶贫条例》《毕节市饮用水水源保护条例》等法律法规开展执法检查5次。针对执法过程中存在的问题,提出了改进执法工作的建议,结合常委会委员和部分人大代表的审议意见印发法律实施单位整改落实,保障了法律法规在毕节市能够得到严格遵守和贯彻执行。二是严格落实规范性文件备案审查制度。根据《毕节市人民代表大会常务委员会规范性文件备案审查办法》,截至2018年底,市人大常委会共对《毕节市鼓励支持电子商务发展暂行办法》《毕节市做好政府向社会力量购买公共文化服务的实施方案》《毕节市城市公立医院综合改革实施方案》等84件规范性文件开展备案审查工作,备案审查率达100%,有利于保障法制统一和依法治国方略的顺利实现。

3. 加大对议案、建议的督办力度,依法及时处理来信来访

一是不断加大对议案、建议的督办力度。2016~2018年,共收到代表所提议案2件,建议610件,所有议案、建议均按程序交有关部门办理,办复率100%,满意率达98%以上。为加大对代表建议的督办力度,2018年5月18日,市二届人大常委会第三十次主任会议经审议后确定11件代表建议为主任会议成员重点督办件,分别由常委会主任会议成员牵头督办,所有督办件均已办理完毕。二是依法及时处理来信来访。2016~2018年,共接待来信来访901件次,其中处理来信272件次,接待来访群众629人次。来信来访及时登记、转交相关部门按时办理,答复率为100%(其中,2016年来

信136件，来访346人次；2017年来信85件，来访204人次；2018年来信51件，来访79人次）。

（三）民主监督工作主要做法及其成效

一是适时向党委、政府提出"法治毕节"创建的意见建议。组织开展"法治毕节"专题调研，及时为党委、政府决策提供科学依据。自2015年以来，开展"法治毕节"专题调研6次，包括调研毕节市法治政府建设情况、全市农村思想政治教育工作情况、全市爱国主义教育基地建设和利用情况、全市社区建设情况、增强全民法治意识推进全民守法宣教工程实施情况、法治惠民实施情况等，共形成专题调研报告6个，积极向党委、政府提供"法治毕节"创建建议。

二是通过大会发言、反映社情民意、委员提案、应邀受聘担任特邀监督员等形式，及时反映"法治毕节"创建工作中存在的问题，提出建议改进的方法措施。通过召开大会，讨论协商《毕节市人民政府工作报告》、《毕节市中级人民法院工作报告》、《毕节市人民检察院工作报告》和《毕节市国民经济和社会发展计划》等，对事关试验区改革发展的重点问题和人民群众关心的热点难点问题提出了许多有建设性、针对性的意见建议。审议通过政协工作报告和提案工作情况报告，号召全市各级政协组织、政协各参加单位及广大政协委员，把智慧和力量凝聚到市委的决策部署上来，形成推进毕节市"决战贫困、提速赶超、同步小康"的共识和合力。

三是建立健全反映社情民意信息工作制度，充分发挥社情民意直报点作用。自毕节市政协成为全国政协办公厅社情民意直报点后，进一步完善了《毕节市政协办公室社情民意信息编报制度》，畅通了各民主党派市委、各人民团体、各县（区）政协、市政协各专门委员会、各市政协委员反映社情民意信息的渠道。注重从常委会议、专题调研、委员提案中搜集社情民意信息，并及时向市委、市政府主要领导、有关领导及相关部门报送。自2015年以来，通过调查核实、整理汇编，共编发《市政协社情民意信息》121期，受到了市委、市政府领导的高度重视，其中《盆景取材对生态环境保护不容忽视》《教育扶贫资金的沉淀应引起重视》已上报全国政协办公厅，《关于住房公积金账户定期自动划转偿还住房贷款的建议》《高度重视和妥善化解市实验学校一年级招生矛盾刻不容缓》《毕节六小大班额所致的安全隐患何时才能消除》《关于配齐配全毕节市基层医务人员一体机的建议》等信息得到市委、市政府主要领导的高度重视，推动了问题的解决。

四是组织开展视察工作，视察报告报市委、市政府参阅。自 2015 年以来，共组织主席会议视察 5 次、常委会议视察 5 次，分别对毕节市职业教育发展情况、城市综合执法工作情况、生态建设和保护情况、易地扶贫搬迁脱贫攻坚工作情况、教育扶贫工作情况等开展视察调研，形成视察报告和调研报告报市委、市政府参阅。

五是积极办理政协提案。市政协坚持以"决战贫困、提速赶超、同步小康"为统揽，根据"法治毕节"创建工作相关要求，认真履职，充分发挥政协民主监督的优势，各项工作取得了新的进展。共收到提案 2233 件，经审查，立案 1917 件，交办 1917 件，提案内容涉及经济发展、交通运输、城市建设、教育文化、社会保障等各方面，提案办结答复率为 100%，为毕节试验区经济社会发展建真言、献良策发挥了政协特色和优势。

六是民主党派在人大、政府、政协中的任职比例达到上级规定要求。目前，根据市委统战部干部数据统计情况，毕节市共有副县（处）级及以上党外干部 113 名。其中，副厅级领导职务 6 名。市人大常委会中已配齐 1 名党外人士担任专职副秘书长，2 名党外人士担任专委会领导职务；市政协机关已配备 2 名党外人士担任副秘书长，2 名党外人士担任政协专委会领导；市、县（区）两级政府领导班子中，均配备有党外副县（区）长。

（四）行政监督工作主要做法及其成效

一是政府向同级党委报告依法行政工作常态化。"法治毕节"创建工作开展以来，由毕节市政府法制办公室牵头，毕节市监察局监督，不断完善各级政府定期向同级党委报告依法行政情况工作机制，深入推进市、县、乡三级政府向同级党委报告依法行政工作常态化。2016 年以来，市、县、乡三级政府除平时向同级党委报告依法行政工作情况外，年底还向上级政府和同级党委、人大报告依法行政工作情况，主动接受上级政府、同级党委和人大监督。

二是认真整改落实司法建议。制定下发了《毕节市行政机关反馈司法建议工作制度（试行）》，认真整改落实司法建议。2017年未发生司法机关向行政机关提出司法建议的事项。

三是对权力集中的部门和岗位实行分事行权、分岗设权、分级授权等内控机制。全面完成毕节市市、县、乡三级政府权责清单清理编制公布工作，并率先在贵州省实现权责清单动态管理。严格执行政府机构、职能、权限、程序、责任法定化，做到"法定职责必须为、法无授权不可为"。完善对权力集中部门和岗位权力运行的监督机制，有针对性指导重点项目、重点决策岗位开展轮岗交流等，确保权力运行内控机制完善。

四是建立健全纠错问责制度，规范干部管理。市委办印发了《毕节市干部作风"马上就办"实施办法（试行）》《毕节市干部作风监督考核办法（试行）》《毕节市干部作风预警制度（试行）》《毕节市干部召回管理办法（试行）》《毕节市干部作风问责办法（试行）》等制度，建立了科学的干部监督管理制度。

五是建立了对行政不作为、乱作为及违纪违法行为查处机制。毕节市纪委将专项监察作为"三查三问"专项行动主要工作举措，明确毕节市县乡涉农部门、纪检监察机关以及村（居）职责，构建起重点突出、指向明确、聚焦到位的民生监督工作格局。全面开展"拉网式"排查整治，严惩不作为、乱作为、严重损害群众利益的违法违纪行为。共向群众宣传解释扶贫政策3500次，发现问题4070个，扶贫领域立案494件，给予党政纪处分403人，督促整改问题2517个。农村危房改造专项监察发现问题1768个，立案313件，党政纪处分221人；信贷扶贫专项监察发现问题1340个，立案80件，党政纪处分52人；农村饮水安全工程专项监察发现问题862个，立案46件，党政纪处分32人。

（五）司法监督工作主要做法及其成效

积极主动适应司法体制、监察体制改革，聚焦监督主责主业履职尽责，

"法治毕节"的探索与实践

推动法律监督全面平衡充分发展,以强化法律监督为重点,深入推进"法治毕节"创建。

不断强化职务犯罪检察监督。坚决贯彻党中央关于反腐败斗争的决策部署,保持反腐高压态势。及时介入各类安全事故调查,严肃查办重大安全责任事故背后的渎职犯罪。2015~2017年共立案查办贪污贿赂犯罪案件324件379人、渎职侵权职务犯罪案件72件97人,为国家挽回经济损失6575.83万元。2018年以来,顺应国家监察体制改革,毕节市检察院成立职务犯罪检察部,各县区检察院组建职务犯罪案件办理团队,强化与监委部门之间的衔接,共受理监委移送的职务犯罪案件41件48人,批捕30件31人,提起公诉39件47人。以防止冤假错案为目标,注重人权司法保障,建立全程介入命案取证监督、疑案内审机制,综合运用诉讼监督、派驻检察、专项检察等方式,2016年以来,共监督侦查机关立案568件、监督侦查机关撤案331件、追加逮捕828人、追加起诉1079人、排除非法证据106人。对不构成犯罪或证据不足的,决定不批捕2437人、不起诉1919人,对刑事案件一审判决提出抗诉49件。办理民事行政申诉案件3538件、提出检察建议1995件,被采纳1898件;监督纠正"减假暂"不当482人,发现并纠正"脱漏管"98人。

不断强化刑事检察监督。坚持罪刑法定、疑罪从无和证据裁判原则,严把案件事实关、证据关、程序关和法律适用关,切实保障司法公正。自"法治毕节"创建工作启动以来,共监督撤案389人,监督立案738人,追加逮捕929人,追加起诉1310人,追加遗漏罪行336人。纠正侦查活动违法854件次,纠正审判活动违法64件次,提出量刑建议11053人次,采纳率达95%以上。抗诉70件,法院已改判和发回重审42件。

不断强化刑事执行检察监督。以开展"维护在押人员合法权益""深化推进判处实刑罪犯未执行刑罚""深化推进财产刑执行"等专项监督活动为抓手,自"法治毕节"创建工作启动以来,共审查提请和裁定减刑、假释、暂予监外执行案件7441件,提出监督意见1716件,纠正监管场所侵犯在押人员合法权益等违法情形116件,对100名社区服刑罪犯提出收监执行检察建议,

专题篇
毕节市法治监督检查工程报告

纠正监外执行罪犯脱管 111 人,开展财产刑核查 3027 人 5843.21 万余元。认真开展羁押必要性审查,提出变更强制措施或释放建议 321 件,采纳 317 件。

不断强化民事行政检察监督。自"法治毕节"创建工作启动以来,办理民事、行政监督案件 2625 件,对不符合监督条件做不支持监督申请决定 469 件,监督审判和执行活动违法 626 件,人民法院采纳 627 件(含积存)。提出抗诉 31 件(其中虚假诉讼 3 件),法院已改判 13 件,提出再审检察建议 13 件(法院已采纳)。提起公益诉讼 31 件,法院均已判决生效。办理的 1 件行政公益诉讼案件被省高级人民法院评为"环境资源审判十大典型案例"之一,3 件案件入选"贵州检察机关公益诉讼典型案例"。针对乡镇垃圾处理、"非洲猪瘟"疫情防控等社会热点问题,发出督促履职检察建议 1795 件,成功提起全省首例食品药品领域刑事附带民事公益诉讼。

(六)审计监督工作主要做法及成效

2018 年,毕节市审计机关共完成审计项目 106 个,完成了审计计划的 102.9%,查出违规金额 175846 万元、管理不规范金额 4105.78 万元、损失浪费金额 222 万元。移送纪检监察机关及有关部门案件线索 47 件,审计提出建议 254 条,被采纳 202 条,促进被审计单位建章立制 14 项,提交审计信息 272 篇,采用 128 篇。

一是持续开展扶贫资金审计。毕节市审计工作紧扣脱贫攻坚大局,重点对纳雍、威宁、赫章三县共 20 个省级和市级极贫乡镇扶贫政策落实、项目实施和资金使用管理情况实施了审计,共移送纪检监察机关案件线索 4 件,涉及金额 1172.59 万元。

二是扎实开展对口帮扶资金审计调查。在对大方县等 7 个县区涉及广州市 2017 年对口帮扶支援资金审计调查中,以资金为主线,以项目为载体,以绩效为目标,以问题为导向,加大审计监督力度,有效揭露了问题。调查报告得到了毕节市委书记周建琨同志的批示。

三是不断强化经济责任审计。毕节市共完成领导干部任中、离任审计 44 人,共查出违规违纪金额 7161.51 万元,管理不规范金额 61128.64 万元,移送纪检监察机关及主管部门的问题线索 30 件，涉及问题金额 9848.53 万元。

四是稳步开展易地扶贫搬迁资金审计。毕节市共投入 70 名审计人员对 2017 年度易地扶贫搬迁资金进行交叉审计，重点审计政策落实、资金筹集管理分配和使用等事项，揭示问题，深入分析原因，提出完善制度建议意见，进一步促进了政策落地落实和资金规范使用。

五是注重加强保障性安居工程跟踪审计。毕节市共抽调 55 名审计人员到黔西南州开展保障性安居工程跟踪审计，重点审计政策措施贯彻落实、保障和改善民生绩效、资金筹集管理使用、工程建设管理和住房分配等情况，共移送 17 件问题线索。

六是深化同级财政预算和部门预算执行情况审计。2018 年毕节市审计机关完成了上年度地税税收征管、金库资金收纳、本级财政预算执行和部门预算执行情况的审计工作，有效揭示了非税收入未及时缴入国库、国有资产损失等问题。

七是切实加强公共投资项目审计。围绕加强和改进政府投资建设项目管理、促进资金安全有效使用的目标，逐步改变凡投必审、以审代结的思路，逐步形成投资审计法治化、规范化、质量化的新格局。例如，毕节市审计局组织对计划内外共 12 个重点项目开展了竣工结算、决算审计，审计送审金额 16302 万元，审定金额 10575.68 万元，核减金额 5726.32 万元，核减率 35.13%。

八是有效推进领导干部自然资源资产离任（任中）审计。由毕节市审计局两位副局长担任审计组组长，分别带队到贵州省仁怀市、印江县开展主要领导干部自然资源资产任中审计，积累了宝贵经验，取得了明显成效。同时由贵州省贵阳市审计局、铜仁市审计局分别在毕节市黔西县、纳雍县开展该项工作，出具了 2 份审计意见，提出审计建议 12 条，移送有关部门线索 1 件。

（七）社会监督工作主要做法及成效

一是畅通群众举报渠道。毕节市委政法委下发了《毕节市政法机关执法办案"五严禁"》并公布了监督举报电话，接受群众监督举报。毕节市纪委公布了群众举报电话：8234207，举报邮箱：bjdflzjs@166.com，举报网站：www.bjsjw.gov.cn，微信举报平台公众号：bjzfjb。毕节市检察院开通了12309一体化平台。

二是建立对群众举报、检举、投诉应答必答制度。毕节市纪委印发《2016年毕节市纪检监察干部工作要点》，对信访举报、案件监督管理、案件审理等作出详细安排。

三是健全受理群众举报投诉制度。截至目前，毕节市纪委共受理各类信访举报3651件，已按相关程序通过转办、交办、移转等处置3505件，按程序处置率为96%。

（八）新闻舆论监督工作主要做法及其成效

一是建立完善舆论监督反馈机制。毕节市委宣传部制定下发了《"法治毕节"创建舆论监督反馈机制实施办法》，对毕节市属和市外各级新闻媒体按照有关规定和程序，通过内参报道或公开报道的方式，对毕节市各级行政机关、执法职能部门在工作中存在的问题进行批评、曝光等作出了细致规定。毕节市纪委、毕节市委组织部、毕节市委宣传部、毕节市监察局、毕节市人力资源与社会保障局联合下发了《关于印发〈毕节市舆情处置工作责任追究实施办法（试行）〉的通知》（毕纪通〔2015〕57号），明确了责任追究的范围、程序及方式。

二是对媒体举报投诉突出问题查处反馈及时。毕节市委宣传部通过制定出台《关于印发〈毕节市新闻媒体法治监督检查队伍工作方案〉〈关于进一步规范新闻媒体对司法案件报道的制度〉〈"法治毕节"创建舆论监督反馈机制实施办法〉的通知》等文件，确立了相应查处反馈机制。

三是建立规范媒体对案件报道制度。制定了《关于进一步规范新闻媒体对司法案件报道的制度》，由相关试点单位及时向媒体公开案件进展情况。

四是妥善应对媒体采访，没有出现对舆论、媒体报道案件处置不当，产生恶劣影响的情形。毕节市委宣传部下发了《关于确定毕节市中级人民法院为"法治毕节"监督检查工程舆论监督试点单位的通知》。毕节市中级人民法院作为试点单位，舆论监督反馈及时有效。

二　法治监督检查工程的重难点突破情况

（一）在加强政务公开促监督实效上有突破

毕节市按照"统筹规划、重点突破、整合资源、强化应用"的总体思路，切实做好"1122"工作（围绕政务公开这一核心工作、建好一张网、搭好两平台、管好两门户），进一步推进电子政务建设应用，不断夯实政务公开工作基础，充分发挥政务公开围绕中心、服务大局的作用，全面推进决策、执行、管理、服务、结果及重点领域信息公开，以公开促规范，以公开促服务，以公开促治理，以公开促监督实效。

1. 注重制度建设

毕节市出台了《中共毕节市委办公室　毕节市人民政府办公室印发〈关于全面推进政务公开工作的实施方案〉》（毕委办字〔2017〕37号），围绕实施权力运行全流程公开、提升政务开放参与水平、强化政务公开平台建设、加大政务公开能力建设、强化保障措施五个方面的任务，实现促进政务阳光透明、增进政府与公众交流互动、完善政府信息服务体系、增强政务公开工作实效、推动政务公开工作落到实处的五个工作目标，制定19项工作措施，明确细化各单位责任、任务。公开9+X事项，按市编委办清理公布的事项清单，将毕节市直部门9+X事项在贵州政务服务网上公开。公开内容涵盖事项名称、法定依据、办理时限、收费标准、收费依据、申请材料、办理流程、服务电话等80多项内容。

2. 加强重点领域的政务公开

根据《国务院办公厅关于印发2018年政务公开工作要点的通知》（国办发〔2018〕23号）、《省人民政府办公厅关于印发贵州省2018年政务公开

专题篇
毕节市法治监督检查工程报告

工作要点的通知》（黔府办发〔2018〕22号）要求，结合毕节市实际，及时出台《毕节市人民政府办公室关于印发毕节市2018年政务公开工作实施方案》（毕府办发〔2018〕22号）、《毕节市人民政府办公室关于印发毕节市推进社会公益事业建设领域政府信息公开实施方案的通知》（毕府办函〔2018〕77号）、《毕节市人民政府办公室关于印发毕节市推进重大建设项目批准和实施领域政府信息公开实施方案的通知》（毕府办函〔2018〕85号）、《毕节市人民政府办公室关于印发毕节市推进公共资源配置领域政府信息公开的实施方案》，进一步细化政务公开主要任务，拓展政务公开范围，明确牵头单位、责任单位和工作时限，要求按照年度政务公开工作实施方案的安排，主动作为，深入研究政务公开工作要求，及时调整完善相关配套措施，科学规划栏目建设，建立内容发布规范，完善信息发布责任清单，进一步推进政务公开工作。毕节市在2017年全省政务公开第三方评估中获得第二名的好成绩。

3. 通过政务公开平台建设，保障公众监督

按照"互联网+公众服务"理念，不断推进政府网站集约化建设。构建以市人民政府门户网站为主站、百里杜鹃管委会和金海湖新区为子站、市政府工作部门为频道的站群系统，全市"1+8"（1个市级+8个县区门户网站）政府网站格局正式形成。进一步加强政务新媒体建设，以毕节市人民政府网微信公众号为主，以腾讯微博、今日头条号、一点资讯号等政务新媒体为辅，坚持每日发布全市重大时政、民生、政策、民意征集等信息，新媒体已成为政务公开的重要载体。毕节市人民政府网微信公众号入围2018年第二季度贵州省市县级政务微信影响力Top10排行榜。截至目前，毕节市人民政府门户网站群主动公开政府信息23508条，政务新媒体发布信息16041条，向贵州省人民政府网报送政务信息6930条，较好地保障了人民群众的知情权、参与权、表达权和监督权。

黔西县创新推出"互联网+"社会治理信息平台，构建二维码"智慧门牌"，让公众更易获取政务信息，有效提高了群众对政务公开工作的监督，受到广大媒体的关注，中央电视台将其作为政务公开的典型案例在

"为十九大献礼"政论专题片《法治中国》中报道,政务公开监督员受邀参加贵州省政府开放日活动,列席旁听贵州省政府常务会议。七星关区构建"一网三平台",将政务公开工作延伸到基层,解决了政务公开工作的"最后一公里"问题。

4. 着力拓展政务公开的深度和广度,切实回应社会关切

深入推进"互联网+政务服务",落实深化"放管服"改革要求,着力提升政务服务工作实效。各县(区)都成立了政务公开监督小组,建立了相应的工作制度,定期对政务公开制度的落实情况进行监督检查,强化了对政务公开工作的监督,拓宽监督范围,延伸监督领域,较好地推动了政务公开工作开展。毕节市各县区共计招募2523名政务公开监督员,基本实现了市、县(区)、乡、村四级全覆盖。

5. 加强进驻事项办理监督

一是加强窗口人员教育管理,杜绝吃拿卡要。二是加强进驻政务大厅收费事项监督管理,杜绝违规收费,上半年全面开展政务大厅收费情况自查工作1次,未发现违法、违规收费行为。三是开展办件抽查,杜绝超法定时限办件,杜绝让服务对象提交无法律法规依据的证明材料,未发现取消的证明材料出现在申请材料中。四是建立投诉处理机制,畅通投诉举报渠道。中心以服务优质、便民利企为宗旨,畅通政务服务投诉举报渠道(网上投诉、电话投诉、信函投诉、现场投诉),及时解决群众办事难点和堵点。截至2018年10月,共接到群众投诉事件11件,依法处理投诉事件办结率100%。

(二)加强司法监督促进公正司法

一是全面落实司法责任制。毕节市中级人民法院组织团队认真研究司法责任制改革背景下的审判监管模式,推动实现放权与控权的有机统一,通过进一步加强法院院庭长的审判监管职能,以信息化建设为基础,从统一裁判标准、保障案件质效、合理绩效考评三方面着手,构建科学合理的审判监督制约机制。毕节市中级人民法院制定《审判委员会工作规则》,充分发挥审判委员会总结审判经验、讨论重大案件事项和监督、指导法院审判工作的作

专题篇
毕节市法治监督检查工程报告

用,促进"类案同判"。制定《规范合议庭评议案件的规定》,突出法官在案件审判中的责任。加大院庭长监督力度,做到放权不放任。开展案件质量评查,严把案件质量关,2015年以来共重点评查案件261件。全市法院运用大数据铸牢制约司法权的"数据铁笼",依托案件管理系统功能实时提取信息数据,加强对审判流程关键节点控制,通过监测,以催办、督办、通报、问责等实现了对案件流程管理、节点控制的有效监督。对法官办案效率、办案质量、办案效果进行量化指标考核等进行实时排名通报,提高了案件质量精细化监管水平,坚决做到"放权不放任、监督不缺位"。

二是审判程序更加规范严谨。市、县两级法院实施办案质效的数据信息化管理考核,由审判管理局(办)对审判程序进行审限跟踪和质效评估,市中级人民法院每季度召开全市法院审判质效调度会,每月对全市审判质效指标进行通报,每周公布法官办案情况。全市法院按照庭审同步录音录像的要求,建成科技法庭146个,保证庭审全程留痕。毕节市中级人民法院于2016年8月正式投入运行电子卷宗系统,随案同步生成电子卷宗,大幅提升法官办案、审判监督、档案管理的信息化水平,确保审判执行活动全程留痕。积极推进繁简分流,实现"繁案精审、简案快审"。以七星关区人民法院和纳雍县人民法院为试点向全市法院推行"轻刑快审"机制,试点法院对轻微刑事案件平均办案周期7天,最快1天,节约了司法成本,提高了审判效率。大力抓好重大案件的审理,积极推进审判委员会制度改革,强化"审委会"在总结审判经验、制定审判规范、讨论审判重大事项、统一法律适用和裁判标准上的职能作用。在命案、毒品、非法集资、贪贿等重大案件审理期间,制定工作预案,落实值班制度,加强安全保卫、后勤保障、舆论引导。近年来成功开庭审理了贵州省高级人民法院指定审理的厅局级干部重大职务犯罪案件,庭审取得圆满成功,承办重大案件的综合能力得到贵州省高级人民法院的肯定。

三是创新了涉黑恶罪犯判刑案件的审查机制。第一,全案审查与重点审查相结合。2018年1~8月,贵州省毕节监狱移送毕节市人民检察院征求意见的涉黑恶罪犯减刑案件共计17件17人、假释案件1件1人,检察机关采

215

取了全案审查与重点审查相结合。第二，依法严格审查、严格把关，坚持涉黑涉恶罪犯减刑、假释"三不放过"。自2018年扫黑除恶斗争开展以来，毕节市检察机关切实履行法律监督职责，加大对涉黑涉恶犯罪罪犯减刑假释案件的审查，严格依据《最高人民法院关于办理减刑、假释案件具体应用法律的规定》，坚持"三不放过"（涉黑涉恶罪犯服刑岗位不符合相关规定的，减刑时严格审查不放过；有履行或部分履行财产刑、民事赔偿能力而未履行的，减刑幅度从严掌握不放过；涉恶罪犯假释从严掌握不放过）。由于工作措施有力，检察办案人员依法履职，严格审查、严格把关，在发挥刑事执行检察法律监督作用的同时，切实维护了国家刑事司法政策、法律、法规在刑罚执行中的正确实施。第三，加强与刑罚执行机关、法院的沟通，听取律师意见，形成共识。如在罪犯韩某伟假释审查一案中，毕节市检察机关依法审查发现罪犯系恶势力集团犯罪，且在共同犯罪中积极主动、作用大、犯罪情节严重，结合中央为期三年的扫黑除恶专项活动精神要求，认为刑罚执行机关拟提请法院裁定对韩某伟的假释不当，遂及时将情况与刑罚执行机关、法院、律师进行沟通，交换意见，形成共识。贵州省毕节监狱采纳毕节市检察院意见后，经与律师沟通协调，律师积极配合做韩某伟及其父母的工作，让韩某伟及家属全面了解韩某伟犯罪的社会危害性及国家关于罪犯假释相关刑事司法政策规定，稳定了韩某伟改造思想情绪，达到政治效果、法律效果、社会效果的统一。

（三）在加强审计监督促资金规范上有突破

1. 提高审计监督站位

始终坚持和加强党的领导，围绕中心、突出重点、服务大局，把审计依法行政工作融入毕节试验区改革发展稳定的大局，始终把完成党委、政府交办的审计工作作为首要任务，坚持从经济社会发展的大局出发，站在更高层面上，有针对性地提出堵塞漏洞、加强管理、促进改革的建议。在工作中始终做到坚持原则，严格依法审计，敢于揭露和反映问题，依法依规处理问题，保证了国有资产和国家资金的安全、完整和有效使用，更加有效地发挥了审计监督的作用。

2. 确立经济责任审计联席会议制度

针对经济责任审计中发现的问题，加强联席会议成员单位协调配合，在毕节市领导的支持下，每年组织召开经济责任审计联席会议，通报当年经济责任审计工作情况，督促被审计单位及被审计干部依照有关规定进行整改落实。

3. 加强对审计项目质量的管理

进一步加强审计项目质量控制，提高依法审计水平，防范审计风险。通过开展优秀审计项目评比等活动，促进广大审计人员重视、提高审计项目质量。年初制定年度审计项目计划，对审计对象、审计内容、审计重点等做出明确规定，对每个审计项目都要求审计组进行事前调查，依据调查结果，根据《中华人民共和国国家审计准则》（审计署令第8号）编制审计实施方案，对审计目的、内容、重点、程序、时间安排和人员分工做出具体规定，保证审计工作高效、顺畅完成。对被审计单位公开审计流程、审计目的、审计内容、审计组成员、审计纪律和监督举报电话等。审计结束后，通过座谈、书面征求意见等方式，将审计结果在被审计单位一定范围内进行公开，以便于被审计单位干部职工对审计工作进行监督。要求所有审计干部在进行审计或审计调查时，都必须出示贵州省行政执法证，严格执法，否则由此造成的审计风险由个人承担全部责任。在符合信息公开要求的前提下，将审计结果对社会公开。

4. 注重审计信息化建设及技术创新

一是进一步推进计算机技术在审计中的运用，不断提高审计效率，发挥审计信息化建设的根本价值。二是加大计算机审计的教育培训力度，不断深化并拓宽学习培训内容，不断提高培训质量，尽快培养一批既懂审计业务又掌握计算机与网络技术、能熟练运用各种现代审计技术的审计专业人才。三是坚持立足于毕节试验区和审计工作实际，创造性地开展工作。从以真实性、合法性为目标，到实行财政财务收支审计与效益审计并重，再到全面推进绩效审计，促进提高经济效益、扩大社会效益和保护生态效益；从行政事业单位审计、企业审计，到财政"同级审"、社会保障审计、经济责任审计，再到开展自然资源责任审计；从最初以核对账目为主要方式的审计，到运用经济活动分析、内部控制测评、审计抽样等现代技术，再到探索信息化环境下的审计方式等。这些实践和探索促进形成了较为完备的审计监督网络体系和审计工作持续发展、不断取得新成果的良好机制，走出了一条符合毕节试验区审计发展之路。在开展同级财政预算执行等审计工作中，积极探索开展科目审计和预算执行审计分阶段组织实施方式，注重调整思路、突出重点，从资金源头进行梳理，创新完善预算审计方法。通过审计，在促进依法行政、提高财政资金使用效益、加强廉政建设等方面发挥了重要作用，预算执行和其他财政收支审计工作得到了市人大常委会充分肯定。

5. 提升审计结果的层次和水平，加强审计结果运用

一是以审计结果可靠好用为立足点，对经济责任审计各类结论性文书等进行专题研究，规范格式、内容、重点、写法。着力提高审计报告的全面性、客观性和准确性，紧紧围绕审计对象任职期间经济责任的履行情况，实事求是反映业绩和审计发现的问题，准确界定领导干部应当承担的责任。二是客观提出建设性意见，从有利于工作开展、有利于地方发展的角度出发，帮助被审计单位完善制度，促进落实有关措施。在审计过程中注重从制度、体制、机制层面查找原因，对涉及宏观经济管理、体制机制、政策措施等问题，提出加强管理、完善制度的审计建议。三是建立审计决定执行督促整改机制。审计报告和决定发出后，审计机关密切关注被审计单位的整改执行情况，必要时进行督促，有效地提高了审计决定执行率。

三 法治监督检查工程建设的经验与启示

（一）坚持"以人民为中心"，注重民生监督检查

1. 强化执纪监督，筑牢民生资金"防火墙"

一是两个基点织网底。在乡镇设立民生监督信访服务站，在村建立村

专题篇
毕节市法治监督检查工程报告

级民生监督委员会,进一步畅通民意诉求。充分发挥村级民生监督员熟悉情况的优势,不但能消除群众对脱贫政策的疑虑和误解,发现问题及时报告,最大限度避免截留、挪用等问题发生,还可以避免各类矛盾纠纷,密切党群干群关系。二是三级公示抓规范。督促抓好乡村组三级公示公开,强化扶贫政策、资金、物资、工程等公示公开标准化、制度化和规范化,根据公开内容的不同性质规定公开时限、统一公开格式、规范公开流程、明确责任主体、落实责任追究等。在乡、村两级民生公开专栏内每月一次按时公开资金划拨、分配、使用,物资采购、分配、使用等重点部位和关键环节情况,做到适时更新公示公开内容,方便群众参与监督。完善民生政策、资金、物资、工程等公开形式,综合利用公开栏、明白卡、公开手册、电子网络平台、手机短信平台等载体,构建立体化公开新格局,做到全面覆盖、阳光透明。三是四级联动齐发力。实行市、县、乡、村四级联动执纪监督机制。毕节市纪委监委负责全市扶贫攻坚民生项目执纪监督的整体统筹协调和督促落实,毕节市直纪工委负责对联系单位扶贫项目实施、资金下拨管理使用等进行执纪监督,并对县区工作开展情况进行督导。县区纪委负责组织领导监督工作和案件查办,县区直纪工委、民生监督组分级负责有关项目资金、物资备案,督促公示公开,抓好日常监督、情况核查、跟踪问效和案件查办。村级民生监督委员会负责搞好属地具体监督,收集问题线索向民生监督组报告。

2. 通过政协监督,高度关注社情民意

2017年初,毕节市政协被列入"全国政协社情民意信息直报点",为贵州省仅有的可直接向全国政协办公厅报送社情民意信息的市县政协。一是建立健全反映社情民意信息工作制度,进一步完善了《毕节市政协办公室社情民意信息编报制度》,畅通各民主党派市委、各人民团体、各县(区)政协、市政协各专门委员会、各市政协委员反映社情民意信息的渠道。二是注重从常委会议、专题调研、委员提案中搜集社情民意信息,根据问题导向对具有地区性的问题进行调查研究,在向全国政协办公厅、省政协办公厅报送的同时,报市委、市政府主要领导和分管领导参阅。

3. 县区民生监督成效显著

织金县成立 574 个村（居、社区）民生监督委员会，规范民生领域"三述一评"工作。以"访村寨、重监督、助攻坚""民生监督警示教育进乡镇"等专项活动为载体，进一步建立和完善村干部亲属档案，督促抓好国家公职人员近亲属、村干部及亲属享受非普惠民政策情况核实工作。扎实开展民生领域整治铸廉三年行动计划，以开展民生监督"大家抓""三查三问"为抓手，以开展"电视问政"和民生在线网站监督为平台，着力对扶贫、低保社保、医疗救助、危改、教育、农村基础设施等惠民资金项目等进行专项监察。突出主动查办案件这个核心职能，通过整合力量跨乡镇（街道）交叉办案、下查一级、提级管理和县乡村联动办案等方式，大力查处民生领域腐败行为。2016 年以来，全县民生监督组发现问题线索 1112 个，党纪政务处分 496 件 588 人，涉及金额 1410.97 万元。

纳雍县 2018 年民生领域就监督发现问题 446 个，同比下降 19%，立案 148 件 187 人，同比下降 23.70% 和 23%，结案 107 件，同比下降 13%，党纪政务处分 140 人，同比下降 13.60%，涉案金额 724.25 万元，同比下降 38%，返还群众 10.89 万元，返还财政 355.15 万元，移送司法机关 2 件 2 人，因"两个责任"落实不力问责 174 人。

（二）围绕"三大战略"，注重工作定位

始终把监督重心放在对贵州大扶贫、大数据、大生态三大战略实施推进上，围绕服务三大战略来定位监督检查工作是法治毕节监督检查工程的重要经验。较高的工作定位，使得整个监督检查工作更有价值、更有力度、更有效率。

1. 服务"三大战略"开展执法检查

毕节市二届人大十七次主任会议通过了《关于对毕节市贯彻实施〈贵州省生态文明建设促进条例〉开展执法检查的工作方案》。毕节市人大常委会 2017 年 11 月开展《贵州省生态文明建设促进条例》执法检查。根据《毕节市人大常委会 2018 年工作要点》安排，2018 年 3 月 12 日，毕节市人大常委会执法检查组召开会议，听取市人民政府关于《贵州省大扶贫条例》

专题篇
毕节市法治监督检查工程报告

（以下简称《条例》）贯彻实施情况的报告，以及毕节市扶贫开发办公室、市交通运输局、市农业委员会、市水务局、市水库和生态移民局等市直部门贯彻实施《条例》的自查情况报告，并对《条例》执法检查工作进行部署。2018年3月19～26日，毕节市人大常委会执法检查组分2个小组，由市人大常委会副主任带队，分别对威宁自治县、赫章县、七星关区、大方县、金海湖新区进行检查。并委托黔西、金沙、织金、纳雍四县人大常委会、百里杜鹃管理区人大工委进行检查，形成执法检查报告。

2. 积极运用大数据技术开展法治监督检查工作

毕节市公安机关通过加大投入，提高科技含量，强力推进大数据前端采集和后台合成应用，建设伪基站侦测大数据分析应用系统、智能终端快速取证平台、Wi-Fi管控系统、网吧智能管控系统、交通卡口天网视频监控系统、警务指挥云、手持警务终端App软件、人脸识别、无线图传、北斗定位追踪等一系列高精尖数据采集处理系统和大数据实战应用平台，采集汇聚各类违法犯罪信息进行数据合成研判，发现预警和违法犯罪，迅速出警"处突"，提高风险感知和动态管控能力，有效地从面上对社会治安进行管控。

毕节市人民检察院以大数据为基础平台进行创新和探索办案模式，通过绘制"犯罪构成"知识图谱，为办案提供案件信息、智能采集、风险预警、证据甄别等智能化服务，实现办案数据资源的实时共享、精准互用和个性定制，极大地提高了人民检察院的办案实效。

毕节市中级人民法院通过大数据系统的深度运用，推进司法责任制落实，助推刑事诉讼制度改革，切实防止冤假错案发生。借助司法大数据分析平台，根据案件要素自动生成判决文书和判决结果，通过法律条文对判决结果进行分析，为判决提供证据分析、案例分析和办案指引，实现智能化案件办理。通过大数据分析平台对裁判文书进行智能分析，提取案件要素，结合案件要素对应的量刑标准、司法解释，分析出判决结果偏离度，有效避免同案不同判、司法不公正、执法不平等的发生。

毕节市纪委监委围绕"把权力关进笼子里、把工作展示在平台上、把监督体现在数据中"的目标，投资828万元启动"毕节市纪检监察云"项目建设，具体包括社会监督查询系统、"两个责任"监督系统、权力运行监督系统、正风肃纪监督系统、巡察监督系统，该项目已明确为贵州省"数据铁笼"典型试点示范项目。"毕节市纪检监察云"项目已完成招投标，各个系统的基本功能框架已搭建完成，正围绕建设"三个中心、四条渠道、五个系统"的总体思路，紧锣密鼓推进系统主要功能模块的细化设计。

（三）坚持多措并举，注重工作方法

三年来的法治监督检查实践证明，法治监督检查必须进行方法创新才能有所突破。

1. "八大监督"同向发力，共同驱动

党内监督、人大监督、民主监督、行政监督、司法监督、审计监督、社会监督、舆论监督虽然各有侧重，但都统一服务于法治毕节创建这一工程，都统一于法治毕节创建的总体目标之下。借助法治毕节创建在领导、制度、人员、资金、目标等方面形成的统筹协调机制，这八大监督在很多领域实现了协同发力。而且各大监督板块内容也实现了自身的机制创新。如毕节市纪委监委在党内监督上，就创新了巡察方式，构建起"三个一"巡察模式，建立巡视巡察上下联动监督网，推动巡视巡察"双剑合璧"成效最大化，做到谋划部署上"一盘棋"，组织实施上"一股劲"，成果运用上"一条心"，构建"三个一"巡视巡察联动监督网的做法得到贵州省委常委、省纪委书记、省监委主任夏红民同志的批示肯定。探索"三聚焦"（聚焦政治巡察、脱贫攻坚和重点事项三个领域；聚焦市县联动、内部巡察、交叉巡察、村级巡察四条路径；聚焦力量整合、能力提升、实地调研、分类处理、警示教育五项机制）巡察机制，强力推进精准巡察，该做法作为经典案例获得《贵州改革情况交流》刊载。试点"双进驻"巡察制度，按照发现问题有力、研判问题精准、整改落实有效的要求，扎实开展巡察工作并取得明显成效。在金沙县试点巡察监督与审查调查"双进驻"模式，精准发现问题、高效查办案件，人民群众赠送锦旗感谢巡察组。

2. 自觉运用"五步工作法"推进法治监督检查工程

贵州省委书记孙志刚提出的"五步工作法"是一套系统严密又行之有

效的思维方法和工作方法，是从贵州经济社会发展的实践总结提炼出来的，是推动全省各项工作的一套科学方法论。综观整个法治监督检查工程的实施历程，可以发现其中自觉贯彻了"五步工作法"。即在监督检查工作开展前进行系统谋划、泛调研，科学开展政策设计；政策制度出台后，按照既定目标、任务、要求等各级做出具体法治监督检查工作部署；根据工作需求、业务需求，对执行干部进行相应监督检查业务培训，提高监督检查干部的政治素养和业务水平；并定期不定期对各级各部门开展监督检查的情况效率本身进行检查考评；最后对失职无效的行为，对滥用职权的行为，对违背统一工作部署的行为进行严格的追责问责。

（四）坚持问题导向，注重重点突破

有强烈的问题意识，以问题确定工作重点，是法治毕节监督检查工程的显著特点。在法治毕节建设过程中，干部作风监督、脱贫攻坚保障、行政效能提升等问题都是相对突出的，因此，成为法治监督检查工作的重中之重。

1. 坚持寸土不让，严查"四风"问题

严格执行中央八项规定精神及其实施细则，巩固中央八项规定精神成果，强化"四风"问题的监督检查。2018年以来，开展作风督察8次、专项督察4次，下发通报26期，实名通报269人次。查处违反中央八项规定精神问题14起28人，给予党纪政务处分20人，组织处理8人。查处形式主义官僚主义突出问题39起62人，给予党纪政务处分34人。通报曝光违反中央八项规定精神及其实施细则问题4期9起18人，通报曝光违反形式主义官僚主义突出问题6期28起27人、单位3个。开展廉洁自律审查66次1341人、291个单位及党组。率先探索建立市级统筹、各县（区）相互独立的"毕节市干部纪律作风扫码评价平台"，实时接收群众评价监督提醒，切实改变以往定点蹲守、来回察访的监督模式。开展"微信扫码评作风"行动，接受群众对全市各级党政机关、事业单位、国有企业、人民团体及村（居）办事部门、窗口干部职工进行评价，真正把监督权交给群众，有效解决隐形"四风"治理难的问题。2018年以来，毕节市纪委监委先后组建43个督察组，对形式主义、官僚主义突出问题开展交叉明察暗

访，发现并督促整改形式主义、官僚主义问题106个。2018年5月以来，全市共有178145名群众对全市干部纪律作风问题进行了扫码评价，其中，评价"满意"173647人，占总评价数的97.47%。

2. 围绕脱贫攻坚，实施专项监察

一是建立部门沟通协作机制，强化部门自查清理，建立专项监察项目台账和问题整改台账，做到底数清、情况明。二是各县区整合乡镇纪委力量，组建集中检查工作小组，按照"见人、见项目、见资金"方式全面开展检查。三是各县区对监察进度实行每月一调度，对重视不够、推动不力、进度迟缓的乡镇民生监督组通报批评，对乡镇纪委干部实行检讨发言或约谈。

3. 开展效能评估，提高行政效能

一是开展大安全行政效能评估。组建7个评估组，对23个县直部门和26个乡镇（街道）开展安全生产大检查大排查大整治工作行政效能评估，评估中共发现问题176个，其中县直部门96个、乡镇（街道）80个。同时对28个县直部门和26个乡镇（街道）开展信访矛盾纠纷化解行政效能评估，共发现问题110个，其中县直部门55个、乡镇（街道）55个。共问责21人，通报批评11个单位。二是对校园及周边环境综合治理工作开展行政效能评估。邀请了贵州省社会科学院农村发展研究所专家组，对全县校园及周边环境治理工作进行评估。实地调查评估了69所学校，包含26个乡镇（街道）的一所中学和一所小学、部分幼儿园及民办学校、城区全部中学和小学。发现共性问题8个，其中职能部门和乡镇4个、学校4个，对69所学校分别列出个性问题，共348个。

四 法治监督检查工程建设存在的主要问题

（一）执法监督还不到位

执法监督方面主要存在两个问题：一是监督的覆盖面不够。市、县两级的执法监督主要由人大及其常委会、政府的法制办负责。人大执法监督的方式主要是开展执法检查，根据近几年的执法检查情况，人大只对少数几部法律和地方政府制定的《条例》开展了执法检查，无论是从法律法规覆盖面，还是从执法主体覆盖面上来说都十分有限。政府法制办的执法监督主要是通过行政复议的方式进行，其他监督方式并没有实质运转起来，由于地方的行政复议案件本身比较少，所以同样存在监督覆盖面不广的问题。二是执法监督的力度不大。人大监督主要通过执法检查、听取和审议报告、质询等方式进行，监督刚性和长效性方面均不够，尤其是对环保、国土、交通、移民搬迁、住建等主要执法部门的监督乏力。政府法制办本身人员编制少，加上常规工作多，基本上处于自顾不暇的状态，另外，法制办的监督属于平级监督，同样也存在刚性约束不够的问题。

（二）监督主体之间协作有待进一步加强

履行法治监督职责的机构众多，涉及面很广，实际工作还存在如下问题：一是各监督主体之间长效的沟通机制没有建立。监督工作基本上是各个机构按照自身职权在进行，条块分割明显而相互协作不足，这既导致大量重复监督，又存在一些"几不管"的真空地带，比如执法监督、基层民生监督方面都或多或少存在这种情况。二是监督主体之间的监督结果没有共享机制。各机构之间基本上是各自运用各自的监督结果，而没有按照相应管理权限进行共享。尤其是在监督的数据、信息及其平台方面的共享几乎没有构建起来。这就造成了一定程度的人才、财力和信息的浪费，还影响了监督效率。

（三）监督的信息化程度还不高

各个部门和各个层级的监督大都使用了比较传统的办法，技术创新和方法创新比较缓慢，主要是按既定程式进行各种监督。在干部作风、民生监督领域使用了一些现代科学技术，但应用面还比较窄，使用深广度还远远不够。很多监督部门的监督技术手段还比较落后，很多地方的信息基础设施还不完善，在数据收集、处理、分析方面技术与人才都相对缺乏。

（四）公民守法信用体系急需建立

公民守法水平必须要有适当的监督惩戒机制才能得到实实在在的提升，而目前对公民守法的监督主要还是停留在对重点人群、特殊人群的管控上，监督力度和覆盖面很有限，而且监督成本相当大。要促使公民养成守法习惯，培育守法道德，就必须构建起一套覆盖广泛、惩戒严密的守法信用体系，对公民违法失信行为进行记录，加强个人诚信工程建设。目前对此项工作的重视还不够。

（五）基层政务公开还不深入

在整个法治监督体系中，社会监督和舆论监督要得以实现，很大程度上都取决于政务的公开情况。如果政务不公开不透明，公民监督、社会监督以及媒体监督都很难入手。政务公开、村务公开其实就是为了保障公民的知情权、参与权与监督权。目前很多地方，尤其是乡、村两级的政务、村务公开工作还不及时、不全面。

（六）对公民监督权保障不够

基于成本、稳定、效率等多方面的考虑，目前在立法、执法、司法等过程中对公民的监督权利保障不够，比如在行政复议过程中，依照法定程序应该举行听证的因各种原因没有举行、立法过程中公民参与度不高、司法过程中人民陪审员制度没有得到完全坚持执行等。

五　完善法治监督检查工程的主要建议

（一）压实责任，加大监督力度

做好法治监督检查工作，首先必须压实各监督主体的责任，促使各监督主体按照法定职责和权限认真履行监督职责。一是必须建立起各级党政主要负责人履行推进法治建设第一责任人职责的制度机制。各级党政"一把手"

专题篇
毕节市法治监督检查工程报告

要带头支持各监督主体依照法律法规规定履行法定监督职责，要习惯在监督下开展各项工作，要广开言路，听取各方对党委、政府工作的意见建议，要严肃认真对待群众的批评意见。要坚决摒弃把监督当成工作负担甚至当成是工作阻碍的思维。在党内监督问题上，各级党政领导还要压实党风廉政建设的主体责任，层层抓落实抓到位。二是纪委监委、人大、政协、公检法司、新闻媒体等监督主体要切实履行法定监督职责，在各自的工作职责范围内做好法治监督检查工作，对各监督检查主体的监督检查工作落实情况应该有科学的考评方法予以恰当评估。出现监督风险或因监督不力造成相应后果的要依法依规追究相应监督部门的监督责任。

（二）加强统筹，形成监督合力

法治监督检查的主体各自为政、监督力量分散、监督信息独享势必造成监督检查效率低下、成本增加，加强对监督主体的统筹，形成监督合力至关重要。一是各级党委要加强统筹，要强化对法治监督检查的领导和部署，要把纪委监委、党委政法委、人大、政协、各司法机关及社会监督力量统筹起来，共同围绕各地方经济社会发展的大局和核心战略开展法治监督。二是有条件的地方，可探索各监督主体之间实现一定程度的监督信息、数据共享，节约监督成本，提升监督效率。

（三）拓宽渠道，覆盖监督范围

监督效果要好，就必须坚持在监督范围上做到"应有尽有"，在监督范围上绝不打折扣，不能以任何借口缩小法定的监督范围。一是要充分发挥人大法律监督的作用。对法律的实施情况进行监督是人大的法定职权，人大对"一府一委两院"的监督是依法行政、法治政府建设的重要保障，一方面各级政府要支持并自觉接受人大监督，另一方面人大要根据新时代法律监督的要求，开展必要的法律监督工作。二是要在一些重要的决策事项或重要执法部门、执法活动中发挥民主监督的作用，民主监督也要围绕党委、政府的中心工作来展开，要直面问题，要有针对性、代表性，尽量做到点面结合，克服目前民主监督大多局限于点的问题。三是要让行政权力内部的制约与监督有效运行起来。比如让上下级机关之间建立长效的监督制度；权力集中部门和岗位实行分事行权、分岗设权、分级授权、定期轮岗，强化内部流程控制。启动纠错问责机制，让审计监督等监督机制真正建立并发挥作用。四是要创造条件，让社会监督得以实现。前已述及，社会监督是依赖于政府支持的，如果党务政务不公开，媒体、群众的监督就很困难，因此政府要在权力清单、政务公开等方面加大力度，为有效的社会监督提供应有条件。

（四）注重实效，用好监督结果

法治监督检查能否做出实效、能做出多大的实效，在很大程度上取决于对监督检查结果的恰当利用。如果监督检查只是例行公事，只是履行职责，监督完就了事，肯定不能产生多大实效，而且还影响监督的威慑力。因此，监督检查结束后，不能只是停留在一纸报告上，必须就监督结果进行认真分析总结，对监督中发现的做得好的单位、部门、人或事要进行表彰推广。而对于出现的问题，要形成分类处理机制，普遍性的问题要上升到党委、政府层面进行制度性纠正，个别性问题要具体到单位到部门到事到人进行纠正回应，而且还要在地区、行业之间举一反三，杜绝出现一犯再犯的情况。要运用好监督结果，就必须对应法治监督来设定问责问效，让两者有机衔接起来，这样监督才有意义、才有力量。

（五）加强培训，保障监督力量

从目前法治监督检查工程建设情况来看，大数据技术监督、专门的审计监督、舆情疏导等方面的专业人才在全市比较缺乏。因此，要建立相应的人才引进培训工作制度，加大人才引进培训力度，针对法治监督检查工作，开展专题和专业培训。

（六）注重创新，提高监督效率

随着社会的发展，国家、省委政府一些战略的推进，当前和今后的法治

专题篇
毕节市法治监督检查工程报告

监督工作面临许多新的挑战，要求监督检查必须实现更多创新才能适应实际工作需求。如随着大数据时代的来临，很多违法违纪行为更加隐蔽，传统手段很难察觉。随着大扶贫战略的推进，国家对基层的投入越来越大，大量民生资金在基层流动，民生领域的腐败开始凸显，而民生监督面很大，监督难度加大。这样一些新的变化，就要求监督检查工作必然要有针对性地进行更多体制、机制、技术方面的创新，通过这些创新健全监督制度、增强监督力量、拓宽监督渠道、丰富监督机制、共享监督结果，进而不断提升监督效率。

参考文献

中共贵州省委、贵州省人民政府：《"法治毕节"创建工作总体方案》，2015。

中共贵州省委、贵州省人民政府：《"法治毕节"创建工作总体实施方案》，2015。

毕节市中级人民法院：《贵州省毕节市中级人民法院案件质量评查实施办法（试行）》（毕中法〔2015〕82号），2015。

毕节市纪委、毕节市委组织部、毕节市委宣传部、毕节市监察局、毕节市人力资源与社会保障局：《关于印发〈毕节市舆情处置工作责任追究实施办法（试行）〉的通知》（毕纪通〔2015〕57号），2015。

中共毕节市委办公室：《关于进一步做好市委文件审核工作的意见》（毕党办发〔2016〕15号），2016。

中共毕节市委政法委办公室：《关于做好市级案件交叉评查工作的通知》（毕政法办〔2016〕9号），2016。

中共毕节市委办公室：《党内规范性文件制定、报备和清理制度（试行）》（毕党办发〔2016〕15号），2016。

中共毕节市委办公室：《中共毕节市委办公室关于印发〈市级党内规范性文件清理工作方案〉的通知》（毕委办字〔2016〕11号），2016。

中共毕节市委办公室：《中共毕节市委办公室关于进一步做好党内规范性文件备案审查工作的通知》（毕委办字〔2017〕77号），2017。

中共毕节市委办公室：《中共毕节市委办公室关于建立市委党内规范性文件工作联席会议制度的通知》（毕委办字〔2017〕76号），2017。

中共毕节市委办公室、毕节市人民政府办公室：《中共毕节市委办公室　毕节市人民政府办公室印发〈关于全面推进政务公开工作的实施方案〉》（毕委办字〔2017〕37

号),2017。

国务院办公厅:《国务院办公厅关于印发 2018 年政务公开工作要点的通知》(国办发〔2018〕23 号),2018。

贵州省人民政府办公厅:《省人民政府办公厅关于印发贵州省 2018 年政务公开工作要点的通知》(黔府办发〔2018〕22 号),2018。

毕节市人民政府办公室:《毕节市人民政府办公室关于印发毕节市 2018 年政务公开工作实施方案》(毕府办发〔2018〕22 号),2018。

毕节市人民政府办公室:《毕节市人民政府办公室关于印发毕节市推进社会公益事业建设领域政府信息公开实施方案的通知》(毕府办函〔2018〕77 号),2018。

毕节市人民政府办公室:《毕节市人民政府办公室关于印发毕节市推进重大建设项目批准和实施领域政府信息公开实施方案的通知》(毕府办函〔2018〕85 号),2018。

案例篇
▼

"法治毕节"创建典型案例

尹训洋[*]

"法治毕节"创建是省委在全面依法治国的大背景下深化毕节试验区建设的重要举措。党的十八届四中全会指出：全面推进依法治国，基础在基层，工作重点在基层。习近平总书记强调，建设好毕节试验区，不仅是毕节发展、贵州发展的需要，对全国其他贫困地区发展也有重要示范作用。试验区建设包括方方面面，立足点就是要先行先试，其中法治建设不可或缺、不可替代。省委把"法治毕节"创建作为法治贵州建设的先行试点，充分体现了省委对毕节的高度重视和高度信任，是毕节的重大机遇，也是法治贵州建设的重大尝试。2015年11月法治毕节创建工作启动以来，取得了显著的成效。毕节试验区法治创建的关键在于突出重点、抓住亮点。以依法行政为核心实施的法治政府建设工程、以维护公平正义为根本实施的公正司法天平工程、以弘扬法治精神为重点实施的全民守法宣教工程、以构建社会和谐为目标实施的法治惠民服务工程、以推动绿色发展为方向实施的生态文明法治工程、以强化权力制约为关键实施的法治监督检查工程"六大工程"就是重点。围绕"六大工程"，三年多来，毕节试验区法治创建涌现出一系列典型案例。

---

[*] 尹训洋，云南大学法学院博士，贵州省法治研究与评估中心副研究员。

一 法治政府建设工程典型案例

（一）推进"行政执法三项制度"改革工作

2017年1月，国务院印发行政执法"三项制度"试点工作方案，将毕节市列入全国32个试点单位之一，赋予毕节市在行政执法领域先行先试，要求毕节市针对行政执法"三项制度"全面进行试点。"行政执法三项制度"试点改革工作，既是毕节市2017年全面深化改革重点专题，又是毕节市在2017年全面深化改革中，目前唯一一个上升为国家级试点的改革专题。

毕节市政府制定《毕节市行政执法公示办法》《毕节市行政执法全过程记录办法》《毕节市重大行政执法决定法制审核办法》，明确了试点工作相关要求。一是建成行政执法工作信息平台，统一公示市、县、乡三级政府及执法部门相关行政执法信息。二是建成行政执法集成应用系统，实现行政执法办案平台统一、法律文书统一、办案流程统一、法制审核统一等"四个统一"，达到全过程留痕和可回溯管理及对法定简易程序以外的所有执法决定进行法制审核。

同时，毕节市政府法制办积极与云上贵州公司沟通协调，共同做好有关工作。现已完成了云平台基础框架的构建以及行政决策、行政执法、行政监督、法律顾问、规范性文件、综合政务等模块的开发，初步建成了云平台功能系统、执法考试系统以及电子政务外网和互联网两个门户网站，当前整个平台系统已经部署在全省统一的政务网上，与电子政务网实现了组织机构人员数据的整合和单点登录。目前，整个平台系统框架的搭建已经完成，基本具备了法治政府建设中行政执法、行政监督、重大决策、法律顾问、规范性文件等五个核心工作的数据采集或业务流转功能，奠定了法治政府建设数据"聚"的基础。2017年4月17日"毕节市法治政府云"平台已经通过初步验收，2017年5月云平台上线运行，为"行政执法三项制度"改制试点工作提供了平台保障。

案例篇
"法治毕节"创建典型案例

效果意义：行政执法的范围很广，涉及经济社会等各个领域，行政执法的复杂性要求必须找准突破口，而"三项制度"是规范行政执法的关键环节。通过试点，毕节市"放管服"改革进一步深化、经济社会发展环境进一步优化；行政执法人员积极参与，主动作为，依法行政、依法执法意识进一步增强，行政执法能力和水平进一步提高；各级政府及行政执法机关依法行政、科学决策水平进一步提升，行政复议撤销、行政败诉和当事人投诉举报等问题得到有效改善；"法治毕节"创建、法治政府建设同步推进，制度机制进一步健全完善，行政权力运行机制进一步规范，行政审批效率进一步提高，公民权利得到切实有效保障，行政执法公信力和群众满意度、获得感进一步提升，取得了阶段性成效和较好的社会评价。

（二）推动"法治乡镇长"的创建工作

开展"法治乡镇长"创建，建设公共资源交易平台，全市权责法定化、公开化和透明化不断推进。2016年7月12日，毕节市委组织部、市编委办、市人民政府法制办制发了《关于进一步加快推进乡镇法治政府建设工作的通知》，在不增加原有人员编制和领导职数的情况下，明确要求1名副乡镇长负责乡镇法治政府建设和依法行政工作，在乡镇党政办公室加挂乡镇人民政府法制办公室牌子，由乡镇党政办公室主任或副主任兼任乡镇人民政府法制办公室主任，安排1名法制专职或者兼职人员到乡镇政府法制办公室，明确工作职责，建立完善相关制度，具体负责法治政府建设工程创建工作。主要做法如下：

（1）全面公开乡镇权力清单，界定行政权力运行边界。通过乡镇"权力清单和责任清单"的编制公布，为全市法治乡镇长创建工作厘清了工作边界，为乡镇依法行政工作正确界定行政方式、行使幅度等，并进行动态跟踪管理且将乡镇行政权力运行纳入深化改革事项，实施《毕节市行政权力清单责任清单动态跟踪管理办法》。金沙县、赫章县等县（区）已经全面完成乡（镇）行政权力清单和责任清单编制工作。经过乡镇"一表两单"的动态管理，乡镇行政机关全面推进权责法定化、公开化，确保乡镇行政管理运行公开透明，进一步铸牢乡镇行政权力"制度笼子"，使简政放权放管结合优化服务改革向基层拓展延伸。

（2）试点改革乡镇职能设置，激发乡镇依法行政活力。"法治乡镇长"创建工作以厘清政府层级部门之间，县直部门、镇、村（社区）之间关系为出发点，乡镇主要领导带头，法治副镇长具体负责，将原镇所属"七站八所"功能职责整合为"三办三中心"（即党政综合办公室、社会管理综合治理办公室、经济和社会事业管理办公室和农业服务中心、社会事业服务中心、政务服务中心），明确"三办三中心"功能职责，在"三办三中心"设置相应办事窗口，各办各中心结合自身实际制定值班服务制度，对干部职工实行"定人、定岗、定责"制、挂牌上岗制、工作岗位AB轮换制，规范工作岗位履职服务行为。

（3）探索"三学三比三保障"，提升基层执法人员行政能力。"法治乡镇长"创建工作开展以来，全市乡镇政府行政管理部门及其工作人员，着力提高领导干部法治素养和依法办事能力，探索"三学三比三保障"创建工作经验。"三学"通过创造条件，强化考核，督促、引导、组织干部向书本学，向实践学，向专家学，即学习依法行政先进典型，加强依法行政警示教育，提升领导干部法治思维、法治素质、法治修养；"三比"通过逢会必讲、逢事必做、逢话必谈、逢试必考的方式，引导领导干部比法治思维、比法律知识、比运用法律知识解决实际问题的能力；"三保障"，即领导干部带头学法、守法、用法。镇法制办发挥桥梁纽带作用，做依法行政工作的专家，做好指导、服务、审查等日常事务。人大、纪检部门发挥职能作用，切实抓好监督、检查、考核工作。

（4）坚持问题导向、目标导向、效果导向，解决依法行政现实难题。依法行政是法治政府建设工程的关键。全市法治乡镇长创建坚持问题导向、目标导向、效果导向，按照"下放管理权限、减少中间环节、简化审批程序、限定服务时限"的原则，整合乡镇工作任务和职责相近的20多个"站、办、所"，创建"三办三中心"，通过整合，实现了行政管理服务机构的"健康瘦身"。"三办三中心"建立后，按照"方便群众办事、节约办事

案例篇
"法治毕节"创建典型案例

成本、24小时服务群众"要求，使群众由过去"进机关求人办事"变为"进大厅接受服务"，大幅提升了行政管理服务效能，做到了服务群众工作底数清、情况明，使行政管理服务工作实现了从以前的单打独斗变为集中服务，得到了人民群众的好评和肯定。同时通过构建科学合理的权责关系，最大限度激发农村经济活力，循序渐进推动农村"三变"（资源变股权、资金变股金、农民变股民）改革，组建农村集体"三资"（资源、资产和资金）监管领导小组和服务平台，对农村村级集体"三资"进行集中清理并确权认证，大胆"初试水、寻变路"。

（5）围绕乡镇矛盾变化实际，推动地方社会稳定发展。毕节在实现跨越发展后发赶超过程中，产生了大量的社会矛盾纠纷，主要集中在基层乡镇社区。"法治乡镇长"创建工作，针对地方矛盾纠纷复杂多样的实际情况，注重培养法治乡镇长法律素养，由法治副乡长带头，完善矛盾纠纷排查调处机制，坚持领导干部信访接待制度，乡镇班子成员依法接访做好矛盾化解，对历史信访积案，乡镇主要领导亲自参与化解和稳控。在镇村建立信访调解室，由综治、司法、公安、信访、民政、计生、劳动等各职能部门共同参与调解工作，邀请法律工作者、律师到村担任专职调解员。发挥老党员、老干部、老教师的作用，积极化解邻里纠纷，做到"哪里有矛盾纠纷、哪里就有调解人员"。

效果意义：基层治理是国家治理体系中最重要的一环，基层政府不仅仅是上级政府的执行机构，同时它也是其治理辖区内公共产品和服务的主要提供者，它的权力不仅来源于上级政府授予，还来自人民的委托，这是培养基层政府现代治理理念的前提。因而，基层政府要获得辖区内人民群众的认可与支持，必然要树立以人民的需求为导向的服务意识，必然要在行政行为中树立依法行政的观念。通过"法治乡镇长"创建工作，毕节市基层领导干部法治思维得到提升，依法行政能力得到提高，逐步改变了只重视领导讲话、批示，忽视法律的规范、引领作用等一些长期存在的弊端和问题，进一步夯实了依法行政和法治政府建设工作的基层基础。

（三）强化行政应诉机制建设

毕节市在全省率先出台《行政机关负责人行政应诉办法》，加大行政机关负责人出庭应诉督促和执法过错责任追究力度，积极开展行政复议委员会改革试点工作，行政复议委员会逐步推行统一受理、统一审理、统一决定"三统一"相对集中运行模式，有效解决行政争议。

同时，搭建三个平台，加强复议应诉工作。一是搭建沟通协调平台，促进与法院的双向互动。结合行政执法工作中的难点、法律适用疑点等问题，毕节市政府法制办与市中级人民法院建立了日常工作联系等制度，搭建相互交流的平台，资源互通共享，对疑难、复杂和敏感案件进行有效沟通，实现行政与司法的双向互动。例如与市中级人民法院召开了联席会议，对甲醛中毒引起的工伤认定案件进行了专题研究，达成了共识。二是搭建庭审观摩平台，积极促进依法出庭应诉。为进一步提高行政机关应诉能力和水平，强化行政机关依法办事意识和能力，经与市中级人民法院协调，搭建了重大案件行政机关庭审观摩平台，对重大的行政案件，可以组织相关行政机关旁听庭审，助推依法行政。如在原告罗某等47人诉七星关区人民政府棚户区改造房屋行政征收一案中，市政府法制办组织市、县区（管委会）政府法制部门、房屋征收补偿部门等相关部门负责人等30人旁听了庭审。通过旁听行政案件，不仅能了解行政诉讼案件的审理程序，还能明白人民法院对房屋征收补偿具体行政行为合法性审查的重点，在今后工作中，进一步增强做好房屋征收和棚户区改造工作的责任感，努力提高自身素质，做到严格、规范、公正、文明执法。注意强化法律意识和证据意识，让每一项工作都经得起法律的检验、群众的考验。三是搭建集体会商平台，提升行政复议公信力。对重大、疑难、复杂的行政复议案件，由市政府法制办有关领导主持，邀请有关行政复议委员会委员、市政府主管部门、市政府法律顾问等专家学者参加，共同研究后作出行政复议决定，努力提高行政复议公信力。表1、表2、表3为2018年前三个季度毕节市行政复议和行政应诉相关情况统计，由表1可以看出各县区各部门行政案件败诉率总体维持在一个很低的水平；表3

案例篇
"法治毕节"创建典型案例

显示出行政复议案件审理结果中维持审理结果占到主要 9 类审理结果的 40.8%；表 2 反映出行政复议案件数量增加，2018 年前三季度收案 413 件，与 2017 年同比增加 18 件，增幅为 4.6%，主要原因是随着行政复议纠错力度不断加大，行政复议公信力不断提升。

表 1　各县区各部门行政案件败诉情况

单位：件，%

项目	大方县	威宁自治县	百里杜鹃管理区	纳雍县	金沙县	七星关区	市人社局	黔西县	合计
数量	8	5	1	4	8	12	3	2	43
败诉率	18.6	11.6	2.3	9.3	18.6	27.9	7.0	4.7	100

资料来源：毕节市人民政府办公室。

表 2　行政复议案件收案统计

单位：件

项目	市政府	纳雍县政府	市公安局	七星关区政府	黔西县政府	大方县政府	赫章县政府	金沙县政府	织金县政府	威宁自治县政府	百里杜鹃管理区管委会	金海湖新区管委会	合计
数量	129	59	58	42	29	21	19	17	13	11	8	7	413

资料来源：毕节市人民政府办公室。

表 3　行政复议案件审理结果

单位：件，%

项目	维持	撤销	不予受理	终止	驳回	确认违法	责令履行	调解	其他处理	合计
数量	147	53	41	38	35	30	2	1	13	360
占比	40.8	14.7	11.4	10.6	9.7	8.3	0.6	0.3	3.6	100

资料来源：毕节市人民政府办公室。

效果意义：真正"让人民群众在每一个司法案件中都感受到公平正义"，是行政应诉机制建立的初衷与意蕴，也是法治发展的必然趋势。自"法治毕节"创建工作开展以来，毕节市政府针对行政案件质量不高的情况建立了四项制度：一是建立行政机关负责人出庭应诉制度，深入推进行政机关负责人出庭应诉工作，倒逼依法行政；二是建立行政复议委员会集中办案制度，充分发挥行政复议的内部层级监督功能，纠正违法行政；三是建立行政复议和行政应诉案件通报制度，切实规范行政执法案件办理质量，促进依法行政；四是建立法制机构与人民法院沟通联系制度，积极配合司法机关行政审判，实现行政与司法良性互动。抓住行政应诉和行政复议两个关键，切实强化法治政府建设实效，行政机关负责人出庭应诉率大幅提高，行政机关行政败诉率逐步下降，行政复议化解行政争议的功能不断显现。

二 公正司法天平工程典型案例

公正司法天平工程以提高司法公信力为根本，加快推进以审判为中心的诉讼制度改革，落实执法办案终身责任制和责任查究制，着力解决影响司法公正的深层次问题，涌现出一批"精品案例"。

（一）未成年人、留守儿童典型案例——贵州首例父母遗弃未成年子女案

针对农村一些父母以外出务工为名，长期将未成年子女遗弃在家里而拒不履行监护责任的现象，毕节市公、检、法等部门联合开展"合力监护、相伴成长"关爱农村留守儿童专项行动，大力惩治不履责、遗弃未成年人行为，取得了震慑犯罪、在全社会营造保护未成年人健康成长环境的显著效果。陈某某遗弃案是贵州省首例父母遗弃未成年子女的案件，对保护未成年人的合法权益具有重要的借鉴意义。

案件回顾：2017年5月初，毕节市七星关区阴底乡治中村十二组村民陈某某在其妻钱某某外出务工后，未与其妻子商量，也未将生活不能自理的4个未成年孩子委托他人照管的情况下，将家中粮食变卖、低保款全部取出后外出务工。外出务工期间，陈某某未给4个孩子提供生活支持，导致4名孩子生活陷入困境，政府工作人员、教师及公安民警多次电话、

案例篇
"法治毕节"创建典型案例

短信联系陈某某回来照顾其4个孩子,但陈某某仍然拒绝回家履行其监护责任。

2017年6月16日,毕节市公安局七星关分局对陈某某立案侦查,6月27日在江苏省常州市将其抓获。审查逮捕期间,陈某某之妻履行监护责任后,检察机关批准逮捕了陈某某。9月29日,毕节市七星关区人民检察院向七星关区人民法院提起公诉。开庭时,检察机关协调法院将地点选在被告人住所地所在乡镇,适时宣传监护人履职尽责相关法律知识,警醒旁听群众。被告人当庭认罪认错,并表示要承担监护责任。2017年12月10日,七星关区人民法院以陈某某犯遗弃罪,判处其有期徒刑二年,缓刑三年。

在专项行动中,毕节市七星关区燕子口镇小堡子村龙滩组村民曹某、黔西县素朴镇棉花村岩鹰二组村民李某、黔西县金兰镇农山村银山二组村民刘某等三人,也因遗弃未成年子女,经当地镇村干部及工作人员多次劝其回来照顾孩子,仍不履行其监护责任,被检察机关依法批准逮捕,提起公诉,三人均被法院作有罪判决。三人因犯遗弃罪分别被判处有期徒刑或缓刑。办案机关在办案过程中还对被遗弃的7名未成年被害人申请或提供司法救助金共计4.1万元,为这些曾经被遗弃的孩子提供了生活和学习上的保障。

效果意义:少年智则国智,少年强则国强,未成年人是国家的未来、民族的希望。未成年人司法保护水平是衡量一个国家法治进步和司法文明程度的重要标志。陈某某遗弃案是贵州省首例父母遗弃未成年子女被作为犯罪打击的案件,同时该案件被高检院纳入全国检察机关《依法惩治侵害未成年人犯罪,加强未成年人司法保护典型案例》十大典型案例之一。最高人民检察院、贵州省人民检察院对毕节市检察机关联合法院和公安机关开展外出务工人员遗弃子女专项清理和整治行动给予了高度评价。毕节市司法系统不断完善司法政策,依法严惩各类侵害未成年人权益的犯罪,积极构建多部门联动机制,创新司法手段,提升司法能力,未成年人司法保护工作取得了新进展、新成绩。目前,毕节市各项未成年人关爱行动正在持续、深入开展，维护未成年人权益的浓厚社会氛围正在形成。

（二）家事审判方式新探索——司法活动与心理疏导并举之典型

"清官难断家务事"，由于家事纠纷当事人之间的特殊家庭关系，法院解决家事纠纷不能简单地评断对错是非、就案办案，而是要以消除对立、弥合亲情、恢复情感为目标，真正实现家庭和谐、社会稳定的大局目标。家事审判以维护婚姻家庭稳定，依法保护未成年人、妇女和老年人的合法权益为目标。七星关区法院作为贵州省首批家事审判方式和工作机制改革试点法院，不断摸索家事案件裁判领域改革路径，探索人民法院司法能动服务社会和家庭的新方式、新方法，与贵州工程应用技术学院签订协议，聘请心理辅导专家对当事人进行心理辅导工作，并把咨询室人性化地命名为"心灵驿站"，将一般思想教育和特殊心理辅导相结合，对婚姻纠纷案件当事人及时提供社会关爱。从诉前接待、立案、审判、判后执行等环节，根据情况适时启动社会关爱活动，给予当事人必要的社会关怀，帮助其度过婚姻纠纷危机带来的困难期，对经济确有困难的当事人，依法减免其诉讼费用，对于离婚后因经济困难生活陷入困境的当事人，予以司法救助或通过有关部门落实其社会保障。七星关区人民法院树立"家事纠纷无小事"的理念，依法有序审理家事纠纷案件，取得了较好的法律效果和社会效果。

案件回顾：2016年7月4日，七星关区人民法院受理了原告陈某某诉被告范某某离婚纠纷一案，在联系被告送达法律文书时却遇到了难题，被告称其因怀孕心情不好，现到广州散心。承办法官立即将情况反馈给原告陈某某，并告知女方在怀孕期间男方是不能起诉离婚的。陈某某表示并不知道范某某怀孕的事情，过了几天，被告范某某主动联系法官，称其已回到毕节，法官当即安排双方到法院进行调解。在调解中，原告称被告经常无端怀疑、无理取闹，被告还经常跑到原告单位去找领导，自己已经心力交瘁，无法安心工作，必须离婚。而被告却一直在央求原告，说有时自己也控制不住自己，孩子还小，自己也在努力作出改变。经调查，被告范某某有产后抑郁症,一直都在治疗中,情况时好时坏。了解到这些情况后,承办法官建议由法院联系心理辅导专家对被告范某某进行心理辅导工作,范某某表示愿意接受,而原告陈某某称自己心理上也被范某某折磨得出现了问题,要求同时进行心理辅导工作。经与法院聘请的心理辅导专家联系后,根据专家的安排,对原、被告双方进行了近5个小时的心理咨询。后双方均在一定程度上放下了思想包袱,原、被告自愿和好。从目前反馈的情况来看,双方相处和睦,夫妻关系得到了彻底改善。

效果意义:家事案件的审理不仅关乎个人及家庭的幸福,同时也影响着社会的和谐与稳定。创新家事案件审理方式改革,就是要使家事案件的审理更加符合家事案件强烈的伦理道德色彩和特殊的司法审判规律,通过细致入微的软硬件设置,最大限度地平复婚姻家庭纠纷中各方因为感情危机形成的心灵创伤,体现人民司法的人文关怀。

(三)刑事附带民事公益诉讼案件——贵州首例食品药品领域刑事附带民事公益诉讼案件

大方县人民检察院对生产、销售有毒有害食品,侵害消费者合法权益案件,在全省首次提起刑事附带民事公益诉讼获判,当事人被依法判刑,并在媒体上公开向消费者道歉。

案件回顾:周某伟和周某勇是老乡,两人均来自四川省资中县。2017年3月,与他人合伙在大方"久桓国际城"开了"巴蜀苑食府"餐饮店,周某伟兼任主厨,周某勇为厨师。2017年3~6月,周某伟、周某勇两人为了节约生产经营成本,在明知地沟油有毒有害的情况下,加工地沟油,并将炼制好的地沟油给顾客食用。2017年6月21日,大方县公安局与大方县市场监督管理局对辖区内餐馆进行食品卫生检查时,当场查获周某伟、周某勇二人炼制好的地沟油,净重3.5千克。2017年7月27日,周某伟、周某勇涉嫌生产、销售有毒有害食品被依法批准逮捕。

案件移送检察机关审查起诉后,经大方县人民检察院审查认为,周某伟、周某勇二人在餐馆开业之初即实施炼制地沟油制作菜品销售的行为违法，加之二人所在的餐馆客流稳定，每日就餐人数较多，该违法行为对不特定的众多消费者合法权益造成损害。2017年9月14日，大方县人民检察院依法在《检察日报》刊登公告，将周某伟、周某勇二人的违法行径公之于众，并建议受侵害消费者及时主张权利，截至公告期满，没有消费者提起诉讼或申请检察机关支持起诉。

为警示食品行业从业人员守法经营，维护众多受侵害消费者的合法权益，2017年11月9日，大方县人民检察院依法对周某伟、周某勇二人涉嫌生产、销售有毒有害食品侵害众多不特定消费者合法权益的违法行为，向大方县人民法院提起刑事附带民事公益诉讼。2017年12月27日，大方县人民法院开庭审理该案，当庭宣判：周某伟判处有期徒刑10个月，罚金5000元，周某勇判处有期徒刑7个月，罚金3000元。周某伟、周某勇在判决生效后20日内通过贵州省级公开媒体向曾在大方县巴蜀苑食府消费的不特定消费者赔礼道歉。

效果意义：检察机关提起食品药品安全公益诉讼意义重大，值得司法实践进一步关注研究，要充分发挥检察机关的监督作用，促进社会的稳定发展。食品药品安全事故往往会涉及众多受害者，构成刑事犯罪的，除追究事故责任者刑事责任之外，相应的民事赔偿问题同样重要。相较于刑事责任，追究侵权者的民事责任则更为复杂。由检察机关直接代表受害者向违法的食药企业提出民事诉讼毕竟是新生事物，法律空白点、司法权与行政权之间如何再平衡等问题，都有待于在实践中继续摸索并逐步解决。该案件是检察院办理的全省首例食品药品领域刑事附带民事公益诉讼案件，大方县人民检察院牢牢抓住"公益"这个核心，紧紧围绕全县经济社会发展大局，以生态环境和资源保护、食品药品、国有资产保护等领域为重点，积极开展检察机关提起公益诉讼试点工作，在公益诉讼中积极发挥自身的能动性，让"公益"二字不是停留在纸面而是落实到实际行动中。

（四）羁押必要性审查案件——强化人权保障，践行法治精神

2017年，大方县刑事执行检察部门认真贯彻维护在押人员合法权益，

案例篇
"法治毕节"创建典型案例

组织办理了29件羁押必要性审查案件,其中,张某某羁押必要性审查案被省检察院评为"全省羁押必要性审查优秀案件",为持续开展好羁押必要性审查工作提供了引领。

案件回顾:2017年6月2日,年近八十的犯罪嫌疑人张某某心生歹念,对同乡村民陈某某实施强奸。经重庆市精神卫生中心鉴定,陈某某系精神分裂症患者且案发时无性防卫能力。2017年6月22日,犯罪嫌疑人张某某羁押于大方县看守所后,精神状态越来越差,睡眠不好,饮食差,且年老、生病。大方县检察院建议大方县看守所向办案机关提请对犯罪嫌疑人张某某变更强制措施,得到大方县看守所采纳。2017年7月7日,大方县检察院依法启动羁押必要性审查程序,驻所检察人员与张某某同监室在押人员谈话,并向驻看守所医务室医师了解张某某的身体状况及治疗情况,经大方县人民医院检查,诊断结论为:张某某心律失常、心源性水肿。

掌握上述情况后,大方县院依法对该案进行审查,认为该案犯罪事实基本查清,证据确实充分,犯罪嫌疑人张某某年老且患严重疾病,有大方县人民医院出具的疾病证明书、病历材料,有大方县看守所出具的提请变更张某某强制措施的报告,有张某某同监室在押人员的询问笔录等予以证明,张某某短时间内有生命危险,其病情符合《保外就医严重疾病范围》,符合《人民检察院办理羁押必要性审查案件规定(试行)》,不适宜继续羁押,根据《中华人民共和国刑事诉讼法》《人民检察院刑事诉讼规则》,向大方县公安局送达了《对犯罪嫌疑人张某某变更强制措施建议书》,得到采纳,当日对张某某变更强制措施。2017年7月29日,犯罪嫌疑人张某某在家中死亡,大方县公安局对该案作撤案处理。

效果意义:该案成功办理,避免了一起被监管人员在监管场所死亡事件的发生,体现了对老年人的关心和爱护,切实维护了监管场所安全稳定,取得了较好的政治效果、法律效果和社会效果。同时,该案也体现了对于犯罪嫌疑人人权的保护,我们需要根据时代的发展,进一步转变观念,特别是需要进一步确立严格的法治观念,明确犯罪嫌疑人享有人权的具体范围,懂得切实保护犯罪嫌疑人人权的社会价值的重大意义,严格履行中国加入的国际人权公约中规定的内容，使有关司法人员、监狱警察和其他执法人员都能够真正把确立和维护犯罪嫌疑人人权看成是社会文明进步的重要体现，增强维护犯罪嫌疑人人权的主动性。

三　全民守法宣教工程典型案例

（一）中华村民主法治示范村创建案例

案件回顾：乡村治理是基层治理最重要的一环。中华村位于金沙县城西部，距县城 12.5 公里，总面积 22.5 平方公里，辖 19 个村民组，888 户，3228 人，居住着汉、彝、苗、仡佬等民族。自开展"法治毕节"创建以来，金沙县西洛街道中华村以打造法治宣传街、法治广场为切入点，不断夯实基层民主基石，打造法治宣传教育平台，加强法律知识宣传，强化"群众说事点"功能，创新社会治理，群众安全感和满意度得到有效提高，群众法律意识不断增强。

中华村民主法治示范村创建举措如下。

1. 以"法治毕节"创建为契机，夯实基层自治基石

金沙县西洛街道中华社区成立中华村法治创建工作领导小组，把法治创建工作列入村支两委重要工作议事日程，切实加强法治创建工作领导。完善《中华村村民自治章程》《中华村村规民约》《中华村村务公开制度》等制度，构建基层自治制度保障。健全以村民会议或村民代表会议为主要形式的民主管理制度，落实"一事一议"制度，做到了凡是村里的重大问题，尤其是与村民切身利益密切相关的事项，都提交村民会议或村民代表会议讨论，坚决不与法律法规相抵触。不断扩大村务党务公开，推进民主监督。对日常事项每季度公开一次，对重大事项专题公开，并建立和落实了村干部分工负责、干部值班等制度，增强了村两委班子的服务功能，提高了基层党组织的公信力。中华村党支部获 2015 年全县先进基层党组织表彰，中华村支部书记获全县优秀党务工作者表彰，中华村第一书记获全省最美"第一书

案例篇
"法治毕节"创建典型案例

记"表彰。

2. 以"四个一"工程为抓手,打造法治宣传平台

一是全力建设一条"法治宣传街"。社区积极向上级争取资金2万余元,制作128块宣传牌,固定在村路上,打造出一条1公里长的法制宣传街。宣传内容包括交通、治安、禁毒及与群众日常生产生活相关的法律法规,用图文并茂的形式,让群众在潜移默化中学到法律知识。二是全力建设一个"法治主题公园"。以占地80亩的生态公园为主体,打造法治文化公园。在不改变公园原有自然景观的前提下,精心制作法治格言30条、法治文化标识牌120块,将法治文化元素与园内的草、木、亭榭等景观融合,以群众喜闻乐见的方式宣传法律法规和党的方针政策,使广大市民在休闲娱乐的过程中感受到法治的熏陶,在耳濡目染中增强法治意识。三是全力建设一个"法治广场"。结合农村思想政治教育,配套"四在农家·美丽乡村"建设,打造宣传阵地——法治广场。广场设立固定宣传专栏2块、移动宣传栏2块、可更换法治宣传牌60块、法治广场标牌1块,法治文化阵地建设进一步丰富。法治广场建成以来,集中开展法治宣传活动5次,宣讲涉及群众562人次,定期采集群众意见,应群众要求更换宣传内容。四是全力建设一所"法治夜校"。整合"道德讲堂"及相关资源,邀请街道法律顾问、司法所工作人员定期为村民传授法律知识。自"法治夜校"开办来,已开课4场次,参与听课的村民累计有150余人次,为村民提供法律咨询20人次,增强了村民用法律维护自己合法权益的意识。①

3. 以"七个起来"为载体,营造学法守法用法氛围

成立文艺宣传队,精心制作800余个宣传灯笼和120余副对联,统一张贴到星级文明户庭院,安装广播喇叭10个,利用农村调频广播宣传党的路线方针政策、法律道德、文明礼仪、科学技术等内容,传播党的好声音。全村700余户农户参与"十星级文明户"创建,引领良好社会风尚。2016年7月1日,中华村开展庆祝建党95周年暨"两学一做"学习教育系列活动,

---

① "四个一"工程数据由毕节市司法局提供。

对 9 名优秀共产党员、4 名致富带头人、6 户文明家庭、4 名"好婆婆"、4 名"好媳妇"等进行了表彰。目前，中华村社会风气明显好转。例如：该村小寨组村民无偿提供挖掘机帮助中华村修建 1.4 公里通组公路，组织家人和菁门组村民投工投劳浇筑建成 50 厘米宽的路基；石梯组村民熊星与朋友共同捐助 8000 余元，安装了从村委会至文化广场的彩灯。

4. 以法治惠民为根本，助推全面小康提速赶超

完善"群众说事点"功能，健全党员群众说事议事制度，实现矛盾纠纷化解在基层。以村"群众说事室"为中心，以 19 个村民组"群众说事点"为支点，一般矛盾纠纷由村民组"群众说事点"先行调解，较复杂的矛盾纠纷由村"群众说事室"调解，今年及时调解民事纠纷 12 起，调解率、成功率、回访率均达到 100%，真正实现了小事不出组、大事不出村的目标。法治副校长、律师等对辖区 2 所学校 800 余名学生及家长进行法治宣传和培训。中华村实现了从村民打架斗殴、卫生脏乱差的"问题村"向"样板村"华丽转身，全村无一人非法上访、无一起刑事治安案件，群众遵纪守法、安居乐业。

效果意义：乡村治理作为基层治理中的重要一环，对于稳定乡村秩序具有重要意义。通过民主法治示范村的不断深入创建，为该村营造了安全稳定的社会环境和公平正义的法治环境，促使其连续多年取得"五个未发生"佳绩（未发生危害国家安全事件、影响政治稳定事件、暴力恐怖事件、在全国有影响的恶性刑事案件、重大群体性事件），社会治安状况持续好转，公众安全感满意度持续上升。全民普法有力推进，着力解决"法不责众""无理取闹""信访不信法"等突出问题，在全社会构建了办事依法、遇事找法、解决问题用法、化解矛盾靠法的法治良序。

（二）公共法律服务新平台——法律服务新模式之典型

案件回顾：黔西县司法局牵头组建黔西县公共法律服务中心（以下简称公共法律服务中心）和黔西县人民调解中心（以下简称人民调解中心），已于 2016 年 9 月建成投入使用。在县公共法律服务中心、人民调解中心和群众工作司法服务中心（以下简称"三个中心"）建设过程中，县财政为

案例篇
"法治毕节"创建典型案例

"三个中心"建设及运转提供资金保障，县编委专门为县司法行政部门增加事业编制10名，在全县范围内选调律师或法律专业人才到县"三个中心"工作，同时，县公、检、法、司、信访等部门积极互动，建立了诉调对接、检调对接、公调对接、访调对接等联动机制，县司法局与县法院制定了司法确认的具体办法，县司法、卫计、公安、信访等10余家单位部门建立了医疗纠纷、交通事故、物业纠纷、重大疑难纠纷等9个专业调解委员会和15个行业性调解委员会，县人民调解中心将100名调解专家、调解能手细化分解充实到9个专业调解委员会，为扎实有效开展各项工作提供人才保障。

黔西县"三个中心"的成功组建，为筑牢公共法律服务"实体平台、热线平台和网络平台"等三大平台奠定了坚实基础。首先，整合全县律师、基层法律服务工作者、司法行政干警等资源，保障"三个中心"服务大厅每个服务窗口都有人正常坐班，在现场及时为群众办理业务或提供法律咨询，形成"一站式管理、多窗口服务"的公共法律服务"实体平台"。全县29个乡镇（街道）、362个行政村（社区）以及县直相关部门、医院、学校、看守所、大型企业均建立法律服务站（点），由基层司法行政干部、法律服务工作者和单位法律专业人才提供相应法律服务，实现县、乡、村三级法律服务全覆盖。其次，为切实解决老百姓利用法律服务热线咨询法律和业务的问题，黔西县司法行政部门与电信部门协调对接，建立语音自动提示呼叫系统，对"12348"法律援助热线的功能进行丰富和拓展，服务内容涵盖司法行政工作的各个领域，建成集司法救助、法律咨询、公证服务、人民调解、法律援助等于一体的法律服务"热线平台"。每个法律服务站（点）公开12348法律服务热线，明确1名专门联络员，群众可以远程利用12348法律服务热线进行有关法律咨询和相关业务咨询办理，县公共法律服务中心服务大厅窗口的工作人员根据当事人的需求进行专业服务和解答，让群众享受到和窗口现场一样优质、高效、便捷的服务。最后，以"互联网+司法行政"的思维，立足以新兴媒体推进司法行政工作的创新发展，构建"黔西县司法行政微信服务管理、黔西县司法行政专网服务管理、黔西县司法行政门户网站服务管理"三位一体的新媒体"网络平台"。群众可以通过互联网登录相应服务平台进行法律咨询和业务办理咨询，解决当事人跑路难、效率低、办事来回折腾的现实问题。通过夯实"三大平台"，让群众能够在不同的地点、以不同的方式、通过不同的渠道获得法律服务。

效果意义：黔西县在公共法律服务体系建设上"三中心"合一，法理情融合，打造"331"法律服务新模式，为全县经济社会发展营造安全稳定的社会环境和公平正义的法治环境。近年来，全县未发生暴力恐怖、恶性刑事案件及重大群体性事件，未发生危害国家安全、影响政治稳定的事件，社会治安状况持续好转，公众安全感指数持续上升。法治宣传教育工作有力推进，部分群众"无理取闹""缠访闹访""信访不信法"等问题得到有效遏制，办事依法、遇事找法、解决问题用法、化解矛盾靠法的法治良序正逐步形成。群众安全感满意度从 2014 年的 93.48% 提高到 2016 年的 97.78%，①连续三年在全市各县（区）排名第一。2017 年 5 月 18 日，黔西县医疗纠纷调解委员会被司法部表彰为"全国模范人民调解委员会"。"全省法治建设先进县""全国法治建设先进县"通过考核考评。

"三个中心"本着执法公正、司法为民的宗旨，将"法、理、情"有效集结，让群众正确理解和把握法治意义上的公理、常情，国法是公理，常情是底线。在法律服务和矛盾纠纷调处上做到法理、公理、常情有机结合，用法律视角和社会视角分析处理问题，既善于从法律视角依法办事，又善于从社会视角处理问题，努力实现执法司法行为最优、执法司法效果最佳；在法律服务民生上既准确把握社会心态、群众情绪，说透法理，说明事理，说通情理，又注重解开"法结"，打开"心结"，做到善于与群众理性对话，引导群众依法维权，实现法律效果和社会效果的有机统一。

（三）"群众会+法治宣传"——农村法治宣传之典型

案件回顾：2017 年 10 月 12 日，毕节市百里杜鹃管理区大水司法所联合鞍山村驻村工作组利用召开群众大会的时机，开展主题为"学习农村土

---

① 资料来源于毕节市黔西县司法局。

案例篇
"法治毕节"创建典型案例

地承包法，维护自身合法权益"的法治宣讲活动。在大水乡鞍山村村委会的积极组织下，该村 100 余名群众以群众会的形式参与了农村土地法律制度相关知识学习。宣传组成员围绕土地承包、流转、征用等与群众密切联系的法律内容和参会群众进行交流，并就他们关心的热点问题进行以案释法，通过详解发生在身边的土地纠纷案例，生动直观地为与会群众讲解法律知识。"群众会＋法治宣传"重点对农村土地承包法、关于农村土地承包经营权流转的问题以及关于农村土地征用的相关问题进行了宣传，试图解决农村群众居住零散、集中学法困难的问题。利用好每一次群众会开展法治宣传，一定程度上缓解了基层法治宣传力量薄弱的困难。为追求普法实效，既需要群众听得懂，又需要群众乐意听，就必须要结合农村热点问题开展宣传，说农民听得懂的话，讲农民关心的事，不断提高他们的学法热情。

效果意义：法治宣传要以群众为中心。"群众会＋法治宣传"通过群众喜闻乐见的方式，对党的政策和依法治理工作进行了宣传，提升全民学法尊法守法用法意识，加快形成办事依法、遇事找法、解决问题用法、化解矛盾靠法的法治良序。

（1）普法惠民效果凸显。针对群众最关心的问题，通过面对面交流并进行一一解答，得到群众认可，他们通过将所学法律知识运用到当前正在进行的土地确权活动中去，依法维护自身合法权益，彰显了普法惠民特性。

（2）普法实效明显增强。通过深入宣传农村土地承包、流转、征用等相关法律知识，广大农村群众对土地承包法精神实质和主要内容有了系统的理解和深刻的感受，增强了群众参与普法活动的积极性，也为以后农村法治宣传工作的开展作了良好铺垫，让大家明白法律离生活并不遥远，学之可用，用之有效。

（3）学法兴趣更加浓厚。此次活动不仅抓住群众会这个载体，让更多的人有机会接受普法教育，还通过以案释法的形式，用农民听得懂的大白话，牢牢抓住时下热点问题，系统宣讲农村土地法律制度，引导与会群众积极参与身边土地案例讨论，让大家以参与者的形式身临其境感知法律魅力，享受法律推理过程，极大地激发了他们的学法兴趣。

四　法治惠民服务工程典型案例

（一）无房进京上访案例——人民调解促和谐之典型

案件回顾：2018年1月24日，黔西县人民调解中心收到黔西县X中学的申请，称被申请人罗某某之父越战转业到申请人学校，学校为其安排一套职工宿舍（属于国有资产），由于2017年学校建设需要又因此宿舍是危房被拆除，拆除后被申请人以无房居住为由与申请人发生矛盾，经申请人所在街道办事处等部门多次调解未果，后申请人又多次到北京上访，给申请人等单位造成不必要的损失，请求黔西县人民调解中心调解。

黔西县人民调解中心于2018年1月24日组织当事人双方在调解中心调解室进行调解，调解员向当事人双方宣布调解的有关规定，再由申请方陈述案件事实经过以及要求，被申请人说："我的住房被拆除了，没有住的地方，你们要给我解决。"申请人回答："房屋是国家的，我们没有给你解决住房的义务。"调解争吵十分激烈，调解员随后把双方分开单独分析各自的处境以及今后的后果，经反复做双方当事人的工作，调解达成协议：一、由甲方协调相关部门给乙方解决一套廉租房，补助被申请人10000元人民币；二、由甲方协调黔西县某某办事处给被申请人解决15000元生活困难补助；三、被申请人从签字之日起息诉息访，自愿放弃诉讼权利。

效果意义：群众利益无小事。着力解决好人民群众最关心最直接最现实的利益问题，依靠群众就地化解矛盾，是人民调解工作的价值追求和职责所在。案件反映的问题越多、涉及的层面越复杂，就越需要依法调解。既要体现人民调解的特殊性，情、法、理有机地融合起来，又要根据不同类型的案例，适用不同的调解方式，特别是在依法方面，要体现法治精神、法治要求。做到案结事了，给当事人一个明明白白、合乎法律的调解结果。本案是一个信访案件，争议和调解难度大，被申请人的情况是社会原因，申请人拆除产权属于自己的房屋，导致被申请人没有住房上访，通过调解息诉息访。

案例篇
"法治毕节"创建典型案例

本案显示，人民调解工作有时候需要部门协调，多部门协调是解决人民内部矛盾的有效办法。实践说明，人民调解在某种情境某些时刻可能是最直接、最高效的，它是符合中国特色的人民群众矛盾纠纷有效化解的途径。新时代毕节试验区法治创建过程中不断发挥多元纠纷解决机制的作用，促进社会稳定与和谐。

（二）特殊人群共沐法治惠民春风——第十六中学的教育矫治典型

毕节市留守儿童、不良行为青少年、服刑在教人员未成年子女等特殊群体基数较大，服务管理任务艰巨，一度成为制约毕节经济社会发展和对外形象的"短板"。毕节市第十六中学是一所育新学校，也是"法治惠民工程"中的一项"育新工程"，专门用以预防青少年犯罪和对有轻微犯罪行为以及有不良行为青少年的教育转化工作。学校实施有养成教育、心理教育、法治教育等特色课程教育，根据学生个人转变情况，学习时间从3个月到2年不等。

案件回顾：陈某某，男，汉族，生于2003年4月4日，家里共有4口人，父亲、母亲（继母）、弟弟（上幼儿园）和他自己。在他8岁时父母离异，两个姐姐跟母亲，他和哥哥跟父亲，他哥哥现已结婚生子。2017年4月17日，因涉嫌多次入室盗窃被中建派出所抓获送入十六中进行矫治教育。

十六中的老师通过与陈某某的接触得知他主要有以下不良行为。

第一，抽烟酗酒。经常跟着一群朋友在一起喝酒、抽烟，认为这就是讲义气，就是好兄弟。

第二，上网成瘾。因上网打游戏逃学，甚至一个多星期不进校，勉强来一次学校也是手机不离手、魂不守舍。

第三，情绪不稳定。有时会因为别人一句不经意的话，让他很烦躁，想打架、想骂人。

第四，不懂得感恩、不关心体贴父母。在他思想里，别人为他做的一切都是理所当然的，不主动关心体贴老人，不在家里分担家务，过着衣来伸手、饭来张口的生活，父亲挖煤赚来的钱他都在朋友面前大手大脚地花，给少了还要发脾气。

第五，法律意识淡薄。有几次入室盗窃是几个人所为，他居然幼稚地认为，他自己不是主谋，就没有错，更没有违法。

十六中的老师和家长经过几次家长接待日的交流沟通，观察表现，找他谈心，了解到陈某某的不良行为主要是以下原因造成的。

第一，抽烟酗酒。陈某某的朋友个个都会抽烟酗酒，在他这帮朋友中，不抽不喝的是不义气的，要想混得好，必须这样做。

第二，上网成瘾。陈某某的父亲是一名煤矿下井工人，非常辛苦，母亲因身体不好只能在家料理家务，接送弟弟上下学，全家人就靠父亲一人支撑经济开支，生活较拮据。父亲是一个少言寡语的人，又因工作劳累，没什么文化，对孩子的教育几乎属于任其发展、不加约束。母亲口才要好些，但也因没文化，总觉得自己是继母身份，怕别人说闲话，在对孩子的教育中有所顾忌，所以陈某某在家庭教育中属于半脱管状态。2016年8月，陈某某离开家去中建中学读书，这下他更加"自由"了，做自己想做的，玩自己想玩的，深受孩子喜欢的网络游戏自然而然成为他的首选。

第三，情绪不稳定。长期玩网络暴力游戏，已经极大地伤害了他的身心健康，心理自我调适能力差。

第四，不懂得感恩，不关心体贴父母。他父母离异之后，母亲就带着两个姐姐远嫁去了外省，从来都没来看望过他们两兄弟，也没有寄过什么礼物，最基本的母爱都没有，更别说去爱别人、感恩别人。

第五，法律意识淡薄。父母都没文化、不懂法，更不会对他进行法律教育。

矫治方案和过程如下。

（1）在网上查询权威专家的研究结果读给他听，让他知道烟酒对身体的伤害很大，身体就是本钱，没有了健康的体魄，其他一切都没意义。

（2）告诉他网络游戏被称为"电子海洛因"，会严重影响身心健康，会让一个人变得没有意志、没有斗志、毁掉家庭、毁掉前途。

（3）让他和乐观、积极向上的人多交流，找一些因情绪激动造成严重

案例篇
"法治毕节"创建典型案例

后果的例子,告诉他冲动是魔鬼,人在愤怒时智商会直线下降,让他知道"性格决定命运"的深刻道理。

(4) 每次家长接待日,都尽量要求他父母来,并提前教其沟通的方法,利用骑着摩托车来的机会,让他感受到父母是不容易的,是最疼自己的人,来一次是多么的不容易,从内心感动,知道感恩。

(5) 严格要求他法制课上遵守纪律、认真听讲,课下要求他阅读法律类书籍,做一个知法守法的好公民。

(6) 定期和他谈心交流,了解他的思想动态和行为动态,对于进步的地方及时鼓励,错误的地方及时疏导。每次谈心结束,和他一起读一篇积极的充满正能量的文章,给他树立优秀的榜样。

(7) 定期布置学习任务并定时检查学习情况,要求他按教材学习,能接受哪个就学哪个,随时都有事做,慢慢培养学习兴趣,就不会去想无聊的事了。

(8) 学校实行军队教育模式,必须严格遵守纪律,并指定室长严格监督。

以上为十六中老师的矫正记录。经过一个多月的矫治,陈某某就当上了室长,并多次获得寝室标兵的荣誉。今年4月份还当上了队长,成为老师们的得力助手,尤其是后勤主任的得力助手。10月17日顺利离校,现在的他会争着帮助父母做家务,会向父母嘘寒问暖,现就读中建中学九年级。

效果意义:问题青少年教育矫治是一个复杂的系统工程,涉及学校、家庭和社会各个层面,问题青少年无纪律性、无组织性、违反纪律、打架斗殴、迷恋网吧、抽烟喝酒、结交不良社会青年、欺负弱小等不良行为,能量巨大,破坏性强,具有一定的社会危害性,处于青少年违法犯罪的边缘,成为未成年人违法犯罪的重要群体,将关乎家庭和社会的和谐稳定。为此,加强对问题青少年的教育矫治,在全社会形成教育矫治体系,可谓意义重大。第十六中学的设立,对加强有违法和轻微犯罪行为以及有严重不良行为青少年的教育矫治,有效解决长期困扰公安机关对违法犯罪未成年人"犯了抓、抓了放、放了又犯"的恶性循环,采用"非司法"干预的形式,让问题青

(三）黔西县检察院"三举措"切实维护民生权益

案件回顾：黔西县检察院对贵州天利化工有限公司恶意拖欠46名农民工工资共计400425元一案进行审查，查明该公司在收到相关部门限期责令整改决定书后，拒不履行责任，依然拖欠农民工工资。该院遂依法对涉嫌拒不支付劳动报酬罪的犯罪嫌疑人缪某某批准逮捕。该案的办理，是黔西县检察院落实"法治黔西"创建工作、以"保民生、惠民利"作为工作重心的典型案例。在工作中，该院通过加强普法宣传，着力从三个方面保护农民工合法权益，为农民工撑起正义蓝天。

具体做法如下。

一是加强法律宣传，从源头上遏制恶意欠薪行为，维护社会稳定。为了维护劳动者合法权益，预防和减少此类案件的发生，该院组织干警深入辖区在建筑工地、工厂企业等用工单位进行法律宣传，督促用工单位依法经营，规范劳动用工主体按时发放农民工工资，让其知悉恶意欠薪的法律后果。同时通过"送法上门"发放宣传资料、讲解典型案例等方式，积极引导农民工兄弟"知法、懂法、用法、信法"，通过法律途径，提出合法诉求，进行理性维权，化解社会矛盾，为黔西经济社会健康发展提供法律保障。

二是加强行政司法与刑事司法衔接工作，保证诉讼质量。加强信息互通，黔西县人社局在将案件移送黔西县公安局立案侦查的同时，及时将信息告知该院，同时该院指派精兵强将提前介入引导侦查，将案件定性、取证规格、适用法律条文及司法解释等问题与公安机关进行沟通，统一执法思想，确保诉讼质量，依法快侦、快破，实现法律效果与社会效果的统一。

三是加强贯彻宽严相济刑事政策，实现"两个效果"统一。根据法律规定拒不支付劳动报酬，尚未造成严重后果，在刑事立案前支付劳动者的劳动报酬，并依法承担相应赔偿责任的，可以认定为情节显著轻微危害不大，不认为是犯罪，在提起公诉前，支付劳动者的劳动报酬，并依法承担赔偿责任的，可以减轻或者免除刑事处罚。该案在审查逮捕之前，贵州天利化工公司尚未支付一分一毫拖欠的农民工工资，且拖欠金额高达400425元，受害人人数46名，社会影响恶劣，依法批准逮捕犯罪嫌疑人缪某某是综合考虑本案情况合情合理合法的结果。

效果意义：民生关乎社会的生存，国民的生计，群众的权益。用法律的手段维护和促进民生，是现代法治国家普遍采取的方式。传统意义的民生工程创建与实施中，司法机关的能动性往往不如行政机关。随着社会的发展，人民群众在民生领域的活动范围不断扩大，对基层司法机关的诉求也越来越多样化。检察机关作为国家法律监督机关，服务民生是贯彻"为人民服务"宗旨的必然要求。而本案的典型意义在于司法机关的办案理念及观念的转换，农民工作为弱势群体，在侵权案件中理应得到公正的对待，黔西县检察院在以事实为根据、以法律为准绳的大框架下秉承"保民生、惠民利"理念，在法律法治惠民的创建中增加了司法的关怀和温度。

五 生态文明法治工程典型案例

（一）环境资源审判之典型——金沙县检察院诉七星关区大银镇人民政府不当履职案

案件回顾：七星关区人民检察院在履行职责中发现，2010年以来，七星关区大银镇人民政府将该镇集镇及邻近村寨产生的固体生活垃圾收集后，雇请专人运输倾倒在该镇羊桥村石人脚公路旁，大量垃圾未做任何处理露天堆放，散发出难闻气味，严重危害当地生态环境、影响当地群众的生产生活。其间，因垃圾倾倒在公路上影响该处正常通行，大银镇人民政府于2016年3月底组织修建了简易围墙将垃圾场与公路隔开，除此之外并未对场内垃圾进行任何处理。

2016年4月26日，七星关区人民检察院对该案立案，并于同年4月28

日向大银镇人民政府发出检察建议，督促其及时纠正违法行为，采取补救措施，消除其违法倾倒垃圾对周边环境和群众生产生活造成的影响。大银镇政府虽作出书面回复，但并未积极履职，亦未采取补救措施，并继续将垃圾倾倒该处，当地生态持续遭受破坏，社会公共利益仍处于受侵害状态。

2016年11月28日，根据毕节市人民检察院指定管辖，金沙县人民检察院以七星关区大银镇人民政府为被告，向遵义市仁怀市人民法院提起行政公益诉讼，请求法院确认被告大银镇人民政府倾倒垃圾的行为违法，责令被告大银镇人民政府依法履行法定职责，采取补救措施。2016年12月15日，遵义市仁怀市人民法院作出判决，支持检察机关的诉讼请求。

效果意义：环境资源审判作为推进生态文明建设的有力司法保障，其不断发展完善对于社会发展具有重要意义。该案被最高人民法院评为"2017年度长江流域环境资源审判十大典型案例"。本案中，人民检察院跨行政区划提起行政公益诉讼，人民法院跨行政区划审理，对于优化司法资源，打破行政区划的界限和壁垒具有较强的典型意义，另外，该案的成功办理对处于赤水河流域上游地区的毕节市七星关区相关乡镇政府有着很好的警示作用，引起当地党委、政府的高度重视，目前七星关区赤水河上游区域乡镇的垃圾集中收集处理机制初步建成，对全省赤水河的生态环境保护起到重大推动作用。

（二）行政公益诉讼之典范——七星关区人民检察院督促毕节市金海湖新区有关行政机关依法履行职责案

案件回顾：2017年4月，贵州夜郎源酒业保健食品有限公司在其厂房建设项目没有办理林地使用审批手续、环境影响评价手续、建设用地审批手续和采矿许可证的情况下，在毕节市金海湖新区岔河镇发音村十二组占用土地修建厂房及其他设施。2017年11月13日，七星关区检察院工作人员到该公司施工现场进行调查核实，发现该公司建设项目处于前期基础施工阶段，建筑工地占地面积经毕节市森林公安局调查为13.3公顷（199.7亩），该公司占用土地除林地外，还有部分耕地等农用地。施工现场地表植被完全破坏，土层直接裸露在外，地表残留有部分原煤，根据对周边群众的调查，

案例篇
"法治毕节"创建典型案例

贵州夜郎源酒业保健食品有限公司在建设期间还存在开采原煤的行为，该公司的行为严重破坏了当地生态环境。发现上述行为后毕节市七星关区人民检察院于2017年11月15日向金海湖新区公安分局发出《要求不立案理由通知书》。2017年11月28日区检察院对该案立案，并于同年11月29日分别向毕节市金海湖新区农村工作委员会、毕节市金海湖新区城乡建设管理局、毕节市国土资源局金海湖新区分局、毕节市金海湖新区岔河镇人民政府发出检察建议书，督促上述单位分别对贵州夜郎源酒业保健食品有限公司违法占用林地、未办理环评手续、违法占用土地和违法开采国有矿产资源的行为依法履行监管职责。

2018年2月11日，金海湖新区公安分局对贵州夜郎源酒业保健食品有限公司违法占用林地案进行立案侦查。2018年2月7日，毕节市金海湖新区农村工作委员会回复区检察院，称对贵州夜郎源酒业保健食品有限公司违法占用林地的行为进行调查，经调查该公司占用林地面积为88.48亩，达到刑事立案标准，已将该案移送公安机关办理。同时要求岔河镇人民政府对贵州夜郎源酒业保健食品有限公司破坏生态环境资源违法行为依法履行监管职责。毕节市金海湖新区城乡建设管理局依法对该公司未办理环保手续的行为进行了调查，并将该案移送毕节市环保局进行处罚，罚款110089元；毕节市国土资源局金海湖新区分局依法对该公司违法用地按照5元每平方米进行处罚，依法没收该公司挖出的200吨煤炭。2018年6月12日，金海湖新区管委会组织新区公安分局、农委、国土分局、经发局、规划分局及岔河镇相关领导召开专题会议，专题研究贵州夜郎源酒业保健食品有限公司相关问题，要求金海湖新区岔河镇人民政府积极协助有关执法部门，加快完善该项目相关手续，处置好遗留问题，确保社会和谐稳定。

效果意义：检察机关作为公共利益的代表，肩负着重要责任。与一般行政诉讼不同的是，检察机关提起诉讼的身份不称为"原告"，而冠以"公益诉讼人"的特定称谓。一是因为检察机关没有自己的诉讼利益；二是因为在中国的诉讼体系中，检察机关还扮演着诉讼监督的角色，对法院的审判权依法进行监督，包括对确有错误的法院生效裁判进行抗诉再审等，否则，法院的审判就会因为缺失监督而容易走向公正的反面。该案为行政公益诉讼典型案例，检察机关充分发挥检察职能，督促行政机关依法履行监管职责，有效保护了生态环境，取得了良好的社会效果。

（三）生态环境保护之典范——大方县张某某失火案

案件回顾：2018年3月3日下午，大方县马场镇白泥村上寨组村民张某某在位于曹家偏坡自家承包地的地里割杂草，张某某将割好的杂草抱到地中间用天然气打火机点燃，因为风势太大，将点燃的杂草吹到曹家偏坡上，引发曹家偏坡和徐家大坡的森林火灾，共造成火灾发生面积70.9亩，其中荒山荒地17.5亩、乔木林地53.4亩。

大方县公安局于2018年3月9日将该案移送大方县检察院，案件进入审查逮捕阶段后，承办人经审查案件材料，讯问犯罪嫌疑人张某某，认为本案犯罪事实清楚、证据确实充分，为加大对破坏生态环境犯罪的打击力度，达到"处理一人、教育一片"的目的，大方县检察院于2018年3月15日对犯罪嫌疑人张某某依法作出批准逮捕决定。大方县公安局侦查终结后，于2018年3月26日将该案移送大方县检察院审查起诉，大方县检察院办案人员对张某某进行释法说理，向其宣传了生态环境保护及安全用火的相关法律知识，并根据《关于大方县破坏森林资源违法犯罪案件生态损失补偿工作机制》的规定，于2018年3月28日引导张某某与大方县马场镇白泥村村委签订《生态损失补偿协议》，要求其补种树木70.9亩（每亩约100株），并确保成活率达到80%以上，对存活率达不到的，自愿于次年就未达标部分进行补植，挽回生态损失。张某某补植的树木经大方县林业局验收合格后，2018年4月1日，大方县检察院对张某某作出相对不起诉决定并向其宣告。

效果意义：国家一直大力提倡生态环境保护，对于破坏生态环境的犯罪应当严惩不贷，但本案中张某某的行为属于过失行为，且犯罪情节较为轻微，主观恶性不大，张某某的行为虽已触犯《中华人民共和国刑法》，但根据《关于大方县破坏森林资源违法犯罪案件生态损失补偿工作机制》的规定，引导其补植复绿，在一定程度上补偿生态损失，大方县检察院遂对其作出不起诉宣告，体现了宽严相济的刑事司法政策和恢复性司法理念，同时也起到较好的宣传作用，取得了较好的政治效果、法律效果和社会效果。

六 法治监督检查工程典型案例

（一）专题询问监督方式——彰显人大监督的刚性

专题询问作为一种监督方式，"面对面""题对题"，确保了人大监督的刚性，督促"一府两院"有关问题得到实实在在的解决和落实。2014年，毕节市人大常委会启动了专题询问，剑指全市重点区域环境综合整治和污染防治工作。专题询问实施四年来，毕节市的环境保护成效大大提升。

（1）关停高能耗、高污染企业。毕节市中心城区企业金河化工（原赤天化肥厂）、东华新能源项目，其生产后产生的废气、废水、废渣严重影响周边及城区市民的生产生活，政府及其职能部门采取了一系列相应措施，关停了两家企业。

（2）治理中心城区饮用水源。毕节市倒天河水库是七星关区40万人的水缸，目前水库周边垃圾收集清运、水面漂浮物打捞已进入常态化，环湖路以下已全部拆迁，拆后的宅基地进行了生态恢复，环湖路以上积雨区正在规划退耕还林还草。

（3）提级改造市内景观河（倒天河）。毕节市中心城区倒天河治理投入30亿元，依托倒天河及沿线主要街道，打造14个市民广场、23个公共节点，真正实现"倒天河畔丽人多、两岸青山如画来"的美丽画卷。

（4）生活垃圾无害化处理。目前已建成黔西县水泥窑协同处理垃圾和七星关区餐厨垃圾处理中心，规划建设七星关区、金沙县、威宁县、织金县垃圾发电厂等设施，垃圾处理将由原来的填埋方式转变为回收利用、无害化处理。

（5）逐步规范医疗垃圾处理。七星关区、织金县、黔西县、金沙县医疗垃圾处置中心建成运行，全市医疗垃圾基本实现集中处理。

(6) 有效保护赤水河流域。毕节境内流域经过七星关区、大方县、金沙县，通过每年生态补偿资金，沿河乡镇已建污水处理厂、垃圾集中收放清运系统，目前出水断面水质均达Ⅱ类。

(7) 大力推进农村环境综合整治。各县区通过试点示范的方式启动了农村环境综合整治工作，全市试点示范建成生物滤池、人工湿地、AAO工艺等集中式污水处理站200余个，修建等离子工艺小型垃圾焚烧池10余个，农村污水处理、垃圾收集处理呈现有序态势，农村环境逐步得以改善，目前全市所有村寨新一轮环境整治工作已进入规划启动中。

效果意义：专题询问的效果如何，除了答得好不好之外，整改得实不实也是一个重要方面。毕节市人大常委会防止问答"空对空"，"一府两院"根据专题询问会后形成的综合意见，提出切实可行的整改方案，拟出时间表、路线图，采用有针对性措施解决具体问题，人大常委会适时进行跟踪查看、暗访整改情况。同时，毕节市人大常委会对专题询问办理工作进行满意度测评，并及时对外公布测评结果，对测评结果满意度不高的，适时向党委汇报，及时通报批评，并限时整改。另外，在方案设计上也事先安排，对多次通报仍不整改的，启动连续询问机制、质询或特定问题调查等监督方式，一问到底、直到见效，加强了人大监督自身的刚性。

（二）刑罚执行监督之典型——毕节市检察院对毕节监狱假释活动不当的监督

根据"两高""两部"《关于办理黑恶势力犯罪案件若干问题的指导意见》（法发〔2018〕1号）（以下简称《意见》）第14条的规定，"恶势力"是指，经常纠集在一起，以暴力、威胁或者其他手段，在一定区域或者行业内多次实施违法犯罪活动，为非作恶，欺压百姓，扰乱经济、社会生活秩序，造成较为恶劣的社会影响，但尚未形成黑社会性质组织的违法犯罪组织。《意见》第15条规定：恶势力犯罪集团是指符合犯罪集团法定条件的恶势力犯罪组织，其特征表现为：有3名以上的组织成员，有明显的首要分子，重要成员较为固定，组织成员经常纠集在一起，共同故意实施3次以上

案例篇
"法治毕节"创建典型案例

恶势力惯常实施的犯罪活动或者其他犯罪活动。下文以罪犯韩某伟假释提请中审查监督案为例,展现毕节市检察院在法治监督中发挥的独特功能。

案件回顾:罪犯韩某伟,男,彝族,1993年10月出生,初中文化程度,户籍所在地为贵州省毕节市大方县,住贵州省毕节市大方县M镇M居民委员会。2013年6月24日因故意杀人罪,寻衅滋事罪,非法持有、私藏枪支、弹药罪,非法拘禁罪,故意毁坏财物罪被贵州省大方县人民法院〔2013〕方刑初字第45号刑事判决书判处有期徒刑10年6个月,赔偿刑事附带民事诉讼原告人经济损失56079元。2013年8月8日入贵州省忠庄监狱分流中心,2013年10月24日调入贵州省毕节监狱服刑。2016年11月8日,贵州省毕节市中级人民法院〔2016〕黔05刑更第834号刑事裁定书裁定减刑1年。

2018年8月6日,贵州省毕节监狱以罪犯韩某伟认罪悔罪、较好完成生产任务、积极参加"三课"学习、积极履行附带民事赔偿、2016年1月至2018年2月考核共计获表扬6个等拟提请贵州省毕节市中级人民法院裁定假释并征求毕节市人民检察院意见,毕节市人民检察院审查中发现:罪犯韩某伟自2011年5月以来,在谢某、刘某等组织领导下,伙同周某、郑某某、邱某等人,多次纠集在一起,在贵州省大方县大方镇及周边实施聚众斗殴、非法拘禁、敲诈勒索、寻衅滋事等犯罪行为,逐步形成了以谢某、刘某为首要分子,周某、郑某某、邱某、韩某伟等人为成员的恶势力犯罪集团。罪犯韩某伟等的行为侵犯了公民人身权利、财产权利,严重扰乱社会、生活秩序,造成恶劣影响。毕节市人民检察院结合罪犯韩某伟伙同谢某、刘某等为首的恶势力集团实施共同犯罪中的地位、作用、犯罪情节等,遂依法建议贵州省毕节监狱不予提请假释,贵州省毕节监狱采纳意见,决定对罪犯韩某伟不予提请法院裁定假释。

效果意义如下。

1. 全案审查与重点审查相结合

2018年1~8月,贵州省毕节监狱移送毕节市人民检察院征求意见的涉黑恶罪犯减刑案件共计17件17人、假释案件1件1人,检察机关采取了全案审查与重点审查相结合的方式,其中,在对罪犯韩某伟假释一案审查中,全面审查了罪犯韩某伟入监以来的改造表现,经审查,罪犯韩某伟入监以来认罪悔罪、积极参加生产劳动、学习,努力完成生产任务,无违反监规纪律,考试合格,此次考核周期内累计获得6个表扬,积极履行附带民事赔偿56079元,改造表现较好,但通过对罪犯韩某伟参与谢某、刘某等为首的恶势力集团犯罪行为进行审查发现:罪犯韩某伟多次积极参与谢某、刘某等为首的恶势力集团与陈某某等为首的另一恶势力团伙为争夺赌场保护等实施故意毁坏公私财物、寻衅滋事、非法拘禁等犯罪行为。2011年12月16日,罪犯韩某伟与谢某、刘某等十六七人在与陈某某为首的20余人恶势力团伙聚殴中将陈某某杀死,案发后,公安机关查获罪犯韩某伟非法持有枪支2支。罪犯韩某伟在案发后虽有到公安机关投案自首情节,但其在共同犯罪中邀约、带领其他团伙成员参与犯罪的地位突出、作用明显,据此,毕节市人民检察院根据《最高人民法院关于办理减刑、假释案件具体应用法律的规定》第22条之规定,依法提出对韩某伟假释不当的意见。2018年8月30日,贵州省毕节监狱采纳检察院意见,决定对韩某伟不予提请法院裁定假释。

2. 依法严格审查、严格把关,坚持涉黑涉恶罪犯减刑、假释"三不放过"

自2018年扫黑除恶斗争开展以来,毕节检察机关切实履行法律监督职责,加大对涉黑、涉恶犯罪罪犯减刑假释案件的审查,严格依据《最高人民法院关于办理减刑、假释案件具体应用法律的规定》,坚持"三不放过"。一是涉黑涉恶罪犯服刑岗位不符合相关规定的,减刑时严格审查不放过;二是有履行或部分履行财产刑、民事赔偿能力而未履行的,减刑幅度从严掌握不放过;三是涉恶罪犯假释从严掌握不放过。由于工作措施有力,检察办案人员依法履职,严格审查、严格把关,在发挥刑事执行检察法律监督作用的同时,切实维护了国家刑事司法政策、法律、法规在刑罚执行中的正确实施。

3. 加强与刑罚执行机关、法院的沟通,听取律师意见,形成共识

检察机关依法审查发现罪犯韩某伟系恶势力集团犯罪,且在共同犯罪中

积极主动、作用大、犯罪情节严重，结合中央为期三年的扫黑除恶专项活动精神要求，认为刑罚执行机关拟提请法院裁定对韩某伟的假释不当，遂及时将情况与刑罚执行机关、法院、律师进行沟通，交换意见，形成共识。贵州省毕节监狱采纳检察院意见后，经与律师沟通协调，律师积极配合做韩某伟及其父母的工作，让韩某伟及家属全面了解韩某伟犯罪的社会危害性及国家关于罪犯假释相关刑事司法政策规定，稳定了韩某伟改造思想情绪，达到政治效果、法律效果、社会效果的统一。

（三）织密民生监督网——金沙县推行民生监督"大家抓"

金沙县积极探索民生监督大家抓运行机制改革，构建民生监督大家"查"、大家"办"、大家"评"、大家"建"、大家"看"五大体系，强化案件查办县、乡、村三级联动，充分调动各级各部门和广大社会力量，进一步丰富和完善民生监督"大家抓"的内涵和外延，助推民生监督提档升级。

具体做法如下。

（1）五大体系构筑民生监督新举措，奠定"大家抓"理论基础。一是民生监督大家"查"，找出问题线索。民生项目责任单位在民生项目上开展自查找出问题；纪检监察机关通过举报电话、举报邮箱、举报信件、微信平台、民生监督岗、"蹲点接访"、审计移送等方式收集问题；村级民生监督委员会充分发挥民主监督作用，通过走访调查、备案监督等方式发现问题。二是民生监督大家"办"，推进案件查办。通过整合人员力量，采取交叉办案、联合办案、下查一级等方式，强力推进案件查办工作。同时以专题培训会、办案"传帮带"等方式，提升全体纪检监察人员办案能力和水平，达到人人会办案、人人能办案、人人敢办案的目的。三是民生监督大家"评"，综合分析研判。通过民生项目责任单位对权力运行、职责履行、工作成效、风险点等进行全面排查，结合纪检监察机关自身查办案件情况，分析评判各类型案件所发生的领域、环节等方面存在的问题，对前期工作进行总结分析，整改再整改、提高再提高。四是民生监督大家"建"，推进制度建设。通过建立健全民生监管机制、责任倒查倒逼机制、管理考核机制、典

"法治毕节"的探索与实践

型案例曝光机制、考核奖励办法等，强化民主监督和末梢监督，由此调动广大社会力量积极主动参与监督，积极主动提供问题线索。五是民生监督大家"看"，总结经验成果。通过民生监督委员会民主监督和"三述一评"会议群众共同参与监督，以及典型案件通报曝光、投诉举报渠道的公开公示，积极营造浓厚的民生监督工作氛围，达到家喻户晓的目的；通过网络、纸质等方式测评，以群众满意度评估工作效果、总结提炼、推广典型、完善提升，全面打造民生监督工作特色品牌。

（2）纪委引领民生监督新常态，强化"大家抓"制度保障。民生监督工作，纪委义不容辞，通过强化纪委的带头作用，采取"三个强化""三个确保"，确保纪检监察干部人人有责任、个个有任务。一是强化职责捆绑，确保组织接通。一方面，调整充实民生监督组人员力量，增加民生监督组长和第一副组长人选；另一方面，委局班子成员和各相关室、纪工委监察分局、民生监督组对民生监督工作职责进行层层分工、层层捆绑，使上下级无缝对接，逐层传递压力，确保组织接通。二是强化目标捆绑，确保任务贯通。根据民生监督职责分工，对民生监督工作目标进行层层捆绑。委局班子、相关室、各民生监督组督导查办案件均安排有任务数，如委局班子每月指导案件查办次数不少于2次，各监督组成员到村排查问题线索不少于4次。三是强化责任捆绑，确保考核拉通。对民生监督工作目标任务实行月调度、季考核、年奖惩。结合目标要求，使参与民生监督人员进一步提升责任意识，增强紧迫感，以结果运用倒逼责任落实，确保考核拉通。

（3）"一乡一特色"打造民生监督新板块，凸显"大家抓"宣传效果。根据25个乡镇在民生领域自身突出特点或新思路、新举措，以"一乡一特色"精准监督，确保乡乡有特色、乡乡有亮点。一是在廉政文化上打造特色亮点。如平坝镇用顺口溜、三句半等方式，对民生资金、民生物资以文艺演出等形式进行宣传，群众参与意识不断增强。二是在化解矛盾上打造特色亮点。如新化乡督促企业设立"民生监督进企业公开专栏"，对地灾赔偿、赞助款物等涉及群众切身利益的事项进行公开公示，民生监督组和民生监督委员会参与过程监督，有效化解矿群矛盾，切实维护群众利益。三是在重点

案例篇
"法治毕节"创建典型案例

环节上打造特色亮点。如岚头镇民生监督委员会参与监督村民入股壮大村集体经济工作，确保入股到位、分红公正、透明公开、发展持续等，促进村级"三资"规范管理。四是在制度建设上打造特色亮点。如禹谟镇村级实行联系领导、包村干部、村干部、民生监督委员会成员、党员代表、群众代表"六方人员"联席会议制度，负责对村级重大事项、民生政策实施的研究决策，确保村务活动公开透明。

（4）全面巡查撬动民生监督新路径，发挥"大家抓"典型效应。为履行好纪检监察机关工作职责，切实解决民生领域突出问题，严查发生在群众身边的腐败行为，确保群众利益不受侵犯。将"地毯式"的全面巡查作为民生监督工作弯道取直的路径选择，在巡查前，制定翔实的工作方案，抽调人员组建问题线索收集暗访组、票据筛查组和调查核实组，合理整合人员力量，注重实战能力和水平提升，全面提高了工作效率。

（5）"大数据"搭建民生监督新平台，创新"大家抓"科技手段。为进一步整合各类资源，确保民生监督的全覆盖，利用科技手段，通过多渠道的网络公开，达到部门联动、群众参与的良好效果。一是"数据铁笼"防止"跑冒滴漏"。民生项目资金的底数清楚是开展监督的基础，在结合涉农资金监管系统的基础上，参考扶贫系统"云平台"，探索建立"金沙县民生监督大数据平台"，通过数据植入，整合所有民生项目和资金，实现备案、公开、检查的"一体化"，目前系统建设即将完成。二是多方面拓宽监督渠道。通过电视公开举报方式、网站设立举报专栏、设置微信公众号等广开言路。

（6）全面参与树立民生监督新理念，营造"大家抓"浓厚氛围。为进一步确保"大家抓"真正体现全面参与，通过责任意识的引导，强化部门参与和力量整合。一是部门主动参与"大处统筹"。在省市专项监察要求基础上，通过找准"自选动作"，开展了对公墓山管理、营养餐资金、敬老院资金的专项监察，在第一阶段，各项目主管部门主动配合，自发履职，在全系统内开展了全面排查，同时，主动沟通民主党派和无党派人士，开展民主监督工作，每年选取5个项目开展监督，拓宽监督主体。二是领导主动作为

"法治毕节"的探索与实践

"小处着手"。为进一步提升干部职工，特别是基层党员干部主动参与意识，充分发挥党政领导的带头示范作用，明确基层乡镇班子成员在分管范围内必须全面开展民生问题排查，每名班子成员至少找出1条成案线索，全面推进了"大家抓"的纵向"联动"。

效果意义：从民生领域不断发生违纪违法案件可以看到，民生领域违纪违法问题严重损害群众利益，如不下大力气加以整治，将会动摇党的执政基础。因此，对民生领域的监督一直是金沙县工作的重点，但长期以来，民生监督基本是纪检监察机关单打独斗，虽然依靠部门自查自纠，但尚未形成监督的强大合力。在充分深入基层和群众开展调查研究的基础上，提出了民生监督"大家抓"，其目的是通过整合人员力量，创新科技手段，通过共同参与，确保各级各部门人人有责任、个个有任务，努力形成层层抓、人人抓，发动广大社会力量共同参与抓的齐抓共管良好局面。自民生监督"大家抓"启动以来，金沙县的民生监督工作提质提量，有效回应了社会关切。通过整合纪检监察机关、民生主管部门、村级监督机构及基层群众力量，参与监督的范围不断拓宽，通过强化民生领域信息公开，开展民主党派参与民生监督工作，强化力量引入，共同参与的意识不断增强，民生项目监督更全面到位，监督主体更广泛，监督客体更具有针对性。

附　录

"法治毕节"创建方案及相关配套制度

龙胜兴[*]

毕节市"法治毕节"创建工作推进方案

为贯彻落实省委、市委安排部署，全面推进"法治毕节"创建工作，特制订本方案。

一 指导思想

全面贯彻落实党的十八大和十八届三中、四中、五中全会精神，深入贯彻落实习近平总书记系列重要讲话精神，围绕毕节试验区"开发扶贫、生态建设、人口控制"三大主题，坚持问题导向、目标导向、效果导向，以实施"六大工程"为统领，以市委"1+4"系列文件为抓手，以解决影响社会和谐稳定、影响民生福祉的突出问题为切入点，以建设法治毕节为目标，大力弘扬法治精神，坚决维护宪法法律权威，为决战贫困、提速赶超、同步小康提供有力法治保障。

---

[*] 整理人：龙胜兴，暨南大学博士，贵州省法治研究与评估中心副研究员。

二　工作目标

紧紧围绕省委"法治毕节"创建工作总体要求，全面推进依法治市，加快建设法治毕节，到2017年，实现社会治理体系全面建立、依法行政能力全面增强、公正司法水平全面提升、公民道德素养全面提升、全民法治意识全面增强、民生保障事业全面进步、基层基础建设全面夯实、全面促进治理体系和治理能力现代化"八个全面"目标；到2020年，基本形成地方性的法规体系、高效的法治实施体系、严密的法治监督体系、有力的法治保障体系，依法执政、依法行政、公正司法能力和全民法治意识显著提高，法治毕节基本建成。

三　工作任务

（一）实施法治政府建设工程

各级政府坚持以法治理念、法治思维、法治程序开展工作，按照"一表两单"要求，抓住事前、事中、事后"三个环节"，依法规范行政决策和行政行为，大力推行"互联网+"阳光政务，建设"服务型"政府、"法治型"政府。行政诉讼败诉率、行政复议变更率逐年降低，控制在合理指标内。

（1）推动政府依法规范履职。严格落实行政组织和行政程序法律制度，全面落实"两个清单"，坚持做到法定职责必须为、法无授权不可为，充分发挥市场的决定性作用。继续推进行政审批制度改革。抓住重大行政决策事前合法性审查、公众参与、专家论证、风险评估工作，事中实行集体讨论决定并进行全过程记录，事后进行立卷归档管理"三个环节"，推动政府依法决策。领导干部决策批示纳入立卷归档管理范围。依法制定行政规范性文件。健全依法行政综合协调机构，加强政府法治机构建设，市、县（区）

附 录
"法治毕节"创建方案及相关配套制度

政府及工作部门全面推行法律顾问制度,有条件的乡(镇、街道)逐步推进法律顾问工作。开展"法治乡镇长"创建工作。

(2)推进严格公正文明规范执法。依法界定行政执法主体资格。深化行政执法体制改革,探索综合执法和联动执法,实行重大行政执法备案审查制度。建立健全行政裁量权基准制度,规范执法程序和操作流程,落实执法全程记录制度,规范行政执法行为。建立定期检查和不定期抽查的执法机制,加大对食品药品、安全生产、环境保护等关系群众切身利益的重点领域执法力度。加强行政复议机构建设,畅通行政复议渠道,坚决纠正不当行政行为。严格执行行政应诉制度,尊重并自觉履行人民法院的生效判决、裁定和调解书。

(3)完善政府信息公开推进政务服务。运用"互联网+",加强政务服务平台、公共资源交易平台、电子政务平台建设,推行政务服务新模式。建立健全政府信息公开平台,严格落实主动公开、政务信息查询等制度,依法对财政预算、土地出让、工程招投标、公共资源配置、重大项目批准实施、社会公益事业建设等重大信息及时向社会公开,坚持定期通报政务信息,及时答复公民、法人或其他组织的政府信息公开申请。通过政府12345服务热线平台主动接受社会监督,全力打造"阳光政府"和"服务型政府"。

(二)实施公正司法天平工程

以司法体制改革为载体,开展无涉法涉诉信访单位创建活动,"十佳政法干警"、"十佳办案能手"和"十佳政法单位"评选等活动,深入推进以审判为中心的诉讼制度改革,以案件评查为抓手,落实执法办案终身责任制和责任查究制,提高办案质量,维护司法权威和司法公信力。

(1)支持司法机关依法独立公正行使司法权。落实支持人民法院、人民检察院依法独立公正行使审判权、检察权的各项制度。对领导干部干预司法活动、插手具体案件处理的,及时记录,严格进行通报和追责。建立司法人员履行法定职责保护办法,确保法官、检察官、公安民警敢于坚持原则、敢于依法办案、敢于抵制不当干预。加强法官、检察官、公安干警职业保障，完善因公牺牲、意外伤害等抚恤救助制度，办理因公人身伤害保险。完善法官、检察官、公安干警等级定期晋升制度。

（2）完善司法权力行使和制约机制。以"让审理者裁判、由裁判者负责"为核心，探索改革审判委员会制度，推进主审法官、合议庭、独任检察官、检察官办案组、主办侦查员办案责任制，推动办案质量提升。完善人民陪审员、人民监督员制度，拓宽选任渠道和范围，建立通过随机抽选等方式确定陪审员等制度。推进审判、检务、警务、狱（所）务公开。严格落实生效法律文书统一上网和公开查询制度，推进审判流程信息、执行信息公开和实现网上查询。

（3）推进严格公正司法。落实证据裁判规则，严格依法收集、固定、保存、审查、运用证据，确保侦查和公诉程序的办案标准符合审判定案标准，从源头上防止事实不清、证据不足的案件"带病"进入审判程序，提高办案质量，防止冤假错案。落实录音录像设备，确保侦查讯问、开庭全程同步录音录像。完善对限制人身自由司法措施和侦查手段的司法监督，规范查封、扣押、冻结、处理涉案财物司法行为。加快涉法涉诉信访改革，健全诉访分离机制，依法处理涉法涉诉信访案件。

（三）实施全民守法宣教工程

充分把握群众生产生活规律，采取常年经常性教育与农闲时间集中教育相结合等方法，利用宣讲队下基层、召开村民院坝会、开设宣传专栏、制作"景观标语"、大喇叭广播、建微信群等"土洋结合"的形式，深入开展农村思想政治教育和法律法规宣传，提高干部群众道德意识和法律素养，形成良好社会氛围。

（1）深入开展农村思想政治教育。一是加强党的富民政策宣传。调动群众积极性和主动性，激发内生动力，助推农业农村发展。二是加强传统美德教育。深化"五心"教育，推动"十星级文明户"创建，开展农村信用工程建设、"草根"文化活动，大力弘扬团结互助、尊老爱幼、勤俭节约、诚实守信的中华传统美德。三是加强自力更生、艰苦奋斗的创业精神教育。

附 录
"法治毕节"创建方案及相关配套制度

以"整脏治乱"为突破口，依托"四在农家·美丽乡村"创建，开设"法律道德讲堂"，引导群众培养积极向上的情趣爱好，把法治意识和良好道德素养潜移默化地根植在群众日常生活中。

（2）增强全民法治意识。增强群众学法、用法、守法能力。大力宣传《刑法修正案（九）》《婚姻法》《人口与计划生育法》《农村土地承包法》《城乡规划法》《未成年人保护法》等与人民群众生产生活息息相关的法律法规，切实提高人民群众依法维护自身合法权益的能力。提高领导干部法治意识。党委（党组）中心组每年至少开展一次宪法法律专题学习，建立领导干部"述职述廉述德述法"制度，开展领导干部带头进讲堂宣讲法治，每年集中举办四期以上领导干部法治知识培训班，把法治纳入"一月一专题"学习内容。培育法治文化。建立青少年法治教育基地或法治文化主题场所，在大中专院校、中小学设立法治知识课程，配备专（兼）职法治教师，推进法治教育渗透学科教学。

（3）健全普法宣传教育机制。制定"谁执法谁普法""谁主管谁普法"工作实施方案，强化对主管对象、执法对象、服务对象分类普法宣传教育，加强对领导干部、公务员、青少年、企事业单位经营管理人员、村（居）民和流动人口等的分类普法宣传教育。发挥"农民讲师"队伍、农村文艺宣传队伍、农村教师队伍、基层干部队伍、群团组织队伍"五支队伍"的作用，大力宣传涉农法律法规。建立健全媒体公益普法制度，各级报刊、网络、广播、电视等媒体开辟"法治毕节"宣传专题、专栏，加强新媒体技术在普法中的运用，提高普法宣传实效。党校、行政学院等各级干部培训机构将法治知识列为必修课程。组织部门将学法守法及依法办事作为考察提拔干部的重要内容。深入开展法治单位、法治村（居）创建活动，牢固树立权力与责任、权利与义务对等观念。

（4）加强舆论引导。加强管理、技术和宣传"三支队伍"建设，强化网络舆情的导控，第一时间发出有效信息，抢占网络空间话语权。加强网络技术力量建设，提高对网上煽动策划指挥、网下串联行动的综合网上网下处置能力，防止恶意炒作社会问题。

（四）实施法治惠民服务工程

以解决留守儿童、空巢老人、残疾人、失地农民等特殊群体民生保障为重点，建立各类特殊群体服务监管和保障体系，建立分类帮扶管控制度，满足各类特殊群体的基本生存和发展需求。加强基层基础建设，健全社会治安和公共安全防控体系，坚持什么问题突出就整治什么问题，集中力量开展严打专项整治行动，维护发展环境，保障人民群众生命财产安全。

（1）建立特殊人群服务管理体系。深入实施特殊人群服务管理"六项工程"，加强育新学校、"阳光工程"、关爱医院、精神病医院、救助保护中心等建设，健全党政、社会、家庭"三位一体"关怀帮教机制，确保各类特殊人群得到应有的救助救治服务和有效监管。建立健全留守儿童、困境儿童、空巢老人、残疾人等特殊困难群体长效民生保障体系。用好农村寄宿制学校、"老年公寓"等资源，建设"留守儿童管护中心"，建立"爱心父母志愿者组织"等，让留守儿童学有所教、住有所居、心有所属。制定实施留守儿童、困境儿童家庭劳动力就业扶持政策，落实政府兜底责任。推广"补偿金入股、村委领办实体、按期分红、滚动发展"模式，保障失地农民权益。

（2）完善大调解工作体系。各县（区）人民政府把人民调解经费纳入财政预算并足额拨付，人民调解员报酬实行个案补贴和固定津贴相结合。健全完善村（居）调解委员会和各级道路交通事故、医疗纠纷、涉校矛盾纠纷等专门调解委员会。建立"毕节市综治工作信息管理平台"，开展民主法治示范村（社区）、法治学校（单位）、法治家庭等基层法治创建和矛盾纠纷不出乡（村）、无命案乡（镇、街道）创建活动，创建"12349"县域信访管理新模式。推进县级律师事务所和公证机构建设，全面建立并规范县级法律服务中心、乡级法律服务工作站、村级法律服务点（窗口）、法律援助工作站、法律援助点，不断提高法律服务能力。推广"六零六好"经验和"文朝荣群众工作六法"，调动社会乡贤、族长、寨老等"第三方力量"，发挥其化解矛盾的作用。探索法律援助、民间人士介入信访治理的新途径。

附 录
"法治毕节"创建方案及相关配套制度

(3)健全严打犯罪工作体系。以"雷霆行动""利剑行动""整肃行动"等专项行动和开展无刑事治安案件村(社区)创建活动为载体,按照"什么问题突出就整治什么问题、哪里治安混乱就重点整治哪里"的原则,适时采取冬季、春季、夏季严打等方式,重点开展严打盗窃、整治企业及周边治安环境、侵害未成年人、禁毒攻坚、命案防控等专项行动,严厉打击影响人民群众安全感的黑恶势力犯罪、严重暴力犯罪、"两抢一盗一骗"犯罪、涉众型经济犯罪等违法犯罪活动,切实维护人民群众生命财产安全,提高人民群众安全感、满意度。

(4)完善社会治安防控体系。建立"乌蒙云"社会治理信息化支撑应用"云+端"警务平台,全面完成并提升"天网工程"建设密度和质量,推进治安卡口、无线管控等社会防控手段建设,着力开展社会面防控、重点人员和重点行业、城乡社区村寨、机关企事业单位内部安全、技术视频、信息网络防控等"六张网"建设,全面构建纵向贯通、横向集成、共享共用、安全可靠的以市为中心、县(自治县、区)为支点、乡(镇、街道)为基础的立体化指挥防控体系。

(5)完善基层社会治理体系。组织实施"先锋示范工程""能人兴村工程""领头雁工程"等"三大工程"建设,扎实开展"岗位实践大练兵""社情民意大走访""学习比武大讲堂"等"三大活动",发挥村规民约、市民公约在基层社会治理中的积极作用,引导群众依法立约、以约治理。建设完善乡镇法庭、检察室、派出所、司法所等法治工作机构、办公阵地,按要求配齐基层法治机构工作人员,配齐村级警务助理、农村交通协管员、禁毒工作员等。建立公民、法人和各类社会组织信用信息系统,全面记录其失信行为、违法犯罪行为、违背道德和社会公德行为,并建立查询、公示、惩戒制度。对不赡养老人、不抚养小孩、不履行义务、不遵守社会公德和公序良俗的其他行为,实行道德红黑榜公示制度。

(五)实施生态文明法治工程

加强地方立法,建立生态法规体系,充分发挥法治在生态文明建设中的作用，开展最严格的生态执法，坚决落实环境保护各项措施，全力推动绿色、循环、低碳发展。

（1）健全生态文明建设体制机制。将生态环境保护内容纳入地方立法规划，加强重点流域、草海、百里杜鹃、韭菜坪等重点区域生态环境保护地方立法，建立完善符合毕节地方特点的生态法规体系。建立完善资源环境生态红线制度，实行最严格的耕地、林地和水资源保护制度。健全完善生态文明相关指标监测制度，严格监管污染物排放。加快形成生态损害者赔偿、受益者付费、保护者得到合理补偿的生态保护补偿机制。加强行政执法监督、环境司法保障，探索建立检察机关对环境污染、生态破坏等损害公共利益行为提起公益诉讼制度。健全领导干部任期生态文明建设责任制，完善问责制度，建立生态环境损害责任终身追究制度。把资源消耗、环境损害、生态存量、生态增量等指标纳入经济社会发展综合评价体系，大幅增加考核权重。

（2）全力推动绿色发展、循环发展、低碳发展。积极实施主体功能区战略，构建平衡适宜的城乡建设空间体系。大力实施大气污染防治、重点流域水环境综合整治、农田生态保护。大力推进资源绿色开发，积极发展循环经济，推动节能减排，加强资源节约，资源循环利用体系基本建立。落实完善资源综合利用和促进循环经济发展税收政策。加快草海、百里杜鹃、韭菜坪等重点生态区域生态安全屏障建设，全面推进封山育林、退耕还林还草还湿等重点生态建设工程。

（六）实施法治监督检查工程

健全法制监督检查体系，完善内部权力制约机制和纠错问责机制，构建科学有效的权力运行制约和监督体系，严防权力滥用和权力寻租。

（1）加强党内监督。建立实施廉政风险教育机制、廉政风险预警机制、廉政风险处置机制、权力运行监督制约机制、风险防控责任落实考核和激励机制等工作机制。党委政法委职能充分发挥，健全政法机关重大事项向党委报告制度，督促政法机关依法履职。

（2）加强人大监督。加大对"一府两院"的监督力度，通过座谈会、协商会、议案、视察、调研等形式，有针对性地开展专项工作监督、计划和预算执行情况监督，强化对重点部门工作评议，依法开展质询，严格制定实施年度执法检查计划。

（3）加强民主监督。拓宽民主监督渠道，完善民主监督制度，坚持"一府两院"情况通报制度，明确年度重点工作监督目标，采取知情沟通、督办反馈、民主评议等多种形式，督促"一府两院"依法履职。

（4）加强司法监督。检察机关加强对侦查、审判工作的监督，加强抗诉、检察建议等工作方式，加强对国家工作人员依法履职、廉洁履职的监督，保证法律正确实施。

（5）加强行政监督。完善审计制度，重点对项目建设、财政投资情况开展专项审计，对领导干部认真进行经济责任审计和离任审计。完善政府内部权力制约机制，强化政府内部层级监督，对权力集中部门和岗位实行分事行权、分岗设权、分级授权，防止权力滥用。

（6）加强社会监督。健全公、检、法、司、纪检监察等举报网络，畅通群众举报渠道。完善受理群众举报投诉制度。发挥新闻媒体的监督作用，建立完善舆论监督反馈机制。

四　推进步骤

"法治毕节"创建具体分为以下四个步骤推进实施。

（1）启动阶段（2015年11月~2015年12月）。市委"法治毕节"创建办负责"法治毕节"创建日常工作，制定"法治毕节"创建工作推进方案，细化目标任务和责任分工，建立台账加强管理。县（区）成立创建工作领导小组，召开会议，安排部署启动创建工作。

（2）探索阶段（2016年1月~2017年6月）。各县（区）、各部门认真履行职责，切实抓好所承担任务的落实。市委"法治毕节"创建办抓好统筹协调，强化工作调度，加强督促检查指导，确保各项工作有序推进。积极配合省委依法治省办、省委政法委，完成"法治毕节"创建指标年度监测。

(3) 提升阶段（2017年7月~2017年12月）。各县（区）、各部门按照目标任务分解，开展对照检查，制定整改措施，切实解决创建工作中存在的困难和问题，完成省委、市委"法治毕节"创建目标任务。市委"法治毕节"创建办组织开展阶段评估工作，提出具体整改意见，督促整改到位。认真总结创建阶段性成果，培育具有毕节试验区特色的法治建设经验。

(4) 巩固阶段（2018年1月~2020年12月）。各级各部门切实履行职能职责，全面深入推进"法治毕节"创建工作。加强宣传报道，集中宣传"法治毕节"创建工作成果，形成良好舆论氛围。市委"法治毕节"创建办定期开展评估，加大督促力度，做好资料收集，配合省委政法委做好经验总结提炼，圆满完成"法治毕节"创建工作。

五　工作保障

(1) 加强组织领导。市委成立"法治毕节"创建工作领导小组，建立联席会议制度，定期召开联席会议，听取和通报有关工作情况，研究解决具体问题，安排部署阶段性工作。各县（自治县、区）要成立党委书记任组长的领导小组，加强创建工作组织领导，着力解决经费、编制、人员、办公阵地等问题，确保各项工作有效运转。各级人大、政府、政协、司法机关要分工负责，形成"法治毕节"创建工作合力。

(2) 落实工作责任。各级各部门按照目标化、项目化、指标化和社会治理与法治建设有机统一、转变作风与群众工作有机统一、德治法治自治有机统一的要求，制定具有可操作性的实施方案，细化分解工作任务，明确工作要求，切实做到有载体、有方法、有步骤、有时间表、有路线图。各级党政"一把手"要切实履行"法治毕节"创建第一责任人职责要亲自抓、负总责，分管领导要具体抓、负全责，相关人员要分头抓、负具体责任，着力形成一级抓一级、层层抓落实的领导责任体系，共同推进"法治毕节"创建工作。

(3) 建立健全机制。建立上下沟通机制，市委"法治毕节"创建办加

附 录
"法治毕节"创建方案及相关配套制度

强与省委政法委和各专项组、各县（区）沟通，及时汇报工作情况，传达省委、市委工作要求，做到工作不脱节。建立信息报送机制，各专项组、各县区按照"每周一篇信息、每月一次总结、每季度一篇经验文章"的报送要求，及时向市委"法治毕节"创建办上报工作开展情况、经验做法、工作亮点等。建立和完善领导联系示范点、部门挂帮示范点考评制度，各联系领导、联系单位每月到联系点蹲点 5 天督促指导工作，确保按时完成相关目标任务。

（4）强化督促考核。市委政法委、市实绩考核办负责对各县（区）、各单位创建工作履职情况进行评价，将结果纳入年度目标绩效考核，作为干部政绩考核和选拔、任用、奖惩的重要依据。对工作不力、没有完成目标任务的单位和相关负责人，要依纪依法严肃问责。市委"法治毕节"创建办、各专项组要会同市督办督查局、市实绩考核办，采取明察暗访、公开曝光、媒体通报等方式，开展定期督导、动态督导、专项督导，确保创建工作有序推进。

（5）加大宣传力度。全市上下要充分发挥广播、电视、报刊、网站及微博、微信等各类媒体的舆论正面导向作用，采取开设宣传专栏、专题报道、专家解读等形式，多渠道、全方位、多视角报道"法治毕节"创建的重要意义、主要任务和创建成效，总结推广"法治毕节"创建工作先进经验，提高群众知晓率、参与率，营造浓厚的"法治毕节"创建氛围。

毕节市行政权力清单责任清单动态管理办法

第一条 为了规范行政权力运行，根据《中共中央办公厅国务院办公厅印发〈关于推行地方各级政府工作部门权力清单制度的指导意见〉的通知》（中办发〔2015〕21号）、《中共贵州省委办公厅贵州省人民政府办公厅关于印发〈贵州省推进政府工作部门权力清单制度实施方案〉的通知》（黔党办发〔2015〕12号）等精神，结合本市实际，制定本办法。

第二条 毕节市行政区域内各级行政机关（含其他具有行政职权的单

位，下同）行政权力清单责任清单动态管理适用本办法。

第三条 行政权力清单责任清单动态调整遵循合法合理、公开透明、规范有序、便民高效的原则。

第四条 本办法所称行政权力事项是指行政机关依法实施的对公民、法人、其他组织权利义务产生直接影响的具体行政行为，包括行政许可、行政处罚、行政强制、行政征收、行政给付、行政裁决、行政确认、行政奖励、行政检查及其他行政权力等十种类别。

第五条 行政权力及相应责任事项实行清单管理。各级政府应当建立本级行政机关行政权力清单责任清单，未纳入行政权力清单责任清单且无法律法规依据的行政权力事项一律不得实施。有法律法规依据但未纳入行政权力清单责任清单的事项，应当及时录入。

行政权力清单责任清单应当在本级政府以及各行政权力实施机关门户网站公布。

第六条 市、县（区）政府法制机构、机构编制部门是本级行政机关行政权力清单责任清单的管理机构。

乡（镇）行政权力清单责任清单由各自所属县（区）政府法制机构、机构编制部门统一管理。

第七条 市、县（区）机构编制部门要将本级政府公布执行的行政权力清单责任清单作为核定、调整本级各行政机关机构、职责、编制的主要依据。

第八条 具有下列情形之一的，行政机关应当申请增加行政权力清单责任清单中的行政权力事项：

（一）因法律法规颁布、修订需增加行政权力的；

（二）上级政府下放行政权力，按要求需承接的；

（三）行政机关职能调整，相应增加行政权力的；

（四）其他应当增加的情形。

第九条 具有下列情形之一的，行政机关应当申请取消或下放行政权力清单责任清单中的行政权力事项：

附 录
"法治毕节"创建方案及相关配套制度

（一）因法律法规颁布、修订、废止，导致原实施依据失效的；

（二）上级政府依法取消行政权力事项，需对应取消的；

（三）因行政机关职能调整，相关行政权力不再实施的；

（四）直接面向基层和群众、量大面广、由下级管理更方便有效，且相关职权依据没有指定具体管理层级的；

（五）其他依法应当取消或下放的情形。

第十条 具有下列情形之一的，行政机关应当申请变更行政权力清单责任清单中的行政权力事项要素：

（一）行政权力的实施依据发生变化的；

（二）行政权力事项的名称、承办机构、法定时限、收费依据及标准等要素需进行调整的；

（三）行政权力事项合并及分设的；

（四）其他应当变更的情形。

第十一条 对第八条、第九条、第十条所列情形增加、取消或下放、变更行政权力清单责任清单中的行政权力事项的，各级行政机关应当在调整事由发生之日或者知道调整事由之日起十个工作日内，向本级政府法制机构、机构编制部门提出申请，本级政府法制机构、机构编制部门在十个工作日内按程序审核后，报请本级人民政府审定，相应调整行政权力清单责任清单。

出现第八条、第九条、第十条所列情形而行政机关未按时申请的，政府法制机构、机构编制部门可以提出调整建议，按程序调整行政权力清单责任清单。

第十二条 公民、法人或其他组织可以就行政权力事项及实施情况提出意见建议，对行政机关违反本办法规定的行为，可以向政府法制机构、机构编制部门反映。

第十三条 政府法制机构、机构编制部门对本办法的执行情况进行监督检查，相关行政机关应当如实提供有关情况和材料。

行政机关擅自增加行政权力事项、自行更改权力事项要素、变相实施已取消下放或转变管理方式的行政权力事项的，政府法制机构、机构编制部门应当督促整改。对不按要求进行整改的，按照有关规定追究相关单位和人员的责任。

毕节市人民政府重大行政决策程序规定（试行）

第一章 总则

第一条 为规范市人民政府重大行政决策行为，健全科学、民主、依法决策机制，根据《中华人民共和国地方各级人民代表大会和地方各级人民政府组织法》、《毕节市人民政府工作规则》及中央、省、市法治政府建设要求，结合毕节市实际，制定本规定。

第二条 市人民政府重大行政决策的实施和管理，适用本规定。

第三条 本规定所称重大行政决策，是指市人民政府依据法定职权对毕节市经济社会发展有重大影响、涉及毕节市重大公共利益或者社会公众切身利益的事项作出决定的过程。

下列事项应当纳入重大行政决策范围：

（一）贯彻中央、省、市重要指示、决定，办理各级人大、政协建议、提案需要决策的。

（二）编制国民经济和社会发展规划、年度计划，土地利用总体规划，矿产资源总体规划以及需要政府批准的其他重大规划、计划。

（三）全局性公共资源配置、重大国有资产处置、社会公益事业建设、政府投资的重大社会公益建设项目批准和实施、非政府投资但需经政府审批并涉及公共利益的重大建设项目。

（四）为保护公共安全和公共利益，维护社会治安、社会稳定、社会秩序采取的长期限制性措施或其他重大政策措施。

（五）需要市人民政府决策的其他重大事项。

市人民政府工作部门、直属机构，下级人民政府以及公民、法人或其他组织认为需要市人民政府决策的重大事项，可以提出决策建议。

附　录
"法治毕节"创建方案及相关配套制度

人事任免、内部行政管理、外事活动、立法活动以及突发事件处置不适用本规定。

第四条 除依法应当保密的外，重大行政决策应当按照规定公开，接受社会监督。

第二章　决策动议

第五条 重大行政决策建议和决策事项按照下列规定确定承办单位：

（一）贯彻上级有关决议、决定，市人民政府全体会议、常务会议及政府领导召集的专题会议决定，市人民政府主要领导或者分管领导提出的重大行政决策建议，按照政府工作部门、直属机构的法定职责确定决策事项承办单位。

（二）市人民政府工作部门、直属机构或者各县（区）人民政府（管委会）提出，经市人民政府办公室研究并报市人民政府确定为重大行政决策事项建议的，由提出机关作为决策事项承办单位。

（三）人大代表、政协委员通过建议、提案方式提出，经市人民政府办公室研究并报市人民政府确定为重大行政决策事项的，由建议、提案承办单位作为决策事项承办单位。

（四）公民、法人或者其他组织向市人民政府提出的书面建议事项，经市人民政府办公室组织有关部门研究并认为是重大行政决策事项的，报市人民政府确定决策事项承办单位。

（五）市人民政府法制机构在规范性文件审查过程中，认为该文件所设定事项属于重大行政决策的，可以向市人民政府办公室提出将该事项纳入重大行政决策的建议，由市人民政府办公室研究并报市人民政府确定决策事项承办单位。

第六条 决策事项承办单位可以根据实际需要自行组织或者委托专家、专业机构开展调研，提出对策措施。

第七条 决策事项承办单位拟定的重大行政决策事项草案应当包含决策

事项、决策目标、决策依据、工作任务、措施方法、时间步骤、决策事项执行单位和配合部门、经费预算、决策实施后评估计划等相关内容，并附决策事项草案起草说明。

对需要进行多方案比较研究的重大行政决策事项，决策事项承办单位应当提供两个以上可以供选择的备选方案，并提出倾向性意见。

对重大行政决策事项草案，决策事项承办单位应当征求市人民政府有关部门、下级政府及民主党派意见；对未采纳且涉及提出意见单位职能的意见，经协商仍不能达成一致意见的，应当在草案起草说明中予以说明。

第三章 基本程序

第一节 公众参与

第八条 重大行政决策事项涉及公民、法人、其他组织等社会公众切身利益或者对其权利义务有重大影响的，决策事项承办单位应当面向社会公开征求意见。

重大行政决策事项草案公开征求意见可以采取下列方式：

（一）通过政府门户网站、报刊、广播电视等媒体，将决策事项、依据、说明等内容向社会公示，时间一般不少于7个工作日。

（二）采取实地调查、书面调查、问卷调查等方式广泛听取社会各界意见。

（三）召开座谈会、听证会等听取利益相关方意见。

决策事项承办单位可以委托中介机构或者其他相关组织进行民意调查或者组织讨论，引导公众广泛参与重大行政决策。

有下列情形之一的，应当组织听证：

（一）利益相关方反映决策事项未充分考虑其切身利益，可能造成其较大损失的。

（二）影响社会稳定的。

附 录
"法治毕节"创建方案及相关配套制度

（三）涉及重大公共利益或者公民、法人及其他组织切身利益的。

（四）法律、法规、规章规定应当听证的。

第九条 听证组织、程序、基本原则和基本要求除遵循《贵州省行政听证规定》外，应当符合以下要求：

（一）按照持不同观点的各方人数基本相当的原则确定听证代表。

（二）遴选听证代表要注重广泛性、代表性、专业性。涉及特定群体利益的重大行政决策事项，利益相关方在听证代表中的比例不少于三分之二。涉及专业性问题的，应邀请有关专业人员、专家学者参加听证会。

（三）事关水、电、气等服务价格，教育、公交等公共资源配置，以及扶贫、社会保障、社会救助等民生方面的听证，应当邀请人大代表、政协委员和随机抽取一定比例的当事群众代表，作为听证代表参加听证。

（四）听证会应当设旁听席位，允许群众旁听和新闻媒体采访报道。

（五）听证组织单位应当对听证会过程进行录音或者录像，制作听证笔录并由听证参加人签字，同时撰写听证报告提交决策承办单位。

第十条 决策事项承办单位对公众提出的意见应当归纳整理，形成是否予以采纳的书面意见。

决策事项承办单位应当吸收、采纳公众提出的合理意见，并将意见采纳情况以适当形式统一向公众反馈。对公众提出的意见采纳情况应当在决策事项草案说明中予以说明。

第二节　专家论证

第十一条 决策事项专业性、技术性较强的，决策事项承办单位应当组织专家、专业机构对重大行政决策事项的合法性、必要性、科学性、可行性和执行成本控制等相关内容进行论证。

第十二条 决策事项承办单位组织专家论证，参与论证的专家不得少于3人。

第十三条 组织专家论证，可采取论证会、书面咨询、委托咨询论证等方式进行。

选择专家、专业机构应当注重专业性，兼顾代表性和均衡性。对论证问题存在重大分歧的，持不同意见的各方都应当有代表参与论证。

不得选择与决策事项有直接利害关系或者可能影响客观公正的专家、专业机构参加重大行政决策论证。

决策事项承办单位应当在组织专家论证前7日内将决策事项草案及相关材料送达专家、专业机构。

第十四条 参与论证的专家、受委托的专业机构应当及时出具书面论证意见，各自对意见的合法性、科学性、专业性负责，必要时接受市人民政府询问。

第十五条 市人民政府应当逐步建立完善重大行政决策专家库，规范专家库运行管理、诚信考核和退出机制。

第三节 风险评估

第十六条 重大行政决策可能带来如下风险及后果的，应当进行风险评估：

（一）社会稳定风险。可能引发复杂社会矛盾、群体性事件或过激敏感事件等不稳定因素的。

（二）生态环境风险。可能造成重大环境污染、生态破坏或者次生自然灾害等不良影响的。

（三）生产安全风险。可能造成重大生产安全隐患的。

（四）财政金融风险。可能造成大额财政资金流失、带来重大政府性债务、导致区域性或系统性金融风险隐患的。

（五）网络舆情风险。可能引起互联网、微信、微博等大范围网络舆论炒作的。

（六）可能引发危及国家安全、公共安全、经济社会安全的其他风险情况。

对重大行政决策事项的社会稳定风险评估按照省、市有关规定执行。

第十七条 决策承办单位应当采取部门论证、专家咨询、公众参与、专

附 录
"法治毕节"创建方案及相关配套制度

业机构测评、听证等方式,对重大行政决策事项开展风险评估。

负责风险评估的机构、人员必须对评估事项进行全面分析论证,客观科学研判,根据综合评估情况撰写评估报告,指出风险类型,按照低风险、较高风险但采取措施可控、高风险三个等级预判可能出现的风险等级,并提出相应对策或防范化解预案。

风险评估过程应全程记录,由参加评估人员在相关笔录或风险评估报告上签名。

第四节 合法性审查

第十八条 重大行政决策事项草案在提请市人民政府集体讨论前,应当由决策事项承办单位送请市人民政府法制机构进行合法性审查。

不得以征求意见等方式替代合法性审查。

第十九条 送请合法性审查应当提供以下材料:

(一)决策事项草案及起草说明。

(二)决策事项制定的法律法规规章依据或者政策依据。

(三)向相关业务主管部门征求意见综合情况。

(四)进行公众参与的,同时提供社会公众提出的主要意见、意见处理情况和理由说明。

(五)进行专家论证的,同时提供专家论证意见、意见处理情况和理由的说明。

(六)进行风险评估的,同时提供风险评估报告。

(七)决策事项承办单位法制机构或法律顾问的法律意见书。

(八)其他与决策事项相关的材料。

决策事项承办单位提交材料不完备或未按规定执行公众参与、专家论证、风险评估等程序的,市人民政府法制机构应不予受理。

第二十条 市人民政府法制机构应当自受理决策事项草案及相关材料之日起 10 个工作日内提出合法性审查意见;情况复杂的,可以延长 5 个工作日。

市人民政府法制机构根据需要，可以要求决策事项承办单位补充提供、完善相关材料、程序，审查期限从收到补充材料之日起重新计算。

第二十一条 重大行政决策合法性审查主要包括：

（一）决策主体的合法性。

（二）决策依据的合法性。

（三）决策内容的合法性。

（四）决策权限的合法性。

（五）决策程序的合法性。

第二十二条 重大行政决策事项未经市人民政府法制机构审查、审查未通过或未按照审查意见修改完善的，不得提交市人民政府讨论。

第五节　集体讨论决定

第二十三条 重大行政决策应当经市人民政府全体会议或者常务会议集体讨论决定。

第二十四条 提交讨论的重大行政决策，应同时提交本规定第十九条第（一）、（二）、（三）、（四）、（五）、（六）、（八）项所列相关材料及市人民政府法制机构合法性审查意见。

第二十五条 重大行政决策进行集体讨论，应当提前告知参会人员，并提供相关材料。

第二十六条 市人民政府办公室自收到决策事项草案及相关材料后10个工作日内按下列规定处理：

（一）认为重大行政决策事项草案可以提交市人民政府讨论决定的，应当将决策事项草案及相关材料报政府分管领导审核，决定是否提交市人民政府全体会议或者常务会议讨论。

（二）认为重大行政决策事项草案暂不能提交市人民政府讨论决定的，经市人民政府分管领导同意后，退回决策事项承办单位，并书面说明理由。

第二十七条 重大行政决策事项承办单位应当就重大行政决策相关情况

作汇报，并回答参与决策人员提出的问题。

市人民政府全体会议或者常务会议对决策事项草案作出通过、不予通过、原则通过并适当修改、再次讨论决定或者暂缓决策的决定。

市人民政府办公室应当对讨论全过程进行记录，并制作会议纪要。

作出暂缓决策决定的决策事项草案，超过一年仍未达到提请讨论要求，如需再行决策的，另行启动程序。

第二十八条　重大行政决策事项需要上报有关机关批准的，按规定办理；重大行政决策事项依法应当向市人民代表大会或者其常务委员会报告的，按照程序办理。

第二十九条　重大行政决策除依法不应公开的外，应当及时通过政府网站、政府公报、新闻媒体等便于公众知晓的方式向社会公布。

第四章　监管与执行

第三十条　市人民政府办公室对市人民政府重大行政决策执行进行工作任务和责任分解，明确执行单位。

第三十一条　有关执行单位应当根据各自职责，全面、及时、正确地执行政府重大行政决策，不得拒不执行、不完全执行、变相执行、推诿执行、拖延执行。

第三十二条　市人民政府办公室、督查部门等应当结合自身职责，对市人民政府重大行政决策执行进行检查、督办，并及时向市人民政府报告督查情况。

监察部门应当加强重大行政决策执行效能的监督。

第三十三条　决策执行单位发现决策存在问题、客观情况发生重大变化或者决策执行中发生不可抗力等严重影响决策目标实现的，应当及时向市人民政府报告。

公民、法人、其他组织认为决策及其实施存在问题的，可以通过面谈、信件、电话、电子邮件等方式向市人民政府或决策执行单位提出。

第三十四条 决策实施明显未达到预期效果,或者社会各方面对决策实施关注度高、提出较多意见的,市人民政府可以组织决策后评估,并确定评估承办单位开展评估工作、制作评估报告。

决策实施后评估,建议停止执行、暂缓执行或者修改决策内容的,应当提交市人民政府讨论决定;对决策内容作出重大调整的,视同新的决策事项,按照本规定相关程序办理。

第三十五条 重大行政决策所依据的法律、法规、规章修改或废止,或者决策时所依据的客观情况发生重大变化,市人民政府作出停止执行、暂缓执行或者调整重大行政决策决定的,决策事项执行单位应当立即执行,并采取有效措施,最大限度避免或者减少损失。

第三十六条 重大行政决策事项承办单位应当对决策程序中形成的相关资料及时、完整归档。

领导干部批示应当同时归档备案。

第五章 责任追究

第三十七条 有关行政机关违反本规定,未履行重大行政决策相关程序的,由市人民政府予以通报批评、责令改正,并纳入年度目标绩效考核。

违反本规定,未经合法性审查、集体讨论作出决策的,按照《行政机关公务员处分条例》等规定,对负有领导责任的人员给予处分;需要给予党纪处分的,按照《中国共产党纪律处分条例》等规定进行处理。

对依法应当作出决策而不作出决策,或者在决策起草、执行和监督工作中有玩忽职守、徇私舞弊、贪污受贿行为的,按照《行政机关公务员处分条例》等规定,对直接责任人员给予处分;需要给予党纪处分的,按照《中国共产党纪律处分条例》等规定进行处理;涉嫌犯罪的,移送司法机关追究刑事责任。

第三十八条 受委托的专家、专业机构或者组织应当信守合同约定,

附 录
"法治毕节"创建方案及相关配套制度

无正当理由不按时尽职履行合同约定提出意见建议、专家论证、评估报告或论证、评估报告造假的，根据情节给予批评、解除合同或者由有关主管机关降低信用等级、撤销政府授予的荣誉；造成严重后果的，追究相应的法律责任。

第三十九条 决策事项承办单位未按规定将决策过程形成的有关材料及时整理归档，违反规定的，按照《中华人民共和国档案法》有关规定追究责任。

参与重大行政决策的机构和人员违反保密规定的，按照《中华人民共和国保守国家秘密法》的有关规定追究责任。

第四十条 按中央和省有关规定，严格执行重大行政决策终身责任追究制度及责任倒查制度，完善调职、离职、辞职、退休等责任追究的机制。

第六章 附则

第四十一条 重大行政决策事项有下列情形之一，经市人民政府主要领导或者分管领导批准后，可以不经本规定第三章第一节至第四节相关程序，直接提交政府讨论决定：

（一）为保障公共安全、经济安全和社会稳定，需要立即作出决策的；

（二）立即执行上级机关紧急命令和决定的；

（三）其他需要立即作出决策的特殊情形。

有本条第一款情形的，应当在决策事项草案的起草说明中予以说明。

根据本条第一款作出决策，应当要求市人民政府法制机构直接参会讨论，并尽可能邀请与决策事项关联的单位、专家和有关方面代表参会，充分听取意见，并作好会议记录，制作会议纪要。

第四十二条 中央和省对重大行政决策有其他规定的，从其规定。

第四十三条 各县（区）人民政府（管委会）可以参照本规定执行。

第四十四条 本规定自印发之日起施行。

毕节市推行法律顾问制度和公职律师公司律师制度办法（试行）

第一章 总 则

第一条 为提高全市党政机关、国有企业依法执政、依法行政、依法经营、依法管理的能力和水平，促进依法办事，根据《中共中央办公厅国务院办公厅印发〈关于推行法律顾问制度和公职律师公司律师制度的意见〉的通知》（中办发〔2016〕30号）、《中共贵州省委办公厅贵州省人民政府办公厅印发〈关于推行法律顾问制度和公职律师公司律师制度的实施意见〉的通知》（黔党办发〔2016〕33号）精神和省委"法治毕节"创建要求，结合工作实际，制定本办法。

第二条 全市各级党政机关、国有企业推行法律顾问制度和公职律师、公司律师制度应当遵守以下原则：

（一）坚持党的领导。选拔政治素质高、拥护党的理论和路线方针政策的法律专业人才进入法律顾问和公职律师、公司律师队伍。

（二）分类规范实施。从实际出发，党政机关、人民团体、国有企事业单位分类推行法律顾问制度和公职律师、公司律师制度，明确政策导向和基本要求，鼓励各县（区）政府及其部门、乡镇综合考虑机构、人员情况和工作需要，选择符合实际的组织形式、工作模式和管理方式推进实施。

（三）新旧办法衔接。对从事法律顾问工作或者法律事务工作的人员造册登记。在党政机关、国有企业已经担任法律顾问但未取得法律职业资格或者律师资格的人员，可以继续履行法律顾问职责。国家统一法律职业资格制度实施后，党政机关、国有企业拟担任法律顾问的人员应当

附　录
"法治毕节"创建方案及相关配套制度

具有法律职业资格或者律师资格。

（四）合理分工配合。合理界定法律顾问和公职律师、公司律师职责，明确权利和义务，确保发挥作用。

第三条　2017年底前，市、县（区）党委和政府普遍设立法律顾问、公职律师，在此基础上积极探索，实现乡镇党委和政府、市、县（区）党委和政府工作部门普遍设立法律顾问、公职律师；国有企业深入推进法律顾问、公司律师制度，事业单位探索建立法律顾问制度；到2020年全面形成与经济社会发展和法律服务需求相适应的更加成熟、稳定的法律顾问、公职律师、公司律师制度体系。

县（区）党委和政府应当指导乡（镇、街道）党委和政府（办事处）逐步推进村（社区）法律顾问制度建设，健全村（社区）法律顾问聘任机制，规范法律顾问服务工作；有条件的县（区）或乡（镇、街道）可以根据需要统一聘任法律顾问为辖区内村或社区提供服务。

第二章　党政机关法律顾问、公职律师制度

第四条　党政机关应当以党内法规工作机构、政府及其工作部门法制机构为主体，外聘法学专家或律师组成法律顾问团队。

市、县（区）、乡（镇）党政机关外聘法律顾问应当通过公开、公平、公正的方式遴选，并提前公布外聘法律顾问的资格条件、选聘程序、职责范围、利益冲突回避等要求；被聘为法律顾问的，由聘任机关发放聘书；报酬支付应与工作绩效挂钩。

市、县（区）同级党委和政府应当分别外聘法律顾问，为党政机关提供服务；乡（镇）可以统一外聘法律顾问，为党委和政府提供服务。

第五条　在党政机关拟担任法律顾问的人员应当具有法律职业资格或者律师资格，但国家统一法律职业资格制度实施前在党政机关已经担任法律顾问的除外。

党政机关应当鼓励、支持符合条件的工作人员参加国家法律职业资格

考试。

第六条 市、县（区）党委和政府以及法律事务较多的工作部门、乡镇党委和政府应当配备与工作量相适应的专职人员担任法律顾问；法律事务较少的工作部门、乡镇党委和政府可以配备专职或兼职人员履行法律顾问职责。

市、县（区）、乡（镇）党政机关应当按照规定设立公职律师。

党政机关法律顾问、公职律师履行下列职责：

为重大改革、重大决策、重大活动、重大项目、重大资产处置、重大行政行为提供法律意见；

参与法治宣传教育；

参与法律法规规章草案、党内法规草案和规范性文件送审稿的起草、论证；

参与合作项目的洽谈，协助起草、修改重要的法律文书或者以党政机关为一方当事人的重大合同；

为涉及社会管理与稳定的重大事项、处置涉法涉诉案件、信访案件和重大突发事件等提供法律服务；

参与处理行政复议、诉讼、仲裁等法律事务；

依法代理党政机关有关民事法律事务；

参与推进依法行政、建设法治政府的问题调研，向党政机关提出意见、建议；

所在单位规定的其他职责。

办理党政机关法律顾问事项，除有明确要求的外，一般应当提出书面法律意见，并对出具的法律意见的合法性负责。

第七条 公职律师享有参加律师专业技术职称评定的权利，并可以受所在单位委托，代表所在单位从事律师法律服务。

公职律师应当严格遵守律师职业道德和执业纪律，不得从事有偿法律服务，不得在律师事务所等法律服务机构兼职，不得以律师身份办理所在单位以外的诉讼或者非诉讼法律事务。

第八条 市、县（区）、乡（镇）党政机关应当对本单位法律顾问、公职律师造册登记，加强档案管理和业绩考核。

第三章 国有企业法律顾问、公司律师制度

第九条 国有企业内部专门从事企业法律事务的工作人员和企业外聘的律师，可以担任法律顾问。

国有企业外聘法律顾问参照党政机关聘任法律顾问的规定办理。

第十条 国有企业拟担任法律顾问的工作人员或者外聘的其他人员，应当具有法律职业资格或者律师职业资格，但国家统一法律职业资格制度实施前在国有企业已担任法律顾问或外聘其他国有企业现任法律顾问的除外。

第十一条 国有企业根据需要设立公司律师。

国有企业法律顾问、公司律师履行下列职责：

参与企业章程、董事会运行规则的制定；

对企业重要经营决策、规章制度、合同进行法律审核；

为企业改制重组、并购上市、产权转让、破产重整、和解及清算等重大事项提出法律意见；

组织开展合规管理、风险管理、知识产权管理、外聘律师管理、法治宣传教育培训、法律咨询；

组织处理诉讼、仲裁等案件；

所在企业规定的其他职责。

第十二条 国有企业法律顾问对参与的企业经营管理行为的合法负责，对企业违法违规行为提出意见、督促整改。

第十三条 国有企业公司律师享有参加律师专业技术职称评定的权利，并可以受所在单位委托、代表所在单位从事律师法律服务。

公司律师应当严格遵守律师职业道德和执业纪律，不得从事有偿法律服务，不得在律师事务所等法律服务机构兼职，不得以律师身份办理所在单位以外的诉讼或者非诉讼法律事务。

第四章　组织保障

第十四条　市、县（区）、乡（镇）党政机关及国有企业主要负责人为推进法治建设和落实本办法的第一责任人，应当抓好本单位、本企业法律顾问制度和公职律师、公司律师制度的实施。

第十五条　市、县（区）党委按照规定设立党内法规工作机构，其所属工作部门可以根据需要设立本单位党内法规工作机构。

国有企业可以根据企业规模和业务需要设立法律事务部门。

乡（镇）可以建立统一机构同时承担党内法规工作机构和政府法制机构的工作职责。

第十六条　市、县（区）党政机关应当设立法律顾问办公室，乡（镇）党政机关可以根据需要设立法律顾问办公室。

党内法规工作机构、政府及其部门法制机构和国有企业法律事务部门分别承担本单位法律顾问办公室职责：

负责本单位法律顾问、公职律师、公司律师的日常业务管理。

协助组织人事部门对法律顾问、公职律师、公司律师进行遴选、聘任、培训考核、奖惩。

对本单位申请公职律师、公司律师证书的工作人员进行审核等。

本单位规定的其他职责。

第十七条　市、县（区）、乡（镇）党政机关及国有企业要按照有关要求充分发挥法律顾问、公职律师、公司律师的作用。

第十八条　市、县（区）、乡（镇）党政机关和国有企业要将法律顾问、公职律师、公司律师工作纳入党政机关、企业目标责任制考核。加强法律顾问、公职律师、公司律师队伍建设，完善日常管理、业务培训、考评奖惩等工作机制和管理办法，推动工作科学化、规范化。

第十九条　市、县（区）、乡（镇）党政机关要将法律顾问、公职律师经费列入财政预算，采取政府购买或者财政补贴的方式，根据工作量和工作

附 录
"法治毕节"创建方案及相关配套制度

绩效合理确定外聘法律顾问报酬,对非外聘法律顾问、公职律师给予充分的经费保障,为其开展工作提供必要条件。

非外聘法律顾问、公职律师参加执业培训、业务培训等培训所需费用或向律师协会缴纳的会费等费用由所在单位承担。

市、县(区)司法行政部门根据本办法牵头制定本级党政机关非外聘法律顾问、公职律师培训制度,市、县(区)财政部门根据本办法牵头制定本级党政机关非外聘法律顾问、公职律师经费保障制度,相关制度应于2017年底前公布实施。

第二十条 对党政机关、国有企业应当请法律顾问、公职律师、公司律师进行法律审核而未落实,应当听取法律顾问、公职律师、公司律师的法律意见而未听取,应当采纳法律顾问、公职律师、公司律师的法律意见而未采纳,造成重大损失或者严重不良影响的,依法依规追究主要负责人及其他相关人员的责任。

法律顾问、公职律师、公司律师在履职过程中所提的法律意见应当符合现行有效的法律、法规、规章、规范性文件或政策规定,并具有可行性和可操作性。

第二十一条 法律顾问、公职律师、公司律师玩忽职守、徇私舞弊的,违反律师职业道德和执业纪律的,依法依纪处理,并将处理结果记入律师执业诚信档案,同时通报司法行政机关、律师协会和所在单位。

外聘法律顾问玩忽职守、徇私舞弊的,按合同约定予以解聘,并记入法律顾问工作档案和个人诚信档案,通报司法行政机关、律师协会或者所在单位,依法处理。

第五章 附 则

第二十二条 市、县(区)党委和政府有关部门应当加强指导,积极探索,有步骤地推进事业单位法律顾问制度建设。

第二十三条 各级人大机关、人民团体可以参照本办法建立法律顾问、公职律师制度。

各县（区）党委和政府可根据本办法制定实施细则。

市、县（区）党委和政府及其部门派出机关、百里杜鹃管理区、金海湖新区党工委和管委会推行法律顾问、公职律师制度可参照本办法执行。

第二十四条　本办法自发布之日起施行，国家和省对推行法律顾问制度、公职律师和公司律师制度有新规定的按新规定执行。

毕节市公职律师管理制度（试行）

第一条　为规范公职律师的执业行为，加强对公职律师队伍的管理，保障公职律师依法执业，充分发挥公职律师的职能作用，根据《中华人民共和国律师法》《省委办公厅省政府办公厅关于推行法律顾问制度和公职律师公司律师制度的实施意见》的有关规定，结合全市实际，制定本制度。

第二条　公职律师是指具有中华人民共和国律师资格或法律职业资格，供职于各级党政机关、人民团体、人大机关的公务员，经省级司法行政机关核准执业，专职办理本级政府或本单位法律事务，不面向社会提供有偿法律服务的人员。

第三条　公职律师的执业活动受《中华人民共和国律师法》的调整，在执业过程中享有与社会律师同等的法律地位。

第四条　公职律师仅限于为本级政府或本单位提供下列服务：

（一）为重大改革、重大决策、重大活动、重大项目、重大资产处置、重大行政行为提供法律意见；

（二）参与法治宣传教育；

（三）参与地方性法规、规范性文件送审稿的起草、论证；

（四）参与合作项目的洽谈，协助起草、修改重要法律文书；

（五）为涉及社会管理与稳定的重大事项、处置涉法涉诉案件、信访案

附 录
"法治毕节"创建方案及相关配套制度

件和重大突发事件等提供法律服务；

（六）参与处理行政复议、诉讼、仲裁等法律事务；

（七）接受法律援助机构指派或者安排，为受援人提供法律援助；

（八）承办本单位交办的其他法律事务。

第五条 担任公职律师应当具备下列条件：

（一）在党政机关、人大机关、人民团体专门从事法律事务工作或者担任法律顾问的公职人员；

（二）具有法律职业资格或律师资格；

（三）所在单位同意其担任公职律师；

（四）品行良好。

第六条 申请担任公职律师的人员，应当向所在地市、县（区）司法行政机关提交下列申请材料：

（一）公职律师执业申请书；

（二）《公职律师工作证登记表》3份；

（三）身份证原件及复印件1份；

（四）律师资格证书或法律职业资格证书原件及复印件1份；

（五）不从事有偿法律服务、不在律师事务所等法律服务机构兼职、不以律师身份办理所在单位以外的诉讼或者非诉讼法律事务承诺书；

（六）在党政机关专门从事法律事务工作或者担任法律顾问的证明；

（七）所在单位出具申请人为公务员身份并同意其担任公职律师的证明材料；

（八）有律师执业经历的，原执业机构主管部门出具执业经历证明；

（九）具有执业律师经历或从事法律事务工作1年以上经历证明；

（十）所在单位出具的未受刑事处罚（过失犯罪的除外）证明；

（十一）蓝底2寸彩色照片1张；

（十二）国务院司法行政机关、省司法行政机关依法要求提供的其他材料。

第七条 市级司法行政机关审核同意后报省级司法行政机关审批。

第八条 国家统一法律职业资格制度实施前已担任法律顾问、未取得法律职业资格或者律师资格的人员具备下列条件，经国务院司法行政部门考核合格的，由国务院司法行政部门向其颁发公职律师证书：

（一）在党政机关、国有企业担任法律顾问满 15 年；

（二）具有高等学校法学类本科学历并获得学士及以上学位，或者高等学校非法学类本科及以上学历并获得法律硕士、法学硕士及以上学位或者获得其他相应学位；

（三）具有高级职称或者同等专业水平。

申请颁发公职律师证书的具体程序按有关规定实施。

第九条 公职律师的权利

（一）在从事本单位法律事务活动中依法享有调查取证、查阅案件材料等权利；

（二）加入律师协会，享有会员权利；

（三）可以转换为社会律师或者公司律师；

（四）法律、法规和规章规定的其他权利。

公职律师申请转换为社会律师或者公司律师，依照国家有关规定办理，担任公职律师的经历计入执业年限。

第十条 公职律师的义务

（一）遵守《中华人民共和国律师法》、《中华人民共和国公务员法》以及相关法律、法规和规章，遵守律师职业道德、执业纪律；

（二）接受司法行政部门的资质管理；

（三）接受市律师协会组织实施的年度考核；

（四）接受所在单位的日常管理；

（五）参加律师协会组织的职业道德和执业纪律教育及其他继续教育培训活动；

（六）缴纳会员会费；

（七）不得从事有偿法律服务；

（八）不得在律师事务所、基层法律事务所等法律服务机构兼职；

附 录
"法治毕节"创建方案及相关配套制度

（九）不得以律师身份擅自办理本级政府、本单位以外的法律事务；

（十一）法律、法规和规章规定的其他义务。

第十一条 公职律师工作调动到其他单位拟继续执业，如仍符合公职律师任职条件的，应先申请注销后再重新申办公职律师证。

第十二条 所在单位应当支持公职律师履行职责，充分发挥公职律师的职能作用。设立公职律师的单位应当为本单位公职律师履行职责提供必要的条件和保障。

第十三条 公职律师应当参加年度考核，如实填写《律师执业年度考核登记表》一式三份，并连同以下材料提交所在单位：

（一）公职律师履行职责，承办法律事务的证明材料；

（二）受奖惩的证明材料；

（三）其他需要提交的材料。

所在单位对公职律师提交的年度考核登记表及相关材料的真实性进行审查，并出具审查考核意见后报送市律师协会。

第十四条 设立公职律师的单位应当加强对本单位公职律师的管理，掌握人员基本情况，建立公职律师人员档案。

公职律师违反有关法律、法规和规章行为的，由其所在单位依法依规处理，需行业惩戒的由律师协会给予惩戒，需行政处罚的由司法行政机关依法给予处罚，处理结果记入律师执业诚信档案。

第十五条 公职律师有下列情形之一的，公职律师工作证书交市级司法行政机关并报省级司法行政机关注销：

（一）有违法违纪行为、情节严重不宜继续担任公职律师的；

（二）因本人不再从事公职律师工作申请注销的；

（三）因被开除、辞退、调离或者辞职，或者不再具备公职律师的任职条件的；

（四）因其他原因终止执业的。

第十六条 本制度自颁布之日起施行。试行之后，本制度的规定与司法部和省司法厅新出台的规定有不一致的，以司法部和省司法厅的规定为准。

毕节市市级党政机关非外聘法律顾问、公职律师工作经费保障制度（试行）

第一条 为提高全市党政机关依法执政、依法行政的能力和水平，根据《省委办公厅省政府办公厅关于推行法律顾问制度和公职律师公司律师制度的实施意见》和《毕节市推行法律顾问制度和公职律师公司律师制度办法（试行）》的有关规定，结合全市实际，制定本制度。

第二条 市级党政机关按规定造册登记的非外聘法律顾问和公职律师适用本制度。

第三条 非外聘法律顾问是指本单位编制内具有法律专业知识，从事法律顾问工作的在职人员。

第四条 公职律师是指具有中华人民共和国律师资格或法律职业资格，经省司法厅核准执业，专职办理本级政府或本单位法律事务的律师。公职律师属国家公务员序列。

第五条 党政机关非外聘法律顾问、公职律师均属于所在单位编制内在职人员，按《毕节市市级行政事业单位支出预算管理办法》的有关规定核定公用经费。

第六条 党政机关非外聘法律顾问、公职律师开展工作所需的差旅费、印刷费等由所在单位统筹公用经费保障。

第七条 市级财政按照《毕节市市级行政事业单位支出预算管理办法》中司法部门的公用经费定额保障标准2.5万元/人/年，为党政机关非外聘法律顾问、公职律师安排专项经费预算。

第八条 专项经费主要用于党政机关非外聘法律顾问、公职律师管理和培训、进行年检考核、开展执业活动、缴纳会费、购买专用设备等所需经费支出。

第九条 党政机关非外聘法律顾问、公职律师专项经费应专款专用，单位不能挤占挪用。

附 录
"法治毕节"创建方案及相关配套制度

毕节市行政执法公示制度（试行）

第一条 为规范行政执法行为，提高行政执法工作的透明度，保障公民、法人和其他组织对行政执法工作的知情权和监督权，切实做到依法行政，结合本市实际，制定本制度。

第二条 本制度所称行政执法公示是指行政执法机关采取一定方式，依法将本单位的行政执法职责、依据、范围、权限、标准、程序等行政执法内容向行政管理相对人和社会公众公开，接受社会监督的制度。

第三条 本市各级行政执法机关（包括法律、法规授权的具有管理公共事务职能的组织，以及依法受行政执法机关委托从事行政执法活动的组织）应当按照本制度规定做好行政执法公示工作。

第四条 行政执法公示应当遵循合法、及时、准确、全面、便民的原则。

第五条 市、县（区、管委会）人民政府法制机构负责指导和监督本行政区域的行政执法公示工作。

第六条 除涉及国家秘密、商业秘密和个人隐私或其他依法不予公开的信息外，各级行政执法机关应当公示以下主要内容：

（1）行政执法机关的主要职责；

（2）行政执法主体资格、实施主体（承办机构）；

（3）行政执法机关委托执法事项；

（4）行政处罚的依据、种类、幅度、程序；

（5）行政许可的事项、依据、条件、数量、程序、期限、费用等；

（6）行政事业性收费事项、依据、标准；

（7）行政强制的种类和行政强制实施与执行的权限、范围、条件、程序、方式等；

（8）行政征收的依据、权限、补偿标准、数额、程序等；

（9）行政征用的依据、权限、程序、补偿标准；

（10）行政给付的条件、种类、标准；

（11）行政确认的事项、依据、条件、数量、程序、期限、费用等；

（12）行政检查情况；

（13）行政执法自由裁量权的裁量标准；

（14）行政许可、行政确认等事项需提交的全部材料目录、申请书示范文本；

（15）行政执法职权运行流程图；

（16）行政管理相对人依法享有的权利；

（17）行政管理相对人的救济途径、方式和期限等；

（18）投诉举报的方式和途径；

（19）行政执法机关的办公电话、通信地址、电子邮箱、网址等；

（20）其他应当公示的内容。

第七条 行政执法公示可以采用以下形式：

（1）发布公告；

（2）通过本级政府或本部门网站公布；

（3）在办公场所设置公示栏或电子显示屏公布；

（4）在办公场所放置公示册、公示卡；

（5）其他方式。

第八条 新颁布或修改、废止法律、法规、规章和规范性文件引起行政执法公示内容发生变化的，行政执法机关应当在有关法律、法规、规章和规范性文件生效或废止后及时更新相关公示内容。

第九条 行政执法机关执法职能调整引起行政执法公示内容发生变化的，行政执法机关应当及时作出调整。

第十条 行政管理相对人对公示内容要求说明、解释的，行政执法机关应当指定人员做好释疑和解答工作。

第十一条 行政执法公示内容应当经行政执法机关主要负责人审定后公示。

第十二条 行政执法实行行政首长负责制，公示内容上应注明负责人职务、姓名。

第十三条 行政执法机关违反本制度，对应当公示的行政执法内容而没有公示的，由市、县（区、管委会）政府法制机构或承担法制工作的机构责令限期改正；逾期不改正的，予以通报批评；情节严重的，按有关规定予以行政处理。

第十四条 行政执法公示制度的执行情况，将作为依法行政工作的一项重要内容纳入考核指标。

对逾期不改正及情节严重的，纳入年度依法行政考核予以相应扣分。

第十五条 本制度实施中的具体问题由市政府法制机构负责解释。

毕节市规范性文件制定程序和监督管理办法

第一章 总则

第一条 为提高全市规范性文件质量，加强规范性文件制定程序和监督管理，优化发展环境，促进依法行政，根据《中共中央关于全面推进依法治国若干重大问题的决定》和《贵州省规范性文件制定程序和监督管理规定》（省政府令第152号）等精神，结合全市实际，制定本办法。

第二条 本办法所称规范性文件，是指除政府规章外，行政机关和法律法规授权的具有管理公共事务职能的组织（以下简称法律法规授权组织）依照法定职权和程序制定的涉及公民、法人或者其他组织权利义务，具有普遍约束力，在一定期限内反复适用的决定、规定、公告、通告、通知、办法、实施细则、意见等规范行政管理事务的文件。

规范性文件分两类：

（一）市、县（区）人民政府及其办公室制定的规范性文件（以下简称政府规范性文件）。

（二）市、县（区）人民政府工作部门（包括组成部门、直属机构、办事机构等），市、县（区）人民政府依法设立的派出机关以及法律法规授权组织制定的规范性文件（以下简称部门规范性文件）。

第三条 规范性文件的制定程序和监督管理适用本办法。

行政机关制定不涉及公民、法人或者其他组织权利义务的内部管理规范、会议纪要、请示报告、工作制度以及表彰奖励、人事任免、对具体事项作出处理的决定等文件，不适用本办法。

各类领导小组、指挥部、联席会议等临时性机构、议事协调机构及其办公室、行政机关的内设机构不得以自己的名义制发规范性文件，确需出台规范性文件的，提请有权机关按程序制定。

第四条 市、县（区）人民政府和各部门应当加强对规范性文件制定和监督管理工作的领导。制定涉及重大公共利益的规范性文件监督管理所需经费，应当予以保障。

市、县（区）人民政府法制机构，市、县（区）人民政府工作部门、派出机关及法律法规授权组织的法制机构，具体负责规范性文件的合法性审查和监督管理工作。

第五条 制定规范性文件应当遵循下列原则：

（一）维护法制统一和政令畅通；

（二）依照法定权限和程序；

（三）内容合法、合理，确有必要和可行；

（四）保障公民、法人或者其他组织的合法权益。

第六条 规范性文件不得设定下列内容：

（一）行政处罚事项；

（二）行政许可事项；

（三）行政强制事项；

（四）行政处分事项；

（五）行政收费事项；

（六）应当由法律、法规、规章规定的事项及法律、法规、规章禁止的其他事项。

规范性文件不得对法律、法规、规章条文进行修改或解释。

附 录
"法治毕节"创建方案及相关配套制度

规范性文件不得违法限制公民、法人或者其他组织行使权利，不得违法增加公民、法人或者其他组织的义务。

第二章 起草和调研

第七条 规范性文件应当本着确有必要的原则制定，内容切合实际需要。起草规范性文件前，起草部门应当对制定规范性文件的必要性、涉及的主要问题进行深入调查研究；起草过程中，应当对拟设定的主要制度和措施的合法性、合理性、可操作性进行充分论证，使制度措施切实可行。

第八条 市、县（区）人民政府可以确定一个或者几个部门负责起草政府规范性文件。

部门规范性文件由制定机关组织起草。

规范性文件专业性强或者涉及面广、难度较大的，制定机关可以委托有关组织、专家起草。

规范性文件涉及两个或者两个以上部门职权的，可以由两个或者两个以上部门联合起草，并由一个部门主办，其他相关部门配合。

第九条 起草规范性文件，应当公开征求涉及的行政机关等有关部门的意见；公开征求意见可以采取书面征求意见或召开听证会、座谈会、论证会等多种形式进行。拟制定的规范性文件涉及的行政管理相对人依法成立行业协会的，应当书面征求行业协会意见。

法律、法规、规章规定应当听证的，制定机关应当按照规定进行听证。规范性文件的听证程序，按照国家和省的相关规定实施。

第十条 起草规范性文件，应公开征询公众意见。政府规范性文件公开征询公众意见，应当通过政府门户网站或公开发行的报刊等便于公众知晓的方式公布规范性文件草案，时间原则上不得少于7日；部门规范性文件应当通过部门网站或公开发行的报刊等便于公众知晓的方式公布规范性文件草案，时间原则上不得少于7日，没有部门网站的，在同级人民政府门户网站公开征询公众意见。

公民、法人或者其他组织对规范性文件草案提出意见、建议的，起草单位应当研究处理，并在提请合法性审查时予以说明处理结果。

第十一条　对政府规范性文件草案有不同意见的，起草单位应当进行研究和协调，经协调仍不能达成一致意见的，应当在起草说明中予以说明。

第三章　报送和审查

第十二条　起草单位起草的政府规范性文件，应当先经本单位内设法制机构或法律顾问进行合法性审查后再送本级人民政府法制机构进行合法性审查。提请政府法制机构合法性审查时，应当提交以下材料：

（一）规范性文件草案；

（二）规范性文件起草说明；

（三）公开征求相关单位意见书面反馈情况汇总及相关单位书面意见；

（四）公开征询公众意见所收到的意见、建议研究处理结果；

（五）规范性文件起草单位内设法制机构审查意见或法律顾问审查意见；

（六）规范性文件制定依据（制定依据为法律法规规章时，只需注明依据名称）；

（七）政府法制机构需要的其他材料。

部门规范性文件，应当送本部门法制机构或法律顾问进行合法性审查后，再提交部门办公会议审议。

第十三条　法制机构进行合法性审查，主要包括以下方面：

（一）是否属于规范性文件；

（二）是否符合规范性文件制定的法定程序；

（三）是否与法律、法规、规章相抵触；

（四）是否与国家、省相关政策及上级行政机关制定的规范性文件相矛盾；

（五）是否违法设定行政许可、行政处罚、行政强制、行政处分、行政

附 录
"法治毕节"创建方案及相关配套制度

收费等事项；

（六）是否违法增设行政管理相对人的义务或限制其权利；

（七）是否有制定的必要性、可行性和合理性。

第十四条 对争议较大、内容复杂或者涉及其他重大问题的，进行合法性审查的法制机构可以召开由有关单位、专家参加的座谈会、论证会。必要时应当进行专题调研、听取行政管理相对人或行业协会的意见。

第十五条 法制机构审查规范性文件草案时，可以按照下列规定处理：

（一）不属于规范性文件的，退回起草单位；

（二）超越权限，主要内容违法，拟设定的主要制度和措施与法律、法规、规章冲突，或者不具备制定必要性的，建议不予制定；

（三）不符合本办法第二章规定的调研和起草程序的，建议起草单位补正；

（四）法律、法规、规章和上级规范性文件已经作出明确规定的，规范性文件不再重复规定；照抄法律法规规章或上级规范性文件的，建议不予制定；

（五）具体内容不合法的，提出修改意见。

第十六条 市、县（区）人民政府法制机构应当自收到规范性文件草案之日起10个工作日内完成合法性审查工作，并出具合法性审查意见书。对时效性较强的，应当在3个工作日内出具合法性审查意见书。对争议较大、内容复杂的，可以延长到15个工作日。起草单位补正起草程序和材料的时间不计入审查时限。

部门法制机构对规范性文件草案进行合法性审查的时限，由部门自行确定。

第十七条 起草单位应当按照法制机构出具的合法性审查意见书，对规范性文件草案进行修改完善后，再报送制定机关审议。

起草单位对合法性审查意见有不同意见的，可以向法制机构提出异议，并提供书面理由和依据。法制机构应及时进行研究处理，异议成立的，应重新出具合法性审查意见书；异议不成立的，应及时给予答复。

对于政府规范性文件，未取得合法性审查意见书或起草单位无正当理由和依据拒不按政府法制机构的审查意见进行修改完善的，市、县（区）人民政府办公室不得安排审议。

第四章　审议和登记

第十八条　政府制定的规范性文件应当经政府常务会议审议决定；对于涉及面小、各方意见一致的，可以经政府专题会议审议决定。审议政府规范性文件的政府常务会议纪要、政府专题会议纪要由政府办公室与正式印发的规范性文件文本一起存档。

部门规范性文件应当经部门办公会议审议决定；审议部门规范性文件的会议纪要由部门办公室与正式印发的规范性文件文本一起存档。

第十九条　政府规范性文件经本级人民政府主要负责人或者主要负责人授权的其他负责人审签，由本级人民政府办公室进行规范性文件登记编号并制发正式文件，登记编号格式见附件一。

政府规范性文件在正式制发前，应当由政府法制机构进行复核。

第二十条　部门规范性文件在部门主要负责人或者主要负责人授权的其他负责人审签后3个工作日内，送本级人民政府法制机构进行登记，在取得规范性文件登记编号后按公文办理程序制发文件。

两个或者两个以上部门联合制定的规范性文件，在主要负责人或者主要负责人授权的其他负责人审签完成后3个工作日内，由牵头部门送本级人民政府法制机构进行登记，取得规范性文件登记编号后按公文办理程序制发文件。

报送登记时，应当提交登记报告、经审议通过的规范性文件草案及其说明、法制机构合法性审查意见。

第二十一条　对部门报请登记的规范性文件，同级人民政府法制机构应当自收到登记报告之日起3个工作日内，对属于规范性文件的，予以登记并核发编号；不属于规范性文件的，不予登记，并说明理由。

部门规范性文件的登记编号格式见附件二。

附 录
"法治毕节"创建方案及相关配套制度

第五章 公布和监督

第二十二条 规范性文件应当通过本级人民政府、部门的网站，政府公报、公开发行的报刊或者以其他便于查阅的方式向社会公布。

规范性文件未经公布，不得作为行政管理依据。

政府公报刊载的规范性文件为标准文本。

第二十三条 因国家安全和重大公共利益等紧急情况，需要立即制定规范性文件的，经制定机关主要负责人批准，可以简化制定程序。

第二十四条 规范性文件的解释权属于规范性文件的制定机关。

第二十五条 规范性文件应当自公布之日起10个工作日内，按照下列规定报送备案：

（一）县（区）政府规范性文件报市人民政府和本级人民代表大会常务委员会备案，备案格式见附件三；

（二）部门规范性文件报本级人民政府和本级人民代表大会常务委员会备案（两个或者两个以上部门联合制定的规范性文件，由牵头部门报送备案），备案格式见附件四；

（三）市、县（区）人民政府依法设立的派出机关制定的规范性文件，报送设立该派出机关的人民政府备案，备案格式参照附件三；

（四）实行垂直管理的部门制定的规范性文件报上一级主管部门备案，同时报送本级人民政府和本级人民代表大会常务委员会备案，备案格式参照附件四。

规范性文件备案审查工作由同级人民政府法制机构负责。规范性文件制定机关报送人民政府备案的，径送承办备案审查工作的人民政府法制机构。

第二十六条 政府规范性文件由市、县（区）人民政府办公室具体负责报送备案工作，部门规范性文件由部门办公室具体负责报送备案工作。起草单位应当及时提供报送备案的相关材料。

规范性文件报送备案应当提交以下材料：

（一）备案报告；

（二）制定说明；

（三）制定依据；

（四）正式公布的规范性文件文本。

第二十七条 承办备案审查的政府法制机构应当对报送备案的规范性文件进行如下审查：

（一）是否符合法定权限；

（二）是否违反法律、法规、规章的规定；

（三）是否违反上级规范性文件的规定。

市、县（区）人民政府法制机构对报送备案的规范性文件采取集中或者其他方式进行审查。

第二十八条 市、县（区）人民政府法制机构在对规范性文件进行备案审查时，需要制定机关或者起草单位提供相关材料或者说明有关情况的，制定机关或者起草单位应当配合；需要征求相关部门意见的，相关部门应当在规定时间内答复。

第二十九条 对规范性文件备案审查中发现的问题，按照下列规定处理：

（一）规范性文件超越法定权限或者违反法律、法规、规章和上级规范性文件规定的，由承办备案审查的政府法制机构通知制定机关停止执行并限期纠正。逾期不纠正的，提请本级人民政府予以变更或者撤销。

（二）规范性文件之间对同一事项规定不一致的，由承办备案审查的政府法制机构进行协调。经协调达成一致意见的，相关部门应当执行；经协调不能取得一致意见的，提出处理意见报本级人民政府决定。

（三）规范性文件制定依据相互矛盾，本级人民政府又无权处理的，应当报上一级人民政府法制机构按程序处理。

规范性文件的制定机关应当自收到纠正通知书之日起 15 个工作日内，对规范性文件进行修改或者废止。修改或者废止的情况应当书面报告承办备案审查的政府法制机构。

第三十条 规范性文件的制定机关对承办备案审查的政府法制机构作出

附　录
"法治毕节"创建方案及相关配套制度

的备案审查处理意见有异议的,可以自接到书面通知之日起15个工作日内,向接受备案的人民政府提出审核申请,并将审核申请抄送承办备案审查的政府法制机构,政府法制机构应当在15个工作日内向本级人民政府提交审核意见。

第三十一条　公民、法人或者其他组织对规范性文件合法性提出的审查申请,按省的有关规定办理。

第三十二条　规范性文件应当标注"此件公开发布"。

承担备案审查的政府法制机构应当定期公布通过备案审查的规范性文件目录。

涉及公众切身利益或者对公民、法人和其他组织权益有重大影响的规范性文件,由原起草单位进行政策解读。

第六章　规范性文件的认定

第三十三条　下列文件不属于规范性文件:

(一)不涉及公民、法人或者其他组织权利义务的内部管理规范、工作制度、表彰奖励、人事任免以及对具体事项作出的处理决定等文件。

(二)行政机关对公务员及其他工作人员、公办学校教职工、公办医疗机构工作人员、其他事业单位职工、国有企业领导人的人事、工资、绩效等方面监督管理的文件。

(三)行政机关针对本机关的工作考核、监督检查、行政责任追究等文件,公示办事时间、地点等事项的便民通告,工作计划、工作要点、工作总结。

(四)就特定人和特定事项发布的通报、通知、批复、公告,或者作出的行政许可、行政处罚、行政确认和其他具体行政执法决定及行政复议决定等。

(五)成立领导小组、议事机构的通知,会议通知、纪要及讲话材料,商洽性工作函、询问答复问题、请求批准答复事项。

(六)征地补偿、安置方案,应急预案。

(七)财政部门仅对格式文本、报表、会计准则、会计核算制度等技事项进行规定的文件以及下达预算、分配资金、批复项目的文件。

（八）行业技术标准和技术操作规程。

（九）涉密文件。

（十）其他不符合《贵州省规范性文件制定程序和监督管理规定》（省政府令第 152 号）及本办法的文件。

通报、报告、请示、批复、议案、函、纪要等 7 个文种的公文，一般不作为规范性文件。

第三十四条　几种文件的认定和管理：

（一）上级行政机关批转下级行政机关的规范性文件，属于批转机关的规范性文件，纳入批转机关规范性文件管理。政府所属部门经过本级政府同意后制定发布的规范性文件，纳入部门规范性文件管理。

（二）行政机关原文转发上级行政机关规范性文件，同时提出具体实施措施或者补充意见，并涉及不特定公民、法人或者其他组织的权利、义务的，属于本行政机关的规范性文件。

（三）行政机关为实施专项行动、部署专项工作制定的工作方案，不属于规范性文件，但此类方案如涉及不特定的公民、法人和其他组织权利、义务的，属于规范性文件。

（四）对规范性文件进行清理后，关于宣布规范性文件继续有效、废止或者失效的决定，属于规范性文件。

第三十五条　纪要、批复、函的内容如涉及不特定的公民、法人或者其他组织的权利义务，需要作为行政管理依据的，应当制定规范性文件对外发布，不得以纪要、批复等公文作为实施行政管理的依据。

第七章　规范性文件清理

第三十六条　规范性文件每两年清理一次。国家、省对规范性文件定期清理有新的规定的，从其规定。

建立规范性文件废止目录、失效目录、继续有效目录，并根据清理情况

附 录
"法治毕节"创建方案及相关配套制度

更新目录信息。

规范性文件废止目录、失效目录、继续有效目录应当通过政府（部门）门户网站、公开发行的报刊等载体向社会公开。

第三十七条 规范性文件有下列情形之一的，制定机关应当及时清理，根据实际情况作出修改、废止、宣布失效的决定：

（一）已被法律、法规、规章、上级行政机关规范性文件或者本机关制定的规范性文件替代或者撤销了部分或者全部内容的；

（二）已不适应经济社会发展的需要，或者与法律、法规、规章、上级行政机关新的规定不一致的；

（三）管理任务已完成，不需要继续存续的。

制定机关应当将规范性文件的清理情况报告承办备案审查的政府法制机构。

第三十八条 规范性文件的修改程序按照本办法执行。修改后的规范性文件应当重新登记编号，并报送备案。

第八章 责任追究

第三十九条 违反本办法，有下列情形之一的，由市、县（区）人民政府法制机构责令限期改正；逾期不改，造成严重后果的，报请有关机关依法对相关责任人按有关规定进行处理：

（一）不按规定履行合法性审查程序的；

（二）无正当理由，不按法制机构合法性审查意见修改的；

（三）无正当理由，拒不执行备案审查处理意见的；

（四）制定的规范性文件与法律、法规、规章相抵触的。

第四十条 违反本办法，制定机关逾期不报送备案或者报送备案不符合要求的，由市、县（区）人民政府法制机构通知其限期改正；逾期不改的，报请有关机关依法对相关责任人按有关规定进行处理。

第九章　附则

第四十一条　县（区）人民政府可以依据本办法制定实施办法。

市人民政府派出的正县级管委会规范性文件的制定程序和监督管理参照本办法执行。

第四十二条　本办法自 2016 年 7 月 1 日起施行，《毕节地区行政公署办公室关于印发毕节地区行政规范性文件备案审查办法的通知》（毕署办通〔2008〕206 号）、《毕节地区行政公署关于印发制定行政规范性文件程序规定的通知》（毕署通〔2009〕29 号）同时废止。

毕节市人民检察院关于完善司法责任制明确检察官权限的暂行规定

为贯彻落实中央、省委、高检院、省院关于深化司法体制的决策部署，进一步完善检察机关执法办案组织、执法办案机制，探索建立突出检察官主体地位的办案责任制，完善检察机关办案责任体系，根据《人民检察院组织法》《刑事诉讼法》《民事诉讼法》《行政诉讼法》等法律和高检院《关于完善人民检察院司法责任制的若干意见》《贵州省司法体制改革试点方案》、省院《关于在司法体制改革非试点检察院推行司法责任制改革的指导意见》和《关于完善市（自治州）级检察院司法责任制明确检察官权限的暂行规定》等相关文件精神，结合毕节检察工作实际和各业务部门岗位职责，制定本规定。

第一章　总则

第一条　检察官职权划分的基本原则：

附 录
"法治毕节"创建方案及相关配套制度

（一）坚持检察权依法独立公正行使。检察机关依法独立公正行使检察权，按照检察长负责制和检察委员会民主集中制相结合的决策机制，重大案件和重大事项由检察长或检察委员会决定。

（二）坚持合理放权与加强领导相统一。在法律规定的框架内，合理下放职责权限，更加充分、合理地赋予检察官办案决定权，实现检察官权责相一致。检察长可以根据需要将部分职权授予主任检察官（独任检察官）行使，主任检察官（独任检察官）对授权范围内的案件具有决定权。在赋予检察官职权的同时，加强检察长、检察委员会对执法办案活动的领导。

（三）坚持权力明确与责任清晰相统一。检察长、检察委员会、主任检察官（独任检察官）根据法律规定和授权范围行使职权，并在各自职责权限内对办案质量终身负责。

（四）坚持突出主体地位与强化监督制约相统一。强化检察官主体地位，突出检察官办案主体作用。同时，强化对办案的监督制约，确保检察权的正确行使。

第二条 检察委员会履行以下职责：

（一）审议在检察工作中贯彻执行国家法律、政策的重大问题；

（二）审议贯彻执行毕节市人民代表大会及其常务委员会决议，拟提交毕节市人民代表大会及其常务委员会的工作报告、专项工作报告和议案；

（三）审议全市检察业务、管理等规范性文件；

（四）审议贯彻执行上级人民检察院工作部署、决定的重大问题，总结检察工作经验，研究检察工作中的新情况、新问题；

（五）审议重大专项工作和重大业务工作部署；

（六）经检察长决定，审议有重大社会影响或者重大意见分歧的案件，以及根据法律及其他规定应当提请检察委员会决定的案件；

（七）经检察长决定，审议按照有关规定向贵州省人民检察院请示的重大事项，提请抗诉的刑事案件以及应当提请贵州省人民检察院复议的事项或者案件；

（八）经检察长决定，审议各县（区）人民检察院提请复议的事项或者案件；

（九）决定本院检察长、同级公安机关负责人的回避；

（十）审议危害国家安全犯罪案件、暴恐案件、邪教组织案件、港澳台及外国人、无国籍人犯罪案件、重大职务犯罪案件等重大疑难复杂案件；

（十一）审议报请核准追诉案件；

（十二）审议信访终结案件；

（十三）审议检察长不同意人民监督员表决意见的案件；

（十四）审议检察长认为需要提请检察委员会审议的其他议题。

第三条 检察长履行以下职责：

（一）负责全院办案工作的总体部署、组织实施、调整调度；

（二）对所领导处理的重大复杂疑难案件负领导责任；

（三）直接办理具体案件、事项，并对作出的决定承担责任；

（四）对全院的办案工作进行监督；

（五）决定检察人员回避；

（六）其他需要检察长决定的事项。

第四条 副检察长履行以下职责：

（一）负责所分管工作的总体部署、组织实施、调整调度；

（二）对所领导处理的重大复杂疑难案件负领导责任；

（三）负责对需报检察长或检察委员会决定的案件或事项进行审核；

（四）对由自己直接决定案件的法律适用、案件处理负责；

（五）对所分管办案工作的风险评估、防范等负领导责任；

（六）负责对所分管的办案工作进行监督；

（七）直接承办具体案件，并对作出的决定承担责任；

（八）可召集或指令分管业务部门主要负责人召集检察官联席会议，对重大、疑难、复杂案件进行讨论，或征求有关专家咨询意见。

第五条 主任检察官（独任检察官）履行以下职责：

（一）主任检察官（独任检察官）根据检察长授权，对本办案组的办案工作负全部责任；

附 录
"法治毕节"创建方案及相关配套制度

（二）负责部署、组织、调度本办案组的办案工作；

（三）对本办案组所办案件的事实和证据负责；

（四）对有权决定的法律适用、案件处理负责，对需要提交检察长（副检察长）、检察委员会决定案件的法律适用、案件处理提出明确具体的意见；

（五）在授权范围内对办案中的法律监督工作负责，对需要提交检察长（副检察长）、检察委员会决定的法律监督事项提出明确具体的意见；

（六）对本办案组所办案件中的风险评估、防范等负主要责任；

（七）对本办案组工作人员的办案情况进行监督和管理，对检察官助理的履职情况提出考核意见；

（八）就办案工作向检察长（副检察长）、部门负责人提出意见建议。

第六条 承办检察官履行以下职责：

（一）承办检察官对自己承担的办案工作负责；

（二）对所办案件的事实和证据负责；

（三）对所办理的主任检察官有权决定案件的法律适用、案件处理问题，向主任检察官提出明确具体的意见，并就自己的意见承担责任。对需要提交检察长（副检察长）、检察委员会决定的案件，提出具体意见交主任检察官审核；

（四）就办案工作向主任检察官提出意见建议；

（五）参与本办案组的办案工作；

（六）带领和指导检察官助理等辅助人员正确履行职责，对检察官助理的履职情况提出考核意见。

第七条 检察官助理履行以下职责：

（一）在检察官的指导下，讯问犯罪嫌疑人、被告人，询问证人和其他诉讼参与人；

（二）接待律师及案件相关人员；

（三）现场勘验、检查，实施搜查，实施查封、扣押物证、书证；

（四）收集、调取、核实证据；

（五）草拟案件审查报告，草拟法律文书；

（六）协助检察官出席法庭；

（七）完成检察官交办的其他办案事项。

第八条 本规定中的"重大、疑难、复杂"案件，是指具备以下情形之一的案件：

（一）犯罪情节特别恶劣的；

（二）造成特别严重危害后果的；

（三）在法律适用方面存在重大分歧意见的；

（四）涉及人大代表、政协委员、县处级以上干部、司法工作人员的；

（五）可能引起重大舆情的；

（六）涉及国家安全、外交和社会稳定的；

（七）上级检察院交办或所在院提办的案件；

（八）其他检察长认为重大、疑难、复杂的案件。

第二章 职权划分

第九条 检察长可以依法委托副检察长代行检察长部分职权；副检察长根据检察长的依法授权，在授权范围内行使职权。

第十条 以下职权，检察长可以委托副检察长行使决定权，副检察长认为确有必要时，可以提请检察长或检察委员会决定。

（一）职务犯罪侦查业务

1. 审查举报线索，提出初查、不予初查、缓查存查、移送其他部门或单位的意见；

2. 公开初查或接触初查对象；

3. 立案或不立案；

4. 批准辩护律师会见特别重大贿赂犯罪案件中在押或者被监视居住的犯罪嫌疑人；

5. 采取技术侦查措施；

附 录
"法治毕节"创建方案及相关配套制度

6. 延长技术侦查期限；

7. 冻结犯罪嫌疑人的存款、汇款、债权、股票、基金份额等财产；

8. 采取通缉、边控、网上追逃、限制出境、搜查等侦查措施；

9. 采取拘传、取保候审、监视居住、拘留强制措施；

10. 移送审查决定逮捕；

11. 解除或者变更拘传、取保候审、监视居住、拘留强制措施；

12. 终止侦查；

13. 案件侦查终结；

14. 案件移送审查起诉、不起诉；

15. 撤销案件；

16. 移送、退还、解除查封、扣押、冻结财物和文件；

17. 对办案中发现的线索进行处理；

18. 赴外省、市及国（境）外调查取证；

19. 商请有关单位及人员协助配合调查取证；

20. 组成重大责任事故调查组；

21. 审批重大责任事故调查报告；

22. 发出检察建议；

23. 应下级人民检察院请求或者上级院认为确有必要时，派员参与下级人民检察院办理重大复杂案件；

24. 将由上级管辖的案件或者案件线索交由下级人民检察院侦查；

25. 提办下级人民检察院侦查久拖不结的案件和下级人民检察院正在侦查的与本院管辖案件有关联的案件；

26. 对不适合由下级检察院侦查或者由其他人民检察院侦查更为有利的案件及线索，指定辖区内的其他下级人民检察院侦查管辖；

27. 从本级院或辖区内各县（区）人民检察院抽调侦查人员，成立专门的办案组织，统一进行案件侦查；

28. 审查批准下级人民检察院指定居所监视居住申请；

29. 对逃匿、死亡犯罪嫌疑人适用违法所得没收程序；

323

30. 答复下级院书面请示。

以上事项由主任检察官或独任检察官提出意见，经职务犯罪侦查部门负责人审核后报检察长、副检察长决定。

（二）职务犯罪预防业务

1. 审批惩治和预防职务犯罪年度报告、预防职务犯罪专题调查报告、预防职务犯罪通报；

2. 移送在预防工作中发现的案件线索；

3. 批准预防介入，开展预防调查；

4. 审批预防检察建议、预防咨询意见书；

5. 其他需要由检察长或检察委员会研究决定的事项。

（三）审查逮捕业务

1. 决定不批准逮捕、不予逮捕；

2. 撤销逮捕决定或者撤销不批准逮捕、不予逮捕决定；

3. 发出检察建议；

4. 启动重大风险预警工作预案。

（四）公诉业务

1. 决定不起诉；

2. 决定是否提出抗诉、提请抗诉；

3. 对撤回抗诉复议作出决定；

4. 对于侦查机关提请的不起诉复议、复核，决定撤销或决定维持原不起诉决定；

5. 对下级人民检察院抗诉案件决定不支持抗诉；

6. 决定指定管辖；

7. 指令下级人民检察院抗诉；

8. 决定批准下级人民检察院职务犯罪案件不起诉决定；

9. 决定提请高检院监督死刑复核案件；

10. 决定撤回起诉；

11. 决定取保候审（重新办理）、指定居所监视居住等涉及人身自由和

附 录
"法治毕节"创建方案及相关配套制度

财产处置的措施；

12. 确定和撤销附条件不起诉；

13. 决定没收违法所得；

14. 决定启动强制医疗；

15. 决定许可（不许可）查询犯罪记录；

16. 决定对定罪量刑有影响案件的非法证据排除；

17. 决定对二审上诉案件提出维持原判、发回重审、依法改判意见，决定对二审抗诉案件撤回抗诉，决定纠正下级院的错误决定。

（五）侦查监督业务

1. 决定通知公安机关立案或撤销案件；

2. 要求本院侦查部门立案侦查或者撤销案件；

3. 对公安机关就撤案通知提请的复议、复核作出决定；

4. 对本院侦查部门违法行为情节较重、需要给予党政纪处分或者追究刑事责任的提出处理意见；

5. 决定发出检察建议，纠正侦查违法通知书；

6. 对侦查部门重新计算侦查羁押期限是否合法进行监督；

7. 决定是否排除非法证据。

（六）刑事审判监督业务

1. 决定是否排除非法证据；

2. 向有关机关提出释放或变更强制措施的意见；

3. 对刑事审判活动中的违法行为提出书面纠正意见或者检察建议；

4. 向有关机关或部门移送犯罪线索；

5. 对本院提出抗诉但上级院撤回抗诉的案件提请上级院复议；

6. 审查认为生效刑事判决、裁定确有错误，决定向同级人民法院提出抗诉、指令下级人民检察院抗诉或提请上级人民检察院抗诉；

7. 审查处理下级院书面请示案件、上级院交办、督办案件；

8. 对被监督单位提出的异议提出复核决定；

9. 审批书面纠正违法通知书、检察建议以及其他法律监督文书；

10. 审查下级人民检察院提请抗诉案件，决定提出抗诉；

11. 决定再审阶段的强制措施。

（七）民事行政检察业务

1. 决定对民事行政申请监督案件提出再审检察建议；

2. 决定对民事行政申请监督案件提出（提请）抗诉；

3. 决定对民事行政申请监督案件不支持监督申请；

4. 决定对民事行政执行案件提出检察建议；

5. 决定对人民法院民事行政立案、审理、调解、执行过程中的违法行为提出检察建议（纠正违法通知书）；

6. 督促行政机关依法履行职责；

7. 决定检察机关提出公益诉讼；

8. 决定支持起诉；

9. 决定移送职务犯罪线索；

10. 决定依职权进行监督；

11. 决定撤回本级院或撤销下级院的监督决定；

12. 决定纠正下级院错误；

13. 决定不公开案件；

14. 决定跟进监督；

15. 向上级人民检察院请示重大案件，答复下级人民检察院的有关请示。

（八）刑事执行检察业务

1. 审批"三类罪犯"以及有立功或重大立功情节的提请减刑案件，审批提请假释、暂予监外执行案件；

2. 对不当减刑、假释、暂予监外执行案件，决定向公安机关、人民法院、司法行政机关、监狱或监狱管理机关提出纠正意见；

3. 审批职务犯罪罪犯减刑、假释、暂予监外执行案件备案审查意见，决定指令下级人民检察院提出纠正意见；

4. 决定自行组织或者要求人民法院、监狱、看守所对暂予监外执行罪

附 录
"法治毕节"创建方案及相关配套制度

犯重新组织进行诊断、检查或者鉴定；

5. 决定向执行人民法院提出停止执行死刑建议和撤销停止执行死刑建议；

6. 指令开展监管事故的审查、调查和相关处理工作，对在押人员死亡事故，决定组织补充鉴定或者重新鉴定，审批调查处理情况报告；

7. 经羁押必要性审查程序后，决定释放或者变更强制措施；

8. 对人民法院作出的强制医疗决定可能错误的，批准转交有关材料；

9. 对刑事执行检察活动中发现的其他违法违规情形，决定向相关单位制发法律文书；

10. 对刑罚执行和监管活动中的职务犯罪案件立案侦查、职务犯罪预防工作，其具体职权参照职务犯罪侦查业务和职务犯罪预防业务执行；对罪犯又犯罪案件审查逮捕、审查起诉，对立案、侦查和审判活动是否合法实行监督，其具体职权分别参照审查逮捕业务、公诉业务和诉讼监督业务执行；受理辩护人、诉讼代理人对看守所阻碍行使诉讼权利的申诉、控告以及被监管人及其近亲属、法定代理人的控告、举报和申诉，其具体职权参照控告（举报）业务和刑事申诉检察业务执行。

（九）控告（举报）业务

1. 审批重要举报线索和反映检察干警违法违纪举报线索的处理意见；

2. 审查本院作出不立案决定的举报线索，决定是否需要重新初查或是否应当立案侦查；

3. 决定对举报线索是否初核，并审批初核报告；

4. 审批需要保护举报人的措施和奖励举报有功人员方案；

5. 审批举报失实澄清意见；

6. 对妨碍刑事诉讼权利的控告案件，决定对人民法院、公安机关、监狱管理机关提出纠正意见；

7. 对本院办理刑事案件中的违法行为的控告案件，决定提出纠正建议；

8. 审批上级机关交办督办的或本院受理的涉检及其他重大、疑难、复杂的控告案件的处理意见；

9. 审批涉检信访案件终结报告，并决定提交检察委员会；

10. 指挥、调处重大的集体访、过激访、缠访、闹访以及扬言制造极端事件的案件。

（十）刑事申诉检察业务

1. 决定立案复查，并决定进行侦查实验、鉴定或者补充鉴定；

2. 决定立案复查案件终止办理；

3. 决定纠正原处理决定；

4. 立案复查后，对需要提出抗诉的报请检察长或检察委员会决定，对需要提请抗诉、提出再审检察建议的报请检察委员会决定；

5. 决定将办案中发现的线索移送相关部门处理；

6. 审批赔偿案件的处理意见，应当予以赔偿的，由检察长审批决定并签发《刑事赔偿决定书》；

7. 经复议认为原赔偿决定认定事实或者适用法律错误的，需要予以纠正的，或者复议认为原赔偿决定的赔偿方式、项目、数额不当的，需要予以变更的，由检察长审批决定并签发《刑事赔偿复议决定书》；

8. 经复查认为检察机关原刑事案件处理决定确有错误，影响赔偿请求人依法取得赔偿的，报检察长审批决定审查处理意见；

9. 决定对国家机关工作人员提出追偿和处分意见；

10. 经审查认为人民法院赔偿委员会作出的刑事赔偿决定或者民事、行政诉讼赔偿决定确有错误，决定向同级人民法院提出重新审查意见或提请上级人民检察院提出重新审查意见；

11. 经审查认为人民法院行政赔偿判决、裁定确有错误，决定向同级人民法院提出抗诉、再审检察建议、指令下级人民检察院抗诉或提请上级人民检察院抗诉；

12. 审查下级人民检察院提请提出重新审查意见案件，认为需要提出重新审查意见；

13. 审查下级人民检察院提请行政赔偿抗诉案件，认为需要提出行政赔偿抗诉；

附 录
"法治毕节"创建方案及相关配套制度

14. 决定撤回行政赔偿抗诉；

15. 对于符合国家司法救助条件的，决定救助方式和金额；

16. 对于急需医疗救治等特殊情况，依据救助标准，决定先行垫付救助资金。

（十一）案件管理业务

1. 决定不予受理的案件；

2. 案件流程监控中发现严重违法办案情形的，决定予以督促纠正；

3. 结案审核中发现严重违反规定情形的，决定予以督促纠正；

4. 法律文书监管中发现严重违反规定情形的，决定予以督促纠正；

5. 涉案财物监管中发现严重违反规定情形的，决定予以督促纠正；

6. 组织、指导开展案件质量评查，包括随机评查、重点评查、专项评查，批准评查方案、审核评查报告，决定评查结果的运用；

7. 组织对各县（区）院的检察业务考评，确定考评方法、考评标准，审核考评结果；

8. 组织、指导本院及本辖区下级检察机关开展执法风险评估预警、风险防范和矛盾化解工作，对存在违反相关规定情形的，决定予以督促纠正；

9. 组织、指导本院及本辖区下级检察机关开展案件信息公开，对严重违反相关规定情形的，决定予以督促纠正。

（十二）法律政策研究（检察委员会办公室）业务

1. 审查和组织起草业务性文稿、规范性文件；

2. 组织对司法实践中存在的普遍性问题开展调查研究，提出解决问题的意见建议；

3. 其他由检察长授权的事项。

第十一条 生态检察业务、未检业务检察官履行侦查监督、审查起诉、诉讼监督等职责时，参照相关业务职权规定。

第十二条 检察委员会专职委员受检察长委托，可以履行副检察长职责。

第十三条 除本规定中明确由检察长、副检察长、检察委员会履行的职责外，其余职权可由检察长授予主任检察官（独任检察官）行使审批决定权。

属主任检察官（独任检察官）审批决定的案件或事项，主任检察官（独任检察官）审查后认为重大、疑难、复杂的，可以报请分管副检察长审查决定。

主任检察官（独任检察官）应按照授权范围行使职权，原则上不得将授权范围内的案件和事项提交检察长或检察委员会决定。确需提交检察长或检察委员会决定的，须经分管副检察长审核同意。

第三章 责任划分

第十四条 检察长、副检察长责任。

检察长、副检察长决定的案件，由检察长、副检察长在职责权限内对案件处理决定承担主要责任。以人民检察院名义制作的法律文书，由检察长或授权的分管副检察长签发。检察长授予主任检察官（独任检察官）行使职权的案件，需由检察长、副检察长签发法律文书的，检察长、副检察长不因签发法律文书承担错案责任。

第十五条 检察委员会委员责任。

检察委员会决定的案件，由检察委员会委员按照各自的表决意见及理由承担相应责任。

第十六条 主任检察官（独任检察官）责任。

主任检察官（独任检察官）亲自办理并作出决定的案件，由主任检察官（独任检察官）对案件处理决定承担完全责任。主任检察官（独任检察官）提请检察长或检察委员会作出决定的案件和事项，主任检察官（独任检察官）对本人汇报的事实和证据负责，检察长和检察委员会对所作决定负责；检察长或检察委员会改变或者部分改变主任检察官（独任检察官）意见的，主任检察官（独任检察官）对改变的部分不承担责任；主任检察官（独任检察官）未经授权擅自对检察长或检察委员会职责权限内的案件作出处理决定的，由主任检察官（独任检察官）承担完全责任。

在办案中遇到无明确职权划分的情况，主任检察官（独任检察官）须

附 录
"法治毕节"创建方案及相关配套制度

报请检察长（副检察长）决定审批层级。主任检察官（独任检察官）对其自行决定的事项，负全部责任。

第十七条 承办检察官责任。

主任检察官办案组内其他检察官承办的案件，如果主任检察官与承办检察官意见相同，由主任检察官与承办检察官共同承担责任；如果主任检察官改变承办检察官的意见，由主任检察官对案件的处理决定负责，承办检察官对事实和证据负责。

主任检察官办案组提请检察长或检察委员会作出决定的案件和事项，同意主任检察官意见，主任检察官对汇报的事实和证据负责；同意承办检察官意见的，由承办检察官对汇报的事实和证据负责。检察长或检察委员会改变主任检察官、承办检察官意见的，主任检察官、承办检察官不负责。

第十八条 检察官助理责任。

检察官助理对依法办理的具体事项负责。

第四章 附则

第十九条 本规定由毕节市人民检察院检察委员会负责解释。

第二十条 本规定经市院检察改革领导小组审批后，报贵州省检察院检察改革领导小组办公室备案后适用。

第二十一条 最高人民检察院对检察官职权划分有新规定的，从其规定。

毕节市人民检察院检察官设置及制作岗位说明书的规定（试行）

第一条 检察官岗位是指需配备具有检察员以上法律职务人员、依法行使检察权的工作岗位。

第二条 检察官岗位应在员额限度内进行设定，配备在业务部门，但业务部门中承担综合文秘、内勤等工作职责的岗位，不配备检察官。

第三条 本院检察长、副检察长、检察委员会委员岗位为当然的检察官岗位。

第四条 办公室、政治部、财务装备、纪检监察等司法行政部门不配备检察官。

第五条 检察官岗位数量应区分不同业务部门，根据司法办案、法律监督工作实际需要进行设定。

第六条 侦监、公诉、未检、反贪、反渎、民行、监所、生态检察等业务部门的检察官数量应当足额配备；控申、预防、案管、研究室等业务部门的检察官从严控制，按照规定岗位和数额配备。正副检察长、检察委员会专职委员岗位数量按照规定职数设定。

第七条 检察官岗位的配备数量在检察官员额总数中应保持相对合理的比例，向一线司法办案部门倾斜。

第八条 本院各业务部门检察官岗位的配备数量占本院检察官员额总数的比例，原则上按照侦监条线不低于9%、公诉条线不低于21%、反贪条线不低于16%、反渎条线不低于11%、未检条线不低于7%、民行条线不低于7%、刑事执行检察条线不低于7%的员额比例配备；生态、控申、预防、案管、研究室等业务部门按照规定岗位配备，可结合实际情况适当调整。

第九条 根据本院实际和检察官员额，合理设置检察官岗位，并制定相应的岗位说明书，对检察官岗位设置的名称、数量、职责及要求进行说明，供检察人员选择岗位时参考。

第十条 岗位说明书一般应包括岗位设置清单和岗位具体说明两部分。岗位设置清单应以条目或表格的形式，列明本院所有检察官岗位及数量，主任检察官岗位数量应当一并列明。岗位具体说明应当包括岗位名称、职责及要求等，实行一岗一表。

第十一条 同一类检察官岗位中的主任检察官岗位职责与一般检察官岗位职责应当分表列明。同一部门承担不同办案职责的检察官岗位，职责应分表列明。

附 录
"法治毕节"创建方案及相关配套制度

第十二条 检察官岗位说明书由院政治部负责制定，在充分听取业务部门意见的基础上，报本院党组讨论通过后，报省院司改办备案。

第十三条 本办法由市院党组负责解释，自印发之日起试行。

毕节市生态文明建设考核办法

第一条 为全力打造生态保护，绿色发展高地，确保 2020 年生态文明建设目标的实现，根据《中共毕节市委毕节市人民政府关于加快推进毕节生态文明先行示范区建设的意见》（毕党发〔2014〕23 号）、《毕节市推进生态文明建设体制机制改革实施方案》（毕改领发〔2014〕23 号）和《毕节市"法治毕节"创建工作推进方案》（毕委办字〔2015〕129 号）精神，制定本办法。

第二条 本办法适用于各县（区）和市直责任单位县级领导班子、领导干部。

第三条 考核工作围绕坚守"两条底线"，坚持"三大主题"，实现人口、经济与资源环境协调可持续发展的目标任务。坚持立足实际、突出重点，精准设置考核指标，注重考核工作成效；坚持客观公正、权责明确，规范考核方式和程序，充分发挥社会监督作用；坚持结果导向、奖罚分明，实行正向激励，负向惩戒，促使各县（区）党委、政府和市直责任单位切实履职尽责，全面完成生态文明先行示范区建设的目标任务。

第四条 考核工作在市生态文明先行示范区建设委员会（以下简称市生态文明委）领导下，由市生态文明先行示范区建设委员会办公室（以下简称市生态文明办）牵头，市考核办、市督办督查局和相关职能部门配合实施，采用动态跟踪考核和年度考核的方式进行。

第五条 考核内容：按照省的要求主要考核能源资源利用、生态环境保护、绿色发展程度、经济发展提质转型、群众满意度等五个方面，结合全市实际，重点考核转型发展生态经济、稳固构筑生态屏障、持续改善生态环境、加快建设生态家园、系统完善生态制度、全力培育生态文化等六项目标任务。

年度考核指标由市生态文明办、市考核办会同市直有关职能部门按照差别化原则研究制定，报市生态文明委审定后下达执行。

第六条 考核管理按以下步骤进行：

（一）季度报告。各县（区）和市直责任单位，对照年度目标的执行情况按季度进行总结，并报市生态文明办。

（二）动态跟踪考核。根据工作需要，组成考核组，采取专项调查、抽样调查和实地核查等方式，对相关考核指标进行动态跟踪考核管理，并对考核结果进行通报。

（三）年度考核。由市生态文明办、市考核办会同有关部门根据年度目标任务，结合动态跟踪考核情况，对县级总结情况和职能部门数据监测情况进行核查，经综合分析后形成年度考核报告，考核报告应当反映基本情况、指标分析、存在问题等，作出综合评价，提出处理建议，经市生态文明委审定。考核结果由市生态文明办及时向各县（区）和市直责任单位进行反馈，并提出改进工作的意见建议。

第七条 考核中有下列情形之一的，考核评价为不合格：

（一）年度考核得分低于60分的；

（二）未完成约束性指标3项及以上的；

（三）发生重特大环境污染责任事件或严重生态破坏事件的；

（四）被上级挂牌督办的环境污染或生态破坏问题未在规定期限内解决的。

第八条 考核结果经市委、市政府同意后进行通报，作为领导班子和领导干部年度考核、干部奖惩任免的重要依据。

对完成年度目标任务较好、成效突出的予以表彰奖励，按规定在相关领导班子和领导干部年度考核得分中加分，并作为领导干部提拔任用的重要依据。

对考核评价为不合格的，予以通报批评，按规定在相关领导班子和领导干部年度考核得分中扣分，并对其主要责任人进行约谈，提出限期整改要求。

附 录
"法治毕节"创建方案及相关配套制度

对生态环境损害明显，责任事件多发的县（区）党政主要负责人和相关责任人（含已调离、提拔、退休的有关责任人），按照《党政领导干部生态环境损害责任追究办法（试行）》《贵州省生态环境损害党政领导干部问责暂行办法》《毕节市生态环境损害党政领导干部问责办法》等规定追责。

第九条 参与考核工作的部门和人员必须严守考核工作纪律，坚持原则，公道正派，敢于担当，保证考核结果的公正性和公信力。各县（区）和市直相关单位应当及时、准确提供相关数据资料和情况，主动配合开展相关工作，确保考核顺利进行。对不负责任、造成考核结果失真失实的，追究有关责任。

第十条 各县（区）应参照本办法，结合本地实际制定相关办法，加强对本地生态文明建设工作的考核。

第十一条 本办法由市生态文明办商市委组织部负责解释。

第十二条 本办法自印发之日起施行。

毕节市百里杜鹃风景名胜区条例

（2018年8月23日毕节市第二届人民代表大会常务委员会第十二次会议通过，2018年9月20日贵州省第十三届人民代表大会常务委员会第五次会议批准）

第一章 总则

第一条 为了加强百里杜鹃风景名胜区保护和管理，合理利用风景名胜资源，促进人与自然和谐共生，推进生态文明建设，根据国务院《风景名胜区条例》和《贵州省风景名胜区条例》等法律、法规，结合风景名胜区实际，制定本条例。

第二条 百里杜鹃风景名胜区（以下简称风景名胜区）生态环境保护、规划建设、资源利用及其相关管理等活动，应当遵守本条例。

风景名胜区与自然保护区、国家森林公园重合的区域，还应当遵守自然保护区、国家森林公园的相关规定。

风景名胜区是以大面积野生杜鹃群落景观为特色可供游览或者进行科学、文化活动的区域，具体范围根据《百里杜鹃风景名胜区总体规划》划定。

第三条 风景名胜区坚持科学规划、统一管理，保护优先、绿色发展，尊重自然、永续利用的原则。

第四条 风景名胜区实行分区保护管理，划分为一级保护区、二级保护区、三级保护区。一级保护区是指野生杜鹃群落集中、植被及自然生态系统保存完好、景观景点丰富的区域。二级保护区是指一级保护区外野生杜鹃群落相对集中、植被保存完好、景观景点较丰富的区域。三级保护区是指一级和二级保护区以外的区域。

前款规定区域的具体范围由市人民政府根据《百里杜鹃风景名胜区总体规划》划定并公布。

第五条 市人民政府应当加强对风景名胜区保护管理工作的领导，建立协调机制，统筹解决风景名胜区保护管理工作中的重大问题；将风景名胜区保护管理工作纳入国民经济和社会发展规划，所需经费列入财政预算；建立生态补偿机制，对因风景名胜区保护使经济发展或者生产生活受到限制的单位和个人依法给予补偿。

市人民政府应当加强风景名胜区体制机制创新，推进经营管理改革，提升经营服务质量，统筹城乡发展，完善利益链接和分配机制，建设宜居、宜业、宜游风景名胜区。

第六条 市人民政府应当定期向市人民代表大会常务委员会报告百里杜鹃风景名胜区保护管理工作情况。

市、县级人民代表大会常务委员会应当对百里杜鹃风景名胜区保护管理情况开展视察、执法检查、专题询问等监督工作。

第七条 市人民政府设立的百里杜鹃管理区管理委员会（以下简称管委会），作为风景名胜区的管理机构，负责风景名胜区的保护、利用和统一

附 录
"法治毕节"创建方案及相关配套制度

管理工作。

市人民政府有关行政主管部门在各自职责范围内指导、监督管委会做好风景名胜区保护、利用和管理工作。

风景名胜区所在地的乡（镇）人民政府应当配合管委会做好风景名胜区管理的相关工作。

鼓励风景名胜区所在地的村组、社区制定村规民约、居民公约，参与风景名胜区保护管理工作。

第八条 任何单位和个人都有保护风景名胜资源和公共设施的义务，有权举报或者劝阻破坏风景名胜资源和公共设施的行为。

对风景名胜区保护管理工作做出突出贡献的单位和个人，按照国家、省有关规定给予表彰和奖励。

第二章 规划建设

第九条 风景名胜区规划分为总体规划和详细规划。

风景名胜区规划应当与百里杜鹃省级自然保护区规划、百里杜鹃国家森林公园规划相互协调。

风景名胜区内的镇规划、乡规划、村寨规划应当服从风景名胜区规划。

第十条 编制风景名胜区规划应当划定生态保护红线，突出风景名胜资源的自然特性、地方特色和文化内涵，并进行环境影响评价。

第十一条 编制风景名胜区规划应当公告，并征求专家和公众意见。

第十二条 风景名胜区规划是风景名胜区保护、建设、利用和管理等活动的依据，任何单位和个人不得违反。

经批准的风景名胜区规划，任何单位和个人不得擅自变更或者调整；确需变更或者调整的，应当按照原审批程序办理。

第十三条 在风景名胜区内从事建设活动的，应当经管委会审核后，依法办理审批手续。

第十四条 建设项目施工过程中应当采取有效措施保护杜鹃及其他林

木、植被、水体、土壤、地貌、景观等风景名胜资源和生态环境。

建设项目竣工或者临时建筑拆除后，建设单位应当及时清理场地、恢复生态环境。

第十五条 风景名胜区内的建筑物、构筑物的布局、外观结构、高度、体量、色彩等，应当与生态环境、自然景观和民族特色相协调。

第十六条 管委会设立风景名胜资源保护专项资金。

风景名胜资源保护专项资金通过门票收入、财政拨款、社会捐助、风景名胜资源有偿使用等渠道筹集。

第十七条 管委会应当对具有保护价值的传统村落、民族村寨、文物古迹等风景名胜区人文景观建立保护档案，划定保护范围，设立保护标志，采取防火、防震、防雷、防蛀、防腐和维护修缮等保护措施，保持其传统格局和风貌。

第十八条 管委会应当建立企业环境信用评价和生态环境违法信息公示制度，将生态环境违法信息载入企业事业单位和其他生产经营者信用信息公示系统。

管委会信用信息公示系统应当按照规定纳入全省公共信用信息平台。

第三章　保护利用

第十九条 管委会应当建立健全风景名胜区保护制度，采取下列保护措施：

（一）以界碑、标牌等方式设置风景名胜区范围保护标志，标明界区；

（二）对杜鹃等古树、名木、珍稀树木进行调查、鉴定、分类、定级、登记、编号，建立档案，设立标志；

（三）加强动植物病虫害防治和保护工作，禁止引入有害外来物种，维护生态平衡；

（四）对天坑溶洞、奇峰异石、草原、石雕石刻等建立档案，设立标志；

附 录
"法治毕节"创建方案及相关配套制度

（五）对一级保护区景点实行定期封闭、轮流开放；

（六）法律、法规规定的其他保护措施。

第二十条 三级保护区内禁止下列行为：

（一）开山、采石、开矿、开荒、毁林、砍柴、修坟立碑、损毁岩溶等破坏景观、植被和地形地貌的行为；

（二）设立各类开发区；

（三）修建储存爆炸性、易燃性、放射性、毒害性、腐蚀性物品的设施；

（四）捕猎野生动物，在水域内炸鱼、毒鱼、电鱼等；

（五）在禁火区内吸烟、生火、燃放烟花爆竹，在指定区域以外烧香点烛、焚烧垃圾、秸秆和枯枝落叶等；

（六）擅自砍伐、挖掘树根、移植杜鹃树木；

（七）擅自引入未经检验检疫的动植物；

（八）擅自摆摊设点、在景物周围圈占拍摄位置；

（九）在杜鹃树木或者设施上刻画、涂污；

（十）采摘杜鹃花；

（十一）乱扔垃圾；

（十二）其他破坏生态环境和风景名胜资源的行为。

第二十一条 二级保护区内，除遵守本条例第二十条规定外，禁止建设畜禽、水产养殖场所，敞养、放养畜禽；限制非游览性的机动交通工具进入；限制建设与风景名胜资源保护、参观游览无关的建筑物、构筑物及设施。

第二十二条 一级保护区内，除遵守本条例第二十条、第二十一条规定外，禁止建设宾馆、招待所、培训中心、疗养院以及与风景名胜资源保护无关的建筑物、构筑物和其他设施；已经建设的，应当按照风景名胜区规划，逐步迁出。

第二十三条 管委会应当按照风景名胜区规划逐步迁出一级保护区内的村（居）民。

一级保护区外的建筑物和构筑物的建设，应当遵守风景名胜区规划，不得破坏自然景观等风景名胜资源。

第二十四条 风景名胜区内土地、森林、林木等自然资源的利用和处分，应当遵守风景名胜区规划及管理制度。

风景名胜区内土地、森林、林木等自然资源，可以依法通过租赁、入股等方式，逐步实行统一经营管理、实现利益共享。

第二十五条 管委会应当开展生物多样性调查，编制风景名胜区生物物种名录，加强杜鹃及其他生物物种资源保护，倡导和鼓励社会资本参与生物物种资源培育研究。

第二十六条 需要进入特定区域从事科研活动的单位和个人，应当经管委会批准同意后，并由管委会派专人陪同方可进入。

因教学、科研需要在风景名胜区内采集物种标本或者繁殖材料的，应当经管委会批准后，按照规定在指定地点限量采集。

第二十七条 因风景名胜资源保护和利用需要，少量移植、采伐林木的，应当经管委会批准，并报市人民政府林业行政主管部门备案。

第二十八条 风景名胜区内已存在的矿山应当限期关闭，并依法予以补偿。

矿山关闭应当制定生态修复方案，由采矿权人或者其他责任主体对生态环境进行修复。

第二十九条 在风景名胜区内进行下列活动，应当经管委会审核同意，并按照规定办理有关审批手续：

（一）设置农贸市场，从事交通运输、餐饮、住宿等经营活动；

（二）举办大型游乐、文体、演出、会展、训练、竞赛等活动；

（三）摄制电影、电视、宣传片等；

（四）设置、张贴商业广告；

（五）野营、探险等活动；

（六）其他影响生态和景观的活动。

第四章　监督管理

第三十条 管委会履行下列监督管理职责：

附 录
"法治毕节"创建方案及相关配套制度

（一）宣传贯彻执行与生态环境保护相关的法律、法规；

（二）保护风景名胜区自然生态系统，组织开展与自然资源保护有关的科研、科普、宣传教育等活动；

（三）制定并组织实施风景名胜区保护具体管理制度；

（四）组织指导风景名胜区内乡（镇）人民政府制定生态环境、自然资源、历史遗迹、人文景观等方面的保护管理制度；

（五）保护和培育风景名胜资源、生态环境，维护自然景观和人文景观；

（六）在风景名胜区内从事建设、经营活动的单位和个人建立健全安全生产制度，加强安全生产管理；

（七）监督建设、旅游、经营、科研等活动，维护景区游览秩序和游客合法权益；

（八）负责公共基础设施上报、监督、管理工作；

（九）与风景名胜区保护有关的其他监督管理职责。

第三十一条　管委会应当逐步建立健全风景名胜区大数据旅游信息平台，建设智慧景区，及时公布景观、景物、气候状况、游客最大承载量、游客接待情况等信息。

第三十二条　管委会应当加强风景名胜资源普查登记，建立健全风景名胜区自然资源资产产权登记和用途管理制度。

第三十三条　管委会应当建立生态环境保护监测系统，对风景名胜区森林资源、土壤资源、气候资源、水资源、大气环境、声环境、固体废物等进行监测。

第三十四条　管委会、项目特许经营者及相关责任主体应当做好修复废弃宕口、整治滑坡山体等地质灾害防治工作。

第三十五条　风景名胜区门票统一印制和管理，禁止伪造、变造、倒卖风景名胜区门票。

第三十六条　管委会领导干部实行自然资源资产和生态环境离任审计制度。造成自然资源严重损失和生态环境严重破坏的，实行终身责任追究。

第五章　法律责任

第三十七条 违反本条例第二十条规定的，按照下列规定处罚：

（一）在风景名胜区内进行开荒、修坟立碑等破坏景观、植被、地形地貌活动的，由管委会责令停止违法行为、限期恢复原状或者采取其他补救措施，没收违法所得，并处以1000元以上、1万元以下的罚款。

（二）擅自捕猎野生动物，在水域内炸鱼、毒鱼、电鱼等的，按照有关法律、法规的规定予以处罚。

（三）在禁火区内吸烟、生火、燃放烟花爆竹的，由管委会给予警告，责令停止违法行为；情节严重或者造成严重后果的，并处以1000元以上、1万元以下罚款；造成损失的，依法承担赔偿责任；在指定区域以外烧香点烛、焚烧垃圾、秸秆和枯枝落叶的，由管委会责令停止违法行为、限期恢复原状或者采取其他补救措施，并处以50元以上、200元以下罚款。

（四）擅自摆摊设点、在景物周围圈占拍摄位置的，由管委会责令改正，没收违法所得，并可处以100元以上、500元以下罚款。

（五）在风景名胜区内杜鹃树木或者设施上刻画、涂污或者在风景名胜区内乱扔垃圾的，由管委会责令恢复原状或者采取其他补救措施，处以50元罚款。

（六）在风景名胜区内采摘杜鹃花的，由管委会给予警告，责令停止违法行为；情节严重的，并处以每朵50元罚款；擅自砍伐、挖掘树根、移植杜鹃树木的，由管委会责令停止违法行为，有违法所得的，没收违法所得，并处以1万元以上、5万元以下罚款，情节严重的，并处以5万元以上、10万元以下罚款；造成损失的，依法承担赔偿责任。

第三十八条 违反本条例规定，在风景名胜区内建设畜禽、水产养殖场所的，由管委会责令限期搬迁，逾期未搬迁的责令关闭；散养、放养畜禽的，由管委会责令停止违法行为，并按照每只（头）处以20元以上、50元以下罚款。

附 录
"法治毕节"创建方案及相关配套制度

第三十九条 违反本条例规定，建设项目施工未采取有效措施保护杜鹃及其他林木、植被、水体、地貌、景观等风景名胜资源和生态环境的，由管委会责令停止违法行为、限期恢复原状或者采取其他补救措施，处以 2 万元以上、10 万元以下罚款。逾期未恢复原状或者采取有效措施的，由管委会责令停止施工。

第四十条 未经审核在风景名胜区内设置、张贴商业广告的，由管委会责令停止违法行为、限期恢复原状或者采取其他补救措施，没收违法所得，并处以 5 万元以上、10 万元以下罚款；情节严重的，并处以 10 万元以上、20 万元以下罚款。

第四十一条 伪造、变造、倒卖风景名胜区门票的，由管委会责令停止违法行为，没收违法所得，并由公安机关依法予以处罚。

第四十二条 对风景名胜区负有监督管理职责的单位及其工作人员玩忽职守、滥用职权、徇私舞弊，尚不构成犯罪的，对直接负责的主管人员和其他直接责任人员依法给予处分。

第四十三条 违反本条例规定的其他行为，法律、法规有处罚规定的，从其规定。

第六章 附则

第四十四条 本条例自 2018 年 12 月 1 日起施行。

"法治毕节"创建大事记

张 可 张雁琳[*]

2015年

一月

1月12日,毕节市委出台《中共毕节市委关于贯彻落实党的十八届四中全会和省委十一届五次全会精神全面推进依法治市的实施意见》。

二月

2月28日,毕节市委印发《中共毕节市委关于成立全面依法治市工作领导小组的通知》。

四月

4月3日,毕节市人民政府办公室印发《关于切实抓好森林资源常态化管理工作的通知》。

---

[*] 整理人:张可,贵州省社会科学院法律研究所副研究员,贵州省法治研究与评估中心研究员,法学博士;张雁琳,贵州民族大学法学院硕士研究生。

附 录
"法治毕节"创建大事记

五月

5月26日,省委改革办、省委依法治省办主任李裴主持召开《"法治毕节"创建工作总体方案》《"法治毕节"创建指标体系及评价标准》编写工作启动会,对法治贵州建设指标体系编制工作作出具体安排。随后,省委改革办、省委依法治省办会同省委组织部、省委政法委、省政府法制办等单位组成的起草组先后赴江苏、浙江、湖南、四川等六省市开展调研,形成《关于赴江苏等六省调研全面深化改革和全面依法治省情况报告》呈报省委书记陈敏尔,省委副书记、省委政法委书记谌贻琴阅示。

六月

6月2日,毕节市委办公室印发《中共毕节市委全面依法治市工作领导小组2015年工作要点》。

八月

8月6日,省委副书记、省委政法委书记谌贻琴,副省长、公安厅长孙立成到毕节市七星关区朱昌镇开展社会治理专题调研。毕节市领导陈志刚、李建、周全富、王开俊、冉霞、马炼等参加座谈。

8月8~10日,贵州省委书记陈敏尔,贵州省委副书记、贵州省委政法委书记谌贻琴先后对"法治贵州"工作作出重要批示,要求"法治贵州"建设先以"法治毕节"创建为先行试点,由省委依法治省办牵头制定方案,省委政法委具体组织实施,并强调要坚持问题导向,把试点搞扎实。

8月8日,毕节市委书记陈志刚主持召开市委常委(扩大)会议,会议专题研究毕节市社会治理工作。

8月23日,贵州省委改革办、贵州省委依法治省办起草的《"法治毕节"创建工作总体方案》和《"法治毕节"创建指标体系及评价标准》征求意见稿形成。

8月28日，毕节市环境保护局、毕节市公安局联合制定印发《关于环境保护部门与公安部门联动执法相关机制制度的通知》。

九月

9月7日，贵州省委副书记、贵州省委政法委书记谌贻琴主持召开"法治毕节"创建工作座谈会时要求，由省委改革办、省委依法治省办组织对《"法治毕节"创建工作总体方案》和《"法治毕节"创建指标体系及评价标准》进行修改。

十月

10月22日，市委书记陈志刚主持召开专题会议，研究"法治毕节"创建工作。

十一月

11月3日，毕节市委印发《关于成立"法治毕节"创建工作领导小组的通知》。

11月5日，毕节市委副书记、"法治毕节"创建工作领导小组副组长李建主持召开"法治毕节"创建工作领导小组第一次会议。

11月7日，贵州省委办公厅、省政府办公厅印发《"法治毕节"创建工作总体方案》。

11月9日，毕节市委、市政府印发《关于加强社会治理创新建设法治毕节的意见》。

11月13日，毕节市中级人民法院、毕节市人民检察院、毕节市林业局单位联合印发了《毕节市破坏森林资源违法犯罪案件生态损失补偿工作机制》。

11月14日，"法治毕节"创建工作动员会在贵阳召开。贵州省委书记陈敏尔作出批示，省委副书记、省委政法委书记谌贻琴出席会议并讲话，副省长陈鸣明主持，省政协副主席李汉宇出席。

附 录
"法治毕节"创建大事记

同日,毕节市人民检察院、公安机关、环境保护行政主管部门联合印发《毕节市人民检察院、毕节市公安局、毕节市环境保护局生态环境保护工作衔接机制》。

11月17日,毕节市委召开"法治毕节"创建工作推进会,市委书记陈志刚出席并讲话。市人大常委会主任吴安玉,市政协主席郭正良,市委常委周全富、王开俊、敖卫、文松波、蒋兴勇、尹恒斌、何云江,市人大常委会、市政府、市政协班子成员,市人民检察院、市委党校、贵州工程应用技术学院、毕节职业技术学院、毕节医学高等专科学校负责同志出席会议。会议由市委副书记李建主持。

11月29日,毕节市委副书记李建主持召开加强社会治理创新创建法治毕节联席会议

11月30日,中共毕节市委办公室、毕节市人民政府办公室联合印发《关于成立加强社会治理创新创建法治毕节联席会议的通知》。

十二月

12月5~6日,毕节市举办2015全市基层政法干部暨"法治毕节"创建专题培训班。

12月9日,贵州省委政法委印发《"法治毕节"创建工作总体实施方案》。

12月14日,省人大常委会党组副书记、副主任张群山到毕节市调研地方立法及"法治毕节"建设工作。

12月16日,毕节市委办公室、市政府办公室联合印发《毕节市"法治毕节"创建工作推进方案》。

12月18日,"法治毕节"创建工作联席会议第一次会议在贵阳市召开。省委政法委常务副书记彭德全主持会议并发表讲话,省委政法委副书记温杰出席并介绍了"法治毕节"创建工作联席会议办公室近期工作以及法治监督检查工程指导组工作。

12月22日,毕节市工商行政管理局印发《毕节市诚信"红黑榜"发布

实施方案》。

12月23日，毕节市工商行政管理局正式颁布《毕节市守信企业信用奖励管理办法（试行）》，并印发《毕节市企业失信行为联合惩戒实施意见（试行）》。

2016年

一月

1月4日，毕节市委副书记、"法治毕节"创建工作领导小组副组长李建主持召开"法治毕节"创建工作领导小组第二次会议。

二月

2月2~4日，省委政法委副书记李宏亚到毕节市督导"法治毕节"创建工作。

2月16~18日，省委副书记、省委政法委书记谌贻琴到毕节调研督导"法治毕节"创建工作。

2月20日，毕节市委常委、市委政法委书记、市公安局局长、市委依法治市办主任周全富主持召开"法治毕节"创建工作推进会。

三月

3月7日，毕节中院与市政府法制办建立联席会议制度。双方共同决定建立行政审判和行政复议的"月通报、季分析、年总结"制度；法院进一步加强对行政机关的司法建议并建立相关工作台账；每年汇编一期行政诉讼、行政复议的典型案例；双方加强培训交流，建立信息通报与共享机制。

3月10日，中共贵州省委政法委、贵州省直机关目标绩效管理领导小组办公室联合印发《"法治毕节"创建工作考核办法（试行）》。

同日，最高人民法院在全国选择100个左右的基层法院开展家事审判方

附 录
"法治毕节"创建大事记

式和工作机制改革试点,七星关区人民法院成为全国法院家事审判改革的试点法院之一。

3月15日,毕节市中级人民法院印发《落实〈领导干部干预司法活动、插手具体案件处理的记录、通报和责任追究规定〉的实施办法》《落实〈司法机关内部人员过问案件的记录和责任追究规定〉的实施办法》。

3月18日,毕节市环保专项行动领导小组办公室印发《毕节市环保执法"风暴"专项行动方案》。

3月30日,毕节市召开全市基层基础暨矛盾纠纷多元化解现场观摩会。市委常委、市委政法委书记、市公安局局长、市委依法治市办主任周全富出席并讲话。

3月31日,"法治毕节"创建工作联席会议2016年第一次会议暨一季度分析调度会在省委大礼堂西楼第九会议室召开。省委政法委常务副书记、"法治毕节"创建工作联席会议召集人彭德全出席并讲话。会议由省委政法委副书记李宏亚主持。

四月

4月1日,毕节市中级人民法院正式启动律师参与化解和代理涉法涉诉讼信访案件工作。

4月6日,毕节市人大常委会在市人大办公楼一楼举行《毕节市地方立法条例》新闻发布会。

4月6日,省委政法委常务副书记、省综治办主任彭德全到纳雍县督导"法治毕节"创建和社会治安重点整治工作。

4月7~8日,毕节市人大常委会举办全市人大地方立法培训班。

4月11日,毕节市中级人民法院制定出台《关于充分发挥审判职能 依法支持棚户区改造工作 为推进城镇化建设提供有力司法保障的意见》。

4月15日,毕节市召开"法治毕节"创建工作电视电话会议。

4月20~21日,省委政法委副书记李宏亚到威宁自治县督导"法治毕节"创建和维护社会稳定工作。

4月21日，毕节市委书记陈志刚主持"法治毕节"创建等五项工作专题会议，听取"法治毕节"创建等工作情况汇报。

4月25日，毕节市召开"法治毕节"创建和"平安毕节"建设工作调度会。

五月

5月4日，省委副书记、省委政法委书记谌贻琴对"法治毕节"做重要批示："'法治毕节'创建的阶段性成效是明显的，这项创建工作对毕节的长治久安是有战略意义的，要持之以恒地抓，对存在的问题要下功夫加以解决"。

5月4日，毕节市委副书记、市委"法治毕节"创建办主任李建主持"法治毕节"创建重点工作研讨会。

5月16日，毕节市中级人民法院印发《关于落实"用两到三年时间基本解决执行难问题"的实施方案》。

5月19日，毕节市中级人民法院召开新闻发布会，发布《毕节市法院2013～2015执行工作白皮书》。

六月

6月1日，毕节市委、市政府联合印发《"法治毕节"创建重点工作实施方案》。

6月8日，毕节市举行政法系统新任县处级领导干部业务培训暨"法治毕节"工作调度会。

6月16～18日，毕节市召开以"执法司法和生态法治"为主题的"法治毕节"创建工作第二季度现场观摩会。

6月20日，毕节市第一届人民政府第60次常务会议审议通过了《毕节市人民政府深化行政复议委员会试点工作方案》《毕节市人民政府行政复议委员会工作规则》《毕节市人民政府行政复议委员会委员守则》《毕节市行政机关负责人行政应诉办法（试行）》。同时，审议通过了《毕节市规范性

附 录
"法治毕节"创建大事记

文件制定程序和监督管理办法》，该办法自2016年7月1日起施行。

6月30日，贵阳市中级人民法院对原告周筱赟不服被告毕节市人民政府政府信息公开答复及被告贵州省人民政府行政复议行为七案，作出一审判决，驳回原告周筱赟的诉讼请求。

七月

7月5日，全省推进行政机关负责人出庭应诉工作现场会在毕节市召开。省高级人民法院院长孙潮、省政府法制办主任唐林出席会议并讲话，毕节市委副书记、市长陈昌旭致辞，省高级人民法院副院长余红梅主持会议。

7月5日，省高级人民法院院长孙潮到毕节市开展"法治毕节"创建辅导讲座，毕节市委副书记、市长陈昌旭主持。

7月5~6日，省政府法制办党组书记、主任唐林到毕节市及赫章县开展"法治毕节"创建半年督导检查。

7月7~8日，由省政协副秘书长李跃荣任组长的省委督察组赴毕节市督察2016年全面深化改革和全面依法治市半年工作。

7月11日，毕节市纪委、市中级人民法院、市检察院制定印发了《毕节市职务犯罪案件庭审旁听警示教育联系制度》。

八月

8月1日，毕节市中级人民法院电子卷宗系统正式运行。

同日，毕节市中级人民法院正式实施《毕节市中级人民法院诉讼费缴纳、退取和追缴实施细则（试行）》。

8月10日，"法治毕节"重点工作推进暨"和在农家"创建启动大会召开。市委书记陈志刚出席会议并讲话，市人大常委会主任吴安玉出席会议，市委副书记李建对《毕节市"和在农家"创建工作方案》作了说明。市委常委、市委政法委书记、市公安局局长、市委依法治市办主任周全富通报"法治毕节"创建工作情况。

8月11日，省委政法委常务副书记、省综治办主任彭德全到黔西县、七星关区调研特殊人群服务管理六项工程。

同日，全市法院全面推开司法改革工作动员部署大会在毕节中级人民法院召开。标志着全市法院正式启动两级法院以司法责任制为核心的司法改革工作。

8月17日，中共毕节市委办公室、毕节市人民政府办公室联合印发《毕节市生态环境损害党政领导干部问责暂行办法》。

8月19~20日，2016年"法治毕节"创建现场观摩会在黔西县召开。市委副书记李建出席会议并讲话。

8月20日，全市矛盾纠纷多元化解机制建设推进会在黔西县召开。

8月30日，全市司法改革员额法官首次遴选考试在毕节医学高等专科学校开考。

九月

9月5日，全市基层法院司法改革首次申请入额法官在毕节医学高等专科学校答辩。

9月14日，全省特殊人群服务管理工作现场观摩会在毕节市召开。省委副书记、省委政法委书记、省综治委主任谌贻琴出席会议并讲话，副省长陈鸣明主持会议，省政府党组成员、省公安厅厅长、省综治委副主任郭瑞民出席。毕节市委副书记、代市长桑维亮介绍毕节市委、市政府统筹推进特殊人群服务管理工作的总体思路和做法并致欢迎辞。

9月27日，毕节市召开"平安毕节"建设和"法治毕节"创建工作推进会。市委常委、市委政法委书记、公安局局长、市依法治市办主任周全富作了讲话。

9月27~28日，毕节市在大方县、织金县召开"法治毕节"创建现场观摩会。市委副书记、市委"法治毕节"创建办主任李建出席会议并讲话。市委常委、市委政法委书记、公安局局长、市依法治市办主任周全富主持会议。

附 录
"法治毕节"创建大事记

同日,为推进司法改革,遴选毕节市中级人民法院员额法官。毕节市中级人民法院首次申请入额法官遴选答辩。

十月

10月14日,毕节市机构编制委员会印发《关于设立毕节市法学会的批复》(毕市机编〔2016〕62号),同意设立毕节市法学会。该会为市法学界、法律界同仁的社会团体和学术团体,由市委领导联系,市委政法委代管。

10月26日,贵州省规模最大、功能最齐的青少年法治教育宣传基地——纳雍县青少年法制教育基地正式揭牌。省司法厅党委书记、厅长吴跃出席仪式并讲话。

10月28日,毕节市人民政府印发《毕节市人民政府关于废止和宣布失效部分规范性文件及公布现行有效规范性文件(2011~2015年)的决定》。

10月31日,全省法院全面推开司法体制改革员额制法官颁证暨宣誓仪式在全省三级法院同时举行,毕节市两级法院新任命的296名员额制法官领取了由省法院统一颁发的《贵州省员额制法官任命书》,毕节市中级人民法院48名员额制法官在分会场宣誓并接受了任命书。

十一月

11月4日,毕节市委政法委组织召开了全市刑事诉讼大数据智能管理试点工作推进会。

11月29日,毕节市中级人民法院邀请全国、省、市人大代表、政协委员视察法院,主动接受人大代表、政协委员的监督。

2017年

一月

1月12日,中共毕节市委办公室、毕节市人民政府办公室联合印发

《毕节市法治宣传教育第七个五年规划（2016~2020）》。

同日，市委书记、市人大常委会主任周建琨到市群众工作中心接待来访群众。

二月

2月8日，毕节市人民政府印发《关于进一步加强行政应诉工作的实施意见》。

2月21日，省委副书记、省委政法委书记谌贻琴到黔西县调研督导"法治毕节"创建工作。省政协副主席、毕节市委书记、市人大常委会主任周建琨汇报法治毕节创建工作总体情况。省政府党组成员、省公安厅厅长郭瑞民主持会议。

三月

3月30日，《毕节市饮用水水源保护条例》（以下简称《条例》）经贵州省第十二届人民代表大会常务委员会第27次会议批准，该《条例》将于2017年7月1日起施行。

四月

4月1日，毕节市中级人民法院在全市范围内组织开展为期3个月的集中惩戒失信被执行人专项行动。

4月5日，市委副书记、市长桑维亮到市群众工作中心接访，并主持召开会议研究当前信访维稳工作。

4月7日，中共毕节市委办公室、毕节市人民政府办公室联合印发《2017年"法治毕节"创建重点工作实施方案》。

五月

5月2日下午，毕节市人大常委会召开《毕节市饮用水水源保护条例》新闻发布会，向社会公布《毕节市饮用水水源保护条例》。

附 录
"法治毕节"创建大事记

5月3日，省政府党组成员、公安厅厅长郭瑞民在省公安厅会见纳雍县委副书记、县长许晓鹏，就纳雍县"法治毕节"创建工作进行座谈。省公安厅党委副书记、常务副厅长邹碧声参加会见。

5月4日，贵州省机构编制委员会办公室行文批复在毕节市、黔西县、七星关区3个中基层法院设置环境资源审判庭。指定黔西法院环境资源审判庭集中管辖黔西、大方、金沙、织金4县的环境资源案件；指定七星关法院环境资源审判庭集中管辖威宁、七星关、赫章、纳雍4县（区）的环境资源案件。

同日，毕节市中级人民法院技术室被最高人民法院评为"全国法院信息化工作先进集体"。

5月22日，毕节市中级人民法院开庭审理一起重大刑事案件，毕节市中级人民法院院长担任审判长，市检察院检察长担任公诉人，法检"两长"同庭办案。

六月

6月3日，全市法治惠民服务工程暨精神障碍患者服务管理工作推进会在黔西县召开。市人大常委会副主任罗昌琪，副市长、市公安局局长彭容江，市政协副主席肖远福参加会议。

6月7日，毕节市委出台《关于进一步加强政法队伍建设的实施意见》。

6月13日，毕节市环保局、公安局、人民检察院联合印发《2017年毕节市联合开展打击涉危险废物环境违法犯罪行为专项行动方案》。

6月15日，国务院法制办与贵州省政府法制办联合主办的西南片区规范性文件监督管理工作交流会在毕节召开。

6月23日，毕节市召开严打整治斗争动员大会，开展为期半年的以"打击多发性刑事犯罪、整治治安乱点痛点"为主要内容的严打整治斗争。

6月26日，由毕节市中级人民法院院长担任审判长，毕节市人民检察院检察长担任公诉人，共同办理的被告人聂祥故意杀人一案公开宣判。

6月30日，毕节市人民政府办公室印发《毕节市2017年森林保护"六个严禁"执法专项行动工作方案》。

七月

7月6日，毕节市中级人民法院出台《关于开展严打整治斗争的实施方案》。

7月11日，贵州省环保厅与贵州织金县经济开发区管委会在织金签署《贵州织金经济开发区"环保管家"战略合作框架协议》。该战略合作的签订，是"法治毕节"生态文明法治工程组在创建过程中，积极探索环境污染治理新机制，努力提高污染治理专业化水平和治理效果，推动织金县经济开发区（化工基地）环境服务业快速发展的一次新的探索。

7月12日，中共中央政治局委员、中央政法委书记孟建柱到织金县人民法院视察指导工作。

八月

8月1日，贵州省高级人民法院印发《关于环境资源案件集中管辖规定（试行）》，规定毕节市集中管辖法院为毕节市中级人民法院，集中管辖区域应由中级人民法院管辖的一审、二审环境资源类民事、行政、部分刑事案件。

8月11日，全省第二批力争两年时间"基本解决执行难"工作责任状签订仪式在盘州市举行。毕节市是全省唯一要求两级法院在今年全部达到"基本解决执行难"目标的市（州）。

8月20日，中央电视台播出的《法治中国》第三集中"依法行政"专栏对黔西县大关镇打造"智慧门牌"，实现阳光政务、全民监督的"一码一平台两中心九强化"系列工作进行了报道。

8月22日，贵州省副省长、公安厅厅长郭瑞民到纳雍县青少年法制教育基地调研，毕节市副市长、公安局局长彭容江陪同调研。

8月28日，毕节市全市法院多元化解矛盾纠纷现场观摩会暨信访工作

附 录
"法治毕节"创建大事记

会议在纳雍县召开。

8月31日至9月1日,全国税务系统行政执法"三项制度"试点工作座谈会在毕节市召开。国家税务总局政策法规司副司长靳万军,市委常委、副市长王一民,省国税局总会计师赵寿均出席会议并讲话。

九月

9月9日,澳门青年议政能力训练计划交流团到毕节市开展交流考察活动。市人大常委会副主任王炳荣出席座谈会并讲话。

9月10日,毕节市首个公共法律服务手机App在赫章县投入使用。

9月18日,贵州省第十届行政复议协作会在贵州工程应用技术学院召开。省政府法制办党组成员、行政复议办专职副主任冯小山讲话,毕节市委常委、副市长王光友致欢迎辞。

9月22日,毕节市中级人民法院起草了《关于开展刑事诉讼大数据智能管理试点工作实施方案》,配套起草《刑事诉讼大数据智能管理平台建设方案》《毕节市办理刑事案件证据标准指引实施办法(试行)》《刑事诉讼电子卷宗随案同步生成和移送方案》3个子方案。

十月

10月12日,毕节市中级人民法院举行员额制法官职务等级首次晋升颁证仪式,对26名晋升高等级法官颁发证书。

10月16日,黔西县杜鹃街道大兴社区、织金县地税局税务法治文化大院等被授予"贵州省十佳法治文化阵地"称号。

10月17日,毕节市中级人民法院在黔西县组织召开全市法院"基本解决执行难"现场推进会。

10月25日,毕节市人民政府办公室印发《关于建立毕节市综合行政执法体制改革工作联席会议制度的通知》。

10月27日,毕节市委常委会审议通过《关于进一步支持全市法院基本解决执行难问题的意见》

十一月

11月2日，中共毕节市委、毕节市人民政府联合印发《毕节市法治政府建设实施方案（2017~2020年）》。

11月8日，最高人民法院党组副书记、副院长江必新到毕节法院调研。

11月9日，毕节市委出台《关于进一步支持全市法院基本解决执行难问题的意见》。

2018年

一月

1月16日，黔西县文化综合执法大队获中共中央宣传部、文化部、国家新闻出版广电总局联合表彰，获得第七届"全国服务农民、服务基层文化建设先进集体"称号。

三月

3月6日，毕节市人民政府办公室印发《毕节市政府部门权力清单和责任清单（2018版）暨市级政府部门权力清单和责任清单（模板）编制工作实施方案》。

3月30日，市环保局、市公安局、市人民检察院印发《毕节市"守护多彩贵州 严打环境犯罪"2018~2020年执法专项行动方案》。

四月

4月2日，毕节市七星关区人民法院公开审理贵州省纳雍县林业局怠于履行法定职责一案。本案系毕节市范围内首个环境资源审判庭成立以来，人民检察院作为公益起诉人向人民法院提起公益行政诉讼的典型案件。

4月3日，中共毕节市委办公室、毕节市人民政府办公室联合印发

附 录
"法治毕节"创建大事记

《2018年"法治毕节"创建工作实施方案》。

4月17日,毕节市委组织召开全市决胜"基本解决执行难"工作推进会。

4月27日,毕节市中级人民法院在全市法院组织集中开展为期3个月的"猎赖利剑行动"。

五月

5月8日,黔西县司法局被司法部表彰为"全国人民调解工作先进集体"。

5月10日,毕节市中级人民法院与毕节市国土资源局联合印发《关于人民法院与国土资源部门在执行工作中加强协作的意见》。

5月18日,黔西县医疗纠纷调解委员会被司法部表彰为"全国模范调解委员会"。

5月28日,毕节市纪委监委、毕节市委政法委、毕节市公安局联合印发《关于扫黑除恶专项斗争双向信息反馈联动工作机制（试行）》。

七月

7月13日,司法部、民政部联合发布《关于表彰第七批"全国民主法治示范村（社区）"的决定》,毕节市金海湖新区金海湖办事处常丰社区、金沙县五龙街道办事处古楼社区、黔西县杜鹃街道办事处大兴社区受到表彰,被评为第七批"全国民主法治示范村（社区）"。

八月

8月13日,最高人民法院发布了中国社会科学院法学研究所对全国法院庭审公开工作进行第三方评估的结果,织金县人民法院在此次评估中获得全国基层法院第九名的成绩。

九月

9月7日,毕节市中级人民法院成立由院党组书记、院长任明星担任组长的优化营商环境集中整治行动工作领导小组。

十月

10月9日，共青团中央权益工作交流座谈会在上海召开，黔西县作为唯一县级团委代表在会上做青少年权益保护工作交流发言。

10月23日，省教育厅巡视组到黔西县文峰街道调研"法治毕节"创建工作。

十一月

11月17日，贵州省评选出第四批"省级民主法治示范村（社区）"，毕节市共41个村（社区）被命名为贵州省第四批"省级民主法治示范村（社区）"。

11月28～30日，省委常委、省委政法委书记时光辉到威宁自治县、毕节市公安局开展脱贫攻坚、政法综治工作及公安工作调研。

十二月

12月1日，省委常委、省委政法委书记时光辉在省委办公厅印发的调研信息第9期《毕节厉行法治六大工程为建设贯彻新发展理念示范区提供有力保障》上作出批示。

12月2日，毕节市公安局交警支队联合七星关区交警大队、运管部门和地方驾校走进七星关区碧海阳光移民新城，向搬迁入住的4800多户群众宣讲"全国交通安全日"主题"细节关乎生命、安全文明出行"交通安全知识。

12月4日，毕节市2018年"宪法宣传月"活动启动仪式暨"12·4"宪法日宣传活动在七星关区人民公园举行。

12月11日，省扫黑除恶专项斗争督导组督导毕节工作动员会召开。省扫黑除恶专项斗争第四督导组副组长、省公安厅副厅长闵建就做好督导工作做动员讲话，市委副书记、市长、市扫黑除恶专项斗争领导小组组长张集智讲话。

附 录
"法治毕节"创建大事记

12月19日，全市全面推进依法行政工作领导小组会议召开。市委副书记、市长、市全面推进依法行政工作领导小组组长张集智主持会议并讲话。

2019年

一月

1月15日，中共毕节市委二届四次全会审议通过《毕节市市级机构改革的实施意见》。

二月

2月15日至16日，贵州省委深化法治毕节创建推进会在黔西县召开。贵州省委常委、省委政法委书记时光辉出席会议并讲话，省政府副省长、省公安厅厅长郭瑞民主持会议，毕节市委副书记、市长张集智汇报法治毕节创建工作情况，省公安厅、省发展改革委、黔西县、纳雍县文昌街道办事处做交流发言。

2月20日，毕节市委常委会召开会议，传达学习省委深化法治毕节创建推进会精神。市委书记、市人大常委会主任周建琨主持并讲话。市委副书记、市长张集智，市政协党组书记杨宏远，市委副书记张翊皓，市委常委，市人大常委会、市政协有关领导，市法院、市检察院主要负责同志参加会议。

三月

3月5日至3月6日，贵州省委依法治省办专职副主任、省司法厅副厅长李兵到毕节市开展"法治毕节"创建、依法治市及公共法律服务体系建设等调研。市人民政府副市长、市委政法委书记、市公安局局长王治军陪同调研。

3月7日，贵州省人民政府副省长卢雍政到威宁自治县、赫章县调研中央环保督察问题整改情况。省政府办公厅督察专员邹康，省生态环境厅厅长熊德威，省住房城乡建设厅副厅长陈维明，毕节市委常委、威宁自治县委书记肖发君，市委常委、常务副市长吴东来，市政协副主席、威宁自治县县长陈波分别参加相关调研活动。

3月18日，毕节市扫黑除恶专项斗争推进会召开。毕节市人民政府副市长、市委政法委书记、市公安局局长王治军出席并讲话，市法院院长任明星、市检察院检察长石子友出席会议。

四月

4月1日，毕节市委书记、市人大常委会主任、市委全面依法治市委员会主任周建琨主持召开市委全面依法治市委员会第一次会议并讲话。市委副书记、市长张集智，市政协主席杨宏远，市委副书记张翊皓，市委常委，市人大常委会、市政协有关领导同志，市法院、市检察院、市委党校主要负责同志参加会议。

4月1日，中共毕节市委办公室、毕节市人民政府办公室印发《2019年深化"法治毕节"创建工作方案》《毕节市"法治毕节"创建工作联席会议制度》。

4月11日，毕节市召开扫黑除恶专项斗争推进会，传达学习贯彻落实中央扫黑除恶第19督导组督导贵州省工作动员会精神，对扫黑除恶专项斗争工作进行再安排再部署再落实。市委副书记、市长、市扫黑除恶专项斗争工作领导小组组长张集智，市政府副市长、市委政法委书记、市公安局局长、市扫黑除恶专项斗争工作领导小组副组长王治军，市中级人民法院院长任明星，市人民检察院检察长石子友出席会议。

4月15日，毕节市委副书记、市长张集智到七星关区水箐镇暗访调研脱贫攻坚和扫黑除恶专项斗争工作。

4月19日，毕节市委副书记、市长张集智到黔西县调研督导扫黑除恶专项斗争工作。市政府秘书长高扬宗参加调研督导。

附 录
"法治毕节"创建大事记

4月20日，毕节市委书记、市人大常委会主任周建琨，市委副书记、市长张集智在市会议中心第二会议室组织召开中央扫黑除恶专项斗争督导反馈问题整改落实集体谈话会，组织学习《省扫黑除恶专项斗争领导小组关于印发〈中央扫黑除恶第19督导组督导贵州省第一次工作对接会反馈问题整改任务分解方案〉的通知》，就扫黑除恶专项斗争集体约谈县（自治县、区）党政主要领导。

4月20日，中央扫黑除恶第19督导组第一下沉小组组长董小刚率组下沉毕节督导，毕节市扫黑除恶工作汇报会召开。市委书记、市人大常委会主任、市扫黑除恶专项斗争领导小组组长周建琨作工作汇报，市委副书记、市长、市扫黑除恶专项斗争领导小组组长张集智主持会议。

4月29日，"法治毕节"创建工作2019年第一季度联席会议暨一季度工作调度分析会在贵州省委大会堂第九会议室召开。省委政法委副书记李豫贵主持会议并讲话。

五月

5月10日，毕节市委副书记、市长张集智主持召开中央环保督察"回头看"问题整改工作会议，传达中央第五生态环境保护督察组对贵州省开展"回头看"情况反馈电视电话会议精神，研究毕节市贯彻落实意见。副市长谢培午、市政府秘书长高扬宗出席会议。

5月16日，毕节市深化"法治毕节"创建推进会暨群众安全感满意度提升工作调度会在市政府会议室召开。市政府副市长、市委政法委书记、市公安局局长王治军出席会议并讲话。

5月23日，贵州省委编办批复毕节市设立或更名有关综合行政执法队伍。

5月28日，《毕节市城乡规划条例》施行前准备工作联席会召开。

5月30日，中国法律咨询中心在中国法学会召开贵州省"法治毕节"创建评估工作座谈会，张苏军副会长主持会议。贵州省政法委副书记李豫贵、贵州省法学会副会长徐文山参加座谈。

六月

6月28日，毕节市人大常委会召开《毕节市城乡规划条例》新闻发布会。

七月

7月9日，毕节首个法律服务机器人"大牛"在毕节市信访局接访大厅正式上岗。

7月19日，毕节市扫黑除恶督导整改工作推进会在市公安局召开，市政府副市长、市委政法委书记、市公安局局长王治军出席会议并讲话。市法院院长任明星出席会议。市检察院检察长石子友通报全市扫黑除恶专项斗争督导整改工作和扫黑除恶专项斗争推进情况。会议由市委副秘书长、市委政法委副书记、市信访局局长唐晓晖主持。

八月

8月5日至7日，贵州省人大常委会党组书记、副主任孙永春率省人大常委会执法检查组到毕节市对《贵州省大扶贫条例》《贵州省人民代表大会常务委员会关于深入贯彻落实省委十二届三次全会精神依法推动打赢脱贫攻坚战的决议》贯彻实施情况开展执法检查。毕节市委书记、市人大常委会主任周建琨，市委副书记、市长张集智，市领导王炳荣、吴学军、李玉平陪同检查或参加有关活动。

九月

9月2日至6日，中国法律咨询中心组织国内12位知名专家、学者赴毕节开展"法治毕节"创建工作中期评估。

9月25日，贵州省人民检察院检察长傅信平到大方县调研"法治毕节"创建工作。

附 录
"法治毕节"创建大事记

十一月

11月24日，毕节市委召开全市法治政府建设示范创建工作推进会。市委书记、市人大常委会主任周建琨出席会议并讲话。市委副书记、市长张集智主持会议。市政协主席杨宏远，市委副书记张翙皓，市委常委，市人大常委会、市政府、市政协领导班子成员，毕节军分区、草海管委会、市各高等院校主要负责同志参加会议。

十二月

12月5日，毕节市委全面依法治市委员会办公室组织市直相关单位主要负责同志到毕节市中级人民法院开展旁听案件庭审活动。

12月10日，毕节市率先在全省全面公布市县两级所有行政执法监督机构行政执法监督投诉举报方式，畅通群众维权渠道，加强行政执法监督工作。

12月11日，"法治毕节"创建工作2019年第三季度联席会议暨中期评估报告审议会在省委大会堂第九会议室召开。贵州省委政法委副书记李豫贵主持会议并讲话。毕节市政府副市长、市委政法委书记、市公安局局长王治军汇报"法治毕节"创建工作情况。

12月13日，毕节市召开"法治毕节"创建工作联席会议。市政府副市长、市委政法委书记、市公安局局长王治军出席并讲话。

12月15日至17日，中央依法治国办第五督察组赴毕节市开展法治政府建设全面督察。中央依法治国办第五督察组组长郑淑娜带队督察。

12月20日，毕节市在全省率先出台《毕节市重大行政决策专家咨询论证办法》《毕节市重大行政决策后评估办法》《毕节市重大行政决策责任追究暂行办法》三个重大行政决策配套制度。

12月24日，毕节市召开《毕节市织金古城保护条例》新闻发布会。《毕节市织金古城保护条例》自2020年1月1日起施行。

12月24日至25日，中央依法治国办法治政府建设示范创建第三方评估组专家到毕节市检查评估。

12月25日,贵州省委政法委副书记李豫贵到织金县调研"法治毕节"创建工作。毕节市委副秘书长、市委政法委副书记、市信访局局长唐晓晖,市委政法委副书记廖碧江陪同调研。

12月30日,毕节市七星关区人民法院对被告人赵明伟、尤泽燚编造、故意传播虚假信息案进行一审公开宣判。

2020年

一月

1月3日,贵州省人民政府副省长、省公安厅党委书记、厅长郭瑞民到纳雍县调研指导"法治毕节"创建工作。

1月12日,公安部党委委员、副部长杜航伟到毕节调研。

四月

4月3日,毕节市在全省首家出台印发《毕节市行政错案问责追责办法(试行)》。

4月15日,贵州省委常委、省委政法委书记时光辉到纳雍县督导调研疫情防控常态化条件下加快推进经济社会发展、脱贫攻坚、基层社会治理工作和政法重点工作。毕节市人民政府副市长、市委政法委书记、市公安局局长王治军陪同调研。

4月16日,深化法治毕节创建推进会在毕节市织金县召开。贵州省委常委、省委政法委书记时光辉出席会议,副省长、省公安厅厅长郭瑞民主持会议。省委政法委常务副书记李宏亚,省委副秘书长、省委政法委副书记、省信访局局长庞鸿,省委组织部副部长王瑞军,省委宣传部副部长、省政府新闻办主任哈思挺,毕节市委常委、常务副市长吴东来,市政府副市长、市委政法委书记、市公安局局长王治军出席会议。

附 录
"法治毕节"创建大事记

4月30日，毕节市在全省率先出台《毕节市行政检察与行政执法监督衔接机制（试行）》

五月

5月13日，贵州省委常委、省委政法委书记时光辉到金沙县、大方县督导调研脱贫攻坚、基层社会治理和政法重点工作。毕节市人民政府副市长、市委政法委书记、市公安局局长王治军陪同调研。

5月29日，贵州省人民政府副省长、省公安厅厅长郭瑞民到纳雍县、大方县调研重大工程项目及综治中心等工作。省政府副秘书长周乐职，省发展改革委副主任杨波，毕节市委常委、常务副市长吴东来，副市长、市委政法委书记、市公安局局长王治军陪同调研。

六月

6月28日，毕节市委常委会召开会议，安排部署全面依法治市和法治政府建设相关工作。省政协副主席、市委书记周建琨主持会议并讲话。市委副书记、市长张集智，市政协主席杨宏远，市委副书记张翙皓，市委常委，市人大常委会、市政府有关领导同志，市检察院主要负责同志参加会议。

6月29日，毕节市人大召开市二届人大常委会第二十八次会议，听取和审议《毕节市"七五"普法规划实施情况报告》《毕节市人大常委会执法检查组关于检查〈毕节市百里杜鹃风景名胜区条例〉贯彻实施情况的报告》。

图书在版编目(CIP)数据

"法治毕节"的探索与实践/吴大华主编.--北京:社会科学文献出版社,2020.7
ISBN 978-7-5201-6837-3

Ⅰ.①法… Ⅱ.①吴… Ⅲ.①社会主义法治-建设-研究-毕节 Ⅳ.①D927.733

中国版本图书馆CIP数据核字(2020)第115979号

"法治毕节"的探索与实践

| 顾　　问 / 王治军 |
| 主　　编 / 吴大华 |

| 出 版 人 / 谢寿光 |
| 责任编辑 / 陈晴钰 |
| 文稿编辑 / 王　展 |

| 出　　版 / 社会科学文献出版社·皮书出版分社(010)59367127 |
| 　　　　　地址:北京市北三环中路甲29号院华龙大厦　邮编:100029 |
| 　　　　　网址:www.ssap.com.cn |
| 发　　行 / 市场营销中心(010)59367081　59367083 |
| 印　　装 / 三河市龙林印务有限公司 |

| 规　　格 / 开　本:787mm×1092mm　1/16 |
| 　　　　　印　张:23.5　字　数:353千字 |
| 版　　次 / 2020年7月第1版　2020年7月第1次印刷 |
| 书　　号 / ISBN 978-7-5201-6837-3 |
| 定　　价 / 128.00元 |

本书如有印装质量问题,请与读者服务中心(010-59367028)联系

▲ 版权所有 翻印必究